Economica Laterza
637

Dello stesso autore
in altre nostre collane:

(con M. Firpo)
"Navicula Petri".
L'arte dei papi nel Cinquecento
«Collezione Storica»

Fabrizio Biferali

Tiziano

Il genio e il potere

Editori Laterza

www.laterza.it

Edizioni precedenti:
«i Robinson / Letture» 2011

Nella «Economica Laterza»
Prima edizione marzo 2013

Edizione
1 2 3 4 5 6

Anno
2013 2014 2015 2016 2017 2018

Questo libro è stampato
su carta amica delle foreste

Stampato da
SEDIT - Bari (Italy)
per conto della
Gius. Laterza & Figli Spa
ISBN 978-88-581-0616-7

a mia moglie
con amore e gratitudine

PREMESSA

Presentando ai lettori la sua pionieristica raccolta di saggi iconografici su Tiziano, lo storico dell'arte tedesco Erwin Panofsky ammise con disarmante modestia e grande onestà intellettuale l'estrema difficoltà nel tentare un approccio il più possibile sistematico alla produzione figurativa di uno dei principali maestri del Rinascimento. Ricorrendo al suo poderoso arsenale di sapienza umanistica, Panofsky denunciò tutti i limiti dello studioso di fronte al complesso universo artistico e culturale del pittore veneto per mezzo di questa efficace parabola medievale: «Secondo la leggenda sant'Agostino, meditando sulla Trinità, cercò di chiarirsi le idee con una passeggiata sulla riva del mare. Qui osservò un fanciullo indaffarato a raccogliere l'acqua con un cucchiaio o una conchiglia e a versarla nella sabbia. Alla richiesta di cosa stesse facendo, il bambino rispose che vuotava l'oceano: il santo comprese allora chiaramente come ogni mente umana che cerca di penetrare il mistero della Trinità si comporta come questo fanciullo. La morale di questa affascinante storia trecentesca ben si adatta allo storico dell'arte che cerca di parlare di Tiziano: neppure lui, infatti, può vuotare l'oceano»[1].

Alcuni tra i maggiori studiosi della storia, della cultura e dell'arte del Cinquecento si sono cimentati nell'impresa di voler restituire una fisionomia al maestro di Pieve di Cadore, tentando ciascuno con gli strumenti che riteneva più appropriati – il cucchiaio o la conchiglia, per parafrasare Panofsky, a seconda della personale sensibilità interpretativa – di affrontare quel periglioso e vasto oceano che è stato ed è ancora oggi Tiziano; un oceano che non di rado sembra rovesciare su colui che vi si trova di fronte la sua incontenibile forza naturale, coinvolgendolo in una sorta di abbraccio, ma che più spesso appare imperturbabile, lontano e distaccato agli occhi del curioso e ammirato osservatore, proprio come imperturbabile, lontano e distaccato risulta l'artista nell'*Autoritratto* di Berlino, databile al 1550[2] (tav. 1). Seduto a uno spoglio tavolino forse all'interno del suo studio, voltato di tre quarti e con in testa una semplice berretta nera, Tiziano non rinuncia qui all'ostentazione dei simboli del benessere sociale, del potere e della gloria, faticosamente conquistati negli anni, quali la morbida pelliccia e la catena dell'ordine dello Speron d'oro donatagli nel 1533 dall'imperatore Carlo V, non rinuncia insomma a rappresentare se stesso «come un uomo che ha creduto nel suo mestiere e che attraverso il mestiere ha raggiunto il successo, gli onori e l'agiatezza»[3]. Il suo sguardo fiero e luminoso appare lontano, assente, quasi respingente, al pari dei freddi e taglienti occhi degli aristocratici personaggi effigiati dal collega fiorentino Bronzino: è uno sguardo ispirato e perso nell'orizzonte al di là del margine del quadro, proiettato a un futuro cui la sua formidabile parabola artistica avrebbe continuato a garantire fama e riconoscimenti postumi oltre i confini veneziani[4]. Questo sembrano suggerirci, tra i molti esempi che potrebbero citarsi, sia le parole di lode del pittore e trattatista milanese Giovan Paolo Lomazzo nell'*Idea del tempio della pittura* (Milano, 1590), secondo cui «fra tutti risplende come sole fra piccole stelle Tiziano, non solo fra gli italiani, ma fra tutti i pittori del mondo, tanto nelle figure quanto nei paesi, aguagliandosi ad Apelle»[5], sia un'incisione di Agostino Carracci del 1587 raffigurante l'*Autoritratto di Tiziano*: esemplata sul prototipo del dipinto di Berlino, anche se priva della collana onorifica, la stampa presenta una grande iscrizione in alto volta a magnificare Tiziano come «pictor celeberrimus ac famosissimus» e una più piccola in basso che sottolinea in tono altisonante come il suo «nomen orbis continere non valet»[6].

La fama di Tiziano in Italia e in Europa, dell'artista proveniente dalla piccola provincia cadorina sulle Dolomiti assurto alla gloria internazionale nella cosmopolita Venezia, era stata raggiunta con stoica pazienza in un'epoca aspramente competitiva che poteva vantare tra i suoi campioni del pennello – solo per fare qualche nome – maestri del calibro di Leonardo, Michelangelo, Raffaello, Correggio, Giovanni Bellini, Giorgione. Già durante la lunga esistenza, come del resto aveva fatto il grande rivale Buonarroti, anch'egli particolarmente longevo, Tiziano si era guadagnato un prestigio raro tra i suoi colleghi, una posizione sociale che gli avrebbe gradualmente consentito di varcare gli angusti confini del suo mestiere di pittore per catapultarlo nel mondo protetto da steccati dei sovrani, dei papi, dei dignitari di corte, dei diplomatici, degli intellettuali di professione; il che non sfuggì a Giorgio Vasari, sempre velenoso con i veneziani, secondo il quale nella casa-atelier dell'artista a Biri Grande, divenuta una meta celebre della città lagunare alla stregua di Palazzo Ducale, della basilica di San Marco o dell'arsenale, transitavano «principi, letterati e galantuomini [...] perché egli, oltre all'eccellenza dell'arte, è stato gentilissimo, di bella creanza e dolcissimi costumi e maniere»[7].

Al culmine della fama, ricevuto con tutti gli onori nella Roma di Paolo III Farnese, il maestro veneto sarebbe stato effigiato nel 1546 nell'affresco vasariano con la *Remunerazione della virtù* nella sala dei Cento giorni in Palazzo della Cancelleria con i suoi illustri colleghi Michelangelo, Vasari e Antonio da Sangallo il Giovane, venendo in questo modo cooptato tra le personalità artistiche – tutte di nascita e formazione tosco-romana – la cui memoria visiva valeva la pena di tramandare ai posteri, ma anche con celebri personaggi della vita religiosa e culturale dell'epoca quali Pietro Bembo, Reginald Pole, Iacopo Sadoleto e Paolo Giovio[8], a dimostrazione di un processo di osmosi ormai innescato tra il mestiere del dipingere e la cultura cosiddetta alta. Il riconoscimento dell'avvenuta ascesa sociale di Tiziano, ancora intorno al 1546, è inoltre efficacemente attestato da una medaglia coniata a Roma dallo scultore e medaglista senese Pastorino de' Pastorini in cui, a incorniciare il profilo dell'artista, sfila l'iscrizione TITIANVS EQVES[9]: il che ci informa anzitutto del fatto che il pittore – come dimostra anche una medaglia del 1537 di Leone Leoni con la scritta TITIANVS PICTOR ET EQVES[10] – era ormai noto con il solo nome di battesimo, un marchio che avrebbe caratterizzato il panorama artistico e culturale del Cinquecento, e inoltre che egli beneficiava del non comune privilegio per un artista, concessogli alcuni anni prima dall'imperatore asburgico, di potersi fregiare del titolo di cavaliere.

Anche l'impresa tizianesca NATVRA POTENTIOR ARS (tav. 2), apparsa nelle *Imprese di diversi prencipi, duchi, signori e d'altri personaggi et huomini letterati e illustri* (Venezia, 1562) del pittore e letterato vicentino Battista Pittoni, riflette la straordinaria ammirazione che Tiziano riscuoteva presso i contemporanei. Fiancheggiata dalle allegorie del *Tempo* e della *Fama* entro le nicchie, mutuata dalla letteratura classica latina (la *Naturalis historia* di Plinio il Vecchio e le *Metamor-*

fosi di Ovidio) e disegnata dal pittore in persona, l'immagine che accompagna il motto rappresenta un'orsa in atto di strappare la membrana protettiva al suo cucciolo appena nato, a simboleggiare l'abilità dell'artista nel dare forma a ciò che è ancora informe, affinando cioè le creazioni della maestra natura. I versi encomiastici a corredo dell'illustrazione, composti dall'amico del pittore, Ludovico Dolce, si incaricano di sancire in maniera lapidaria che, sebbene «molti in diverse età dotti pittori, / continuando infino a' tempi nostri, / han dimostro in disegni e bei colori / quanto con la natura l'arte giostri», solamente Tiziano «vinto ha l'arte, l'ingegno e la natura»[11], giudizio poi riecheggiato alla fine del secolo dal Lomazzo, secondo il quale il Vecellio «di gran lunga avanza la natura»[12].

La fulgida fama di cui godette Tiziano, tanto da vivo quanto da morto, è legata a doppio filo alla città che ne accompagnò l'irresistibile ascesa culturale e artistica e che da un certo punto in poi della sua carriera sembrò identificarsi con il pittore: come afferma Gino Benzoni, infatti, è «impensabile Tiziano senza Venezia, ma anche [...] inconcepibile questa senza quello, ché se la città segna l'eccezionale avventura pittorica dell'artista, essa ne resta a sua volta marcata e qualificata»[13]. Gli umori sociali, le passioni civili e politiche, le crisi religiose che caratterizzarono Venezia nel Cinquecento trovarono una perfetta sponda nei quadri di Tiziano, che divenne – non è dato sapere con quale grado di consapevolezza, di sincera adesione o di calcolo opportunistico – una sorta di intellettuale organico al complesso sistema di fragili equilibri interni ed esterni creato dalla repubblica di San Marco. L'intera carriera dell'artista, che pure rimase sempre e orgogliosamente un duro cadorino ben attaccato alle proprie radici sociali e geografiche, è stata scandita da un rapporto simbiotico con la città lagunare, dalla quale raramente volle allontanarsi sia per una certa dose di innata pigrizia sia perché consapevole della sua assoluta primazia nel contesto culturale e artistico locale. I suoi viaggi fuori dai confini marciani ebbero quasi sempre il carattere del servizio diplomatico o del tornaconto personale, come testimoniano i soggiorni degli anni Quaranta e Cinquanta nella Roma farnesiana o ad Augusta in occasione delle due diete convocate dall'imperatore. I delicati rapporti politici di Venezia con le corti italiane, con l'Impero di Massimiliano I prima e di Carlo V poi, con la Spagna di Filippo II si riflettono nei dipinti via via licenziati da Tiziano e dalla sua bottega, in un suggestivo specchio di messaggi ideologici di una pregnanza spesso superiore ad altri documenti dell'epoca. Nelle pieghe della politica si inseriscono in un certo senso anche i contenuti iconografici della cospicua produzione religiosa dell'artista, anch'egli – al pari di altri colleghi quali Michelangelo, Iacopo Pontormo, Lorenzo Lotto o Battista Franco[14] – non immune tra gli anni Trenta e Quaranta dalla pervasiva ondata eterodossa che investì la penisola italiana per essere poi soffocata dall'inflessibile maglio inquisitoriale. Spesso appoggiato dallo scaltro «procuratore» e amico Pietro Aretino, il pittore seppe muoversi nelle vicende politiche del suo tormentato secolo con grande disinvoltura, privilegiando senza porsi troppe domande una volta una posizione e una volta un'altra di segno opposto, a seconda della più conveniente «ragion di Stato» che in quel momento storico la repubblica di San Marco aveva urgenza di adottare. Un comportamento, questo, piuttosto normale, specie se si considera il delicato ruolo del pittore nei confronti della committenza, che – secondo le logiche dell'epoca – tendeva a ridurre i margini dell'autonomia artistica; nel Cinquecento, infatti, ma questo discorso vale almeno per i successivi tre secoli, non esisteva un genio del pennello che non obbedisse a precise richieste del suo datore di lavoro, il committente, richieste per giunta accompagnate di solito da minuziose istruzioni sui materiali da impiegare, sui limiti di spesa entro cui muoversi, sulle iconografie da eseguire secondo dettami vincolanti che spesso comprimevano il talento del maestro.

L'obiettivo che si prefigge questo libro è anzitutto quello di restituire a Tiziano una fisionomia meno divina e più terrena, un profilo che esca dagli stereotipi romantici e post-romantici dell'artista demiurgo in grado di creare e di distruggere con la sola capacità del suo pur immenso talento un'intera epoca storica; fu, infatti, tale epoca storica, e non viceversa, a determinare i comportamenti dell'uomo e del pittore, furono i molteplici stimoli esterni ricevuti lungo l'arco della vita e della carriera che ne indirizzarono le scelte personali e professionali, che ne sancirono il successo presso il pubblico dell'epoca, che permearono i messaggi iconografici sottesi ai suoi capolavori, che ne fecero insomma colui il quale, a distanza di oltre quattro secoli dalla morte, è ancora oggi noto ai più con il solo nome di battesimo: Tiziano. Immenso colorista, con ogni probabilità il più grande della sua epoca, ineguagliabile creatore di atmosfere malinconiche, di paesaggi idilliaci, di favolose scene mitologiche, di paludati ritratti ufficiali, ma anche di drammi religiosi di struggente intensità, Tiziano si configura per quasi un secolo di storia italiana come un efficace veicolo di propaganda di uno tra i più potenti Stati europei del XVI secolo, che della sua smisurata capacità creativa si avvalse con intelligenza, sapendo ricompensarlo con il premio di una solida posizione sociale ed economica e facendolo sentire come uno del luogo, nonostante la sua provenienza e la sua formazione lo ponessero di fatto assai lontano dai veneziani di nascita. La sua enorme produzione, in cui tuttora – specie per la meno documentata fase giovanile – appaiono o scompaiono opere a seconda dei capricci dell'attribuzionismo, si caratterizza prevalentemente per un'attenzione costante all'attualità storica di Venezia e ai diversi mondi in contatto o in conflitto con essa nel corso del Cinquecento. L'arte di Tiziano seppe soddisfare al meglio le esigenze politiche, religiose, sociali, personali o autocelebrative di alcuni tra i più importanti personaggi affacciati al palcoscenico del Rinascimento europeo, riuscendo sempre in modo efficace a parlare con la vivida voce dei suoi committenti e al contempo a non svilire mai il suo innovativo messaggio estetico. Il volto e l'opera di Tiziano, per ricostruire i quali si è volutamente evitato di ricorrere alla scorciatoia dell'aneddotica, affioreranno di volta in volta dalle righe di una lettera a un committente, dal giudizio più o meno benevolo di un amico, di un collega, di un parente, ma soprattutto dai suoi quadri, che restano tuttora – anche a causa della lacunosità e della reticenza di molta parte della documentazione relativa all'uomo – la miglior testimonianza della sua esistenza umana e della sua dimensione artistica.

Roma, aprile 2011

Un sincero ringraziamento va a tutti coloro che hanno agevolato questa ricerca e hanno letto in tutto o in parte le varie stesure del testo, in particolare a Simonetta Adorni Braccesi, Paolo Castellani, Massimo Firpo, Adele Mancini. Un grazie di cuore, infine, va a tutto il personale della Biblioteca Hertziana di Roma e a mia madre, lettrice attenta e sensibile.

TIZIANO
IL GENIO E IL POTERE

I

DA PIEVE DI CADORE A VENEZIA: GLI ANNI GIOVANILI

I VECELLIO: UNA «BORGHESIA DI MONTAGNA» TRA IL CADORE E VENEZIA

Della lunga e complessa vicenda artistica, culturale e umana di Tiziano Vecellio si conosce oggi praticamente ogni dettaglio, ma sulla sua data di nascita permane tuttora un fitto velo di mistero. La storiografia artistica, spaccata a metà sin dagli anni in cui andava consumandosi l'esistenza del pittore, continua ancora oggi a dividersi tra i sostenitori di una sua nascita intorno al 1477, alimentando una sorta di mito già rinascimentale di un Tiziano passato a miglior vita quasi centenario (l'artista, infatti, morì nella tarda estate del 1576 durante una violenta epidemia di peste), e i sostenitori – divenuti col tempo, a dire il vero, la maggioranza – di una nascita verso il 1488-1490. Entrambe le posizioni poggiano su importanti dati storiografici e documentari[1]. La prima prende le mosse da una testimonianza di Tiziano in persona, il che – considerando tanto i tempi quanto il carattere scaltro e non di rado furbescamente lamentevole dell'artista – non deve però trarci in inganno: in una lettera inviata il 1° agosto 1571 al sovrano spagnolo Filippo II, scritta nelle «calamità de' tempi presenti» per chiedere il saldo di alcune opere per le quali non avrebbe «mai da 18 anni in qua havuto pur un quatrino per pagamento», il pittore sostiene di avere ben 95 anni, e perciò di essere nato attorno al 1477, ma con ogni probabilità egli si aumenta l'età per impietosire il regale committente[2]. Privilegiano tale notizia, tra Cinque e Seicento, alcuni importanti storiografi quali Raffaello Borghini nel *Riposo* (1584), secondo cui Tiziano sarebbe morto «di vecchiezza essendo d'età d'anni 98 o 99 l'anno 1576», il cosiddetto Tizianello nel *Breve compendio della vita di Tiziano* (1622) e Carlo Ridolfi nelle *Maraviglie dell'arte* (1648), il quale afferma perentoriamente che l'artista nacque «l'anno di Christo 1477»[3].

Forse più verosimile della prima, pur se non priva anch'essa di ombre, appare la seconda versione, ossia quella di un Tiziano nato almeno un decennio più tardi, versione che risale alla penna di un sodale del pittore, il letterato e trattatista Ludovico Dolce, e che fu seguita pressoché pedissequamente dalle *Vite* (1568) di Giorgio Vasari. Nel *Dialogo della pittura intitolato l'Aretino* (1557), una sorta di contraltare in chiave filo-veneziana alla celeberrima raccolta vasariana di biografie, il Dolce sostiene che Tiziano avrebbe eseguito gli affreschi del fondaco dei Tedeschi, databili al 1508-1509, quando era «giovanetto» e «non avendo egli alora a pena venti anni»[4], anche se non pare un azzardo sospettare che la solida amicizia dello scrittore con l'artista potrebbe averlo spinto ad abbassargli l'età per sottolinearne il precoce talento. Quanto al Vasari, che non di rado ha scritto di vicende artistiche veneziane riecheggiando le informazioni ricavate dal sempre ben informato Dolce, nell'elencare le opere del Vecellio, viste durante il viaggio d'aggiornamento a Venezia del 1566 per completare la seconda edizione delle *Vite*, egli afferma che «tutte opere ha condotto [...] infino alla sua età di circa settanta sei anni»[5].

A queste due opzioni dominanti, ciascuna suffragata da una logica stringente e basata su argomentazioni del tutto plausibili, è preferibile forse una terza via, secondo le indicazioni di Erwin Panofsky e di Charles Hope poi accolte, tra gli altri studiosi, anche da Augusto Gentili[6]. È infatti credibile, attribuendo – come vedremo – per ragioni storico-contestuali e stilistiche la piccola pala di Anversa con *Iacopo Pesaro presentato a san Pietro da papa Alessandro VI* a Tiziano verso il 1503-1505, quando egli «non rivela ancora l'influenza di Giorgione» ed è «un pittore giovane ma indipendente», sui vent'anni[7], che il pittore fosse nato intorno al 1483-1485.

Se sulla data di nascita di Tiziano non abbiamo certezze, almeno sul luogo non esiste alcun dubbio: Pieve di Cadore, piccolo ma strategico centro sulle Dolomiti, situato a circa 150 chilometri a nord di Venezia, su una strada di vitale importanza commerciale per la sua particolare posizione geografica tra Italia, Austria e Baviera. Appartenente alla Serenissima sin dal 1420, ma nella sfera d'influenza dell'Impero, ai tempi di Tiziano il Cadore era legato a Venezia soprattutto da questioni commerciali: lo sfruttamento delle miniere e dei boschi infatti, il cui legname si rivelava naturalmente prezioso per l'arsenale marciano, permise la formazione – secondo la felice definizione di Alessandro Sacco – di una «borghesia di montagna». Stentava a decollare, invece, l'attività agricola, soprattutto a causa delle condizioni climatiche estreme e dei terreni non adatti alle coltivazioni; anche per tale ragione, al fine di garantire la sopravvivenza dei cadorini, alla metà del Quattrocento venne istituito un fondaco delle Biade[8]. La dedizione a Venezia del 1420, avvenuta sotto il dogado di Tommaso Mocenigo con il voto unanime della Magnifica comunità, prevedeva per i mercanti cadorini il privilegio di possedere in laguna «un sito e un approdo ove possano accostare e tenere il loro legname»; tale approdo, sulla cui gestione si svilupparono nel Cinquecento varie controversie legali, fu individuato nel campo della chiesa di San Francesco della Vigna[9]. Per farsi un'idea dello strettissimo rapporto di dipendenza che legava il Cadore a Venezia, meglio di qualsiasi documento ci viene in soccorso una efficace immagine dipinta nel 1599 per il Consiglio generale della Magnifica comunità da Cesare Vecellio, un cugino di terzo grado di Tiziano. In questa *Dedizione del Cadore a Venezia* l'allegoria del *Cadore* con lo stemma civico, inginocchiata e accompagnata da una figura in bianco con un cuore nella mano sinistra identificabile con la *Fedeltà*, consegna gli statuti a una personificazione di *Venezia* con scettro, affiancata dalla *Madonna con il Bambino e san Marco* e con alle spalle la inconfondibile sagoma di Palazzo Ducale con la scala dei Giganti[10] (tav. 3).

Se la Magnifica comunità «era gestita da un'oligarchia ristretta di borghesi di montagna i quali da un lato vivevano in una dimensione vicinale, di villaggio, dall'altro s'ispiravano al modello dei nobili veneziani con cui spesso erano in contatto»[11], Michelangelo Muraro sottolinea come Pieve di Cadore fosse «uno dei centri più vivi sulla strada che, fin dal tempo dei romani, conduceva in Germania e nelle Fiandre» e come la famiglia dell'artista, i Vecellio, fosse tra le prime e più attive della zona a «commerciare in legname, a competere con gli specialisti tedeschi che operavano nel Cadore per estrar metalli»[12]. Tiziano dovette senza dubbio respirare sin dai suoi primissimi anni di vita, per poi preservarne gelosamente il ricordo nel competitivo ambiente veneziano, quest'atmosfera tipicamente provinciale di piccola nobiltà mista a un concreto senso degli affari, una caratteristica questa che contrassegna la maggior parte dei membri della sua famiglia[13].

Il capostipite dei Vecellio fu un certo Tommaso il quale, dopo aver svolto l'attività di notaio nel villaggio di Pozzale, si trasferì nella limitrofa Pieve di Cadore, dove nel 1290 è ricordato – a dimostrazione di un'agiatezza economica ormai raggiunta – con i titoli di «dominus» e «messere». Uno dei suoi figli, Guecello o Vecello, fu podestà del Cadore dal 1321 al 1326, ricoprendo inoltre il ruolo di ambasciatore presso la Serenissima. Il nonno dell'artista, Conte Vecellio, giureconsulto e più volte sindaco della Magnifica comunità, nel 1479 fu nominato capitano delle milizie in Comelico al fine di arrestare una temuta avanzata turca e nel 1487 provveditore generale contro le truppe tedesche nella guerra tra la repubblica di San Marco e Sigismondo arciduca d'Austria e conte del Tirolo; nel febbraio del 1508, in una sorta di prova generale della guerra di Venezia contro la Lega di Cambrai, rifiutò valorosamente di arrendersi dal castello di Pieve ai soldati dell'imperatore Massimiliano I, poi sconfitti a marzo nella valle di Cadore dall'esercito veneto guidato da Bartolomeo d'Alviano. Tra i cadorini che nei frequenti momenti di crisi economica scendevano a Venezia per acquistare cereali al mercato di Rialto vi era anche lui, al quale spetta con ogni probabilità il merito di aver indirizzato il nipote verso una carriera che lo avrebbe proiettato fuori dai ristretti confini della provincia montana[14].

Primo di quattro figli (gli altri tre erano Francesco, Orsa, Dorotea), Tiziano nacque da una tale Lucia e da uno dei figli di Conte Vecellio, Gregorio, e fu battezzato in onore di san Tiziano, al quale era dedicata la cappella di famiglia nella parrocchiale di Pieve. Del padre, più volte capitano della centuria di Pieve tra il 1494 e il 1507, sovrintendente alle opere del castello e ispettore delle miniere della zona, anch'egli coinvolto nella battaglia del Cadore del 1508, Tiziano eseguì verso il 1530 un intenso ritratto in armatura da cui traspaiono la fierezza e l'orgoglio di una famiglia provinciale di veri e propri *self-made men*[15]. Tali aspetti caratteriali, che si colgono anche nell'*Autoritratto* dell'artista a Berlino (tav. 1), diverranno un bagaglio fondamentale durante l'intera esperienza umana e professionale di Tiziano nell'agguerrito clima culturale di Venezia, in cui l'affermazione di un forestiero – pur ambizioso e dal talento cristallino – proveniente dalla piccola provincia non dovette rivelarsi certamente agevole.

NELLA CITTÀ «NOBILISSIMA ET SINGOLARE»: TIZIANO A VENEZIA

Racconta il Dolce che Tiziano «fu mandato dal padre a Vinegia picciolo fanciullo di nove anni in casa d'un suo fratello, che quivi attendeva alla cura di uno di quegli onorati uffici che si danno a' cittadini, affine che egli lo mettesse ad apparare a dipingere, avendo veduto in lui, in quella tenera età, d'intorno a quest'arte chiarissimi lumi d'ingegno»[16]. Se diamo credito a una sua data di nascita verso il 1483-1485, l'artista dovette perciò giungere in laguna alla metà dell'ultimo decennio del Quattrocento, durante il dogado di Agostino Barbarigo. Egli arrivò in città in compagnia del fratello Francesco il quale però, dopo la morte del padre Gregorio attorno al 1534, alla permanenza a Venezia avrebbe preferito di gran lunga quella nella più tranquilla Pieve di Cadore, dove avrebbe ricoperto incarichi nel Consiglio, gestito commerci di cereali e di legname, dipinto qualche tela o gonfalone[17]. Ad accogliere i due fanciulli fu lo zio paterno Antonio, un uomo di lettere, forse anche pittore, al servizio di Venezia per ragioni politiche (era infatti cancelliere del reggimento di Brescia); fu questi con ogni probabilità a presentare al nipote Tiziano il genero Iacopo Coltrini, ingegnere della Serenissima, che a sua volta dovette presentarlo al direttore della fabbrica dei mosaici di San Marco, Sebastiano Zuccato, presso la cui bottega il Vecellio avviò il suo apprendistato pittorico[18].

Dopo l'esperienza presso il mosaicista Zuccato, che gli dovette trasferire i rudimenti del mestiere, Tiziano transitò prima nella bottega di Gentile Bellini e poi, dal momento che – secondo l'efficace narrazione del Dolce – era «spinto dalla natura a maggiori grandezze et alla perfezione di quest'arte» e che «non poteva sofferir di seguitar quella via secca e stentata», approdò a quella di Giovanni Bellini e infine a quella del pittore emergente nella Venezia a cavallo dei due secoli, Giorgione[19]. Il passaggio del giovane apprendista nelle prestigiose botteghe dei due fratelli Bellini, prima in quella di Gentile, influente membro della Scuola grande di San Marco insignito del titolo di cavaliere sia dall'imperatore Federico III d'Asburgo sia dal sultano ottomano Maometto II, e poi in quella del più dotato Giovanni, alla cui *Pala di San Zaccaria* (1505) il cadorino diede forse un piccolo contributo, lanciò prepotentemente Tiziano sulla scena artistica veneziana[20]. Furono del resto molteplici, oltre a quelli fondamentali forniti dai Bellini, gli stimoli ricevuti dal Vecellio nella Venezia al passaggio tra il Quattro e il Cinquecento, stimoli che dovettero letteralmente sconvolgere il pittore alle prime armi sceso dalle isolate Alpi venete per imparare il mestiere. La città fu infatti segnata profondamente dai pur brevi soggiorni di: Pietro Perugino nel 1494, convocato per dipingere alcune opere nella sala del Maggior Consiglio in Palazzo Ducale e in quella dell'Albergo nella Scuola grande di San Giovanni evangelista; Leonardo nel 1500, in laguna per una consulenza di ingegneria militare; Albrecht Dürer nel 1505-1506, in Italia per la seconda volta e autore per la chiesa nazionale tedesca di San Bartolomeo a Rialto della pala con la *Festa del rosario* (1506); fra' Bartolomeo nel 1508, fiorentino di ascendenza raffaellesca. Merita d'altra parte sottolineare che per le sue chiese, le sue dimore patrizie e le sue scuole erano ancora molto attivi i pittori della vecchia generazione quali, oltre ai fratelli Bellini, Alvise Vivarini, Vittore Carpaccio, Cima da Conegliano, Bartolomeo Montagna, poi tutti gradualmente sostituiti dagli astri nascenti di Giorgione, Sebastiano del Piombo e appunto Tiziano[21]. La prematura scomparsa di Giorgione nell'autunno del 1510, dovuta all'infuriare della peste, e la partenza di Sebastiano per Roma nella primavera del 1511, trasferitosi nella città dei papi al seguito del facoltoso banchiere senese Agostino Chigi, lasciarono di fatto il campo libero a Tiziano, al quale rimanevano come unici pericolosi concorrenti Carpaccio, ormai sempre più involuto in formule artistiche attardate, e l'anziano e affaticato Giovanni Bellini. Proprio con il patriarca della pittura veneziana del primo Rinascimento, mostrando una dose di spregiudicatezza pari solamente alla scarsa riconoscenza per l'alunnato trascorso nella sua bottega, Tiziano avrebbe ingaggiato – come vedremo – una dura battaglia per scalzarlo dal ruolo di pittore ufficiale della Serenissima.

La Venezia in cui si formò culturalmente e artisticamente Tiziano è quella del doge Leonardo Loredan, in carica dal 1501 al 1521, la cui immagine migliore giunta fino a noi, dalla quale ben si comprende perché egli venisse definito il «Sereno», nonostante i vari problemi che dovette affrontare sin dall'inizio del suo mandato, è lo straordinario ritratto eseguito da Giovanni Bellini al principio del suo regno[22]. Stessa placida serenità espressa dal ritratto del doge Loredan promana dalla celeberrima pianta xilografica a volo d'uccello di Venezia realizzata nel 1500 nella stamperia del mercante tedesco Anton Kolb su disegno di Iacopo de' Barbari, in cui la città con i suoi gloriosi monumenti e con la sua imponente flotta è simbolicamente stretta tra Mercurio, il dio del commercio, e Nettuno, il dio del mare.

Caratterizzata dall'intenso fiorire degli studi letterari, filosofici e scientifici coltivati presso le due Scuole pubbliche di San Marco e di Rialto, animata da cenacoli umanistici gravitanti attorno alle figure del latinista Andrea Navagero e del giovane poeta Pietro Bembo, arricchita dalle collezioni di antichità di personaggi come il munifico cardinale Domenico Grimani, nella cui raccolta di opere d'arte non mancavano quadri dei fiamminghi Hans Memling o Hieronymus Bosch, la Venezia del giovane Tiziano è anche segnata dalla prepotente affermazione della stampa, che fece la sua apparizione in città nel 1469 con la pubblicazione delle *Epistulae* di Cicerone ad opera dell'orafo e tipografo tedesco Giovanni da Spira[23]. Il suo massimo rappresentante, editore di capolavori illustrati del livello dell'*Hypnerotomachia Poliphili* (1499) di Francesco Colonna, fu il dotto Aldo Manuzio, allievo di Pomponio Leto a Roma e di Battista Guarini a Ferrara[24].

La Venezia di fine Quattro inizio Cinquecento, naturalmente, non è solo quella serena e sprezzante che traspare dalla stampa di Iacopo de' Barbari o dal viso luminoso del doge Loredan effigiato da Giovanni Bellini: essa è infatti anche la città falcidiata nel 1503-1504 e nel 1510 dalla peste, ferita dalla crisi economica – avviata con la scoperta portoghese della via alle Indie che spezzava il monopolio veneziano delle spezie –, dal devastante incendio al fondaco dei Tedeschi (1505), dalla disastrosa guerra con la Lega di Cambrai, dall'annosa e irrisolta questione con il nemico di sempre l'Impero ottomano, il minaccioso nemico alle porte del suo vasto dominio nel Mediterraneo orientale. Come sostiene Alberto Tenenti, tra la seconda metà del XV e la prima metà del XVI secolo «il confronto navale fra i due avversari volse a favore dei turchi», il che avvenne sia per la maggiore quantità di unità navali a loro disposizione sia per l'appoggio garantito alla Sublime Porta dai principati barbareschi dell'Africa settentrionale[25].

L'inesorabile declino di Venezia in Oriente ebbe inizio nel fatidico 12 luglio 1470, quando la flotta del sultano Maometto II s'impossessò della principale base veneziana nell'Egeo settentrionale, Negroponte. Gradualmente e pressoché indisturbati, i turchi conquistarono dapprima Siria ed Egitto (1517), quindi Rodi (1522), cacciando gli ospitalieri di San Giovanni, e infine Algeri (1529), estendendo il proprio controllo sull'intero Mediterraneo meridionale[26].

In questo braccio di ferro tra le due potenze marittime si inserisce anche la guerra del 1499-1503, condotta per la Serenissima prima dall'imbelle Antonio Grimani e poi dall'abile e spietato Benedetto Pesaro, cui non riuscì comunque di evitare la perdita di Lepanto, Modone e Corone[27]. La lega antiturca costituita nel 1501 comprendeva, oltre a Venezia che avrebbe dovuto sborsare 100.000 ducati, l'Ungheria, che si impegnava ad attaccare gli ottomani dalla terraferma, e la Chiesa di Roma, che prometteva 40.000 ducati annui fino alla fine della guerra[28]. Un foglio volante pubblicato per celebrare la formazione della lega testimonia la percezione che si aveva del pericolo turco in laguna: nella xilografia (tav. 4), infatti, il re di Boemia e di Ungheria Ladislao,

> abbondantemente ringiovanito per l'occasione e fornito di lunga chioma, se ne sta in armi su un bardatissimo cavallo dentro una fortezza, tra due ali di cavalieri e due di notabili, brandendo la spada nella destra e levando alto con la sinistra un enorme stendardo con Cristo crocifisso tra Maria e Giovanni, mentre fuori delle mura – ma ridotte in un angolo, miniaturizzate e ridicolizzate dall'astutissima soluzione semiotica – s'agitano tutte insieme le sette teste del drago/turco della nuova Apocalisse[29].

Protagonista indiscusso del conflitto fu Benedetto Pesaro[30]. Eletto «generalissimo da mar» nel luglio del 1500, sin dalle prime battute della guerra il Pesaro impressionò per la sua risolutezza, conquistando rapidamente Cefalonia (dicembre 1500), non senza l'ausilio delle navi spagnole di Consalvo de Cordoba; eletto per i suoi meriti militari alla Procuratia de Supra nel 1501, morì sulla sua galera a Corfù il 12 agosto 1503, dopo aver conquistato il 30 agosto 1502 anche Santa Maura, preziosa fortezza poi restituita ai turchi con un trattato nell'estate successiva. Fu tale a Venezia lo sgomento provocato dalla notizia della morte del capitano veneziano, che il mercante e cronista Girolamo Priuli, il quale ebbe a definirlo «hommo veramente» e «molto experto in le chosse maritime», sottolineò che, «dove l'armata veneta se poteva reputar perduta, la ridusse in tal termine, che la poteva star a l'incontro de la inimica»[31]. In realtà, la pagina più gloriosa del conflitto, ma sarebbe forse il caso di dire l'unica, ossia la vittoria di Santa Maura, celebrata anche dal diarista Marin Sanudo come l'azione che ebbe il merito di mettere i turchi «in gran confusione»[32], non contemplò come unico artefice Benedetto Pesaro, ma anche il più giovane cugino Iacopo, sebbene l'immaginario collettivo veneziano attribuisse esclusivamente al primo il merito di quel successo. Ad alimentare questo sentimento comune, d'altra parte, contribuì in maniera decisiva lo stesso Benedetto Pesaro, che volle magnificare le vittorie militari a Cefalonia e a Santa Maura nei rilievi del suo precoce monumento funebre, eretto nel 1503 da Lorenzo Bregno e da Baccio da Montelupo nella sagrestia di Santa Maria Gloriosa dei Frari[33]. Il risentimento di Iacopo Pesaro nei confronti del cugino, acuito dal fastidio che dovette causare quella imponente tomba in una delle principali chiese di Venezia, emerge sia dal discorso tenuto davanti al Collegio il 21 novembre 1502, secondo il quale sarebbe stato lui ad aver fatto al meglio il proprio dovere «con le sue bombarde contra turchi» e ad aver costruito «la palifichada a Santa Maura e non il zeneral»[34], sia dall'epitaffio sulla sua sepoltura, anch'essa ai Frari, il cui *incipit* puntualizza: IACOBVS PISAVRVS PAPHI EP[ISCO]PVS QVI / TVRCAS BELLO SEIPSV PACE VINCEBAT.

Senza nutrire speranze per degne celebrazioni in vita o postume, che d'altronde non sarebbero mai arrivate, Iacopo Pesaro decise di affidare al pennello del giovane Tiziano l'incarico di celebrargli una sua personale Santa Maura attraverso un piccolo e raffinato dipinto, avviando così un rapporto di committenza dal quale sarebbe scaturito in seguito uno dei capolavori del pittore. Ma chi era e che ruolo ebbe davvero nella guerra antiturca Iacopo Pesaro? Nato nel 1464, domenicano, dopo aver preso gli ordini minori divenne nel 1495 vescovo di Pafo a Cipro, luogo leggendario dove si riteneva che la dea Venere fosse emersa dal mare. Nel maggio 1501 Alessandro VI lo nominò legato apostolico dell'armata e sin dall'estate dell'anno seguente, in veste di capitano e commissario papale, combatté al servizio della flotta pontificia ai Dardanelli. Il 30 agosto 1502 partecipò in prima persona, guidando le galere pontificie, alla vittoriosa battaglia dell'isola di Santa Maura[35].

Forse entrato in contatto con l'ecclesiastico grazie ai buoni uffici di Giovanni Bellini, che nel 1488 aveva realizzato per il cugino Benedetto un trittico conservato nella cappella di famiglia nella sagrestia dei Frari[36], Tiziano fece con il quadro dipinto per il vescovo il suo ingresso ufficiale nel complesso e talvolta indecifrabile agone politico che avrebbe caratterizzato il Cinquecento veneziano. A dispetto della sua giovane età, che non doveva superare i vent'anni, l'artista fu presumibilmente scelto dal committente in virtù delle sue fruttuose esperienze professionali accumulate nel giro di pochi anni, tra cui in particolare l'alunnato presso i Bellini, il principale trampolino di lancio veneziano del Vecellio. E proprio nella scia belliniana, ma con un realismo e con un senso dell'umanità decisamente più accentuati rispetto alla produzione dei due fratelli, il pittore esordiente proveniente dal Cadore eseguì quella che va considerata a buon diritto la prima importante opera all'interno del suo vasto catalogo. Essa rappresenta Iacopo Pesaro in ginocchio, effigiato con l'abito bianco e nero dei cavalieri di Malta e con la caratteristica tonsura da chierico, presentato a san Pietro da Alessandro VI Borgia, come solo in parte ricorda la più tarda iscrizione sulla finta tavoletta in basso: RITRATTO DI VNO DI CASA PESARO / IN VENETIA CHE FV FATTO / GENERALE DI SANTA CHIESA / TITIANO F.[37] (tav. 5). Il protagonista del quadro, caratterizzato da un impianto compositivo e da un cromatismo del tutto belliniani e in cui si è ravvisata l'influenza del lombardo Iacopo Palma il Vecchio sia «nelle sfumature delle tinte, nel getto e nelle pieghe dei panneggiamenti» sia nei «passaggi dalle luci calde e chiare alle tinte grigie argentine che si fondono nei lividi»[38], è il vescovo di Pafo, la cui età non dovrebbe superare i quarant'anni. È assai plausibile, soprattutto in considerazione del fatto che il committente fu assente da Venezia tra il 1503 e il 1506, che il dipinto fosse ultimato entro il 1503, magari in occasione del primo anniversario della battaglia di Santa Maura. È inoltre altrettanto verosimile che esso intendesse al contempo celebrare la morte di papa Borgia (18 agosto 1503), a cui il Pesaro doveva tutto della sua carriera ecclesiastica, anche perché risulta improbabile che un papa venisse raffigurato da vivo in piedi di fronte a san Pietro, soprattutto nel caso del corrotto Alessandro VI, che fa sfoggio nella scena della tiara e di un sontuoso piviale in broccato[39]. Oltre all'immagine principale, che ha il sapore di una sorta di ex voto e forse proprio per tale ragione riecheggia nella disposizione dei personaggi e nel formato la *Pala votiva per il doge Agostino Barbarigo* (1488) di Giovanni Bellini in San Pietro Martire a Murano[40], alcuni dettagli iconografici svelano ulteriormente la più nascosta dimensione simbolica della scena.

Il vessillo al centro del dipinto tenuto con entrambe le mani dal committente, su cui campeggiano i due stemmi Pesaro e Borgia a simboleggiare il ruolo ricoperto nella flotta pontificia dal vescovo di Pafo, è con ogni probabilità quello di cui parla il diarista Marin Sanudo: «In questo zorno, 28 [giugno 1502], con gran solennità, ditto la messa in San Marco per el principe, fo dato el vexilo dil papa al comissario, domino Jacomo de cha' de Pixaro, episcopo di Baffo, e con gran pompa lo acompagnò, con li oratori et a la Signoria, fino in galia, la qual era al pontil, et si partì subito»[41]. Seminascosta dietro la bandiera e i due personaggi sulla destra, collocata in una quinta paesaggistica avvolta in una nebbiolina che fa pensare più all'atmosfera di un'alba veneziana che a un'improbabile rappresentazione dell'isola di Santa Maura, si intravede la flotta ordinatamente schierata che richiama i preparativi per la battaglia; all'evento bellico e all'incarico militare svolto dal Pesaro, inoltre, allude l'elmo lucente sul pavimento a scacchi bianchi e rossi, pressoché identico – eccezion fatta per l'assenza della celata – a quello nel *Ritratto di capitano con scudiero* detto *Gattamelata* di Giorgione agli Uffizi[42].

Molto interessante, realizzato in un misurato stile classicheggiante che richiama la coeva scultura dei Lombardo, si rivela il finto rilievo marmoreo alla base del podio del san Pietro benedicente: vi si riconosce un Cupido in atto di scagliare una freccia in direzione di una Venere vincitrice seminuda alla sua sinistra, il che rimanda sia alla vittoria ottenuta da Iacopo Pesaro a Santa Maura sia al culto di Venere legato a Pafo, di cui egli era vescovo[43]. Il fatto che la scena scolpita sul basamento stia sotto la figura statuaria di san Pietro e il suo elemento iconografico principale sotto le due grandi chiavi pontificie allude al trionfo del cristianesimo sul paganesimo[44]. In questo caso, infatti, i pagani sono i turchi e il san Pietro nell'atto di benedire, al quale si raccomandano il committente e il pontefice che intercede per lui, rappresenta la Chiesa vittoriosa sul secolare nemico ottomano. Un simbolismo piuttosto simile, per citare un esempio cronologicamente non distante dal quadro tizianesco, è presente anche nel telero di Carpaccio con il *Martirio dei pellegrini ed esequie di sant'Orsola* (1493) all'Accademia di Venezia, in cui gli Unni che massacrano senza pietà i cristiani altro non rappresentano se non i turchi di Maometto II, come rivela al centro della composizione la presenza della bandiera bianca e rossa con le tre corone dorate che alludono al dominio ottomano su Asia, Trebisonda e Grecia[45].

Si può concludere affermando che nel dipinto di Anversa, forse il primo in assoluto a soggetto storico-politico-militare della carriera di Tiziano, i due elementi iconografici più significativi sono l'omaggio del committente all'*auctoritas* pontificia, rappresentata da san Pietro con i suoi attributi simbolici e da Alessandro VI, e la celebrazione nell'ambito della vittoria a Santa Maura del vescovo e capitano Iacopo Pesaro, che per mezzo di questo quadro tentò di riabilitare i suoi meriti nella campagna antiottomana e al contempo di far dimenticare quelli dell'ingombrante cugino Benedetto. Eseguita per un personaggio in vista nella Venezia di primo Cinquecento, che con ogni probabilità introdusse il pittore in altri ambienti prestigiosi cui offrire i suoi servigi, quest'opera giovanile già rivela in pieno la straordinaria capacità del Vecellio nel rappresentare la storia e i suoi protagonisti, i risvolti noti, meno noti o ignoti di un evento, i sentimenti espressi e quelli non espressi, i dettagli simbolici che poi dettagli non sono, dal momento che spesso rivelano o svelano molto di più di quanto siano in grado di fare elementi più in vista all'interno della scena. La pala, inoltre, dimostra la notevole e precoce capacità mimetica del pittore, che diverrà una felice costante in tutta la sua attività professionale. Sempre in grado di adeguarsi alle più disparate maniere artistiche, dai Bellini ai fiamminghi e ai tedeschi, da Giorgione a Sebastiano del Piombo, da Raffaello a Michelangelo, Tiziano seppe però di volta in volta affrancarsi con intelligenza dai suoi modelli di riferimento, riuscendo a riproporli con uno stile personalissimo e palesando un talento non comune sia nel saper scegliere il dettaglio giusto al momento giusto sia nel saper declinare con innato opportunismo il suo pennello alle mutevoli esigenze della committenza.

I RIFLESSI DELLA GUERRA DI CAMBRAI: DAL FONDACO DEI TEDESCHI ALLA SCUOLA DEL SANTO A PADOVA

Conclusa la guerra con i turchi, una crisi ancor più grave minacciava l'orizzonte di Venezia. Dopo la morte di Alessandro VI, avvenuta nell'estate del 1503, approfittando di un vuoto di potere, la repubblica di San Marco incamerò alcuni possedimenti della Chiesa in Romagna, dove l'ormai vacillante cardinale Cesare Borgia, inimicandosi le signorie locali, si era costruito un piccolo Stato all'ombra del padre pontefice. Eletto dopo la brevissima parentesi del senese Pio III Piccolomini, il nuovo e bellicoso papa ligure Giulio II Della Rovere si oppose all'espansionismo dei veneziani, cercando inizialmente di ammorbidirne le pretese per via diplomatica attraverso il legato pontificio in laguna. Secondo il racconto del diarista Priuli, gli «insuperbiti» e avidi governanti marciani non furono capaci di ascoltare i molti campanelli d'allarme che mettevano in guardia la repubblica e perciò, «credendo che tuto il mondo non li potesse nozere», si fecero «beffe di simel parole». L'atteggiamento del nuovo papa si trasformò rapidamente in aperta ostilità verso Venezia, tanto che a nulla valse nella primavera del 1505 la restituzione di alcuni centri minori sotto la giurisdizione di Cesena e di Imola, seguita in autunno dall'atto di obbedienza al pontefice compiuto a Roma da otto ambasciatori veneziani[46]. Il 10 dicembre 1508 venne costituita a Cambrai, in Francia, una Lega per spogliare la Serenissima dei suoi possedimenti alla quale presero parte alcuni Stati europei e italiani, tranne Firenze che rimase neutrale, ciascuno rivendicando un territorio. La Chiesa, che aderì alla Lega nel marzo 1509, mirava a riconquistare Faenza, Rimini, Ravenna e Cervia, l'imperatore puntava al Friuli e al Veneto, il re d'Ungheria alla Dalmazia, il duca di Savoia a Cipro, il re di Francia a Cremona, Brescia, Bergamo e Crema, quello di Spagna alla Puglia, Mantova e Ferrara ad alcune zone di confine[47]. Smaliziato e lucido, in merito all'adesione di Giulio II alla lega antiveneziana, si rivela come sempre il giudizio di Francesco Guicciardini, secondo il quale nell'animo del pontefice albergavano «da una parte il desiderio di ricuperare le terre di Romagna e lo sdegno contro a' viniziani e dall'altra il timore del re di Francia» e la convinzione «che la potenza di Cesare cominciasse in Italia a distendersi»[48].

La battaglia più sanguinosa tra i due eserciti contrapposti, quello della Lega alla cui testa era il re francese Luigi XII e quello veneziano guidato da Niccolò Orsini, conte di Pitigliano, e da Bartolomeo d'Alviano, andò in scena ad Agnadello, presso Crema, il 14 maggio 1509: ebbe la peggio la compagine veneziana, il che provocò il passaggio di molte zone sottoposte al controllo di Venezia dalla parte della Francia o dell'Impero. Ma già nel luglio seguente, insofferenti al nuovo giogo straniero, alcune città cominciarono a ribellarsi e a riconsegnarsi all'antica Dominante, come dimostrano i casi di Mestre, di Treviso e della riottosa Padova, riconquistata dall'azione congiunta del condottiero Taddeo Volpi e del provveditore generale e futuro doge Andrea Gritti.

Oltre che su quello lombardo, la guerra tra Venezia e la Lega si svolse su vari fronti dell'Italia settentrionale[49]. Dopo la vittoria conseguita dai francesi ad Agnadello, infatti, le truppe di mercenari dell'imperatore Massimiliano I si diressero verso Feltre e il Cadore, dove già nel 1508 l'esercito veneto – nelle cui fila militavano il nonno, il padre e il fratello di Tiziano – aveva offerto una grande prova di resistenza all'invasione. Fu forse proprio il ricordo della battaglia del Cadore che spinse l'imperatore asburgico a muovere contro quei territori con la massima durezza: al servizio di Rodolfo d'Anhalt ben 7000 uomini si presentarono al cospetto di un esercito che disponeva di soli 400 soldati cadorini e 200 veneziani, saccheggiando e devastando i paesi limitrofi alla metà di luglio del 1509. Solamente dopo aver riottenuto la fedeltà della strategica Padova, le milizie della Serenissima si dedicarono alla riconquista delle terre perdute appena pochi giorni prima, rimpossessandosi di Serravalle, Feltre, Belluno e Pieve di Cadore. Crocevia di vitale importanza, il Cadore continuò durante tutta la guerra a essere bersaglio privilegiato degli attacchi tedeschi, come dimostra l'invasione nell'autunno 1511 da parte di un contingente di 3000 mercenari imperiali che, giunti alle porte del castello di Pieve, sconfissero facilmente i fanti cadorini e veneziani[50]. Tra gli abitanti del Cadore che si distinsero nella coraggiosa difesa della propria terra vi era anche Francesco Vecellio, fratello di Tiziano, il quale rimase gravemente ferito a una gamba in una delle tante scaramucce tra soldati tedeschi e francesi e soldati veneti[51]. Proprio tale partecipazione quasi in blocco della famiglia alla guerra di Cambrai dovette avere un peso affettivo notevole quando il pittore entrò al servizio di Venezia per realizzare opere volte a celebrare la resistenza della repubblica di San Marco e dei suoi domìni all'invasione straniera. I Vecellio, dimostrando di riflesso la salda fedeltà del Cadore alla Serenissima, combatterono insomma ciascuno la propria guerra personale contro i nemici d'oltralpe: chi gettandosi nella furibonda mischia delle microbattaglie che insanguinarono le zone di confine del Veneto, come Francesco, chi invece mettendo a disposizione della propaganda politica la sua tavolozza, come Tiziano.

La lunga guerra, in cui Venezia aveva speso ben 5 milioni di ducati, ma grazie alla quale aveva in buona parte riguadagnato i territori di terraferma perduti circa un secolo prima, si concluse il 3 dicembre 1516 con il trattato di Bruxelles[52]. Il celeberrimo telero di Carpaccio raffigurante il *Leone di san Marco*, dipinto nello stesso 1516 e custodito in Palazzo Ducale, ben simboleggia la ritrovata *pax* dopo gli anni di guerra: l'animale poggia infatti le zampe anteriori sulla terra e quelle posteriori sull'acqua, a rappresentare il rinnovato dominio di Venezia sulla terraferma e sul mare[53].

Nonostante i successi politici ed economici ottenuti grazie agli accordi diplomatici del 1516, l'immagine di Venezia e dei suoi governanti uscì dalle terribili vicende militari letteralmente in frantumi. Per il provato popolo veneziano, infatti, tanto la disastrosa rotta di Agnadello quanto la drammatica guerra ingaggiata con la poderosa Lega di Cambrai si configurarono come un meritato castigo divino, come d'altronde ebbero a lamentare sia il doge Loredan sia il cronista vicentino Luigi Da Porto, secondo il quale gli eventi bellici di inizio secolo, provocati anche da «qualche influsso di stelle, invidioso di così lunga quiete e della immensa letizia» della città, si verificarono soprattutto a causa della corruzione dei costumi politici e sociali marciani, ben lontani da quelli degli antenati[54].

Come prevedibile, oltre a lasciare centinaia di morti sui campi di battaglia, ad accentuare una già grave carestia e a spalancare le porte a falcidianti ondate di peste, la crisi tra Venezia e la Lega di Cambrai mise in moto anche la potente macchina della propaganda a difesa del leone ferito di San Marco, al cui servizio il giovane Tiziano iniziò a lavorare assiduamente nello scorcio del primo decennio, dopo aver già dato ottima prova di sé nella pala per il vescovo Iacopo Pesaro. Proprio il suo impegno a favore della causa veneziana, un impegno concretizzatosi in una fase di estrema difficoltà per la repubblica ed espresso mediante opere di straordinaria qualità formale e di altrettanto straordinaria efficacia ideologica, rese il Vecellio uno strumento pressoché indispensabile alla politica di uno dei più potenti Stati italiani del Cinquecento. Marchiato sulla propria pelle dai tragici eventi bellici, i cui strazianti echi provenienti dall'amato Cadore dovettero provocargli delle profonde ferite interiori, Tiziano visse personalmente i devastanti effetti del conflitto, trovandosi con ogni probabilità spaesato nella grande città lagunare che nel giro di pochi anni si era vista cancellare una prosperità faticosamente raggiunta.

Manifesto precoce della propaganda politica veneziana tutta arroccata nella reale e simbolica difesa dei suoi confini dall'aggressione congiunta delle potenze italiane e straniere, realizzato durante le fasi iniziali del conflitto tra Venezia e la Lega di Cambrai, il deperito ciclo a fresco del fondaco dei

Tedeschi fu dipinto nel 1508-1509 da Giorgione e dall'allievo Tiziano rispettivamente sulla facciata del Canal Grande, la più visibile, e su quella della Merceria. Contando forse sull'appoggio di chi aveva già usufruito del suo pennello, il vescovo Iacopo Pesaro, Tiziano – secondo il racconto del Vasari – avrebbe ottenuto la prestigiosa commissione pubblica grazie alla mediazione di un non meglio identificato membro della nobile famiglia veneziana dei Barbarigo, al quale egli avrebbe fatto un ritratto «molto bello, essendo la somiglianza della carnagione propria e naturale, e sì ben distinti i capelli l'uno dall'altro, che si conterebbono»[55]. Affacciato sul Canal Grande a poca distanza dal ponte di Rialto, che all'epoca degli affreschi si presentava ancora con la sua semplice struttura in legno (come può osservarsi nel telero di Carpaccio del 1494-1495 all'Accademia di Venezia con la *Liberazione dell'indemoniato*), il fondaco dei Tedeschi esisteva sin dal XIII secolo. Ricostruito in circa tre anni dopo il devastante incendio della notte tra il 27 e il 28 gennaio 1505, forse su progetto di Girolamo Tedesco, ma sotto la duplice supervisione di Giorgio Spavento e di Antonio Abbondi detto lo Scarpagnino, esso si configurava all'epoca come «la più cospicua delle strutture destinate al servizio dei traffici internazionali della Serenissima, ad accogliere merci e attività amministrative, ad alloggiare mercanti e ad ospitare transazioni»[56]. Edificio a pianta quasi quadrata su tre livelli caratterizzato da una estrema sobrietà e decoro delle forme, in linea con l'esigenza di moralizzazione manifestata sin dalle prime battute del dogado del Loredan, esigenza assecondata dalla decisione del Senato veneziano di vietare l'impiego di marmi preziosi e di intagli sui palazzi (1505), il fondaco può essere considerato un incunabolo della nuova architettura lagunare, in cui la castigata severità e il classicismo di impronta vitruviana – cui daranno poi un fondamentale contributo Iacopo Sansovino e soprattutto Andrea Palladio – diverranno le caratteristiche dominanti fino all'inoltrato Cinquecento[57].

Gli affreschi di Giorgione e Tiziano[58], per la cui stima (150 ducati, poi ridotti a 130), avvenuta nel dicembre 1508, fu selezionata da Giovanni Bellini una commissione di pittori formata da Carpaccio, Lazzaro Bastiani e Vittore Belliniano, erano incaricati di ingentilire la severità architettonica dell'edificio e di fornire un'efficace risposta visiva alla grave crisi con la Lega di Cambrai che stava pericolosamente incrinando l'immagine di Venezia. Le pitture realizzate dai due artisti, in parte incentrate su temi astrologici e di cui facevano parte un fregio a chiaroscuro snodato lungo la facciata del palazzo verso terra e varie figure allegoriche di complessa decifrazione su entrambi i prospetti del Canal Grande e della Merceria, a causa dell'incuria e dell'azione corrosiva della salsedine si presentavano in precarie condizioni già all'inizio del Settecento. Fortunatamente, però, alcune preziose incisioni realizzate tra il XVII e il XVIII secolo, insieme con le descrizioni dovute alla penna del Dolce, del Vasari e del Ridolfi, ci restituiscono una pur pallida e frammentaria traccia del ciclo figurativo del fondaco.

Alle monumentali e serene figure di nudi maschili e femminili dipinte da Giorgione sulla facciata d'acqua, dei cui deperiti brani restano come principali testimonianze visive alcune acqueforti del 1760 di Anton Maria Zanetti, era presumibilmente affidato il compito di insistere sui concetti di prosperità e di pace da sempre assicurati dalla repubblica di San Marco, diritti garantiti anche alle comunità straniere che affollavano da secoli la più cosmopolita tra le città europee. Tali immagini, in cui il Ridolfi (1648) e lo Zanetti (1771) individuarono «geometri che misurano la palla del mondo» o «filosofi che misurano un globo», dovevano inoltre rivestire un significato astrologico: forse nascoste sotto il travestimento delle arti liberali o di divinità olimpiche associate ai pianeti, esse dovevano infatti scongiurare la minaccia di un'eclisse totale prevista per il febbraio 1509[59]. Anche un'altra immagine prodotta nel 1509 in area veneziana, l'incisione in stile düreriano del padovano Giulio Campagnola nota come l'*Astrologo* (tav. 6), metteva in guardia contro quell'anno funestato dalla guerra, che avrebbe registrato la disfatta di Agnadello e la dedizione di Padova agli imperiali, evidenziando nella sfera del vecchio sapiente una pericolosa congiunzione astrale di Sole e Luna nel segno della bilancia; sulla destra, davanti a un paesaggio in cui si riconosce il profilo di Venezia con il Palazzo Ducale e le cupole della basilica di San Marco, un mostriciattolo affiancato da un teschio con ossa e da un tronco secco, espliciti simboli di morte, rafforza ulteriormente l'atmosfera luttuosa e apocalittica della scena[60].

L'effetto provocato dai dipinti di Giorgione e da quelli di Tiziano dovette risultare molto diverso, riflettendo i primi il carattere più meditativo e melanconico del pittore di Castelfranco, più portato per una pittura da cavalletto che per i monumentali cicli a fresco, e rispecchiando i secondi, invece, la fiera combattività del giovane artista del Cadore, nato e cresciuto nelle aspre e solitarie Alpi venete e improvvisamente catapultato nella caotica dimensione della metropoli. Il carattere più dinamico e aggressivo rispetto a quelli di Giorgione degli affreschi di Tiziano sulla facciata di terra, tra cui figuravano una *Venere nuda*, un'*Eva*, una figura di orientale e una di un tradizionale cavaliere veneziano, un cosiddetto *Compagno della calza*, e nel cui fregio a monocromo sul piano nobile sfilavano classicheggianti trofei, tabelle, stemmi con nastri, scene di combattimento tra uomini e mostri marini in parte mutuate da opere antiche e da incisioni di Andrea Mantegna e di Antonio Pollaiolo, si esplicitava in particolare in una figura originariamente collocata sopra la porta d'accesso all'edificio. Una figura di intensa drammaticità che solamente a un artista dal temperamento sanguigno come il Vecellio poteva essere assegnata. Ridotta oggi a una sorta di larva pittorica, ma anch'essa provvidenzialmente riprodotta a stampa dallo Zanetti e un secolo prima da Iacopo Piccini (1658), l'immagine è stata interpretata sin dalla metà del Cinquecento come quella dell'eroina biblica Giuditta. Racconta infatti il Dolce, al quale spetta anche l'aneddoto su un presunto sfogo di gelosia di Giorgione nei confronti del giovane collega dopo lo scoprimento degli affreschi, che Tiziano realizzò

una Giuditta mirabilissima di disegno e di colorito, a tale che, credendosi comunemente, poi che ella fu discoverta, che ella fosse opera di Giorgione, tutti i suoi amici seco si rallegravano come della miglior cosa di gran lunga ch'egli avesse fatto. Onde Giorgione, con grandissimo suo dispiacere, rispondeva ch'era di mano del discepolo, il quale dimostrava già di avanzare il maestro e, che è più, stette alcuni giorni in casa come disperato, veggendo che un giovanetto sapeva più di lui[61].

Alla versione del Dolce fa eco all'incirca un secolo più tardi quella del Ridolfi, che ricorda

la figura di Giuditta, collocata sopra la porta dell'entrata, che posa il piè sinistro sul reciso capo d'Oloferne, con spada in mano vibrante tinta di sangue, et a' piedi vi è un servo armato con berettone in capo[62].

La Giuditta dipinta sopra il portale d'ingresso al fondaco, rappresentata seduta su una sorta di classico seggio, ha i capelli raccolti e impreziositi da un filo di perle e poggia il piede sinistro sulla testa di Oloferne; con la mano destra brandisce minacciosamente una grossa spada di fattura rinascimentale verso un soldato barbuto in armatura, raffigurato a mezzobusto di profilo e con uno scudo allacciato al braccio sinistro (tav. 7). Ma perché mai un personaggio dell'*Antico Testamento* quale Giuditta dovrebbe rivolgere tutte le sue malevoli intenzioni verso uno sconosciuto fante, per giunta privo di un adeguato elmo a protezione del capo? E soprattutto cosa intendono rappresentare davvero Giuditta e il suo anonimo dirimpettaio? Ci viene in soccorso, in modo inaspettato, un passo della biografia di Giorgione nelle *Vite* del Vasari, il quale – pur ammettendo di non essere in grado di comprendere il senso generale delle immagini del fondaco («io per me no l'ho mai intese», confesserà infatti) – sostiene che Giuditta è colta mentre «parla con un todesco»[63]. Come afferma il pittore e storiografo aretino insomma, e non vi è alcun motivo di dubitarne, il soldato di fronte a Giuditta è un tedesco: il che, nella Venezia del 1508-1509 in piena crisi con la Lega di Cambrai, non può non riportare alla mente la Germania dell'imperatore Massimiliano I, il nemico più temuto tra tutti i membri della coalizione antiveneziana. Al sovrano asburgico inoltre, ricorrendo nuovamente al linguaggio della metafora come nella pala per Iacopo Pesaro, verrà naturale associare il perfido generale assiro Oloferne decapitato nel sonno da Giuditta, lo spietato persecutore al servizio del re Nabucodonosor del popolo d'Israele, che a sua volta non si faticherà a identificare con il popolo veneziano. Giunti a questo punto, dal momento che nell'affresco di Tiziano non tutto – anzi, verrebbe da dire quasi nulla – è come appare e ogni dettaglio ammantato dal mito dell'epopea biblica parla la lingua della più scottante attualità, bisogna sottolineare che la figura di Giuditta non rappresenta solo se stessa, ma nasconde anche un'allegoria della Giustizia e di riflesso di Venezia, la città giusta per antonomasia[64]. La Giustizia con spada e bilancia nei panni di Giuditta è un'immagine piuttosto diffusa a Venezia tra Medioevo e Rinascimento, come dimostra ad esempio la statua sul balcone meridionale della sala del Maggior Consiglio di Palazzo Ducale, dove risulta associata alle altre tre virtù cardinali[65]. Questa figura dalla duplice simbologia rimanda anche alla castità e alla continenza, caratteristiche dell'eroina biblica, di contro alla lussuria e alla superbia di Oloferne, ma può rappresentare anche un'allegoria della Chiesa che sconfigge l'Anticristo o della Madonna trionfante sul peccato originale che calpesta il demonio sotto forma di serpente[66]. La Giuditta-Giustizia del fondaco, assisa sul trono come una dea dell'antichità classica, è infine Venezia, la città raffigurata negli anni Venti del Quattrocento come una sapiente regina in un polittico di Iacobello del Fiore alle Gallerie dell'Accademia o in un bassorilievo sulla facciata occidentale di Palazzo Ducale e celebrata nelle orazioni composte nel tardo Cinquecento per i dogi Sebastiano Venier e Pasquale Cicogna come «veramente unica e beata fra tutte le città del mondo, vergine intatta, sola, vera, sicuro et unico rifugio de' miseri [...] e degna e vera imago e simulacro di divinità»[67]. In ciò che oggi resta dell'affresco, a conferma di tale identificazione, possono ancora intravedersi sullo sfondo, dietro alla spada sguainata da Giuditta, una sbiadita Venezia con la laguna e i monti. Sfruttando il ricco e multiforme campionario figurativo disseminato per la città, Tiziano seguì piuttosto fedelmente questa consolidata tradizione iconografica, adattandola però alle circostanze della storia contemporanea e trasformandosi nuovamente in un efficace cronista. La sua invincibile eroina Giuditta-Giustizia-Venezia, infatti, munita di spadone ed effigiata altresì come nobile e casta regina, sbarra vigorosamente la strada a un truce fante tedesco, che forse stringe nella mano sinistra un pugnale; non a caso, merita evidenziarlo, l'immagine era dipinta sulla facciata di terra del fondaco, il che mirava a sottolineare che proprio dalla terraferma proveniva il pericolo principale per i confini veneziani, quello costituito dalle truppe di mercenari al soldo dell'imperatore tedesco. Dall'accesso al fondaco verso la Merceria, peraltro, che prima dei lavori tardocinquecenteschi al nuovo ponte di Rialto si presentava meno angusto di come risulta attualmente[68], dovevano passare tutti coloro – ed erano per la maggior parte tedeschi – che avessero voluto accedere all'edificio, costretti a sfilare sotto il giogo costituito dall'allegoria di Venezia. Nel ciclo del fondaco, superando di slancio il maestro Giorgione e le sue sognanti figure fuori dal tempo e fuori dalla storia, avvolte in un alone metafisico che le relega in un mondo fiabesco dai contorni sbiaditi, Tiziano aveva in un colpo solo dimostrato le sue spiccate doti tecniche e la sua innata propensione a cogliere gli aspetti più drammatici e vivi della realtà, trasfigurando il mito e la favola in attualità. Proprio tali caratteristiche, che ne avrebbero fatto uno degli artisti più richiesti dalle sfarzose corti italiane ed europee, avrebbero trovato a breve una consacrazione definitiva in laguna e fuori dai suoi confini.

Poco dopo l'impegno al fondaco dei Tedeschi e poco prima di trasferirsi a Padova, con ogni probabilità durante la peste del 1510, Tiziano eseguì un altro importante lavoro per la repubblica, che ormai aveva cooptato il giovane pittore tra i protagonisti della sua propaganda artistica: si tratta della pala con *San Marco in trono tra i santi Cosma, Damiano, Rocco e Sebastiano*, collocata in origine sull'altare di San Marco della chiesa agostiniana di Santo Spirito in Isola e oggi custodita – dopo la soppressione dell'ordine nel 1656 – nella sagrestia della basilica della Salute[69] (tav. 8). Prima importante pala d'altare del pittore, caratterizzata da uno squillante cromatismo e da modi ancora belliniani, ma già pregna di quella classica monumentalità che ne contrassegnerà la produzione successiva, l'opera è un tipico ex voto per la cessazione dell'epidemia, in cui alle figure taumaturgiche dei santi medici Cosma e Damiano a sinistra e a quelle protettive invocate contro la peste di Rocco e Sebastiano a destra, tra cui s'instaura un muto dialogo fatto di gesti retorici e sguardi complici, si associa l'evangelista Marco. Svettante dall'alto di un trono da cui si srotola un elegante tappeto verde, effigiato con il volto in ombra a «simboleggiare la condizione della città colpita da un'epidemia di peste»[70] e con il *Vangelo* tenuto con la destra sullo sfondo di un cielo azzurro solcato da candide nubi, san Marco è un'ennesima rappresentazione sotto mentite spoglie di Venezia, la cui precisa funzione nell'immagine è di esaltare il ruolo assistenziale del governo civico rispetto a quella che è stata acutamente definita la «grazia mediabile dal governo celeste»[71].

Le ombre lunghe e funeree proiettate dalla crisi di Cambrai non si limitarono a offuscare la sola città di Venezia. La vicina Padova infatti, protagonista di una clamorosa dedizione alle truppe imperiali il 5 giugno 1509 e di un repentino ritorno alla Dominante poco più di un mese dopo, il 17 luglio, visse giornate drammatiche che in parte si riflettono nelle altrettanto drammatiche scene eseguite da Tiziano nella Scuola del Santo in un lasso di tempo piuttosto breve, tra la primavera e l'estate 1511[72]. Non è noto come il pittore fosse entrato in rapporto con il nuovo e «dignissimo guardian» della Scoletta di Padova, il mercante di pannilana Nicola da Stra, al quale d'altra parte non mancavano le relazioni con Venezia e che il 1° dicembre 1510 aveva visitato di persona Tiziano per proporgli la commissione[73]. È probabile, però, che un iniziale contatto fosse avvenuto grazie all'appoggio del primo importante committente dell'artista, Iacopo Pesaro: membro della parrocchia veneziana dei Frari, dove esisteva peraltro una scuola dedicata proprio a sant'Antonio, l'influente prelato potrebbe aver suggerito ai frati minori di Padova il nome del giovane maestro, al suo esordio fuori dai confini lagunari e ormai ben inserito in una rete di conoscenze che annoverava, oltre a colleghi pittori del calibro di Giovanni Bellini o Giorgione, alte gerarchie ecclesiastiche, nobili, mercanti[74].

Situati nella sala del Capitolo della sede di un'arciconfraternita laica paragonabile per impegno civile alle scuole veneziane[75], gli affreschi di Tiziano fanno parte – insieme con altri dipinti di artisti di varia formazione (Girolamo Tessari, Bartolomeo Montagna, Giovanni Antonio Corona ecc.), tra i quali forse anche il fratello Francesco – di un piccolo ciclo realizzato tra il 1509 e il 1533 in onore della principale gloria religiosa del luogo, sant'Antonio da Padova, il predicatore francescano vissuto nella prima metà del Duecento e celebre per i suoi miracoli. Le tre scene sulle quindici totali affidate a Tiziano, il *Miracolo del neonato*, il *Miracolo del piede risanato* e il *Miracolo della donna ferita*, le prime due già raffigurate alla metà del Quattrocento da Donatello nei bassorilievi bronzei del cosiddetto *Altare del Santo* della limitrofa basilica, sono collocate la prima sulla parete breve a nord-ovest e le altre due su quella lunga a nord-est. Caratterizzati da un paesaggio ancora in debito con i moduli giorgioneschi, abitati da personaggi con vesti rinascimentali, i tre affreschi mostrano «un dominio vasto e sicuro della realtà in cui l'uomo trionfa non più isolato in un individuale incantesimo, ma dialetticamente vivo in pienezza di colloquio»[76]. Anche qui, come era accaduto nei confronti di Giorgione per la decorazione del fondaco dei Tedeschi, Tiziano appare un pittore più moderno degli altri attardati frescanti impegnati nel ciclo pittorico, rimasti tutti indietro anni luce rispetto al suo approccio realistico ai soggetti trattati. Gli episodi tizianeschi si trasformano infatti in convincenti spaccati di vita quotidiana, in cui dominano senza orpelli o inutili dettagli un sobrio realismo e uno sguardo lucido e implacabile sull'uomo e sui suoi difetti, sulla violenza e sulle sue inevitabili conseguenze, sul bene e sul male.

In parte ispirata al rilievo marmoreo con identico soggetto scolpito verso il 1504 da Antonio Lombardo per la fastosa cappella dell'Arca nella basilica patavina[77], dominata in alto a sinistra dalla finta statua dell'imperatore Traiano tratta da una lastra marmorea con la cosiddetta *Apoteosi di Augusto* oggi al Museo nazionale di Ravenna[78], la prima scena, la più ampia e ariosa delle tre, rappresenta il momento in cui, grazie all'intervento del santo, un neonato parla per scagionare la madre dall'accusa di adulterio mossagli dal marito e quindi confermare la sua nascita legittima (tav. 9). La presenza all'interno dell'immagine agiografica della scultura classica, apparentemente fuori contesto, ha una sua spiegazione simbolica: poiché in età romana si usava collocare una statua dell'imperatore regnante in ogni aula di tribunale, l'effigie di Traiano, oltre che un omaggio alle origini capitoline orgogliosamente rivendicate da Padova, vuole con ogni probabilità significare «l'idea di una giustizia terrena e fallibile (da ciò, probabilmente, derivano le mutilazioni della statua), i cui verdetti possono essere annullati dall'intervento miracoloso di Dio e dei suoi santi»[79]. Se la seconda scena raffigura la prodigiosa guarigione di un giovane, operata da sant'Antonio, avvenuta dopo essersi tagliato il piede destro con cui aveva sferrato un calcio alla madre, episodio scolpito poco prima (1504 circa) da Tullio Lombardo nella cappella marmorea dell'Arca, la terza, la più drammatica, illustra in primo piano un'aggressione di inaudita violenza da parte di un marito geloso alla moglie e sullo sfondo a destra lo stesso uomo umilmente inginocchiato ai piedi del santo predicatore, che lo perdona e lo rassicura sull'imminente resurrezione della donna accoltellata con ferocia. La posa plastica della donna, tesa anche ad accentuare la drammaticità del racconto, riecheggia quella di Eva nella scena del *Peccato originale* di Michelangelo sulla volta della Cappella Sistina, mentre la severa monumentalità della composizione rimanda alla *Disputa del sacramento* di Raffaello nella stanza della Segnatura in Vaticano, opere databili al 1510, a dimostrazione di un sorprendente aggiornamento di Tiziano – avvenuto con ogni probabilità grazie alla conoscenza di disegni o incisioni tratti dai dipinti romani – sull'arte dell'Italia centrale[80].

Al di là degli aspetti puramente devozionali che connotano le singole scene richieste dalla committenza per l'impresa decorativa, la prima nell'importante collaborazione tra Tiziano e l'ordine francescano[81], merita evidenziare il carattere penitenziale ed espiatorio delle tre immagini, in cui a un'azione violenta segue immediatamente dopo un miracolo compiuto dal santo e quindi un momento di perdono, di calma e di «ricomposizione degli affetti sul piano dell'etica famigliare»[82]. E proprio di un'azione violenta e irrazionale, seguita da un ritorno alla ragione e dal perdono concesso da un'autorità superiore, si era trattato anche nel caso dell'inattesa rivolta di Padova dell'estate 1509, quando per un pur brevissimo periodo, tradendo Venezia, la città si era consegnata agli imperiali. In questa chiave, allora, gli episodi tizianeschi assumono anche il significato di una celebrazione della ritrovata *pax veneta* dopo le drammatiche vicende belliche del giugno-luglio 1509, trasformando quanto in apparenza potrebbe sembrare confinato in una mera dimensione di culto cittadino in ben più impegnative «metafore di un perdono e di una riconciliazione»[83].

Giunto a Padova come una sorta di silenzioso ambasciatore della Serenissima cui era stato assegnato l'ingrato compito di sancire per mezzo della metafora pittorica quello che la storia reale aveva messo invece in atto con ben altra crudezza durante la crisi di Cambrai, Tiziano solcò il clima attardato della pittura locale come una folgorante meteora, lasciandovi tre capolavori che avrebbero influenzato varie generazioni di artisti[84]. Al suo ritorno a Venezia, dove è documentato stabilmente a partire dal dicembre 1511[85], ormai dotato di un bagaglio di esperienze di tutto riguardo, il pittore avrebbe intrapreso la sua irresistibile ascesa sociale, culturale e artistica, lasciandosi inesorabilmente alle spalle tutti i suoi concorrenti. E come era avvenuto nel caso di Giorgione, impallidito al suo cospetto nel confronto andato in scena al fondaco dei Tedeschi, Tiziano non si sarebbe fatto alcuno scrupolo in futuro nel fronteggiare i suoi rivali più temibili e nel cercare di accaparrarsi le commissioni più prestigiose, ormai consapevole della sua impareggiabile abilità creativa e agevolato nella sua professione da un carattere scaltro, cinico e ambizioso.

IL NUOVO PITTORE DELLA DOMINANTE: LA «BATTAGLIA» DI PALAZZO DUCALE

Tornato a Venezia dopo il breve soggiorno padovano, più o meno sui venticinque anni, Tiziano era un pittore lanciato senza ostacoli verso il successo. Egli poteva addirittura permettersi di completare, a circa un anno dalla sua scomparsa, la *Venere dormiente* di Giorgione ora alla Gemäldegalerie di Dresda, aggiungendovi – secondo la testimonianza di

Marcantonio Michiel, che vide l'opera nel 1525 nella casa veneziana di Girolamo Marcello – «lo paese et Cupidine», quest'ultimo poi cancellato[86], e forse anche la devozionale immagine custodita nella Scuola grande di San Rocco con il *Cristo portacroce*, un'opera che secondo il Vasari, sempre pronto a malignare sui colleghi veneziani, avrebbe fruttato «di limosine più scudi che non hanno in tutta la loro vita guadagnato Tiziano e Giorgione»[87]. Sul rapporto tra la statura artistica di Giorgione e quella del suo allievo più talentuoso, da cui era scaturito anche l'umiliante confronto – almeno a detta di alcune fonti storiografiche – al fondaco dei Tedeschi, possediamo un efficace brano settecentesco del critico e incisore dilettante Anton Maria Zanetti, secondo il quale nel primo «si mostra un genio fervido e originale, che uscendo o piuttosto volando dall'usata via, altra ne calca tutta nuova e spaziosa; e non già come una semplice favilluccia, ma come una lucida face fa lume a chi vuol seguirlo», mentre nel secondo «è da vedersi un genio più grande, più tranquillo e prudente, che svegliato appena dall'altro, cammina con lui del pari e camminando oltrepassa»[88].

Nel solco della maniera tarda del suo ultimo maestro e poi anche collega Giorgione, realizzate da Tiziano all'inizio del secondo decennio, alcune opere a soggetto mitologico e allegorico dimostrano quanto fosse profonda l'influenza esercitata su di lui dal misterioso pittore di Castelfranco. Tra queste, il cui vibrante senso di umanità prosegue un discorso già avviato con la pala per Iacopo Pesaro e con i tre affreschi padovani, si segnala in particolare il *Concerto campestre*[89]. Il dipinto, che mostra strette affinità stilistiche sia con i frammenti del fondaco dei Tedeschi sia con i *Miracoli di sant'Antonio* a Padova e in cui assistiamo a una compiuta sintesi tra il paesaggio e le figure, per alcuni aspetti trasognati e idilliaci si pone a stretto ridosso del celeberrimo *Amor sacro e Amor profano* della Galleria Borghese[90]. Protagonista indiscussa è la musica, una musica colta rappresentata sotto forma di un concerto per flauto e liuto immerso nella natura al quale partecipano, ciascuno svolgendo nella scena un preciso ruolo simbolico, quattro giovani: due uomini, posti al centro della composizione, e due formose donne seminude, forse due Muse (tav. 10). Ma il concerto e la sua rarefatta atmosfera, in cui a una musica terrena e umana si unisce una musica celeste, rappresentata dalle due sensuali donne prive di accessori mondani, vengono improvvisamente interrotti: il liutista ha infatti sollevato la mano destra dalle corde, pur mantenendo l'accordo con la sinistra, e la flautista ha smesso di suonare. Perché? Un elemento di disturbo si è insinuato in quello che evidentemente era un concerto a due, intimo e riservato, condiviso dal giovane ed elegante liutista con abiti alla moda e dalla nuda con flauto che gli sta di fronte, un concerto che nasconde anche – secondo le collaudate logiche dell'allegorismo figurativo rinascimentale – un sottile gioco erotico tra i due. L'uomo con i capelli arruffati e l'abbigliamento dimesso raffigurato quasi in mezzo alla coppia, a interromperne quindi anche fisicamente l'idillio, sembra capitato in quel luogo edenico quasi per caso: si tratta con ogni probabilità di un pastore, riecheggiato in fondo sulla destra da un altro pastore che accompagna il suo gregge mentre suona una zampogna. Incuriosito dalla scena, egli è però socialmente e intellettualmente inferiore per parteciparvi, come d'altronde dimostra lo sguardo di assoluta incomprensione scambiato con il liutista. La sua funzione simbolica nella scena è quella di interrompere la perfetta armonia, tanto musicale quanto amorosa, raggiunta per mezzo dei loro strumenti dai due giovani suonatori; tipico della virtù cardinale della Temperanza, il gesto compiuto dalla donna di sinistra, versare con una brocca trasparente acqua in una fonte, assume perciò il significato di purificare quanto è stato indegnamente corrotto e brutalmente interrotto, di ripristinare cioè l'armonia perduta.

Di un'armonia universale, nella quale i vari elementi naturali che costituiscono il mondo si fondono per mezzo dell'amore cosmico in una sorta di unione «concorde et discordevole», aveva parlato Pietro Bembo negli *Asolani* più o meno negli stessi termini e all'incirca negli stessi anni del dipinto tizianesco, sostenendo la teoria di un perfetto equilibrio tra armonia terrena e armonia celeste. La sintonia tra Tiziano, rimasto dopo la morte di Giorgione e la partenza di Sebastiano del Piombo per Roma il principale autore a Venezia di sofisticati quadri a tema mitologico e allegorico, e il più raffinato esponente della poesia di impronta petrarchesca sembrava insomma perfetta. Non può allora essere certamente un caso se il Bembo, segretario pontificio del neoeletto Leone X, il gaudente Giovanni de' Medici figlio di Lorenzo il Magnifico, tentò nel 1513 – senza fortuna – di convincere Tiziano a trasferirsi a Roma per offrire i suoi servigi alla corte papale[91]. Il coraggioso rifiuto di recarsi nella città pontificia dietro sollecitazione di un personaggio del calibro del Bembo, del quale l'artista aveva eseguito intorno al 1512 un ritratto[92], nasconde in realtà un'ambizione sfrenata mista a una notevole dose di sano realismo: se da una parte infatti, ormai fuori causa Giorgione e Sebastiano e al tramonto l'astro ingombrante di Giovanni Bellini, il Vecellio intravide la concreta possibilità di diventare nel giro di pochi anni il principale pittore di Venezia, dall'altra egli dovette intuire che nell'Urbe dominata da Michelangelo, da Raffaello e da altri concorrenti il suo spazio di manovra sarebbe stato a dir poco limitato. Fu comunque una fortuna per tutti, tanto per l'artista cadorino quanto per la folta schiera di adoranti discepoli e seguaci del Buonarroti e dell'urbinate, che Tiziano declinasse – almeno per ora – l'invito a trasferirsi a Roma, preferendole Venezia. E ciò è indirettamente testimoniato da un brano del Vasari, che ha quasi il sapore di un pericolo scampato e che al contempo contiene una maliziosa frecciata all'intera scuola pittorica veneziana incarnata dal Vecellio, in cui lo storiografo e pittore aretino narra che Sebastiano del Piombo gli avrebbe confidato che

se Tiziano in quel tempo fusse stato a Roma et avesse veduto le cose di Michelagnolo, quelle di Raffaello e le statue antiche, et avesse studiato il disegno, arebbe fatto cose stupendissime, vedendosi la bella pratica che aveva di colorire, e che meritava il vanto d'essere a' tempi nostri il più bello e maggiore imitatore della natura nelle cose de' colori[93].

Tiziano in realtà, bisogna sottolinearlo, aveva rifiutato il trasferimento nella città dei papi per un motivo ben preciso. Il 31 maggio 1513 infatti, in una lettera che merita di essere riportata integralmente, egli chiese al doge e al Consiglio dei Dieci, il principale organo di governo a Venezia, di poter dipingere nella sala del Maggior Consiglio in Palazzo Ducale e di usufruire della prima senseria resasi vacante del fondaco dei Tedeschi, chiedendo di fatto di poter godere dei medesimi privilegi concessi a Giovanni Bellini:

Havendo da puto in suso principe serenissimo et signori excellentissimi io Tician de serviete [servitore] de Cadore postome ad imparar l'arte de la pictura non tanto per cupidita del guadagno, quanto per veder de acquistar qualche poco di fama et esser connumerato tra quelli che ai presenti tempi fanno profession de tal arte. E ancor ch'io sia sta per avanti et etiam de presenti cum instantia recercato et dala santità del pontefice et altri signori andar a servirli; tamen desiderando come fidelissimo subdito che son de la Sublimità Vostra lassar qualche memoria in questa inclyta cità, ho deliberato, parendo cussì a quella, de tuor lo assumpto de venir a depenzer nel Mazor Conseio et poner ogni mio inzegno et spirito fina haverò vita, principiando, se cussì parerà alla Sublimità Vostra, dal teller nel qual è quella bataglia da la banda verso de piaza che è la più difficile et che homo alcuno, fina questo dì, non ha voluto tuore tanta impresa. Io signori excellentissimi seria più contento ricever per satisfaction dela opera che farò quella mercede fusse stimata conveniente et molto mancho. Ma perché, come ho sopradicto, non stimo se non l'honor mio, et haver solum el modo del viver, piacendo ala Sublimità Vostra se degnarà concederme in vita mia la prima sansaria in fontego di Todeschi, che quovismodo venirà ad vachar, non obstante altre spectative, cum i modi, condiction, obligation et exemption ha missier Zuan Belin, et do zoveni che voglio tuor apresso de mi che me adiuta, da esser pagadi al officio del Sal, insieme cum i colori et tute altre cose necessarie, sì come li mesi passati fu concesso per le prefato illustrissimo Conseglio al dicto missier Zuane. Che prometto ale excellentissime Signorie Vostre far tale opera; et cum tanta presteza et excelentia che le remanirano contente. A le quali humilmente mi ricomando[94].

Dal documento, che rivela un pittore e un uomo ormai pienamente consapevole della propria statura professionale e in grado di misurarsi senza alcun timore reverenziale con i governanti veneziani, si ricavano preziose informazioni sia sull'immagine che egli avrebbe dovuto dipingere in Palazzo Ducale sia sulle richieste avanzate per affrontare quella che nella missiva viene definita senza troppi giri di parole «tanta impresa». Questa impresa così ardua, che prima dell'offerta di Tiziano né i fratelli Bellini, né Carpaccio, né Alvise Vivarini si erano arrischiati ad affrontare a causa della posizione infelice e in controluce della scena, ma forse anche della difficoltà del soggetto, consisteva nell'esecuzione di un telero in sostituzione di un affresco assai deperito con la *Battaglia di Spoleto* dipinto nel Trecento dal padovano Guariento. Come più che dignitosa contropartita, Tiziano ottenne due assistenti, i «do zoveni» Antonio Buxei e Ludovico di Giovanni, quest'ultimo già allievo di Bellini, i materiali per eseguire l'incarico e la tanto sospirata senseria del fondaco dei Tedeschi, che garantiva l'esenzione dalle tasse, un emolumento annuale di 100 ducati e uno di 25 per il ritratto di ogni nuovo doge; la patente però, che rendeva il cadorino il successore designato di Giovanni Bellini nel ruolo di pittore ufficiale della Serenissima, gli venne prima tolta dal Consiglio dei Dieci nel marzo 1514 a seguito delle lamentele di alcuni colleghi impegnati nella sala del Maggior Consiglio «che non voleno vedermi suo concorente»[95], infastiditi dal trattamento di favore riservato al pittore forestiero, e poi restituita nel novembre dello stesso anno[96]. Subito dopo aver ottenuto la garanzia della concessione, di cui in realtà non avrebbe beneficiato che nel 1517, ossia un anno dopo la morte di Bellini, l'artista aprì bottega nella parrocchia di San Samuele, in un palazzetto quattrocentesco sul Canal Grande non distante dall'odierno ponte dell'Accademia, già abitato dall'architetto ufficiale della repubblica Bartolomeo Bon, ma destinato in origine a residenza del duca di Milano Francesco Sforza e per questo noto all'epoca come Ca' del Duca. Fino all'autunno del 1531, periodo a cui risale – come vedremo – il suo definitivo trasferimento presso la nuova casa di Biri Grande nella defilata contrada di San Canciano ai margini della città, Tiziano sarebbe vissuto tra questa dimora-atelier e una casa in affitto presso il sestiere di San Polo appartenente alla famiglia Tron[97]. In un colpo solo, ottenendo una confortevole abitazione, due discepoli e vari privilegi economici, Tiziano era riuscito con la solita caparbietà e sfrontatezza a garantirsi un futuro sereno e a ritagliarsi un ruolo di primo piano nel panorama artistico lagunare, scalzando simbolicamente dal loro dorato scranno i grandi pittori della vecchia generazione, l'ex maestro Giovanni Bellini su tutti.

Tornando alla «tanta impresa» di cui si fa cenno nella lettera del 1513, quale doveva essere il soggetto della «battaglia» che Tiziano avrebbe dovuto realizzare nella prestigiosa sala del Maggior Consiglio in Palazzo Ducale? La decorazione originaria di questo ampio e luminoso ambiente consisteva in un affresco raffigurante l'*Incoronazione della Vergine* dipinto verso il 1365 da Guariento sulla parete orientale, poi sostituito dal gigantesco telero con il *Paradiso* realizzato nel 1588-1592 da Iacopo e dal figlio Domenico Tintoretto[98], e da altri affreschi sulle restanti pareti – ad opera ancora di Guariento, di Pisanello, di Gentile da Fabriano e di Michelino da Besozzo – con scene della storia dell'imperatore Federico Barbarossa e di papa Alessandro III[99]. Nel 1474 Gentile Bellini, richiedendo per l'incarico la prima senseria vacante del fondaco dei Tedeschi, si offrì di restaurare il ciclo tardogotico; nel 1479, quando il più anziano dei due fratelli Bellini era in visita ufficiale a Costantinopoli presso il sultano Maometto II, venne stabilito di sostituire i dipinti murali con grandi teleri e questa volta si fece avanti Giovanni Bellini, facendo anch'egli espressa richiesta della patente del fondaco. Da questo momento in poi subentrarono nell'impresa vari artisti locali, tra cui anche Alvise Vivarini, Carpaccio e Vittore Belliniano, e già nel 1513 – l'anno della richiesta di Tiziano al Consiglio dei Dieci – la decorazione della sala poteva dirsi conclusa almeno per le due pareti settentrionale e occidentale[100]. La parete rimasta spoglia, la più complicata, come il Vecellio non mancò di sottolineare nella lettera, era quella meridionale, per la cui esecuzione nel 1494 era stato convocato il Perugino. Andato irrimediabilmente perduto nell'incendio del 20 dicembre 1577, che inghiottì altre opere in Palazzo Ducale, il telero tizianesco fu consegnato – dopo un duro braccio di ferro con la paziente committenza – solamente nel 1538, nonostante la «tanta presteza» per la sua esecuzione millantata dall'artista nella lettera del 1513. Oltre che grazie ad alcuni studi autografi conservati in varie collezioni, uno con la scena generale in uno stadio poco più avanzato di un abbozzo e altri molto più dettagliati con particolari di dinamici cavalieri non immuni dall'influsso di Michelangelo[101], il dipinto è noto soprattutto grazie a una minuziosa riproduzione a stampa del 1569 del veronese Giulio Fontana (tav. 11), a un quadro di area veneta databile al 1570 agli Uffizi e a un'anonima incisione all'Albertina di Vienna[102]. Sul soggetto preciso della battaglia alcune importanti fonti contemporanee a Tiziano non aiutano purtroppo a fare chiarezza. Un caso esemplare è rappresentato dalla testimonianza del Vasari, secondo il quale il Vecellio avrebbe dipinto la «rotta di Chiaradadda»[103], ossia la battaglia di Agnadello, anche se risulta quantomeno improbabile – per usare un eufemismo – che nella sede del governo veneziano venisse rappresentata la sonora sconfitta rimediata dalle truppe venete in quel drammatico scontro terrestre che tanti lutti aveva provocato appena pochi anni prima. Non è da escludere che la scena, riprendendo pedissequamente l'affresco ormai molto deteriorato del Guariento, illustrasse la *Battaglia di Spoleto*, quando l'imperatore Federico Barbarossa, provocando la collera di papa Alessandro III, aveva prima conquistato e poi distrutto nel 1155 la città umbra. Ma anche questa lettura del soggetto, relativo a un episodio storico ormai remoto e accreditata forse un po' frettolosamente da Francesco Sansovino nel 1581[104], lascia più di qualche dubbio. Sembra invece plausibile che la composizione raffigurasse la *Battaglia del Cadore*, andata in scena nella primavera del 1508 e in cui – come si ricorderà – le truppe venete guidate da Bartolomeo d'Alviano sbaragliarono quelle imperiali di Massimiliano I. Come è stato osservato, peraltro, alcune copie tratte dall'originale tizianesco mostrano sulle bandiere a destra gli stemmi dei d'Alviano e dei Corner, ossia del capitano alla testa dell'esercito vittorioso e del provveditore Giorgio Corner che combatté al suo fianco, mentre su un vessillo a sinistra è riconoscibile l'aquila asburgica[105]. Ad avallare tale lettura iconografica viene inoltre in soccorso il Ridolfi: questi infatti, che pur scrivendo oltre mezzo secolo dopo la morte di Tiziano risulta solitamente piuttosto affidabile, identificava la scena come «il fatto d'armi seguìto a Cadore tra gl'imperiali e venetiani», aggiungendo che nella tela – «divenuta l'esemplare d'ogni studente» – l'artista aveva raffigurato «il sito naturale del suo paese col castello sopra d'alto monte collocato»[106], il che è in effetti riscontrabile nelle copie dell'opera perduta. Dopo aver dipinto l'affresco ammonitorio in chiave antimperiale con la Giuditta-Giustizia-Venezia sul fondaco dei Tedeschi e aver dato il suo contributo con i tre affreschi della Scuola del Santo a una simbolica riconciliazione tra la ribelle Padova e Venezia, Tiziano tornava insomma a insistere sulle vicende belliche che avevano sconvolto la repubblica marciana all'inizio del secolo, trasformandosi per l'ennesima volta in un efficace strumento di propaganda politica in favore della città che lo aveva ormai assunto nel ruolo di pittore ufficiale. È inoltre suggestivo credere che, affrescando in Palazzo Ducale la scena della battaglia del Cadore, il pittore nativo di quelle aspre terre montane fosse particolarmente coinvolto dal punto di vista emotivo, memore che in quell'episodio glorioso di resistenza all'avanzata straniera in Italia erano stati attivi protagonisti il nonno, il padre e il fratello.

Raggiunta grazie all'accordo del 1513 una certa sicurezza economica e professionale, Tiziano poteva permettersi adesso il lusso di cimentarsi anche nella diffusione delle sue opere attraverso il nuovo mezzo della stampa, una tecnica in grado di far circolare rapidamente le sue invenzioni artistiche in Italia e in Europa. Due opere che dovettero diffondere oltre i confini lagunari il suo stile e il suo nome, aprendogli un nuovo settore di mercato, sono le grandi xilografie raffiguranti il cosiddetto *Trionfo di Cristo* (o *Trionfo della Fede*) e la *Sommersione del faraone nel mar Rosso*, immagini databili al 1513-1515 che ancora intendevano evocare simbolicamente le vicende della crisi di Cambrai, giunta ormai alle battute conclusive.

Il *Trionfo di Cristo*, incisione destinata nel Cinquecento a incontrare una straordinaria fortuna europea, è stata iconograficamente descritta come forse meglio non si potrebbe dal Vasari, secondo il quale Tiziano avrebbe rappresentato con «fierezza e bella maniera» un «trionfo della Fede con una infinità di figure, i primi parenti, i patriarchi, i profeti, le sibille, gl'innocenti, i martiri, gl'apostoli e Gesù Cristo in sul trionfo, portato dai quattro evangelisti e dai quattro dottori, con i santi confessori dietro»[107]. Sviluppata in un formato orizzontale che la avvicina a una sorta di sacra rappresentazione medievale, dominata al centro da un sereno Cristo con scettro in mano sul carro e riempita fino all'inverosimile ai suoi lati da figure appartenenti alle più disparate gerarchie ecclesiastiche e celesti, la scena mirava con ogni probabilità a rievocare la solenne processione andata in scena a Venezia il 10 ottobre 1511 per sancire la ritrovata pace tra la repubblica di San Marco e la Chiesa di Roma dopo la crisi di Cambrai e in particolare dopo la scomunica fulminata da Giulio II contro la città lagunare il 27 aprile 1509[108]. Il suo stile monumentale e classicheggiante, in debito con i modelli figurativi di Raffaello e Michelangelo, ma non impermeabile al fascino esercitato dalle coeve incisioni d'oltralpe (Dürer su tutti) o dal celeberrimo *Trionfo di Cesare* (1484-1492) di Mantegna, la avvicina cronologicamente agli affreschi di Padova, dei quali riprende peraltro il simbolismo giocato in chiave di riconciliazione dopo la tempesta della guerra e i suoi lutti. In parte ispirata iconograficamente al *Triumphus crucis* di Girolamo Savonarola, un testo pubblicato a Firenze nel 1497 e a Venezia nel 1504 e nel 1508 in cui il frate domenicano ferrarese immaginava un Cristo a metà strada tra un uomo di dolori e un trionfatore all'antica alla stregua degli imperatori romani[109], la processione delineata da Tiziano rappresenta l'intero corpo della Chiesa secondo un calibrato ordine gerarchico non privo di esempi di devota compunzione, come suggeriscono in particolare i due umili frati francescani al margine sinistro, subito dietro un nerboruto san Cristoforo. La scena sembra inoltre voler offrire un'alternativa di speranza ecumenica alle accuse anticuriali formulate all'incirca negli stessi anni dai due aristocratici veneziani poi fattisi monaci camaldolesi Paolo Giustiniani e Vincenzo Querini nel *Libellus ad Leonem X* (1513), un accorato invito al neoeletto pontefice mediceo a rimuovere i molteplici abusi della curia romana[110], e con ben altra virulenza da Erasmo da Rotterdam nell'*Elogio della pazzia* (1511), in cui l'umanista olandese indicava monaci, prelati e papi come i veri «nemici della Chiesa»: «Sono essi a lasciare sparire nel silenzio Cristo, a incatenarlo trafficando con le loro leggi, a corromperlo con interpretazioni sforzate, a sgozzarlo con la loro vita pestifera»[111].

Opposta per potenza e dinamismo alla pacata solennità del *Trionfo di Cristo* è la *Sommersione del faraone nel mar Rosso*[112], il cui unico esemplare completo reca la firma del sedicente pittore e incisore veneziano Domenico Dalle Greche e la data 1549, oltre un trentennio dopo l'ideazione dell'immagine. La composizione, il cui soggetto è desunto dal libro veterotestamentario dell'*Esodo* (XIV, 26-31), è divisa nettamente in due parti: se nella umbratile e caotica porzione a sinistra si assiste alla disfatta dell'esercito egizio comandato dal faraone, sommerso dai flutti, nella luminosa e più pausata porzione a destra, la zona solitamente riservata agli eletti e ai giusti, Mosè circondato dal suo popolo ordina con la verga dal potere sovrannaturale che l'acqua si richiuda sui persecutori lanciati al suo inseguimento (tav. 12). Il vero protagonista della scena è il mare, di cui Tiziano è riuscito a suggerire con impareggiabile naturalismo sia le increspature, i vortici, i riflessi metallici sia la brutale violenza che si abbatte impietosamente sulle truppe del faraone. L'atmosfera generale, incupita in alto da una sorta di tromba d'aria che fa da contraltare in cielo a quanto accade in acqua, ricorda molto da vicino quella da tregenda che doveva caratterizzare la perduta *Battaglia del Cadore*, in più mescolandovi nuovi spunti tratti dalla *Battaglia di Anghiari* di Leonardo e dalla *Battaglia di Cascina* di Michelangelo, commissionate (ma mai compiute) all'inizio del secolo per il salone dei Cinquecento in Palazzo Vecchio a Firenze. Anche nella stampa, al pari del telero per Palazzo Ducale e di altre opere realizzate dall'artista a cavallo tra primo e secondo decennio, l'immagine, che a un primo sguardo potrebbe sembrare un tradizionale tema biblico, agiografico, storico o mitologico, cela in realtà un più profondo significato, inserendosi appieno nella cronaca degli eventi contemporanei. All'epoca dell'esecuzione dei disegni per la xilografia, intorno al 1513, le truppe dell'imperatore Massimiliano I seminavano distruzione e morte in molti territori limitrofi a Venezia, devastando i villaggi lungo il Brenta, dando alle fiamme Mestre e bombardando la città lagunare, tanto da far gridare al diarista Sanudo che il sole era diventato «tutto rosso che pareva sangue per il fumo di tanti incendi»[113]. L'immagine tizianesca, dal sapore apocalittico, si incaricava di proiettare l'episodio biblico nell'attualità più scottante, fungendo quasi da ex voto per la cessazione delle ostilità a vantaggio di Venezia. Nelle truppe egizie travolte dalle onde, vestite non a caso con armature di foggia rinascimentale, andranno riconosciuti non solamente i soldati del faraone, ma anche quelli tedeschi dell'imperatore asburgico, alla cui provenienza geografica rimanda il profilo della cupa città che si staglia in alto a sinistra, caratterizzata da guglie e da case di inconfondibile fattura tedesca. Al popolo israelitico perseguitato e scacciato, ma protetto dalla mano di Dio e da quella del suo invincibile condottiero Mosè, verrà allora naturale associare il popolo veneziano funestato da anni di guerra, fame ed epidemie, un popolo salvato dalle acque del Mar Rosso che rappresentano l'inespugnabile difesa costituita dalle acque della laguna. Vale la pena di far notare un ultimo e nascosto particolare di straordinaria efficacia e crudo realismo: sotto il braccio teso di Mosè, quasi a replicarne in maniera truce il gesto divino, Tiziano ha rappresentato un cane in atto di defecare rivolto verso le truppe egizie. Segno di disprezzo volutamente plebeo, che dovette suscitare un divertito apprezzamento presso il vessato popolo veneziano, questo incredibile dettaglio iconografico sembra riecheggiare quanto in quegli stessi anni gli abitanti delle valli venete usavano fare nei confronti dei soldati tedeschi che li cingevano d'assedio, ai quali con scherno «callavano le braghe e gli mostravano le natiche»[114].

Dopo i primi faticosi anni trascorsi nella competitiva città marciana, che lo avevano visto contrapporsi senza complessi di inferiorità ai «mostri sacri» della pittura locale, da Giovanni Bellini a Carpaccio, da Sebastiano del Piombo a Giorgione, riuscendo sempre – come dimostrano i due casi emblematici del fondaco dei Tedeschi e di Palazzo Ducale – a prevalere sui concorrenti, Tiziano si preparava a diventare il pittore della Serenissima. Se l'impegno civile e politico ne avevano contrassegnato la maggior parte della produzione giovanile, spalancandogli le porte del successo presso un contesto sociale costituito da facoltosi mercanti o da smaliziati uomini di governo, al giovane pittore forestiero mancava però la definitiva consacrazione pubblica che solamente il circuito della grande committenza ecclesiastica poteva garantire. Questa consacrazione sarebbe arrivata nella primavera del 1518 con lo scoprimento della pala con l'*Assunta* ai Frari, opera capitale del Rinascimento di cui la stampa con la *Sommersione del faraone nel mar Rosso* rappresenta una magnifica anticipazione, come dimostra la sovrapponibilità tra il michelangiolesco Mosè del foglio (tav. 12) e l'apostolo in primo piano della tavola (tav. 13).

II

AL SERVIZIO DELLA SERENISSIMA: GLI ANNI DELLA CONSACRAZIONE

PER LA GLORIA DI VENEZIA: L'«ASSUNTA» DEI FRARI

Il 1516 fu per Tiziano un anno luminoso. La scomparsa dell'ottantenne Giovanni Bellini gli lasciò finalmente il campo pressoché sgombro per poter esprimere il suo talento senza dover temere l'ombra lunga del pericoloso concorrente, la cui fama, come ebbe ad annotare il Sanudo, «è nota per il mondo, et pur cussi vechio come l'era, dipenzeva per excellentia»[1]. Dopo la morte del «grande vecchio» della pittura veneziana, evento che come si ricorderà rese di fatto libera per il Vecellio la sospirata senseria del fondaco dei Tedeschi, si schiusero per l'artista varie commissioni di prestigio. In questa fase, peraltro, si intensificò notevolmente l'attività ritrattistica di Tiziano[2], divenuto nel volgere di pochi anni un pittore talmente alla moda che, secondo il racconto del Dolce, «non era gentiluomo in Vinegia che non procurasse di aver qualche ritratto [...] di sua mano»[3]. Egli era richiesto dall'aristocrazia veneziana soprattutto per l'innata capacità di cogliere con realismo e introspezione gli aspetti psicologici dell'effigiato, senza però rinunciare alla rappresentazione del suo *status* sociale, come ben dimostra quel capolavoro in stile ancora giorgionesco che è il *Ritratto di un cavaliere di Malta* agli Uffizi, la cui età è ricavabile dal numero romano XXXV su un grano del rosario stretto nella mano destra[4].

Nel febbraio-marzo 1516 Tiziano è documentato insieme con i suoi due assistenti presso la corte degli Estensi a Ferrara[5], al cui vertice era il duca quarantenne Alfonso I. Succeduto nel 1505 al padre Ercole I, Alfonso I era un esperto di balistica e di ingegneria militare nonché un cultore delle arti e dell'architettura, come narra il segretario estense Bonaventura Pistofilo: «Dilettossi molto di far fabbricare, facendo ogni sua fabbrica con molta eleganza»[6]. Il generoso mecenatismo del duca ferrarese dovette indubbiamente favorire il soggiorno di Tiziano, un soggiorno che avrà conseguenze fondamentali per la carriera del pittore: fu proprio grazie al rapporto con Alfonso I, forse «ereditato» dal maestro Giovanni Bellini, che per il signore estense – come vedremo – aveva dipinto nel 1514 il *Festino degli dèi* ora alla National Gallery of Art di Washington, che il Vecellio entrò in contatto con altri munifici committenti quali la sorella Isabella d'Este, il duca di Urbino Francesco Maria Della Rovere e quello di Mantova Federico II Gonzaga, rispettivamente il genero e il figlio della dotta e influente marchesa[7]. Il viaggio di Tiziano a Ferrara, una città limitrofa ai territori contesi tra la repubblica di San Marco e la Chiesa durante la crisi di Cambrai, assunse anche il carattere di una missione diplomatica, dal momento che servì con ogni probabilità a ricucire i rapporti piuttosto tesi tra la Serenissima e gli Estensi[8]. I motivi di attrito tra Venezia e Ferrara, risalenti almeno al secolo precedente, erano in quel periodo molteplici: dalla presenza dell'odiato *visdomino* veneziano, cacciato malamente dalla città estense subito dopo la disfatta marciana ad Agnadello, al divieto di produrre sale nel territorio di Comacchio, fino alla perdita di alcune zone a nord del Po sancita dalla pace di Bagnolo, che chiudeva la cosiddetta guerra del sale (1482-1484). Dopo la battaglia di Agnadello, il duca Alfonso I ingaggiò una personale guerra contro la Serenissima, muovendo tutte le sue forze militari alla riconquista dei centri di Rovigo, Este e Montagnana. Alla conclusione del conflitto, il cui repentino mutare delle alleanze aveva portato nell'inverno 1510 – spiazzando Alfonso I, inizialmente a fianco di papa Della Rovere contro la città lagunare – ad accordi segreti tra Giulio II e Venezia, le sfortunate campagne militari condotte dal signore estense non avevano fatto altro che peggiorare la precaria condizione territoriale del suo ducato e deteriorare i rapporti con la Dominante[9].

Il soggiorno di Tiziano a Ferrara, dell'artista emergente e alla moda proveniente dalla potente città che poteva vantare una tradizione di prestigio secolare nel campo della pittura, dovette allora suggellare una sorta di rinnovata amicizia tra i due Stati confinanti, come era accaduto nel 1511 per il suo viaggio nella ribelle Padova. Racconta il Vasari che per Alfonso d'Este «nella porta d'un armario dipinse Tiziano dal mezzo in su una testa di Cristo, maravigliosa e stupenda, a cui un villano ebreo mostra la moneta di Cesare»[10]. Firmato orgogliosamente con un lapidario TICIANVS F, il dipinto descritto dal Vasari è la *Moneta del tributo* della Gemäldegalerie di Dresda ed è identificabile nella prima opera in assoluto eseguita per il committente ferrarese[11], che sarebbe diventato negli anni uno dei principali estimatori del pittore. Se la collocazione originaria del dipinto va individuata in un'anta esterna della porta di un camerino del castello, un luogo destinato a ospitare la ricca collezione di monete e medaglie antiche del duca, il suo soggetto, tratto da un brano dei *Vangeli* (*Mt* XXII, 15-22; *Mc* XII, 13-17; *Lc* XX, 20-26) e replicato nel 1568 in un'opera oggi alla National Gallery di

Londra dipinta per il re di Spagna Filippo II[12], trova una sua più immediata giustificazione per il fatto che la parte finale della celebre sentenza «reddite ergo quae sunt Caesaris Caesari et quae sunt Dei Deo», pronunciata da Cristo ai farisei, costituiva il motto di alcune monete fatte coniare da Alfonso I[13]. Un significato più recondito si cela però nel quadro, che peraltro godette sin dall'epoca della sua esecuzione di una notevole fortuna, come testimonia l'ammirazione suscitata nell'ambasciatore imperiale a Ferrara[14]. Oltre che di ristabilire simbolicamente un rapporto di amicizia tra i due Stati veneziano ed estense, l'immagine si incaricava di trasmettere un messaggio intriso di una sottile vena polemica antipapale, in un momento storico in cui – con la guerra di Cambrai di mezzo – prima Giulio II e poi il successore Leone X non avevano nascosto le loro mire espansionistiche nei confronti del ducato[15]. Alla scena evangelica Alfonso d'Este affidava un compito preciso: quello cioè di ribadire quali fossero le competenze dell'autorità ecclesiastica e quali quelle dell'autorità civile, tentando almeno idealmente, per mezzo di un'opera destinata comunque a una fruizione privata o quasi, di svincolarsi dalla morsa asfissiante della Chiesa e dei suoi non proprio ascetici pastori. Il vibrante pathos che caratterizza il quadro, giocato sul contrasto simbolico tra il sereno busto frontale di Cristo e quello grottesco del fariseo, rappresentato di profilo per evidenziarne gli aspri tratti somatici e non immune dall'influenza di certe deformazioni fisionomiche tipiche dell'arte di Leonardo, anticipa la tensione emotiva del capolavoro spartiacque nel percorso creativo di Tiziano, l'*Assunta* dei Frari (tav. 13).

Durante l'esecuzione della pala per la chiesa veneziana, a dimostrazione di una grande capacità organizzativa da parte dell'artista, che nel 1513 aveva invece promesso di dedicare tutte le sue energie al complicato telero con la «battaglia» per Palazzo Ducale, il Vecellio non aveva interrotto i rapporti con altri committenti: ancora per la corte estense, infatti, eseguì nel 1517 alcuni lavori di poco conto (la pittura di un poggiolo e l'acquisto di oggetti antichi), ma anche, come rivela una lettera del 19 febbraio, un dipinto raffigurante un non meglio identificabile «bagno», mentre dalla Scuola del Santissimo a Treviso ricevette nel giugno dello stesso anno un pagamento di 65 ducati per un affresco con la *Resurrezione di Cristo*[16]. Il pittore, insomma, era lanciatissimo anche al di là dei confini veneziani, sebbene proprio nella città che lo aveva accolto oltre un ventennio prima egli era ancora in attesa della definitiva consacrazione pubblica. L'occasione di dimostrare a Venezia e all'Italia tutto il suo talento pienamente sbocciato non si sarebbe comunque fatta attendere molto e sarebbe arrivata da una committenza di prestigio, quella dei francescani di Santa Maria Gloriosa dei Frari.

Definita per la sua monumentalità la Ca' Grande, la chiesa dei Frari è il più importante insediamento francescano a Venezia, più imponente di San Francesco della Vigna e di San Giobbe. Fondata alla metà del Duecento, ma completamente ricostruita in stile gotico a partire dal 1330, la chiesa venne dedicata all'assunzione di Maria e ad essa consacrata nel 1492: da tale dedicazione e dall'appartenenza all'ordine francescano ebbe origine il nome Santa Maria Gloriosa dei Frari, scelto anche per distinguere l'edificio dalle molte chiese veneziane dedicate alla Madonna[17]. Decorata nel corso dei secoli dai più importanti pittori e scultori attivi a Venezia, la chiesa era però ancora priva a inizio Cinquecento della pala dell'altar maggiore, ossia l'elemento che può essere considerato a tutti gli effetti il fiore all'occhiello di un edificio religioso. Nel 1516, proprio al tempo della delicata separazione tra francescani conventuali e frati minori, fra' Germano da Casale commissionò a Tiziano la tavola da collocare sul principale altare della chiesa. Guardiano del convento dei Frari e maestro della provincia francescana in Terrasanta, committente a inizio secolo per la chiesa di San Rocco a Mestre di un trittico a Cima da Conegliano[18], fra' Germano proseguì il suo rapporto con Tiziano anche dopo avergli ordinato l'*Assunta*, dal momento che nel 1521-1533 fu priore di San Nicolò dei Frari, un edificio non più esistente per il quale l'artista realizzò verso il 1522 il quadro dell'altar maggiore con la *Madonna con il Bambino in gloria e sei santi* oggi alla Pinacoteca Vaticana[19].

La data di inizio dei lavori, il 1516, e il ruolo fondamentale svolto da fra' Germano nella commissione della pala tizianesca sono ricordati da un'iscrizione sul piedistallo della colonna a destra dell'altar maggiore, un'epigrafe in cui il potente priore fa professione di modestia definendosi semplicemente FRATER GERMANVS, mentre sull'altro piedistallo sfila una scritta celebrativa dell'assunzione di Maria in cielo. Ricordato nei *Diari* del Sanudo come un evento di grande rilievo[20], lo scoprimento dell'opera avvenne il 19 maggio 1518, alla vigilia della festa di san Bernardino da Siena, scelto nel 1470 dal Senato come uno dei patroni di Venezia. L'eco provocata dal dipinto fu enorme e duratura, tanto che ancora alla metà del secolo il Dolce ne avrebbe parlato con toni enfatici come dell'opera che rivoluzionò il panorama artistico veneziano e come di un'ineludibile pietra di paragone per qualsiasi altro pittore attivo in laguna:

> Gli fu data a dipingere una gran tavola all'altar grande della chiesa de' Frati minori, ove Tiziano, pur giovanetto, dipinse a olio la Vergine che ascende al cielo fra molti angioli che l'accompagna-

no, e di sopra lei affigurò un Dio padre attorniato da due angioli. Par veramente che ella ascenda, con un volto pien d'umiltà, e il panno vola leggiadramente. Nel piano sono gli apostoli, che con diverse attitudini dimostrano allegrezza e stupore, e sono per la maggior parte maggiori del vivo. E certo in questa tavola si contiene la grandezza e terribilità di Michelagnolo, la piacevolezza e venustà di Rafaello, et il colorito proprio della natura. E tuttavia questa fu la prima opera publica ch'egli a olio facesse, e la fece in pochissimo tempo, e giovanetto. Con tutto ciò i pittori goffi e lo sciocco volgo, che insino alora non avevano veduto altro, che le cose morte e fredde di Giovanni Bellino, di Gentile e del Vivarino (perché Giorgione nel lavorare a olio non aveva ancora avuto lavoro publico e per lo più non faceva altre opere che mezze figure e ritratti), le quali erano senza movimento e senza rilevo, dicevano della detta tavola un gran male. Dipoi, raffreddandosi la invidia et aprendo loro a poco a poco la verità gli occhi, cominciarono le genti a stupir della nuova maniera trovata in Vinegia da Tiziano, e tutti i pittori d'indi in poi si affaticarono d'imitarla; ma, per esser fuori della strada loro, rimanevano smarriti. E certo si può attribuire a miracolo che Tiziano, senza aver veduto alora le anticaglie di Roma, che furono lume a tutti i pittori eccellenti, solamente con quella poca favilluccia ch'egli aveva scoperta nelle cose di Giorgione, vide e conobbe la idea del dipingere perfettamente[21].

Il brano del letterato e amico dell'artista contiene tutti i principali luoghi comuni divenuti nel corso del Cinquecento una sorta di marchio di riconoscibilità della maniera di Tiziano, una maniera caratterizzata a partire dall'*Assunta* da una convincente sintesi tra il colorismo caldo della tradizione lombarda e veneta, lo stile potente e drammatico di Michelangelo e quello più sereno e classicheggiante di Raffaello; una maniera peraltro, ed è forse il nucleo saliente del passo del Dolce, che non senza fatica seppe affrancarsi dalla pesante eredità lasciata dai pittori del Quattrocento e che raggiunse «la idea del dipingere perfettamente» senza avere la possibilità di misurarsi con le antiche vestigia della Roma dei Cesari. Eppure, almeno secondo un gustoso aneddoto seicentesco del Ridolfi, l'opera dovette provocare durante la sua esecuzione più di qualche imbarazzo nella committenza, tanto che il padre guardiano fra' Germano avrebbe ripreso il pittore poiché gli apostoli gli sembravano «di troppo smisurata grandezza»; Tiziano, dal canto suo, avrebbe tentato di difendere il suo lavoro e di spiegargli che «le figure dovevano esser proportionate al luogo vastissimo». L'incomprensione tra il pittore e i francescani si risolse alla fine per merito di un fattore casuale ed esterno alla controversia: l'ambasciatore imperiale a Venezia, infatti, colpito dalla bellezza del dipinto e al contempo incredulo per le critiche che i frati gli muovevano, avrebbe tentato di acquistarlo per conto dell'imperatore, non riuscendo però nell'impresa poiché

que' padri [...] convennero nel parere de' più prudenti di non privarsene a niun partito, conoscendo in effetto che ciò non era mestier per loro et essere molto differente la prattica del breviario dall'intendersi di pittura[22].

Anche se con ogni probabilità destituito di ogni fondamento, il racconto testimonia indirettamente che ciò che dovette colpire in modo particolare sia il pubblico sia gli artisti al momento dello scoprimento della pala fu la sua innovativa zona inferiore, quella in cui le monumentali figure degli apostoli si assiepano rapite dalla scena della Vergine assunta in cielo. Per questa porzione del dipinto, che nello spicchio appena visibile del sarcofago in ombra lascia intravedere la sobria firma TICIANVS, l'artista eseguì vari disegni preparatori, tra i quali si conserva uno splendido schizzo a carboncino e lumeggiature a biacca con *San Pietro*[23], una figura che per l'ardito scorcio della testa e del braccio destro dovette rivelarsi particolarmente difficile da realizzare. Il suo plasticismo buonarrotiano pone il foglio stilisticamente vicino alla xilografia con *San Girolamo penitente*, disegnata da Tiziano e intagliata verso il 1516 da Ugo da Carpi[24], l'ennesimo esempio – insieme con il *Trionfo di Cristo* e la *Sommersione del faraone nel mar Rosso* – del notevole successo ottenuto in quegli anni dalle stampe del Vecellio. Tornando alle dimensioni «di troppo smisurata grandezza» degli apostoli, per riprendere il passo del Ridolfi, bisogna sottolineare che esse si resero necessarie, insieme con quelle generali della tavola (690 x 360 cm), «per farla risaltare – come spiega Peter Humfrey – contro l'altissimo coro gotico e per renderla un punto focale nella lunga navata centrale»[25]. Le rocciose figure degli apostoli in primo piano richiamano per le loro volumetrie scultoree i celeberrimi *Profeti* michelangioleschi sulla volta della Cappella Sistina, senza però rinunciare alla citazione di alcuni motivi raffaelleschi dalle Stanze Vaticane, in particolare quella dell'*Incendio di Borgo* (1514-1517)[26]. Gli apostoli dipinti da Tiziano, testimoni d'eccezione del sacro evento, a differenza della consolidata tradizione delle pale d'altare veneziane realizzate fino a quel momento – come ad esempio le due di Giovanni Bellini nelle chiese di San Zaccaria (1505) e di San Giovanni Crisostomo (1513), in cui i santi sono raffigurati o in assorta contemplazione o rivolti verso i fedeli –, sono completamente rapiti dal miracolo in corso e non degnano nemmeno di uno sguardo l'ideale osservatore[27].

Esempi importanti su cui dovette meditare Tiziano per ideare soprattutto la zona inferiore del dipinto sono l'*Assunzione della Vergine* di Mantegna nella cappella Ovetari agli Eremitani di Padova (1455 circa), un'opera che egli ebbe modo di vedere e in cui gli apostoli mostrano una gestualità che anticipa quella tizianesca, l'*Assunzione della Vergine* di Palma il Vecchio all'Accademia di Venezia (1513) e la statica *Immacolata concezione* di Giovanni Bellini e bottega oggi in San Pietro Martire a Murano (1513)[28]. Nessuna di queste pur notevoli e celebrate opere, merita sottolinearlo, è però in grado di sfiorare l'equilibrata fusione tra le parti e il realismo dell'*Assunta* di Tiziano.

Un altro complicatissimo problema che l'artista dovette affrontare durante la messa in opera del quadro era rappresentato dalla posizione infelice della pala, in controluce e in parte coperta dal pesante recinto del coro dei frati iniziato dai Bon e concluso nel 1475 da Pietro Lombardo e bottega[29]. È quindi plausibile che il pittore dispensasse più di un consiglio su come eseguire la cornice marmorea che doveva isolare il dipinto dai molti riflessi provenienti dalle finestre del coro; un dipinto che forse anche per tale motivo, secondo il racconto del Vasari, risultava all'epoca tutt'altro che ben visibile[30]. Anche la scelta della tavolozza fu sicuramente in parte dettata dalla disomogenea luminosità della zona in cui venne collocato il quadro: il colore dominante della pala, usato con un timbro brillante anche per renderla visibile dall'inizio della navata centrale, è un rosso vivo che gradualmente si stempera in un giallo sulfureo nella zona superiore, suggerendo l'idea di una fiamma[31]. In effetti, ricorrendo all'artificio di separare le due zone della scena contrassegnandole con un differente cromatismo, Tiziano e la sua committenza intendevano suscitare negli spettatori e nei fedeli la sensazione visiva e mentale di una fiamma che guizza e dell'ascesa, un'ascesa che poi non era altro se non il tema rappresentato con la Madonna protagonista. Nell'opera, infatti, all'aerea e luminosa leggerezza della zona superiore, in cui la Vergine viene risucchiata dal gorgo di luce con Dio padre pronto ad accoglierla a braccia aperte, si contrappone in tutto la zona inferiore, pesante e più scura, caratterizzata dai teatrali gesti retorici degli apostoli che sembrano quasi sospingere verso l'alto la madre di Gesù. I due livelli della scena, quello ultraterreno di Maria assunta in cielo e quello terreno degli apostoli, che pure partecipano al miracolo in prima persona, sono evidenziati dal pittore per mezzo di un sapiente uso del colore, più caldo e luminoso in alto e più freddo e terreo in basso; i due registri compositivi, inoltre, risultano ulteriormente separati dalla geniale invenzione della ghirlanda di nuvole che sorreggono il peso simbolico della Madonna, rese con un realismo che le fa apparire come se fossero davvero tangibili[32].

Capolavoro rivoluzionario dal punto di vista formale, paragonabile per l'impatto sulla scena artistica italiana alla pressoché coeva *Trasfigurazione* di Raffaello alla Pinacoteca Vaticana (1518-1520), opera con cui condivide l'efficace mistione di plasticismo e colorismo e la teatrale separazione in due della scena[33], l'*Assunta* si rivela un capolavoro anche dal punto di vista del suo messaggio iconografico[34]. Oltre la scena dell'assunzione in cielo della Vergine, il dipinto mirava a celebrare anche lo spinoso tema dell'Immacolata Concezione, una questione dottrinale e teologica che tanto aveva diviso tra Medioevo e Rinascimento i suoi difensori, ossia i frati minori, e i suoi oppositori, i domenicani. A Venezia la tradizione favorevole all'Immacolata era piuttosto solida, come dimostrano nel Quattrocento il beato Lorenzo Giustiniani, il primo patriarca della città marciana, e san Bernardino da Siena, più volte convocato in laguna a tenere le sue infiammate prediche. La scena dell'assunzione della Madonna, che conferisce di fatto uno status di divinità alla Vergine secondo una consolidata tradizione testuale risalente ai *Vangeli apocrifi* e ai Padri della Chiesa e resa poi normativa nel corso del Duecento dalla *Legenda aurea* di Iacopo da Varagine, era per i francescani indissolubilmente legata all'Immacolata Concezione: poiché infatti, essendo l'unica donna partorita libera dal peccato originale, Maria fu accolta in cielo senza alcuna macchia o corruzione fisica, essa doveva essere per forza nata con un'anima pura e incorrotta[35]. E proprio in questo modo, nella scia di una tradizione fortunata in area veneziana, essa fu rappresentata da Tiziano, pura e incorrotta, avvolta dalla luce abbacinante che promana dal vortice metafisico su cui si stagliano il barbuto Dio padre e le festanti schiere angeliche. Maria è raffigurata nel momento esatto in cui trapassa dalla morte all'eternità, dal sarcofago – non più visibile poiché nascosto dalla moltitudine compatta e adorante degli apostoli – al regno celeste dei santi e dei martiri, in un vibrante trionfo di potenza espressiva che trasmette all'osservatore un senso di vittoria, la vittoria sulla caducità delle cose terrene. Questo senso di vittoria e di speranza ultraterrena è suggerito non solo dalla scena del dipinto, ma anche dalle immagini scolpite sulla sua cornice architettonica in marmo, eseguita dai fratelli Lorenzo e Giambattista Bregno forse su disegno di Tiziano e ideata a mo' di arco trionfale[36]. Nella zona superiore, sormontata dalla statua di Cristo risorto tra quelle di san Francesco d'Assisi e di sant'Antonio da Padova, le Vittorie alate sui pennacchi rimandano ai temi di vittoria e di rigenerazione connessi alla scena, mentre il bassorilievo nella parte inferiore con un finto tabernacolo e il Cristo in pietà tra due angeli alludono al sacramento eucaristico e alla Vergine Maria: la Madonna, infatti, era considerata dai francescani un prezioso e incorruttibile tabernacolo, proprio come l'Immacolata Concezione[37].

Ogni elemento iconografico dell'altar maggiore, insomma, che sia parte della tavola o della cornice che la ospita, risponde a esigenze simboliche precise e sembra aprire o chiudere in maniera circolare un discorso incentrato sui concetti di regalità, purezza, incorruttibilità, eternità di Maria. Ma la maestosa Vergine assunta in cielo dipinta da Tiziano non rappresenta esclusivamente se stessa e i suoi attributi virtuosi, bensì incarna la città vergine, incorrotta, pura e saggia per antonomasia, ossia l'immortale Venezia che – al pari della mitica fenice – era riuscita a risorgere dalle proprie ceneri, la brace ancora fumante della guerra contro la Lega di Cambrai. La Madonna della pala tizianesca si appresta a essere incoronata regina del cielo da uno dei due angeli che fiancheggiano Dio: tale soggetto, come già accaduto nel Trecento con l'*Incoronazione della Vergine* di Guariento in Palazzo Ducale, rivestiva per il popolo veneziano anche il significato simbolico di un trionfo ultraterreno della vergine Venezia, la cui mitica fondazione, avvenuta il 25 marzo del 421, cadeva nel giorno dell'Annunciazione[38]. La città, che proprio nell'anno della commissione a Tiziano, il fatidico 1516, vedeva finalmente chiudersi la luttuosa parentesi di una guerra quasi decennale, dovette con ogni probabilità rispecchiarsi in quella vittoriosa ascesa al cielo di Maria dipinta dal nuovo pittore ufficiale della Serenissima, l'artista che ancora una volta era stato in grado di ottenere grazie al suo talento un risultato estetico impeccabile e che al contempo aveva saputo sintetizzare con estrema lucidità la storia e la politica, la religione ufficiale e la devozione popolare, la gloria personale e la gloria celeste. Con il capolavoro ai Frari, vera e propria pietra miliare della pittura rinascimentale italiana e imprescindibile punto di riferimento per le future generazioni di artisti veneti, il maestro si era ormai definitivamente rivelato. Del dipinto si sarebbe ricordato a quasi quarant'anni di distanza, nella spettacolare *Assunzione della Vergine* della chiesa veneziana dei

Gesuiti (1554-1555)[39] (tav. 14), il suo discepolo più dotato e poi rivale Iacopo Tintoretto, a dimostrazione che la lezione di Tiziano aveva permeato in profondità l'arte veneziana del Cinquecento.

NUOVI ORIZZONTI: FERRARA, ANCONA, BRESCIA, MANTOVA

Esausto per la sanguinosa guerra che sin dall'inizio del secolo aveva minacciato più volte l'integrità dei suoi territori, rimasto vedovo nel 1519 per la morte della duchessa Lucrezia Borgia e ammalatosi gravemente nello stesso anno, tanto che l'odiato papa Leone X già prefigurava un successore di sua fiducia alla guida della corte estense[40], il duca Alfonso I era un uomo stanco quando Tiziano lo immortalò nell'inverno del 1524-1525 in un ritratto perduto, ma noto grazie a una fedele copia attribuita a Rubens che si conserva al Metropolitan Museum di New York[41] (tav. 15). Lodato da Michelangelo durante un soggiorno a Ferrara nel 1529 e da considerare come il primo dei molti *State portraits* nella carriera dell'artista, il dipinto ritrae il duca con sfarzosi abiti alla moda in velluto e in broccato e una pelliccia; il signore ferrarese, che con la mano sinistra sembra voler tenere a bada la spada che non ha evidentemente più voglia di sfoderare, è effigiato insieme con un dettaglio iconografico piuttosto inconsueto per la ritrattistica di corte dell'epoca, un piccolo cannone, detto colubrina, su cui poggia la mano destra. Presente anche in un pregevole ritratto in armatura attribuito a Battista Dossi alla Galleria Estense di Modena, il particolare tradisce la grande passione del duca per l'artiglieria e per la sua famosa fonderia di bocche da fuoco, di cui si servì in più di un'occasione durante gli eventi bellici, ma al contempo sembra voler comunicare all'osservatore che egli non ha più intenzione di adoperare né quel micidiale strumento di morte né tantomeno la spada, due oggetti che all'interno dell'immagine non rivestono che il significato di una natura morta. A questo quadro si associava come ideale *pendant* il coevo *Ritratto di Laura Dianti*[42] (tav. 16), l'amante del duca che di lei si innamorò nel 1526, ma che non volle mai sposare per le sue umili origini e da cui ebbe due figli poi legittimati un anno prima della morte. Caratterizzato da una qualità formale assai elevata, dovuta anche all'ampio risalto dato all'eleganza dell'abito, alla ricchezza dell'acconciatura dei capelli con il complicato filo in oro, perle e diamanti fermato da un medaglione, agli orecchini e all'inserto esotico del paggetto di colore con i guanti in mano sul quale la donna poggia distrattamente la mano sinistra, il ritratto rappresenta al meglio la passione del duca per l'universo femminile, un universo che al pari dell'arte, della letteratura e della musica ben incarnava la fuga dalla ben più dura realtà fatta spesso di armi, congiure e lutti familiari. Se la spalla destra della donna è solo in parte coperta da un velo giallo, la camicetta bianca slacciata sopra il seno sinistro rivela una carica erotica notevole, svelando il ruolo della Dianti come mero oggetto delle brame lussuriose di Alfonso d'Este.

Anche se indubbiamente meno incline a coltivare le arti della sorella Isabella d'Este, che tra la fine del Quattro e l'inizio del Cinquecento – sulla scorta di un dotto programma iconografico ideato da umanisti del calibro di Pietro Bembo e di Mario Equicola – aveva commissionato per il suo studiolo nel castello di San Giorgio a Mantova complesse opere mitologiche a Mantegna, Perugino, Lorenzo Costa e Correggio, Alfonso I apprezzava la compagnia di pittori e scultori, così come di grandi letterati e raffinati musicisti. Nella corte estense, infatti, oltre ai compositori fiamminghi Adriaen Willaert, futuro maestro di cappella della basilica di San Marco a Venezia, e Josquin Desprez, gravitavano scrittori come Ludovico Ariosto, che proprio a Ferrara avrebbe composto l'*Orlando furioso*, il celeberrimo poema cavalleresco in cui tra i sommi dell'arte della sua epoca, quali «Leonardo, Andrea Mantegna, Gian Bellino, / duo Dossi, e quel ch'a par sculpe e colora, / Michel, più che mortale, Angel divino, / Bastiano, Rafael», egli avrebbe riservato una citazione anche a Tiziano, «ch'onora / non men Cador che quei Venezia e Urbino»[43].

La più compiuta espressione del gusto artistico e culturale del duca è rappresentata dalla decorazione del cosiddetto camerino d'alabastro o più semplicemente camerino, al quale Tiziano – come rivela la fitta corrispondenza tra l'ambasciatore estense a Venezia Iacopo Tebaldi e Alfonso I e tra quest'ultimo e l'artista – lavorava assiduamente sin dalla primavera del 1518[44]. Questo raffinato e raccolto ambiente di ispirazione ancora in parte quattrocentesca, che poteva vantare tra i suoi più illustri precedenti gli studioli di Federico da Montefeltro nel Palazzo Ducale a Urbino, di Lionello e Borso d'Este nella palazzina di Belfiore a Ferrara e soprattutto quello di Isabella d'Este a Mantova, che dovette costituirne un punto di riferimento imprescindibile, era situato al primo piano della via Coperta, un ampio corridoio di collegamento tra il castello e il Palazzo Ducale poi molto rimaneggiato dopo gli interventi architettonici commissionati da Alfonso I. In questo luogo, non distante dal cosiddetto studio dei marmi con i bassorilievi all'antica dello scultore veneziano Antonio Lombardo, eseguiti verso il 1508 e oggi all'Ermitage di San Pietroburgo, il duca si concedeva ai suoi momenti di ozio, ma al contempo vi accoglieva in occasioni cerimoniali i sovrani, i principi o gli ambasciatori in visita alla corte, sfruttandolo perciò come una sorta di sala di rappresentanza in cui esibire i suoi più preziosi tesori artistici[45].

Il ciclo pittorico del camerino, la cui ubicazione precisa resta per certi versi ancora oscura dal momento che il complesso fu smantellato – provocando anche la perdita di alcune opere – nel 1598, al momento dell'annessione del ducato estense allo Stato della Chiesa, venne completato attorno al 1530[46]. I soggetti della decorazione, alla quale il duca aveva iniziato a pensare sin dal 1511, furono stabiliti dal letterato già al servizio della corte di Mantova Mario Equicola il quale, basandosi su alcuni celebri testi classici, decise di incentrare i dipinti per lo più sui tradizionali temi mitologici di Venere e Bacco, le divinità pagane dell'amore e del vino che ben incarnavano due tra le più grandi passioni del committente[47]. Bisogna subito precisare che il coinvolgimento di Tiziano nel programma decorativo non era affatto previsto dall'inizio, ma che anzi esso fu in un certo senso il frutto di alcune circostanze a dir poco fortunate; il che, se consideriamo anche gli esordi della sua carriera a Venezia, lastricati da una serie di eventi casuali che ne favorirono l'affermazione quasi senza ostacoli (si ricordino la morte di Giorgione nel 1510 e la partenza di Sebastiano per Roma nel 1511), iniziava a diventare una vera e propria costante nella vita dell'artista. Prima di convocare a Ferrara Tiziano, Alfonso I aveva tentato con tutti i mezzi a sua disposizione di cooptare nell'ambiziosa impresa – per mezzo della quale, forse, intendeva creare una sorta di contraltare ferrarese al magnifico studiolo mantovano della sorella – prima Michelangelo e Raffaello, poi Giovanni Bellini e fra' Bartolomeo. Durante alcuni soggiorni a Roma nel 1512-1513, in cui ebbe modo di ammirare la Sistina appena prima di essere scoperta e le Stanze Vaticane in lavorazione, il duca era riuscito a ottenere una sorta di pre-accordo sia con Michelangelo sia con Raffaello per un loro contributo alla decorazione dell'ambiente, ma i molti impegni dei due artisti non consentirono loro di mantenere la promessa; solo il Sanzio si dimostrò in parte di parola, inviando a Ferrara nel 1517 un disegno per la scena con il *Trionfo di Bacco in India* ricco di animali esotici, satiri e menadi danzanti, un'immagine la cui atmosfera a metà strada tra il classico e l'orientaleggiante dovette comunque lasciare più di qualche traccia sui dipinti tizianeschi[48]. Giovanni Bellini, nel frattempo (1514), aveva dipinto il *Festino degli dèi* oggi alla National Gallery of Art di Washington, su cui avremo modo di tornare, mentre nel 1517 era stato contattato per eseguire l'*Offerta a Venere* fra' Bartolomeo, che fece appena in tempo a realizzare qualche schizzo prima di morire nell'autunno dello stesso anno. Del ciclo, inoltre, facevano parte anche una perduta *Fucina di Vulcano*, una scena di *Baccanale* e una serie di dieci quadri di formato orizzontale con episodi dell'*Eneide* dipinti dal ferrarese Dosso Dossi, artista di corte e sovrintendente alle decorazioni delle residenze ufficiali estensi[49]. Tiziano, insomma, si trovò a dover fare i conti con la pesante eredità di un lavoro commissionato in precedenza ad artisti della fama di Michelangelo, Raffaello e fra' Bartolomeo; la *Moneta del tributo*, un quadro – come si ricorderà – eseguito verso il 1516 per Alfonso d'Este, dovette evidentemente essere una sorta di prova per il pittore veneto in cui mostrare al committente tutto il suo valore e fugare ogni eventuale dubbio sul fatto che egli fosse in grado di portare a termine un'opera così impegnativa e per la quale erano stati scomodati senza badare a spese alcuni tra i maggiori esponenti della scuola tosco-romana. Dopo le sfide di inizio secolo ai più importanti colleghi attivi a Venezia, il Vecellio si trovava nuovamente a dover dimostrare di essere il più bravo, costretto a misurarsi con un impianto decorativo in buona parte già stabilito e a ingaggiare un aspro duello a colpi di pennello sia con gli artisti locali, Dosso in particolare, sia con i ben più temibili rivali dell'Italia centrale, che avevano già dato prova del loro valore all'esigente signore ferrarese. Ma per il pugnace e consapevole cadorino il confronto non era e non sarebbe mai stato un problema insormontabile.

Il primo quadro in ordine cronologico realizzato da Tiziano è la cosiddetta *Offerta a Venere*, opera già assegnata a fra' Bartolomeo. Eseguito tra il 1518 e il 1519, conservato al Museo del Prado a Madrid, esso fu completato direttamente a Ferrara «per assicurarsi che [...] si adattasse armonicamente alle condizioni di luce del camerino, e anche per riparare eventuali danni dovuti al trasporto»[50]. La fonte letteraria scelta dall'Equicola sia per questo sia per il successivo dipinto con *Baccanale*, anch'esso custodito al Prado, è costituita dalle *Immagini* di Filostrato il Vecchio, un'opera in cui venivano descritte alcune pitture di una sfarzosa villa romana di epoca imperiale a Napoli e che venne pubblicata anche dal Manuzio nel 1503. Oltre a dover ricreare mitologie e atmosfere dell'antichità pagana nella maniera più convincente possibile, Tiziano dovette affrontare anche l'ostacolo di non poco conto di riprodurre senza averle sotto gli occhi delle opere classiche la cui memoria era stata tramandata dal testo del sofista greco. Riutilizzando un brano dai *Fasti* di Ovidio (IV, 133-150), nella scena dell'*Offerta a Venere* della *domus* partenopea Filostrato descriveva nelle *Immagini* (I, 6) una folta moltitudine di amorini nell'atto di raccogliere mele in un frutteto all'interno di un santuario dedicato alla dea dell'amore. Tiziano seguì in modo talmente fedele la precisa descrizione del testo classico, che nel suo dipinto compaiono sia i gioielli sui cesti di frutta sia lo specchio offerto da una ninfa a Venere, un particolare questo che in realtà già figurava in un foglio preparatorio di fra' Bartolomeo oggi agli Uffizi[51].

Soddisfatto del risultato raggiunto dall'artista, il duca commissionò a Tiziano anche un secondo e un terzo dipinto con protagonista questa volta Bacco, ossia una scena di *Baccanale* (*Gli Andrii*) e un *Bacco e Arianna*, opere realizzate rispettivamente nel 1519-1520 e nel 1520-1523. Dopo aver celebrato nell'*Offerta a Venere* la gioia dell'amore sotto forma di un lussureggiante giardino senza tempo abitato da putti carnosi e da ninfe e dominato da una statua della dea Venere dall'aspetto realisticamente classico, il pittore illustrava con gli *Andrii* (tav. 17), ancora sul filo della narrazione delle *Immagini* di Filostrato (I, 25), la scena di un baccanale sull'isola di Andros dove il dio Bacco, al cui arrivo sul luogo allude la nave a vele spiegate sullo sfondo, avrebbe trasformato in vino l'acqua di un ruscello[52]. L'atmosfera gaudente dell'immagine, che riscosse – come dimostrano alcune copie tratte soprattutto da Rubens e da Van Dyck – un ampio successo in epoca barocca[53], si esplicita nelle varie piccole scene disseminate nella composizione in cui gruppi di donne, uomini, fanciulli si abbandonano completamente, senza più alcun freno inibitorio, all'ebbrezza provocata dal divino liquore. Il protagonista assoluto della scena è il vino: non a caso esso figura simbolicamente al centro della composizione all'interno di una brocca in cristallo, sollevata al pari di un prezioso trofeo da un giovane che la guarda in rapita adorazione. Attorno al nettare degli dèi, che scorre letteralmente a fiumi, un'umanità resa selvaggia dai suoi effetti inebrianti è colta mentre si concede a una danza improvvisata e liberatoria, mentre si addormenta stordita, come la donna nuda languida e statuaria nell'angolo in basso a destra, o mentre si abbandona a carezze sensuali sperando di passare inosservata, come si osserva nel gruppo centrale con il giovane adagiato sul fianco destro; ma che al contempo, a voler ricordare con un triste monito che tutto prima o poi finisce, cede stremata in un'appartata solitudine, come sembra indicare il vecchio barbuto sdraiato sulla collina in alto a destra che guarda malinconico la scena e già rimpiange la giovinezza perduta[54]. A questa figura disperata, tagliata simbolicamente e concretamente fuori dalla scena, sembra invece contrapporsi il fanciullo raffigurato vicino alla nuda e cinto da una corona d'alloro: il bambino, colto nell'atto di orinare nel torrente e di specchiarsi in esso come Narciso alla fonte, incarna tutto il senso di prorompente vitalità tipico dell'infanzia, un'infanzia ormai irrimediabilmente perduta dall'anziano sulla destra. Al centro in basso della composizione, sotto le due donne che indossano abiti rinascimentali, distinguendosi dagli altri personaggi nudi, seminudi o vestiti all'antica, Tiziano ha dipinto uno spartito musicale con alcuni versi da una *chanson* del Willaert che invitano a godere dei piaceri della vita e in particolare di quelli provocati dall'ebbrezza: «Qui boyt et ne reboyt / jl ne scet que boyre soit», ossia «chi beve e non ribeve non sa cosa sia bere»[55]. Questo canone circolare, da eseguire a quattro voci, rappresenta la perfetta sintesi dell'immagine, un'immagine in cui il pittore, non rinunciando alle consuete citazioni da opere classiche e contemporanee (su tutte la *Battaglia di Cascina* di Michelangelo e il *Festino degli dèi* di Bellini), non si risparmiò nella cura quasi maniacale dedicata al bucolico paesaggio e ai molti dettagli decorativi, tra i quali occupa un posto particolare la straordinaria esibizione del raffinato vasellame in vetro, maiolica e metallo con cui il duca Alfonso d'Este amava imbandire la sua tavola[56].

Il terzo e ultimo quadro commissionato a Tiziano per il camerino, firmato TICIANVS F come l'*Offerta a Venere* e *Gli*

Andrii e conservato alla National Gallery di Londra, fu visto quasi completato dall'agente estense a Venezia nell'estate 1522 nello studio del pittore e venne consegnato a Ferrara nel gennaio dell'anno successivo. Ispirato a un carme di Catullo (LXIV, 249-264), ma da un'edizione contemporanea curata dall'umanista Battista Guarini, già precettore di Alfonso d'Este, il dipinto raffigura *Bacco e Arianna* e in particolare il momento in cui Arianna, abbandonata sull'isola di Nasso da Teseo (di cui si scorge la nave sullo sfondo a sinistra), incontra Bacco che di lei si innamora perdutamente[57]. Il collegamento narrativo tra questo dipinto e il *Baccanale* va rintracciato nella figura di Arianna: se nella scena londinese essa svolge un ruolo di primo piano, lo stesso non può dirsi per quella madrilena, dove va invece identificata nella donna nuda sulla destra riversa a terra, in cui si cela un riferimento alla fortunata iconografia classica dell'*Arianna dormiente*[58]. L'artista, che di fatto completava per mezzo della tela londinese un discorso iconografico appena avviato da Raffaello con il disegno raffigurante il *Trionfo di Bacco in India*, ha illustrato il momento in cui avviene il fatidico incontro tra Arianna e Bacco dopo il ritorno del dio dall'India. Circondato dal suo festante sèguito formato da un barcollante Sileno ebbro sull'asino, nascosto nella boscaglia a destra, da rumorose menadi con strumenti musicali, da satiri di varia età, Dioniso sul carro trainato da una coppia di ghepardi si inchina al cospetto della bella Arianna. Il diadema d'oro donatole per le nozze dal dio del vino è simbolicamente rappresentato nel cielo in asse con la testa della donna, a voler cioè significare che il loro amore durerà in eterno e che l'apoteosi dell'amata darà vita addirittura a una costellazione, che da lei prenderà appunto il nome di Arianna[59]. Anche in questo dipinto, come era già accaduto con l'*Arianna dormiente* degli *Andrii*, il pittore richiama con disinvoltura una celeberrima opera classica, il *Laocoonte*, ritrovato nel 1506 nei pressi della Domus Aurea ed esposto da Giulio II nel cortile del Belvedere: filtrata dall'esempio iconografico fornito dalla figura di Giove nella cosiddetta *Fucina di Vulcano* – forse una *Nascita di Minerva* – scolpita dal Lombardo per lo studio dei marmi, la citazione della scultura è infatti rintracciabile nel demoniaco satiro avvolto dalle spire di un serpente in primo piano sulla destra[60]. Vale infine la pena di sottolineare che l'uso di una tavolozza molto più squillante rispetto a quella adottata nelle altre due opere risulta del tutto funzionale all'iconografia trionfale della scena, in cui è celebrata la gioia di un amore eterno che non conosce confini tra l'umano e il divino, tra la caducità della natura e l'eternità del cosmo.

Quando verso il 1523 il lavoro di Tiziano fu terminato, il *Festino degli dèi* di Bellini (tav. 18), dipinto quasi un decennio prima non senza tradire più di qualche impaccio nelle figure, dovette apparire attardato e perciò il duca estense chiese prima a Dosso Dossi e poi al Vecellio di ritoccarlo per renderlo omogeneo al resto della decorazione del camerino: il paesaggio rupestre sulla sinistra, caratterizzato da una luce filtrante e da una morfologia delle montagne che richiama quella del Cadore, e buona parte del fogliame degli alberi sulla destra sono di mano di Tiziano, che eseguì i ritocchi nel 1529 sostituendo forse quanto aveva fatto anche il collega ferrarese[61].

Con i sofisticati quadri del Vecellio, che naturalmente vanno considerati come un complesso organico insieme con gli altri dipinti di Bellini e del Dosso e in parte con le sculture del Lombardo nello studio dei marmi, il novello Bacco e novello Enea Alfonso d'Este intendeva alludere all'atmosfera di una nuova età dell'oro e della pace durante il suo regno dopo gli anni dedicati all'arte della guerra, ma al contempo desiderava saldare la sua figura di munifico committente a quella degli antichi mecenati romani circondati dal lusso, da grandi letterati e da artisti; come quelli, infatti, secondo la testimonianza del suo biografo Paolo Giovio, egli soleva invitare a mangiare alla «sua mensa segreta o artefici eccellentissimi di qualche arte o uomini faceti et piacevoli per dar qualche recreatione et qualche piacere a l'animo»[62]. L'obiettivo perseguito dal duca dovette essere evidentemente centrato, almeno a giudicare dal grande apprezzamento che egli continuò a manifestare nei confronti di Tiziano in questo periodo: attorno al 1520-1521, infatti, gli commissionò i disegni per alcuni vasi e bicchieri da produrre a Murano[63], forse la drammatica *Deposizione di Cristo nel sepolcro* oggi al Louvre – in parte tratta dalla scena omologa di Raffaello (1507) alla Galleria Borghese e dal rilievo classico con la *Morte di Meleagro*[64] –, e lo invitò ad accompagnarlo a Roma, offerta declinata dall'artista con la scusa di un problema di salute[65]. Il pittore, come aveva già fatto nel 1513 in occasione dell'invito del Bembo a trasferirsi alla corte papale, non aveva la minima intenzione di spostarsi da Venezia, la città che gli garantiva da qualche anno una sorta di stipendio fisso, né tantomeno voleva legarsi a una piccola corte provinciale che non considerava all'altezza delle sue aspettative. Anche perché, come spesso accadde nell'arco della sua carriera, durante l'esecuzione di un importante lavoro se ne prospettarono altri di pari livello o superiore, il che è dimostrato in questo periodo da alcune opportunità scaturite dal contatto con nuovi committenti tra le città di Ancona, Brescia e Mantova. Non va inoltre dimenticato che nella primavera del 1519 Tiziano firmò con il vescovo Iacopo Pesaro, già committente del dipinto giovanile oggi ad Anversa, il contratto per una grande pala ai Frari e che verso il 1521-1522 fu coinvolto in una rilevante impresa decorativa nel duomo di Treviso. Qui, dipingendovi un'*Annunciazione* caratterizzata da una spettacolare fuga prospettica, avrebbe portato a termine per il canonico Broccardo Malchiostro una cappella iniziata dal pittore che di lì a breve sarebbe divenuto uno dei suoi più temibili concorrenti, il friulano Giovanni Antonio de' Sacchis detto il Pordenone[66].

Reca la firma TITIANVS CADORINVS, volta a rivendicare con fierezza le sue origini, e la data MDXX sul cartellino in basso al centro la grandiosa pala con la *Madonna in gloria con il Bambino e angeli, i santi Francesco, Biagio e il donatore Alvise Gozzi*[67] (tav. 19). In origine sull'altar maggiore della chiesa di San Francesco ad Alto di Ancona, edificio che il donatore riqualificò proprio nella zona del coro, l'opera è una preziosa testimonianza dell'apertura di un nuovo, vitale mercato lavorativo apertosi per Tiziano in questi anni, quello delle Marche. Al di là degli aspetti puramente formali, tra i quali spicca la plateale derivazione dalla cosiddetta *Madonna di Foligno* di Raffaello alla Pinacoteca Vaticana (1512 circa), ciò che merita sottolineare del dipinto – di nuovo, dopo gli affreschi di Padova e l'*Assunta* dei Frari, legato a doppio filo all'ordine francescano – è la sua dimensione politica, economica e sociale. Come recita l'iscrizione ALOYXIVS GOTIVS RAGVSINVS FECIT FIERI, anch'essa apposta sul cartiglio con il nome del pittore e la data, il suo committente è il mercante dalmata Alvise Gučetić, italianizzato in Gozzi, nato a Dubrovnik (l'antica Ragusa) nel 1457. Effigiato di profilo con un sontuoso abito nero, devotamente in ginocchio e a mani giunte, egli è presentato al cospetto della Vergine, del figlio e della sparuta schiera angelica sulle nuvole dal patrono di Ragusa, il santo taumaturgo dal volto ascetico Biagio di Sebaste, la cui protezione veniva non di rado invocata dai mercanti durante i loro perigliosi viaggi. Se la presenza di questo raro santo si giustifica essenzialmente per la provenienza geografica del committente e quella del più comune Francesco che gli sta di fronte per il dovuto omaggio alla chiesa che accolse il quadro sul suo altare principale, decisamente meno immediata risulta invece la logica sottesa alla presenza sullo sfondo dell'inconfondibile profilo di Venezia, di cui si intravedono il campanile e le cupole della basilica di San Marco e la sagoma di Palazzo Ducale. Apparentemente fuori contesto, la veduta rappresenta uno dei vertici di un ideale triangolo commerciale costituito dalla Serenissima, da Ancona e da Ragusa, tre città affacciate sull'Adriatico e storicamente in floridi rapporti economici tra loro[68]. Questa salda unione commerciale tra le tre città era stata messa in pericolo nel 1510, in piena guerra tra Venezia e la Lega di Cambrai, da una decisione di papa Giulio II che concedeva alla fedele Ancona la facoltà di navigare e fare affari in Adriatico senza dover pagare alcun tributo alla repubblica marciana; solamente verso il 1520, nello stesso periodo della pala tizianesca per il Gozzi, alcuni trattati internazionali restituirono alla città lagunare la sua egemonia nel bacino adriatico. E proprio a questa ritrovata supremazia marittima e commerciale di Venezia allude il paesaggio sullo sfondo, ma ancor di più la figura della Vergine gloriosa alla quale si raccomandano umilmente san Francesco, simbolico in questo caso non solo della chiesa che ospita il dipinto, ma anche dell'intera città di Ancona, e san Biagio e il donatore, ossia Ragusa e più in generale la Dalmazia. La giovane pianta di fico in grande evidenza tra i personaggi e che si staglia nitidamente sulla quinta di fondo rafforza il concetto di una Venezia come città eletta per antonomasia, dal momento che tale elemento botanico rimanda all'episodio evangelico della chiamata da parte di Cristo dei primi discepoli (*Gv* I, 35-51), avvenuta proprio sotto un albero di fico[69]. Come era accaduto due anni prima con l'*Assunta* dei Frari (tav. 13), l'immagine della Madonna rinviava nuovamente a Venezia, la città privilegiata, vergine e incorruttibile che si riteneva fosse nata nello stesso giorno dell'annunciazione e dell'incarnazione; e ancora una volta, come ormai avveniva quasi regolarmente sin dalle prime commissioni di inizio secolo, il pennello di Tiziano si prestava a raccontare una vicenda tutta tesa a glorificare – seppur velatamente e con il ricorso al simbolo e alla metafora – la storia o meglio una delle molte storie di Venezia. Una vicenda, almeno in questo frangente evidentemente di tono minore e di dimensione locale, con principale protagonista uno tra i tanti mercanti dalmati attivi ad Ancona e legato a Venezia da inevitabili rapporti commerciali, che però celebrava per l'ennesima volta una vittoria della Serenissima e di riflesso del suo pittore ufficiale. L'opera, peraltro, testimonia come l'artista, divorato dalla voglia di affermarsi anche fuori dai confini della laguna, non esitasse a passare nello stesso periodo da una committenza elevata, come quella del duca estense, a una invece di livello decisamente inferiore, come quella del mercante Gozzi. A conti fatti tutto si rivelava utile, in una fase in cui egli andava consolidando il suo rango sociale e la sua statura professionale, a diffondere il nome di Tiziano nell'Italia delle corti e dei suoi mille potenziali committenti.

Dagli inattesi e talvolta casuali intrecci delle vicende esistenziali di personaggi molto diversi tra loro per formazione, per cultura e per ruolo sociale nascono spesso alcune delle occasioni fondamentali nella carriera di un artista. È questo il caso della genesi di una delle opere più importanti realizzate da Tiziano negli anni Venti, ossia il maestoso polittico per l'altar maggiore della chiesa dei Santi Nazaro e Celso a Brescia[70] (tav. 20), all'origine della cui commissione vi sarebbe stata anche una feroce rivalità tra il legato apostolico a Venezia e prevosto dell'edificio bresciano Altobello Averoldi e Broccardo Malchiostro, che proprio negli stessi anni – come si ricorderà – aveva ottenuto dal pittore un'*Annunciazione* per l'altare della sua cappella nel duomo di Treviso[71]. Ordinato nel 1519, il dipinto ci riporta indirettamente ad Alfonso I d'Este. Contrariato per lo snervante ritardo accumulato da Tiziano nella consegna delle ultime due scene mitologiche per il camerino d'alabastro, dietro la sollecitazione del suo agente in laguna Iacopo Tebaldi il duca tentò in un primo momento – per poi abbandonare l'iniziativa per timore di una reazione dell'Averoldi – di ottenere come risarcimento uno degli scomparti del polittico, quello di destra in basso con la figura di san Sebastiano, chiedendo al pittore di sostituirlo con una replica. Proprio il pannello in questione, firmato e datato TICIANVS FACIEBAT MDXXII sul rocchio di colonna e meticolosamente preparato da alcuni splendidi schizzi a penna[72], dovette destare all'epoca una notevole ammirazione, il che è ben testimoniato dall'efficace descrizione inviata al suo signore dall'ambasciatore estense a Venezia:

> Fui a veder la pictura de sancto Sebastiano, che ha facto magistro Titiano, et vi trovai multi de questa terra, quali cum grande admiratione la vedevano et laudavano et epso disse a tuti noi, ch'eramo ivi, ch'el l'era la megliore pictura ch'el facesse mai. [...] La dicta figura è attachata cum uno brazo alto et uno basso ad una colonna, et tuta si torze et di modo ch'el se li vede quasi tuta la schena, et in ogni parte della persona mostra havere passione per una sol saetta, ch'el ha nel mezo del corpo. Io non ho già iudicio, perché non me ne intendo de designo, ma mirando tute le parte et muscoli della persona, a me pare sia similima ad uno corpo da natura creato, et morto[73].

Al di là di qualche imprecisione (la colonna è in realtà il fusto di un albero), dovuta forse alla fretta o all'imbarazzo con

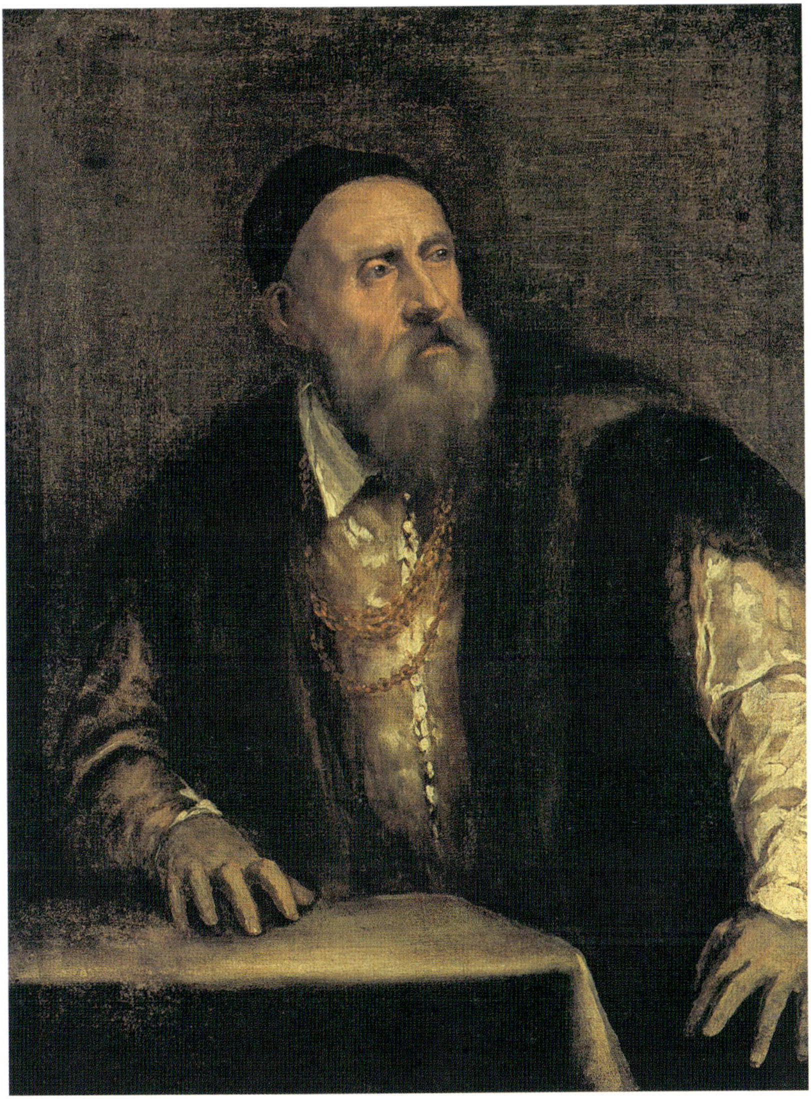

Tav. 1. Tiziano, *Autoritratto*. Berlino, Staatliche Museen, Gemäldegalerie.

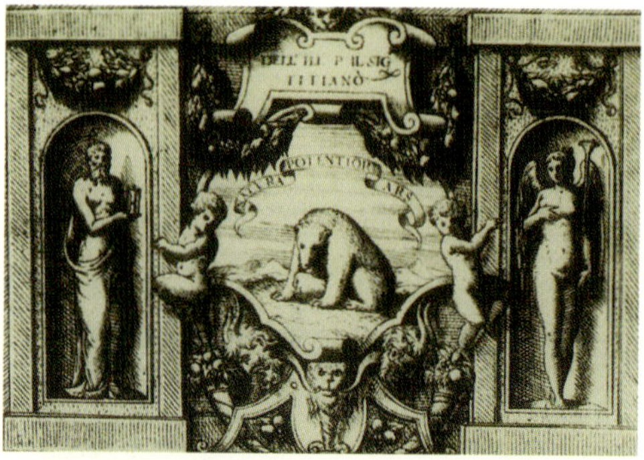

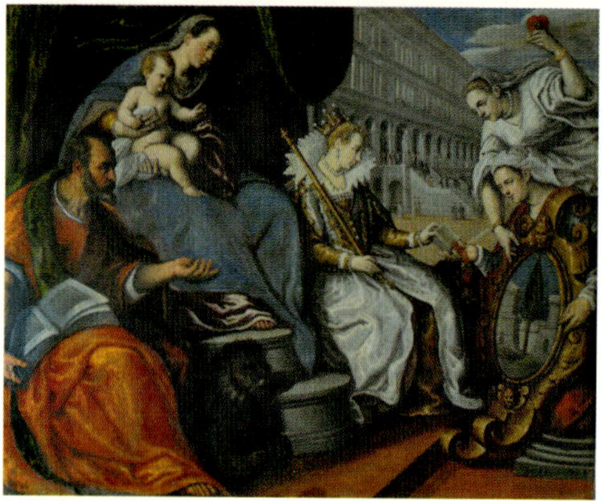

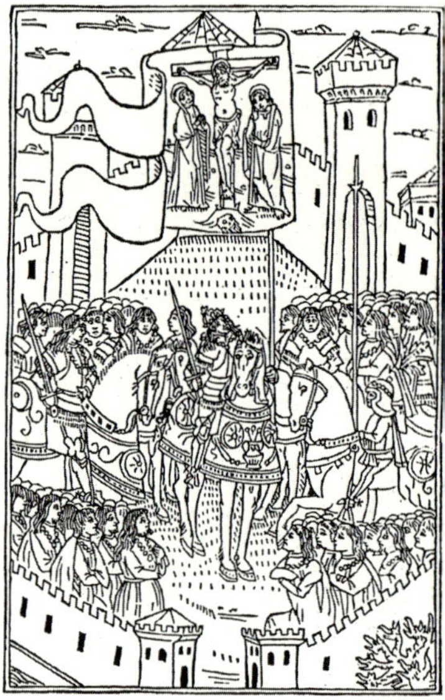

Tav. 2. *Impresa di Tiziano*, in Battista Pittoni, *Imprese di diversi prencipi, duchi, signori e d'altri personaggi et huomini letterati e illustri*, Venezia 1562, tav. XXXXIII.

Tav. 3. Cesare Vecellio, *Dedizione del Cadore a Venezia*. Pieve di Cadore, Palazzo della Magnifica comunità, sala del Consiglio.

Tav. 4. Foglio volante per la lega tra Venezia, Chiesa e Ungheria (Bernardino Vitali, 30 maggio 1501).

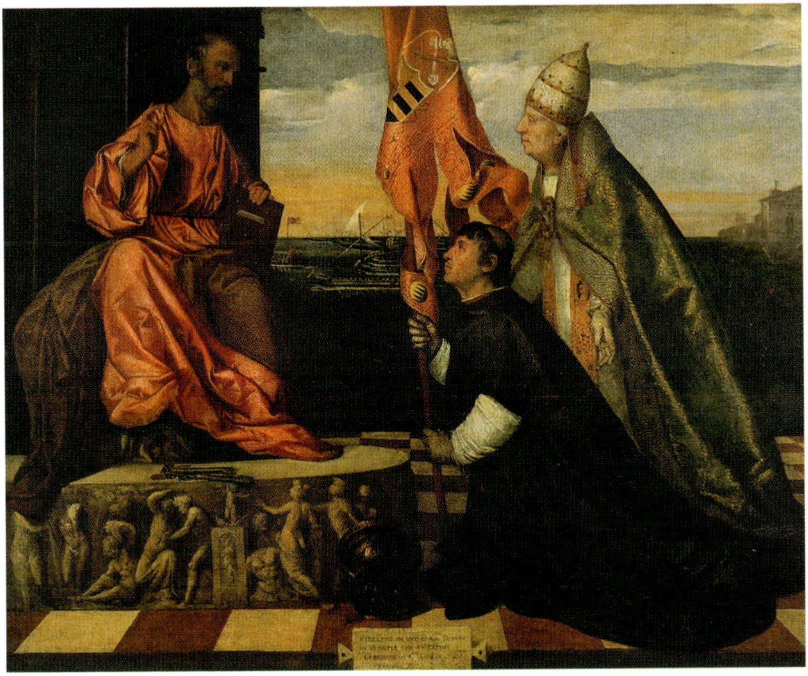

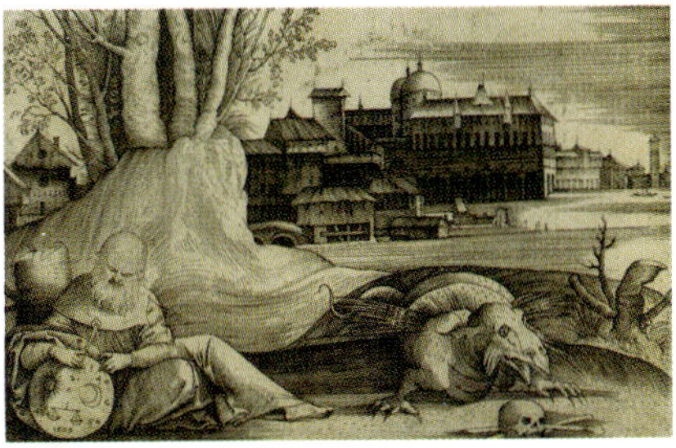

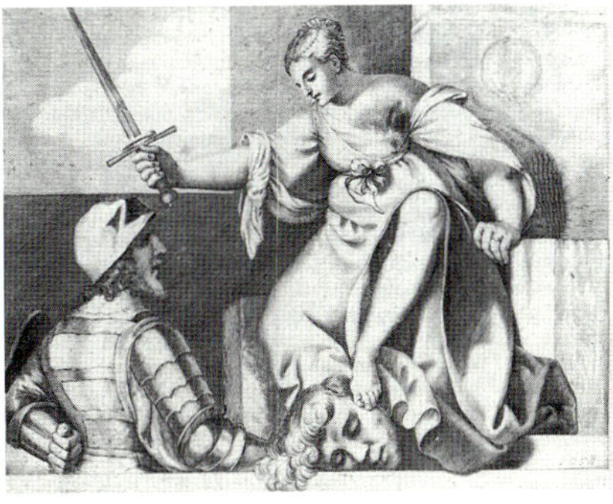

Tav. 5. Tiziano, *Iacopo Pesaro presentato a san Pietro da papa Alessandro VI*. Anversa, Koninklijk Museum voor Schone Kunsten.

Tav. 6. Giulio Campagnola, *L'astrologo*.

Tav. 7. Iacopo Piccini (da Tiziano), *Allegoria di Venezia*.

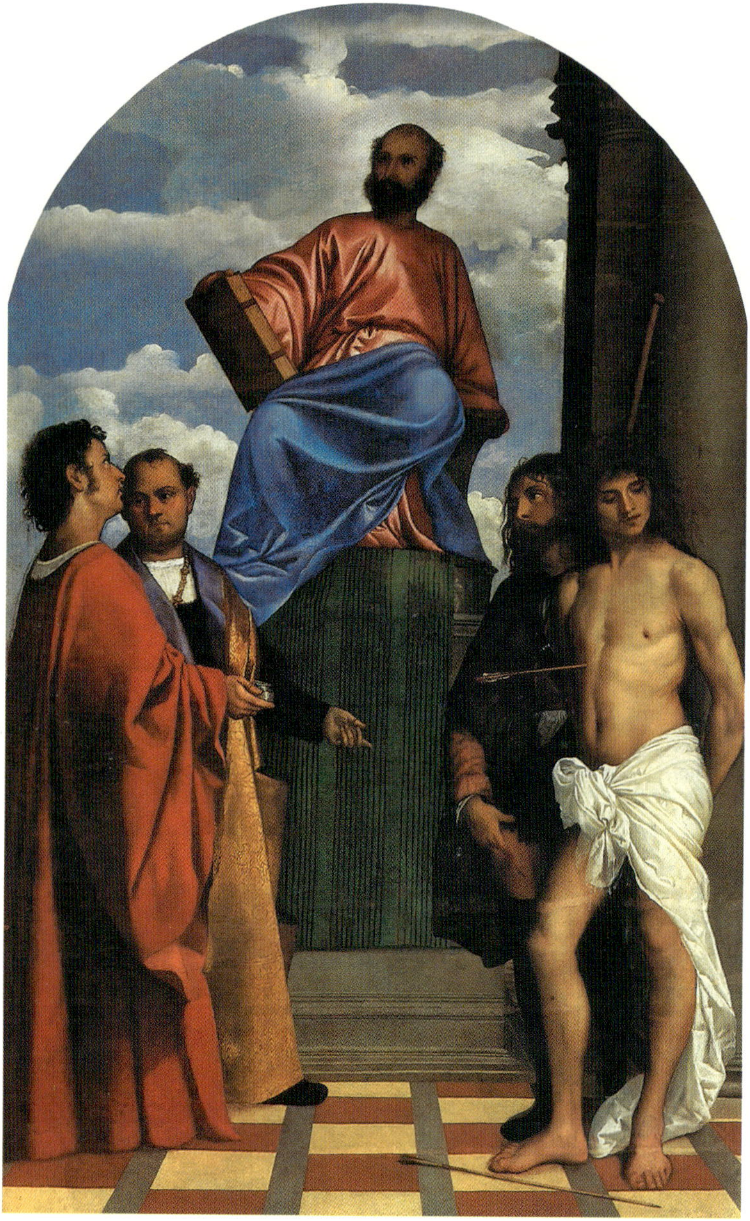

Tav. 8. Tiziano, *San Marco in trono tra i santi Cosma, Damiano, Rocco e Sebastiano*. Venezia, Santa Maria della Salute, sagrestia.

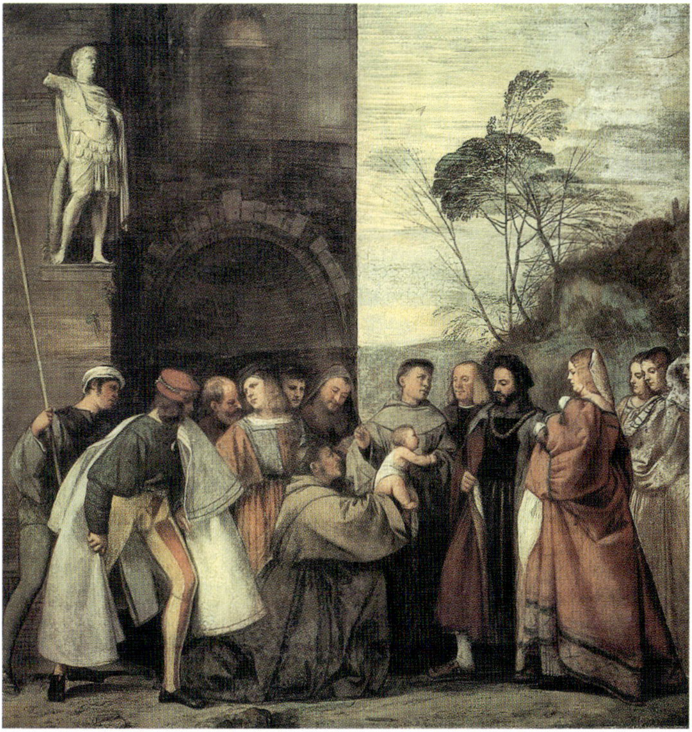

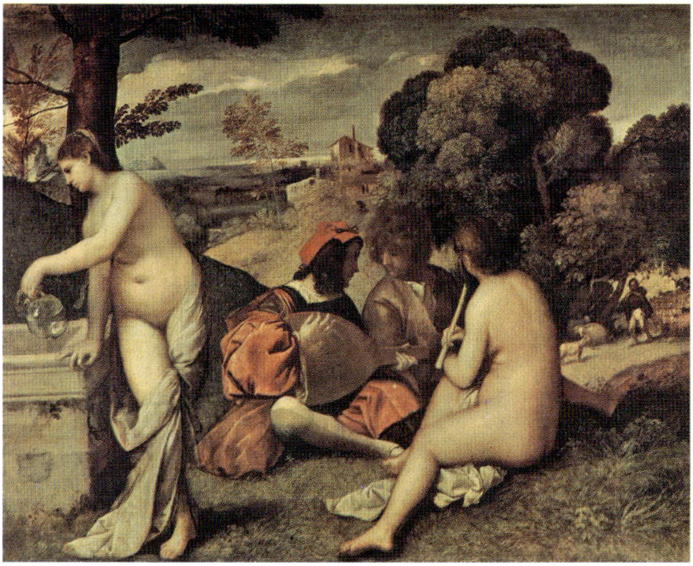

Tav. 9. Tiziano, *Miracolo del neonato*. Padova, Scuola del Santo, sala del Capitolo.

Tav. 10. Tiziano, *Concerto campestre*. Parigi, Musée du Louvre.

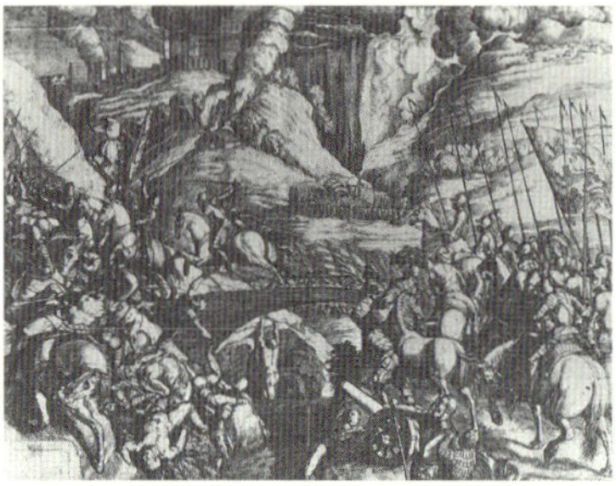

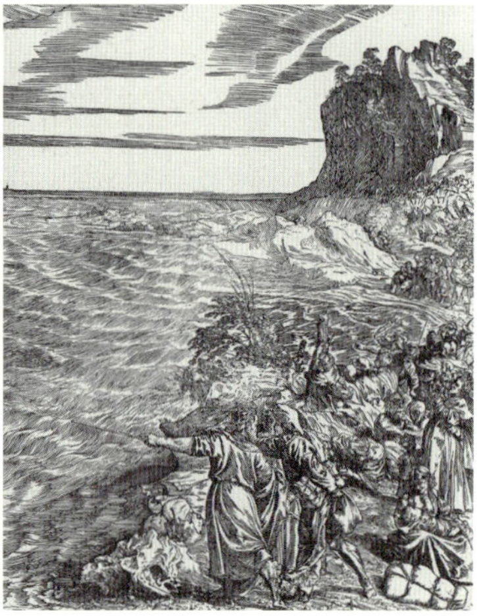

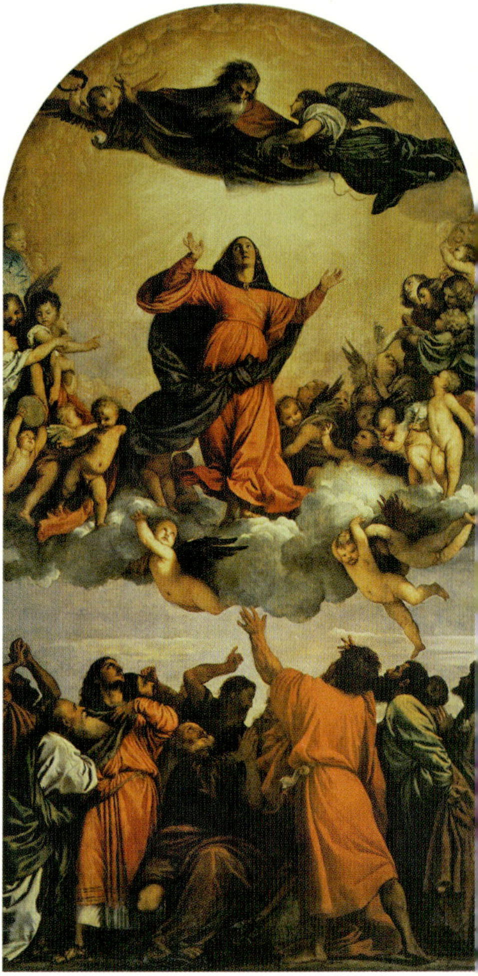

Tav. 11. Giulio Fontana (da Tiziano), *Battaglia del Cadore*.

Tav. 12. Domenico Dalle Greche (da Tiziano), *Sommersione del faraone nel mar Rosso* (part.).

Tav. 13. Tiziano, *Assunzione della Vergine*. Venezia, Santa Maria Gloriosa dei Frari.

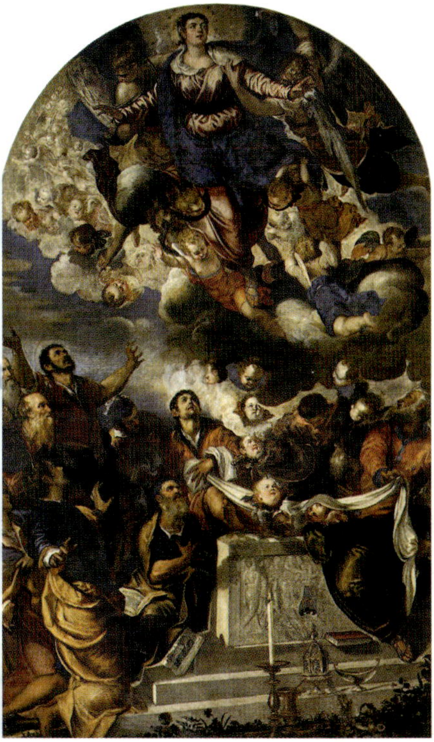

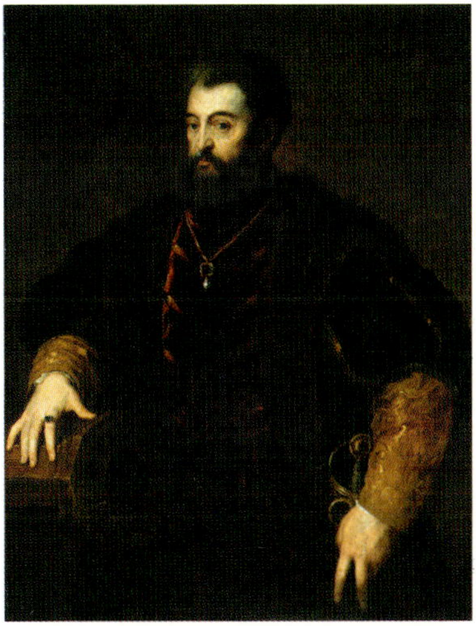

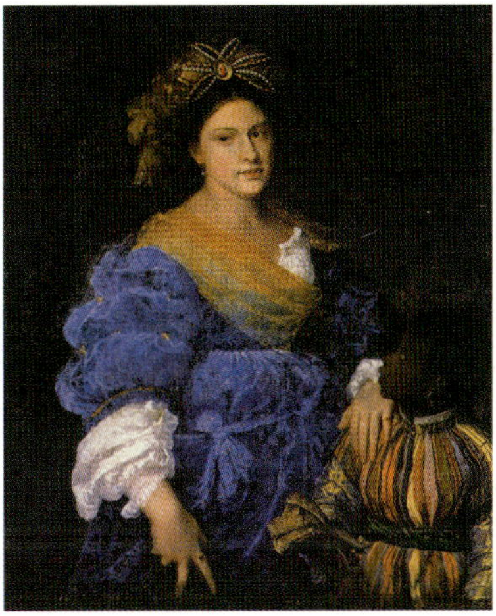

Tav. 14. Iacopo Tintoretto, *Assunzione della Vergine*. Venezia, chiesa dei Gesuiti.

Tav. 15. Copia da Tiziano, *Ritratto di Alfonso I d'Este*. New York, The Metropolitan Museum of Art.

Tav. 16. Tiziano, *Ritratto di Laura Dianti*. Kreuzlingen, Sammlung Heinz Kisters.

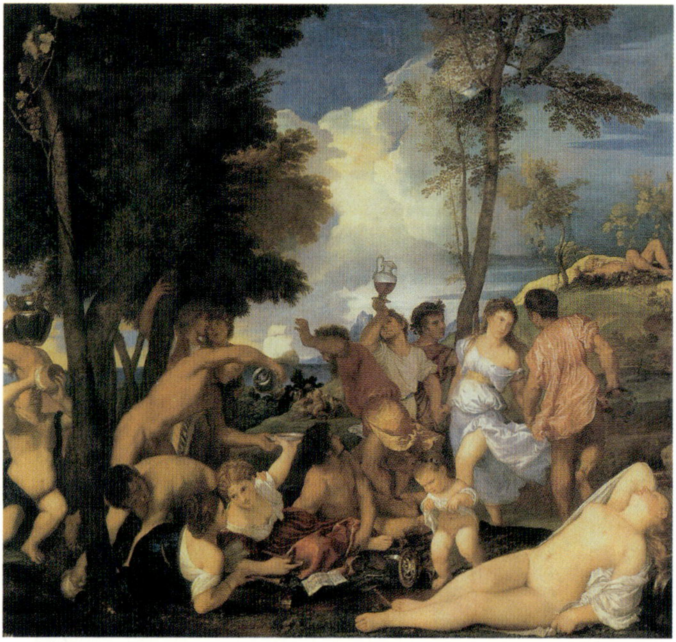

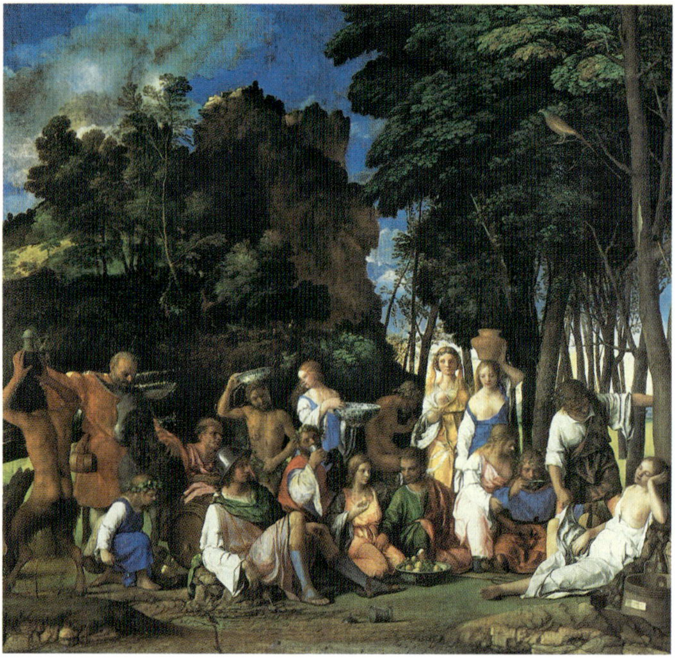

Tav. 17. Tiziano, *Gli Andrii*. Madrid, Museo Nacional del Prado.

Tav. 18. Giovanni Bellini e Tiziano, *Festino degli dèi*. Washington, National Gallery of Art.

A fronte.
Tav. 19. Tiziano, *Madonna in gloria con il Bambino e angeli, i santi Francesco, Biagio e il donatore Alvise Gozzi*. Ancona, Pinacoteca comunale Francesco Podesti.

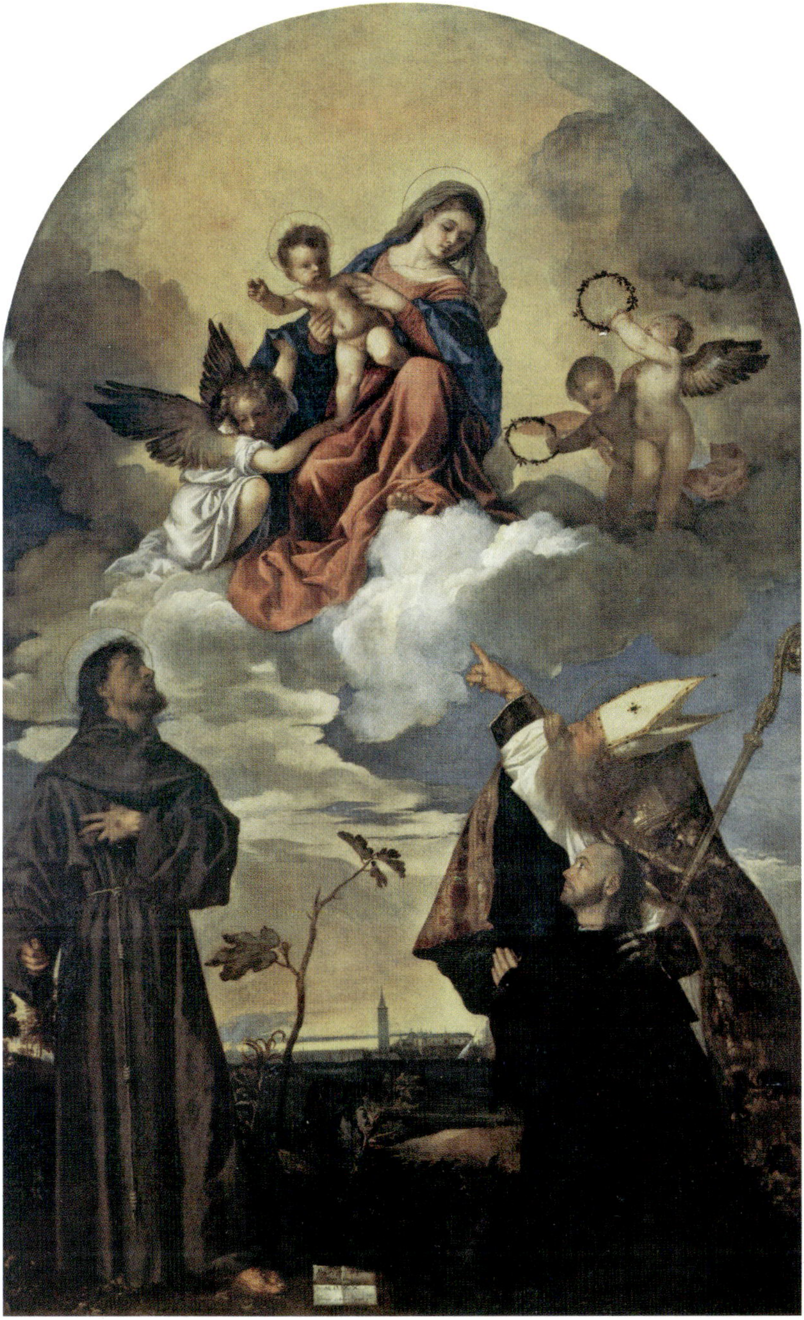

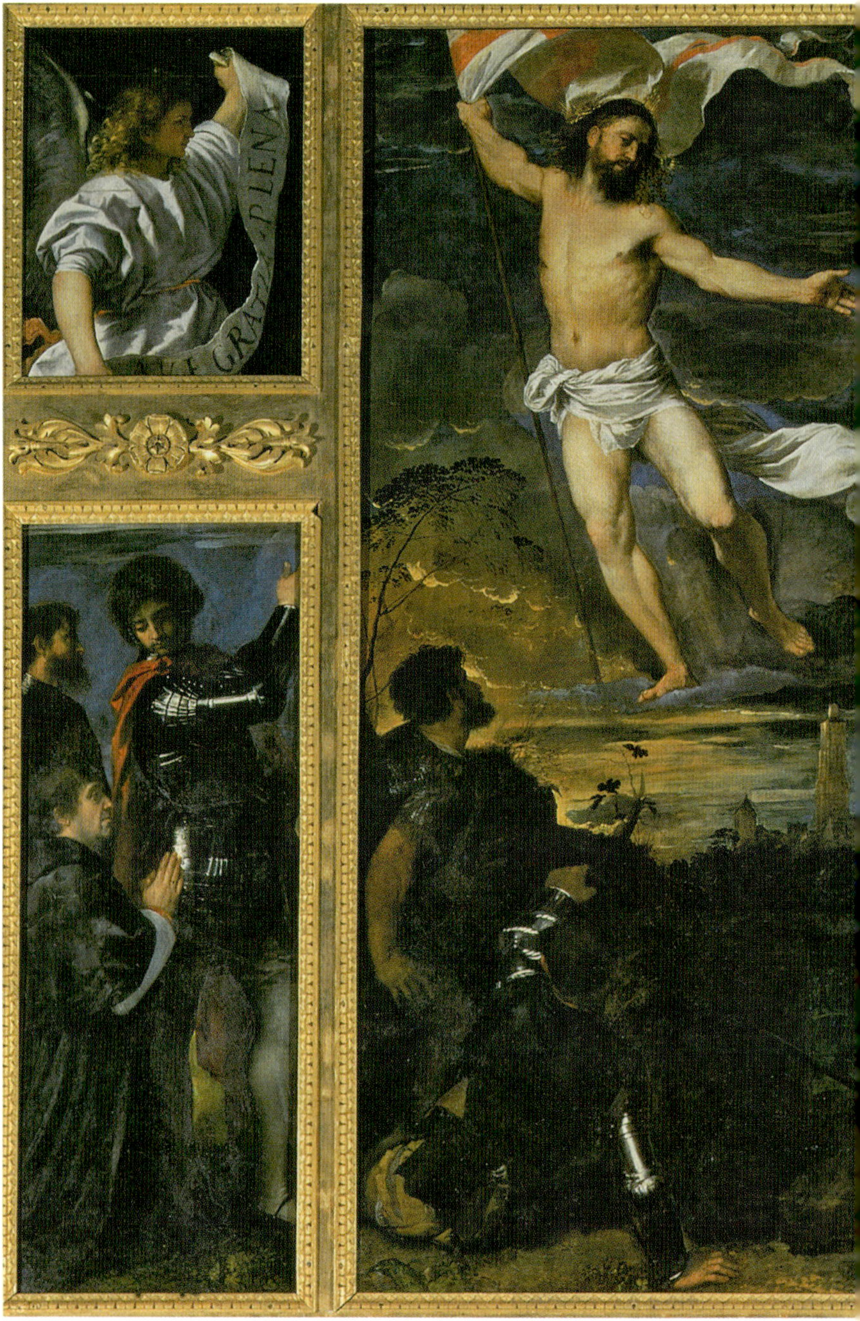
GRATIA PLENA

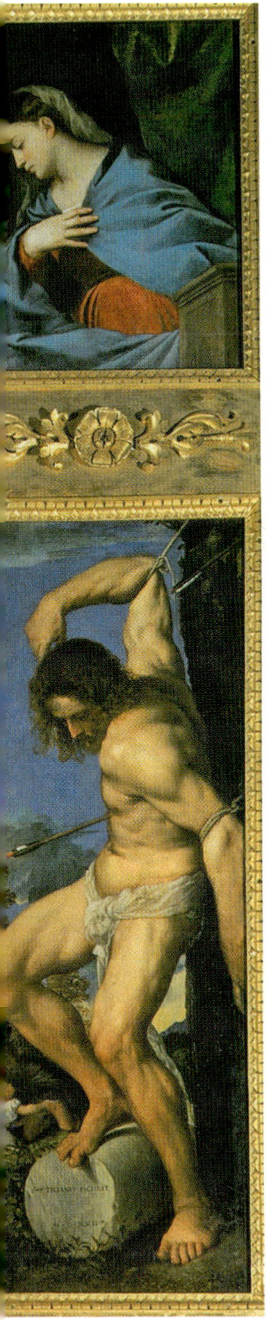

Tav. 20. Tiziano,
Polittico Averoldi.
Brescia, Santi Nazaro
e Celso.

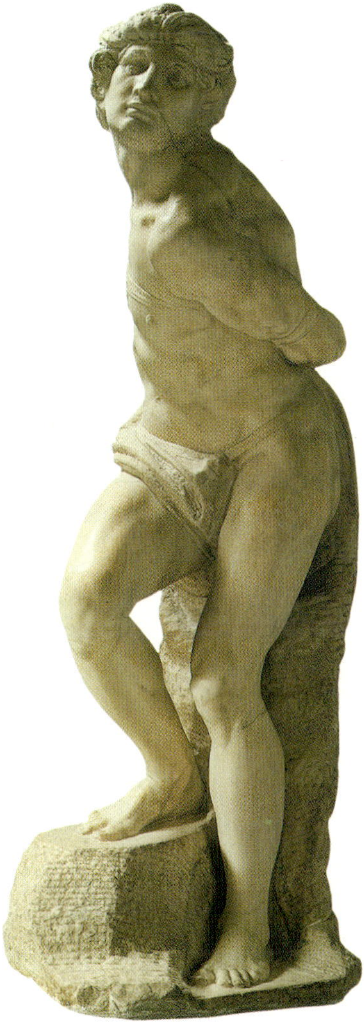

Tav. 21. Michelangelo,
Schiavo ribelle.
Parigi, Musée du Louvre.

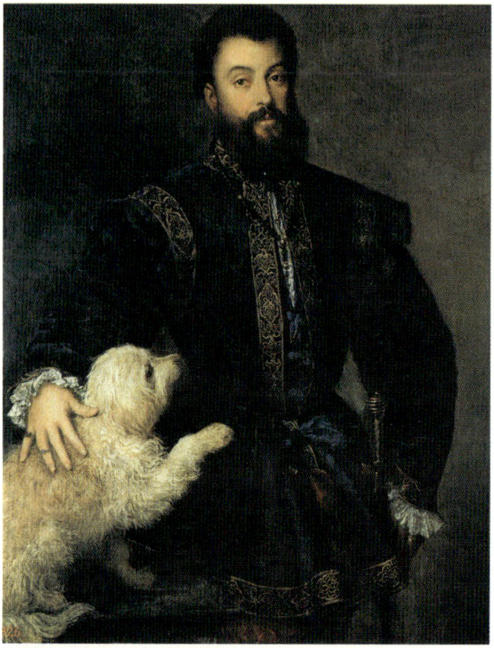

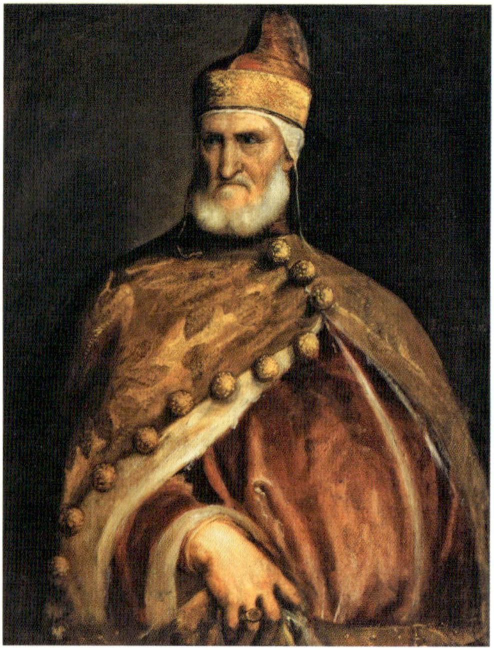

Tav. 22. Tiziano, *Ritratto di Federico II Gonzaga*. Madrid, Museo Nacional del Prado.

Tav. 23. Tiziano, *Ritratto di Andrea Gritti*. Washington, National Gallery of Art.

A fronte.
Tav. 24. Tiziano, *San Cristoforo*. Venezia, Palazzo Ducale, appartamento del doge.

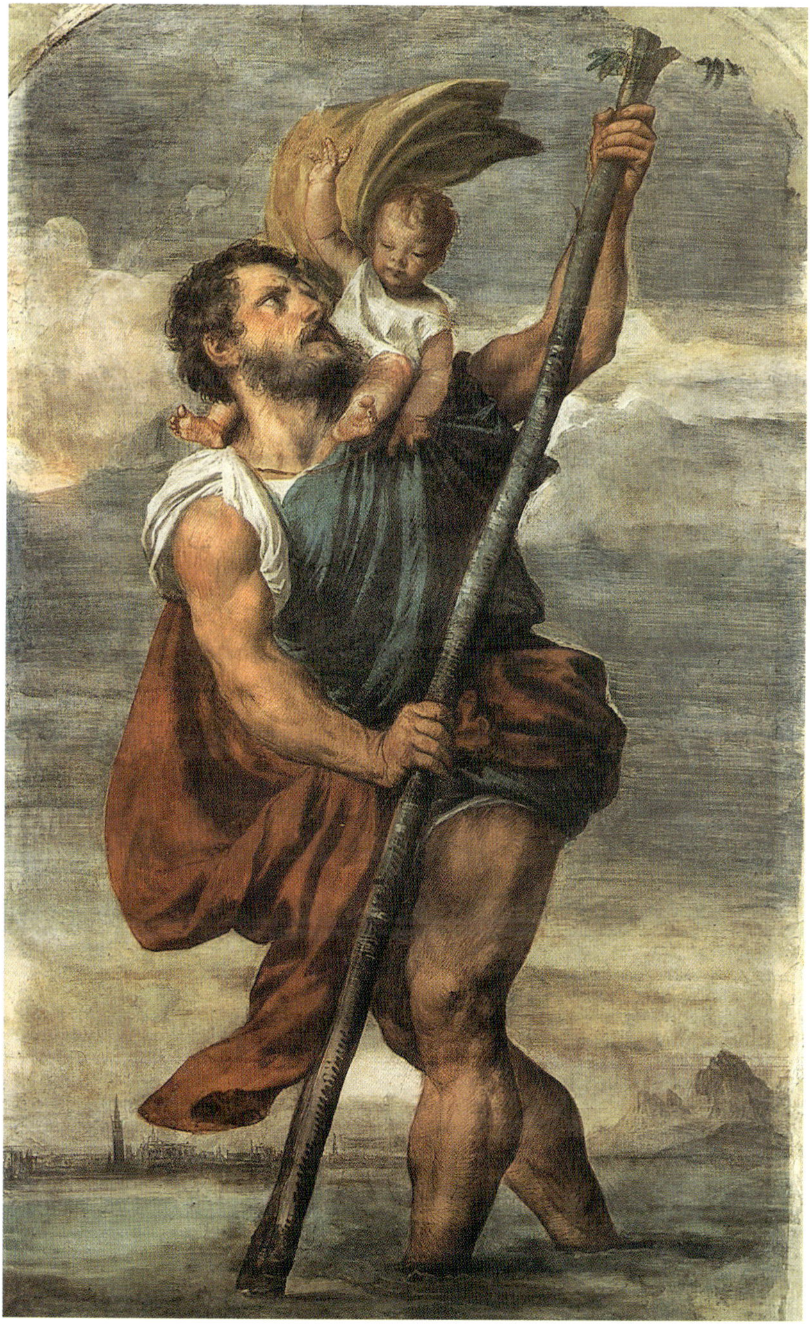

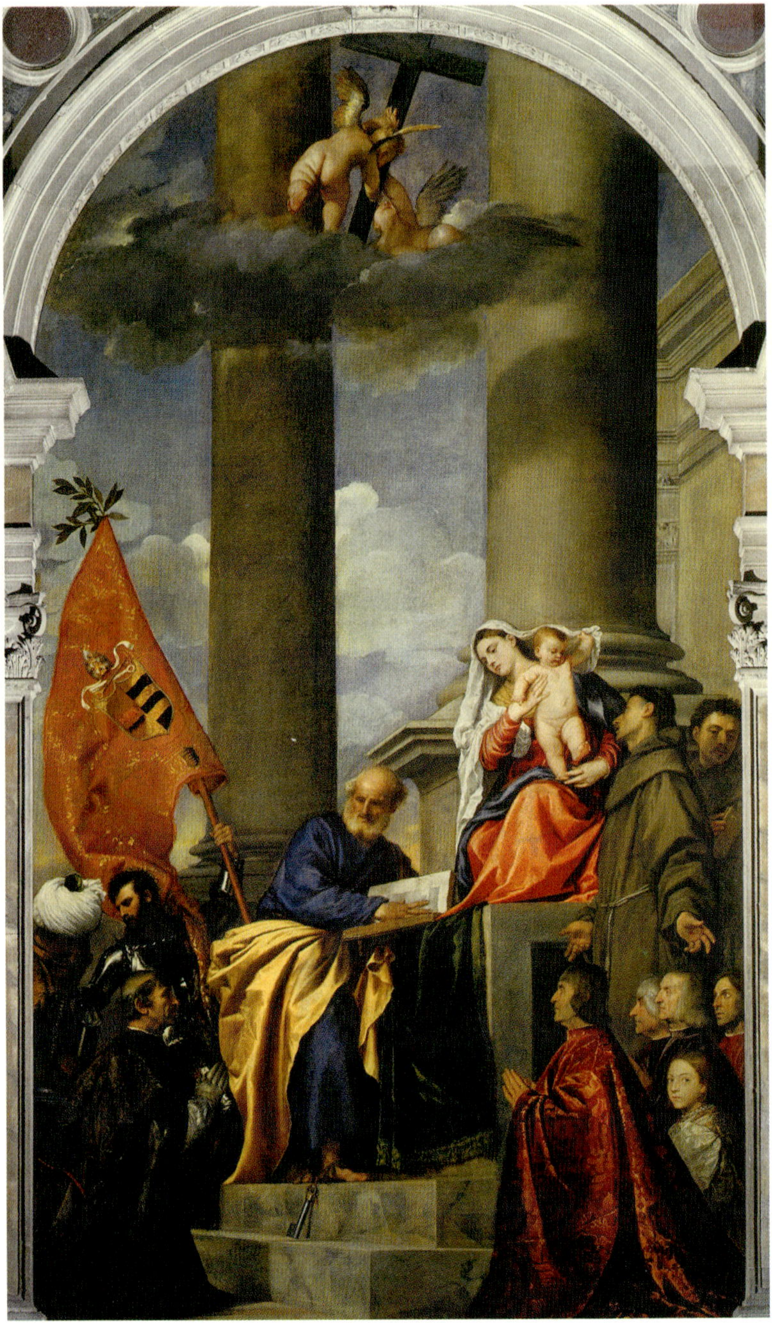

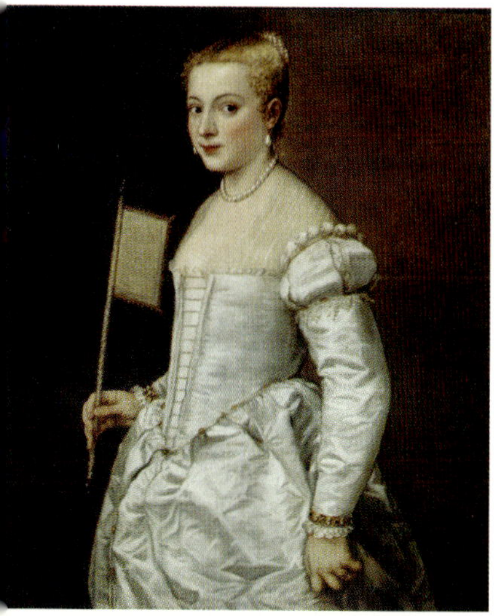

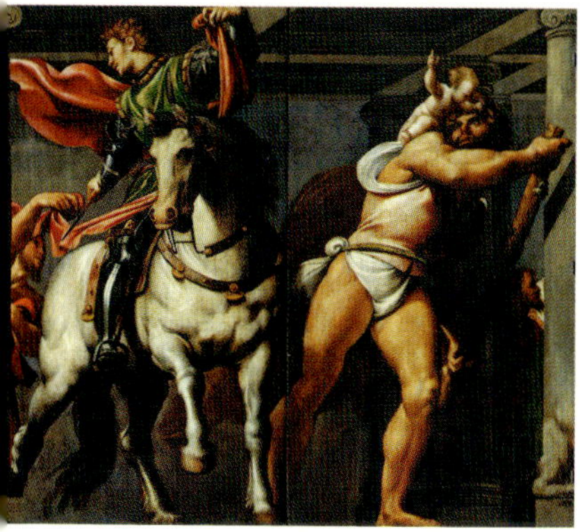

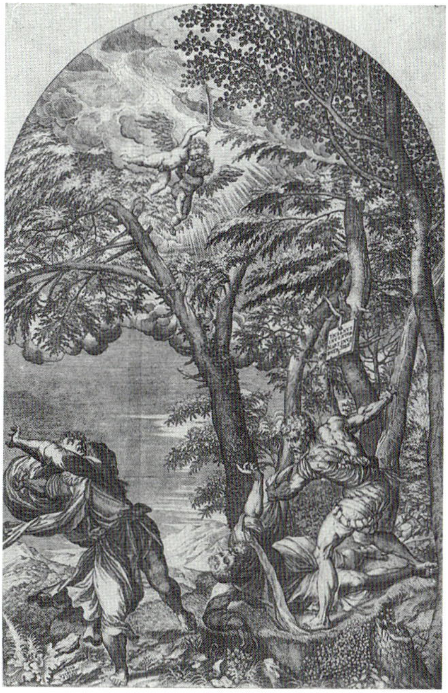

A fronte.
Tav. 25. Tiziano, *Madonna con il Bambino e i santi Pietro, Francesco, Antonio da Padova e la famiglia Pesaro*. Venezia, Santa Maria Gloriosa dei Frari.

Tav. 26. Tiziano, *Ritratto di Lavinia in abito da sposa*. Dresda, Staatliche Kunstsammlungen, Gemäldegalerie Alte Meister.

Tav. 27. Pordenone, *Santi Martino e Cristoforo*. Venezia, San Rocco.

Tav. 28. Martino Rota (da Tiziano), *Uccisione di san Pietro martire*.

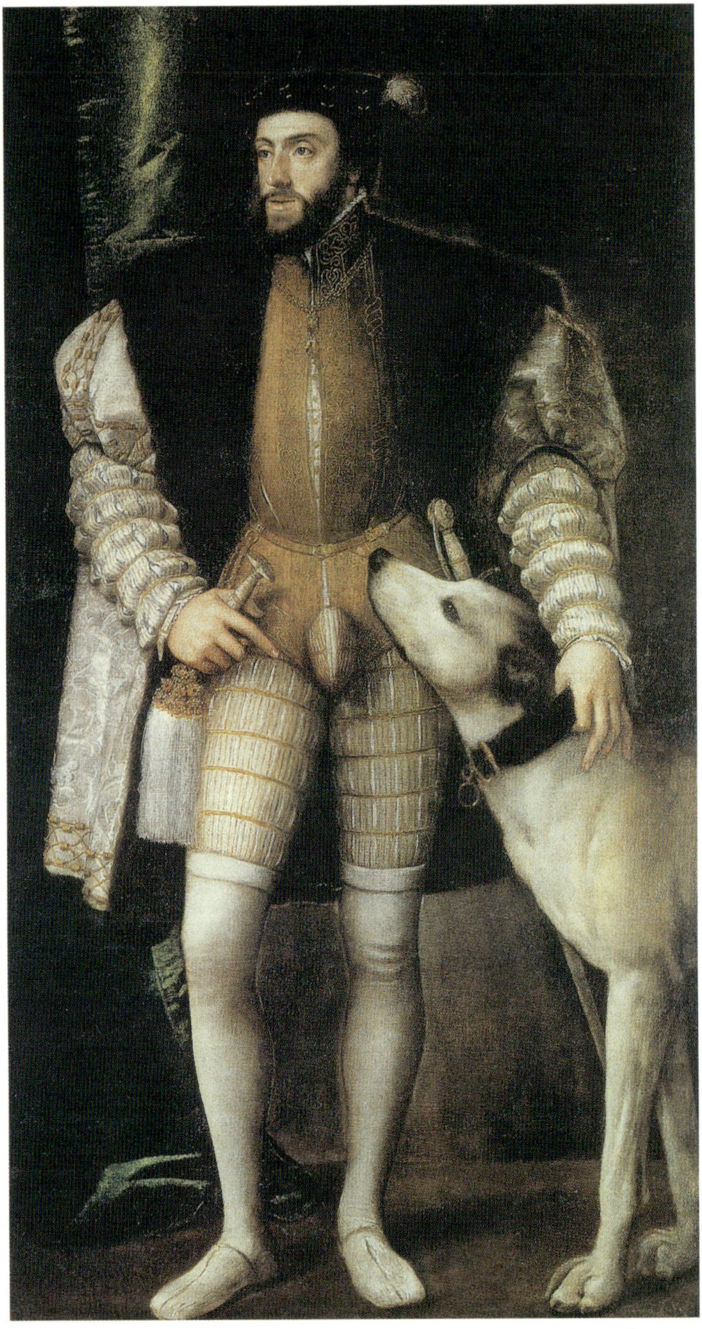

Tav. 29.
Tiziano,
Ritratto
di Carlo V.
Madrid, Museo
Nacional
del Prado.

cui il Tebaldi visionò il dipinto nell'atelier veneziano del pittore alla fine del 1520, il brano documenta un precoce apprezzamento sia per le sue indubbie qualità naturalistiche sia per la sua dirompente forza plastica, il che lo ha fatto accostare al cosiddetto *Schiavo ribelle* (1513 circa) di Michelangelo per la tomba di Giulio II, da cui almeno in parte deriva[74] (tav. 21); anche se, come è stato osservato acutamente, il fatto che il santo paia quasi voler schiacciare la colonna spezzata, sulla quale non a caso l'artista ha deciso di apporre la sua firma, potrebbe alludere alla superiorità della pittura sulla scultura e quindi profilarsi come un atto di sfida a distanza al rivale Buonarroti[75]. Se si eccettua questo pannello di dichiarata ascendenza michelangiolesca, il cui paesaggio di fondo con un angelo che conforta san Rocco per le sue ferite è invece caratterizzato da modalità del tutto lombardo-venete, il resto del polittico dimostra un ricercato arcaismo, meno evidente nel più ampio riquadro centrale con la resurrezione di Cristo, la cui posa deriva nuovamente da quella del *Laocoonte*[76], ma palese nei due piccoli scomparti in alto con l'angelo annunciante a sinistra e con la Vergine annunciata a destra e in quello di sinistra in basso con il donatore inginocchiato e a mani giunte presentato dai due santi titolari della chiesa bresciana. Questa maniera attardata, già implicita nella scelta di adottare un polittico ligneo invece che una più consueta pala d'altare, rivela un committente ancora fortemente legato al secolo precedente. Altobello Averoldi era un uomo del Quattrocento e come un uomo del Quattrocento si è fatto effigiare da Tiziano: a differenza del mercante Alvise Gozzi, ad esempio, che nel quasi coevo quadro di Ancona si era fatto ritrarre nella scena in maniera vivida, dialogando con i sacri personaggi intorno a lui da pari a pari, l'Averoldi appare come una sorta di immobile icona inserita a forza nella composizione, secondo un modulo in parte mutuato dalla pittura fiamminga del XV secolo. Merita a tal proposito sottolineare che anche il suo austero monumento sepolcrale, voluto nella stessa chiesa per cui aveva commissionato il polittico tizianesco, rivela un gusto arcaico, ancora legato alla scultura funeraria romana di fine Quattrocento[77].

Nato verso il 1468 a Brescia da una delle più illustri e facoltose famiglie della città, dopo aver frequentato le università di Pavia e di Padova, dove ebbe modo di entrare in contatto con il Bembo, l'Averoldi si era trasferito a Roma durante il papato di Alessandro VI, che nel 1497 lo elesse vescovo di Pola, e si era legato nell'Urbe alla corte di Raffaele Riario, nipote di Sisto IV; nominato nel 1505 da Giulio II vicelegato a Bologna, dove si fece ritrarre dal pittore peruginesco Francesco Francia, all'epoca della commissione a Tiziano egli era già da alcuni anni nunzio papale a Venezia, carica per cui nel 1517 aveva sborsato la cospicua cifra di 6000 ducati[78]. La sua missione diplomatica nella città lagunare, durata fino al 1523 e in cui il prelato si sarebbe occupato in particolare di organizzare una crociata contro i turchi e di istruire il processo di canonizzazione del beato Lorenzo Giustiniani, aveva anche la funzione di rinsaldare i rapporti politici tra la Serenissima e la Chiesa di Roma, logoratisi negli anni della crisi di Cambrai. Sebbene confinato in una dimensione di culto locale incarnata dai due santi titolari della chiesa e protettori del donatore, Nazaro e Celso, e di devozione popolare ai più comuni santi taumaturghi Sebastiano e Rocco, per quanto incentrato sulla speranza di resurrezione del committente, rivolto in preghiera verso il Cristo risorto che campeggia su un'alba screziata da nubi che si diradano per lasciare spazio alla luce del sole, il dipinto commissionato a Tiziano dall'Averoldi dovette rivestire anche un significato più nascosto. Esso infatti, oltre a celebrare il committente per la «propria investitura papale a preposito, i privilegi ottenuti per la chiesa ed il suo capitolo, la propria immagine di nunzio pontificio»[79], al pari degli affreschi alla Scuola del Santo a Padova o dei dipinti per Alfonso d'Este si incaricava di riportare idealmente una parentesi di serenità tra Venezia e uno Stato (in questo caso la Chiesa di Roma) che con la repubblica marciana si era trovato in conflitto. Venezia aveva acconsentito a prestare, se è lecito usare questo termine, il suo pittore più talentuoso al legato papale che ormai risiedeva stabilmente nella Dominante e aveva inoltre allungato la sua ombra su una città posta da anni – se si esclude la parentesi straniera dopo Agnadello – all'interno dei suoi domìni di terraferma, ma in realtà per tradizione e cultura molto lontana da essi. Del legame molto stretto creatosi tra la città lagunare e il legato Averoldi, morto nel 1531, oltre al dipinto tizianesco resta come testimonianza anche il solenne funerale allestito in suo onore nella basilica di San Marco, dove l'orazione funebre venne recitata da Pier Paolo Vergerio[80]. Con il *Polittico Averoldi* Tiziano si era trasformato per l'ennesima volta in un prezioso veicolo di propaganda nelle mani di invisibili «burattinai» che ordivano trame di cui egli non aveva forse la piena percezione, ma che in ogni caso – e di questo, ne siamo certi, aveva invece una percezione completa – facevano gioco alla sua ambizione personale; un'ambizione che nel breve volgere di qualche anno lo avrebbe condotto al cospetto dei principali regnanti europei e in particolare di Carlo V d'Asburgo, incoronato sacro romano imperatore il 20 ottobre 1520. Ma doveva passare ancora del tempo prima che il pittore entrasse nelle grazie del sovrano, presso il quale sarebbe stato introdotto da Federico II Gonzaga.

Figlio di Francesco II Gonzaga e di Isabella d'Este, e perciò nipote del duca ferrarese Alfonso I, Federico II divenne duca di Mantova ad appena diciannove anni nel 1519, lo stesso anno in cui, accompagnato dal collega Dosso Dossi, Tiziano aveva compiuto la prima visita alla sua corte; con ogni probabilità, il che era piuttosto comune nella cultura rinascimentale, il Vecellio poté essere accolto a Mantova dopo un precedente accordo tra due signori di corti diverse e spesso ostili, ma unite da legami di parentela, ossia Alfonso d'Este e il giovane nipote[81]. Nel periodo in cui l'artista iniziò a frequentare il Gonzaga questi era ancora sotto la tutela della madre Isabella, che di fatto reggeva le redini del ducato, ma iniziava comunque a ottenere i primi riconoscimenti politici e militari di un certo rilievo, come dimostrano la nomina nel 1520 da parte di Leone X a capitano della Chiesa e l'impegno nel 1521 con le truppe di papa Medici e del neoeletto imperatore Carlo V nella guerra contro la Francia per recuperare Milano e Genova[82]. Oltre che a questi primi impegni ufficiali, il duca decise di dedicare molte delle sue energie anche a un'intensa riqualificazione architettonica e decorativa della città, operazione che iniziò a prendere forma dall'estate 1522, quando egli si recò a Roma per l'incoronazione del papa succeduto a Leone X, l'olandese Adriano VI, e vi prese accordi per un trasferimento a Mantova del miglior discepolo di Raffaello, Giulio Romano, il che sarebbe però avvenuto solamente nell'autunno 1524 dopo la conclusione della sala di Costantino in Vaticano[83].

Alla fine dello stesso 1522 datano i primi contatti tra il Gonzaga e Tiziano, del quale il duca ebbe la possibilità di ammirare le opere sia presso lo zio a Ferrara sia durante un soggiorno a Venezia nel 1520; invitato a trascorrere le festività natalizie a Mantova, il Vecellio vi giunse solamente nel gennaio 1523, anche se il suo fu in realtà un passaggio rapido dal momento che il pittore era atteso con urgenza a Ferrara per la tanto sospirata consegna dell'ultimo dei tre quadri per il camerino d'alabastro, il *Bacco e Arianna*[84]. I rapporti con la corte gonzaghesca continuarono comunque anche dopo il ritorno dell'artista a Venezia entro la primavera del 1523, come testimoniano nell'estate dello stesso anno sia la richiesta da parte di Isabella d'Este di acquistare un ritratto del nobile genovese e oratore imperiale Girolamo Adorno, che non fece in tempo a vedere il quadro per l'improvvisa morte a marzo, sia l'invio a Federico Gonzaga di un non meglio precisato «ritrato» di cui il duca si dichiarò pienamente soddisfatto[85]. Se questo ritratto non risulta identificabile, di certo del duca mantovano è invece lo *State portrait* oggi al Prado[86] (tav. 22), firmato TICIANVS F e realizzato presumibilmente nello scorcio degli anni Venti, quando cioè il pittore – dopo un intermezzo nel 1523-1527 senza rapporti documentati con la corte mantovana – riprese a frequentare con una certa assiduità la città sul Mincio[87]. Poco meno che trentenne, vestito con un giubbone blu e ricami in oro e accompagnato dai suoi più fedeli compagni, un affettuoso cane maltese alla sua destra e una spada al fianco sinistro, l'effigiato appare con un atteggiamento pensoso e distaccato, ma non privo di una certa umanità, il che avvicina il ritratto a quello dipinto qualche anno prima per lo zio Alfonso d'Este (tav. 15). Il duca rimase talmente folgorato dalla bellezza del quadro, eseguito forse in vista delle sue future nozze con la marchesa di Monferrato Margherita Paleologo, da decidere di commissionare a Tiziano altre opere e organizzare per il 1529 un incontro tra l'artista e l'imperatore Carlo V. Ma questa è un'altra storia.

TRA FRANCESCANI E DOMENICANI: LA «PALA PESARO» E L'«UCCISIONE DI SAN PIETRO MARTIRE»

Il lungo e tormentato dogado di Leonardo Loredan, durante il quale il talento e le non comuni capacità imprenditoriali di Tiziano si erano affermate in maniera irresistibile, si era chiuso nel 1521, lo stesso anno in cui la dieta di Worms stabilì la condanna e il conseguente bando dalle terre imperiali del ribelle Martin Lutero, in seguito alla scomunica fulminata nel 1520 contro il monaco agostiniano da Leone X con la bolla *Exsurge Domine*. Il successore del Loredan, il vecchissimo Antonio Grimani, rimase in carica fino al 1523 e fece appena in tempo a farsi effigiare dal Vecellio nella sala del Maggior Consiglio in Palazzo Ducale e a registrare un piccolo avanzamento della *Battaglia* e il completamento della scena iniziata da Giovanni Bellini – poi distrutta nell'incendio del 1577 e ridipinta da Federico Zuccari – con la *Sottomissione a Venezia di Federico Barbarossa ad Alessandro III* nella stessa sala, lavori sollecitati al pittore pena l'immediata decadenza della senseria del fondaco dei Tedeschi[88].

Nella primavera del 1523, all'età di sessantotto anni, fu eletto doge Andrea Gritti, eroico liberatore di Padova dopo la dedizione agli imperiali nell'estate 1509 nonché abile commissario politico durante la guerra contro la Lega di Cambrai, tanto da meritarsi l'elogio del Sanudo che non esitò a definirlo «il primo homo della nostra patria e il più degno»[89]. Eletto con il numero minimo di voti al posto del favorito Antonio Tron, il Gritti venne subito bersagliato come un impenitente donnaiolo, per giunta reo di aver generato tre figli illegittimi negli anni dell'attività di mercante a Costantinopoli alla fine del Quattrocento, come un guerrafondaio dal pessimo carattere, come un insopportabile superbo, insomma – per dirla alla veneziana – come un vero e proprio «tyran», nonostante la sua capacità diplomatica di novello Fabio Massimo nel saper temporeggiare e oscillare tra i due poli della Francia e dell'Impero[90]. Proprio così, alla stregua di un antico romano, lo immortalò il pennello di Tiziano in un celebre ritratto postumo, eseguito intorno al 1545-1550 e oggi alla National Gallery of Art di Washington[91] (tav. 23): rappresentato con l'abito ufficiale su uno sfondo scuro lasciato quasi allo stato di abbozzo, il doge esprime nel quadro tutta quella «terribilità» che avrebbe indotto prima il Giovio e poi Francesco Sansovino a sostenere che egli era «incomparabile non meno per grandezza d'animo che di corpo» e che era «nato per dominare». Senza ombra di dubbio il principale tra i dogi veneziani del Cinquecento, il Gritti dovette entrare subito in piena sintonia con Tiziano, con cui dovette condividere in particolare il carattere volitivo e la bruciante passione per la vita; non sembra perciò un caso che la stessa vibrante forza trattenuta a stento nel ritratto statunitense, in parte mutuata dal *Mosè* di Michelangelo per la tomba di Giulio II, compaia nell'*Autoritratto* dell'artista a Berlino (tav. 1), anch'egli rivolto con lo sguardo fiero a un futuro di gloria garantito ben oltre la sua pur formidabile vicenda esistenziale.

Appena eletto, il nuovo doge commissionò al pittore alcuni affreschi celebrativi in Palazzo Ducale, ossia una lunetta con la *Madonna con il Bambino tra due angeli*, una *Madonna con il Bambino adorata da Andrea Gritti* e *San Luigi e gli evangelisti*, rispettivamente sulla rampa della scala verso la cappella di San Nicolò e all'interno della stessa aula, e un muscoloso *San Cristoforo* sulla parete sovrastante la scala che conduceva all'appartamento privato del doge[92]. Quest'ultimo dipinto (tav. 24), eseguito in appena tre giornate di lavoro e in cui sono ancora visibili i segni tracciati dall'artista sull'intonaco fresco per riportarvi il disegno preparatorio, è decisamente in debito con la maniera di Michelangelo, dal quale derivano il gigantismo statuario della figura, giustificato peraltro dal relativo racconto agiografico, e la sua dinamica torsione. Con questa immagine, in anticipo su alcune sue soluzioni manieristiche, come era d'altronde avvenuto poco prima con il san Sebastiano del *Polittico Averoldi* (tav. 20), Tiziano si poneva di nuovo in gara con quello che ormai doveva a tutti gli effetti considerare – specialmente dopo la morte di Raffaello nel 1520 – l'unico degno concorrente, il Buonarroti, anche se questi, allora impegnato nei lavori alla Sagrestia Nuova di San Lorenzo a Firenze, con ogni probabilità aveva a malapena sentito parlare del pittore di Pieve di Cadore. Nel *San Cristoforo* di Palazzo Ducale, la cui compatta volumetria è in parte ammorbidita dal paesaggio di fondo con il profilo delle Alpi venete e di Venezia, un omaggio dell'artista sia alla sua terra natia sia alla città che gli garantiva il lavoro da circa vent'anni, è possibile scorgere un implicito riferimento al neoeletto doge[93]. Il Gritti infatti, paragonato all'epoca della liberazione di Padova ad Atlante che sostiene la volta celeste, dovette identificarsi nel monumentale santo traghettatore che si sobbarcò il peso del Cristo fanciullo; un Gesù bambino che sembra indicargli la via con il volto luminoso, nonostante il cielo denso di nubi alle sue spalle, e che pare al contempo tranquillizzarlo con la sua serena presenza proprio davanti al bacino lagunare di Venezia, di cui l'improbabile coppia in cammino costituisce una simbolica e inespugnabile difesa. L'impegno di Tiziano nel celebrare con ogni mezzo a sua disposizione l'immagine di quella che ormai era divenuta la sua città non si ridusse in quel periodo alla esclusiva esaltazione del nuovo principe veneziano, ma si rivolse anche alla sfera più popolare della pietà e della devozione, come dimostra la grande xilografia con *San Rocco e storie della sua vita*, una sorta di souvenir per i pellegrini in visita alle reliquie del santo e a Gerusalemme[94]. Al centro della stampa campeggia un vigoroso san Rocco visitato da un angelo in volo, simile per plasticismo al *San Cristoforo* di

Palazzo Ducale, circondato da una cornice con otto episodi della sua vita e sovrastato da una nuvoletta, quasi una specie di fumetto, con l'icona miracolosa del *Cristo portacroce* dipinto circa un decennio prima proprio da Tiziano per la Scuola grande di San Rocco. E in effetti l'immagine, che verrebbe da definire un enorme santino, doveva servire a promuovere la raccolta di fondi per la costruzione della nuova sede della Scuola dedicata a uno dei santi più invocati contro il morbo della peste, il che è ulteriormente suggerito dalla presenza in basso a sinistra di una cassetta per le elemosine con la scritta «limosina per la fabricha». Con quest'opera, assai lontana per funzione e per contenuto dai dipinti votivi per il Gritti, Tiziano dimostrava di non disdegnare affatto le commissioni di livello non proprio eccelso e allo stesso tempo di aderire a una intima religiosità popolare molto viva a Venezia, che avrebbe caratterizzato alcuni dei suoi successivi lavori.

Questo sincero sentimento religioso, pur se ammantato di un'ufficialità dovuta all'importanza della committenza e al prestigio della collocazione, è evidente anche in uno dei quadri più impegnativi dell'intera carriera di Tiziano, la cosiddetta *Pala Pesaro* in Santa Maria Gloriosa dei Frari[95] (tav. 25). Richiesta nella primavera del 1519, mentre il pittore era impegnato in particolare nell'esecuzione dei dipinti mitologici per il camerino d'alabastro a Ferrara, l'opera fu consegnata oltre sette anni dopo, l'8 dicembre del 1526, quando per la festa dell'Immacolata Concezione venne solennemente inaugurata sull'altare della navata sinistra dedicato proprio al dogma mariano e collocato in quella che sarebbe stata scelta dalla famiglia Pesaro come propria cappella funeraria. In questo torno di anni, e ciò spiega la lenta lavorazione del dipinto, Tiziano – come si ricorderà – era stato coinvolto in una serie di rilevanti commissioni alle quali non poteva rinunciare, come dimostrano le opere per Alfonso d'Este, il polittico per il legato apostolico a Venezia Altobello Averoldi e i quadri votivi per il nuovo doge Andrea Gritti.

Il committente del dipinto, in cui sono raffigurati una *Madonna con il Bambino e i santi Pietro, Francesco, Antonio da Padova e la famiglia Pesaro*, era una conoscenza di vecchia data del Vecellio, ossia il vescovo di Pafo Iacopo Pesaro, il quale già a inizio secolo aveva richiesto i servigi del pittore per la paletta celebrativa della vittoria contro i turchi a Santa Maura. Rispetto a quel giovanile dipinto di oltre venti anni prima (tav. 5), il Pesaro appare qui più stanco e ovviamente più vecchio, ma ancora tenacemente attaccato al vivido ricordo di quella che doveva essere stata la vicenda principale della sua carriera, la vittoria con la flotta pontificia nell'ormai lontano 1502. Il suo realistico ritratto nell'angolo in basso a sinistra, in cui è effigiato di profilo, inginocchiato e a mani giunte come l'Averoldi nel polittico bresciano, si staglia di fronte alla massiccia figura di un soldato cristiano con indosso un'armatura lucente e in atto di trascinare un prigioniero turco e il suo schiavo negro, segnalati dall'inconfondibile turbante bianco, una scena nella scena volta a evocare il trionfo antiottomano di inizio Cinquecento. A tale evento inoltre, alla stregua di una suggestiva macchina del tempo i cui ingranaggi sono costituiti dai richiami interni tra questo dipinto e quello di Anversa, rimandano sia il grande stendardo con un ramoscello di olivo, simbolico di una pace ritrovata tra la Serenissima e l'Impero ottomano, tenuto dal guerriero e sul quale campeggia il doppio stemma dei Pesaro e dei Borgia, sia il san Pietro sulle scale, ai cui piedi giacciono le grosse chiavi papali; l'apostolo, che interrompe la lettura per dirigere il suo sguardo sul donatore e intercedere per lui presso la Vergine, come nella pala di Anversa intende raffigurare la

Chiesa intera, vincitrice sul nemico infedele, e al contempo rappresentare un omaggio ad Alessandro VI, il papa spagnolo che aveva agevolato le fortune ecclesiastiche del prelato veneziano.

Di fronte a Iacopo Pesaro, come fosse una sorta di devota processione rivolta più a lui che alla sacralità dei santi o della Madonna con il Bambino, sfilano i principali membri – si badi, tutti rigorosamente maschili – della sua famiglia, vestiti con abiti da cerimonia e ciascuno raffigurato con una straordinaria capacità introspettiva, che derivava all'artista da vari anni di ritrattistica ad altissimi livelli. Tra i cinque volti, che poi altro non sono se non ritratti funebri prima della morte, si segnala quello dell'adolescente Leonardo, abbigliato con un elegante giubbone in raso bianco, che rivolge il suo volto pallido e i suoi occhi malinconici all'ideale osservatore di fronte alla scena; nato nel 1509, nipote di Iacopo, egli era l'unico garante della continuità della linea maschile della famiglia e per questo motivo, con lo stratagemma di guardare al di fuori del quadro, stabiliva «il contatto con la vita»[96]. In merito a questa incredibile galleria di ritratti, va sottolineato che all'interno di una sacra conversazione essa era per l'epoca decisamente inconsueta, dal momento che di solito era riservato ai soli dogi – e per lo più in quadri votivi – il privilegio di figurare da pari a pari di fronte a Cristo, a Maria o a i santi[97]. Ma le novità del dipinto, nel quale Tiziano porta in un certo senso a termine un percorso artistico iniziato proprio nella chiesa dei Frari con l'*Assunta* (tav. 13), non si esauriscono con la ingombrante e sfrontata presenza di Iacopo Pesaro, dei suoi fratelli e del giovane nipote.

La novità principale della scena, inserita solo in parte nel solco della tradizione veneziana delle pala d'altare di questo tipo (si pensi alla *Pala di San Zaccaria* di Bellini del 1505), è nel suo originalissimo taglio in diagonale che sconvolge l'equilibrata simmetria e la ieratica frontalità della pittura di secondo Quattrocento e di inizio Cinquecento[98]. Questo modulo sarà molto sfruttato nella pittura manieristica italiana e a Venezia troverà un ammiratore entusiasta soprattutto nel giovane Paolo Veronese, che lo riutilizzerà nel 1551 nella sua opera di esordio in laguna, la cosiddetta *Pala Giustinian* in San Francesco della Vigna[99]. In debito con una soluzione adottata verso il 1508 nella *Pala di San Giovanni Crisostomo* da Sebastiano del Piombo[100], questo espediente compositivo mette in evidenza una simbolica ascesa gerarchica che parte dal committente per giungere fino ai santi e alla Madonna in trono con il figlio in grembo; il piccolo Redentore è colto mentre si oppone scalciando alla croce della sua futura passione simulata dal gesto di san Francesco, un'allusione in chiave francescana al rapporto liturgico tra l'incarnazione e il sacrificio[101], mentre alle spalle del santo assisiate si nasconde nell'ombra sant'Antonio da Padova. Alla Madonna, alla sua robustezza e alla sua simbolica irraggiungibilità rimandano sia l'altezza del trono sia le due gigantesche colonne sullo sfondo, solo in parte coperte dai due giocosi cherubini sulle scure nuvole che sorreggono una croce, altro richiamo al martirio di Cristo; i due elementi architettonici, che sembrano proseguire ben oltre i limiti fisici imposti dalle notevoli dimensioni della pala (478 x 266 cm), non rivestono qui alcuna funzione statica, ma alludono all'Immacolata Concezione, ricollegando perciò il simbolismo del dipinto a quello dell'*Assunta* sull'altar maggiore[102]. A questo tema erano particolarmente devoti sia il committente sia i francescani del convento dei Frari, i quali attraverso il loro guardiano, fra' Germano da Casale, nel gennaio del 1518 concedettero l'altare a Iacopo Pesaro e ai suoi congiunti dopo aver ottenuto la promessa che essi avrebbero contribuito economicamente in futuro alla celebrazione in chiesa dell'Immacolata. È assai significativo, inoltre, che a partire dal 1529, come ricorda il Sanudo, la commemorazione della vittoria di Santa Maura non avvenisse più il 30 agosto, ma l'8 dicembre, ossia nel giorno della festa mariana[103].

Il compenso di 102 ducati pattuito per l'opera e tutti gli altri pagamenti scaturiti dai lavori eseguiti per Ferrara, Ancona, Treviso, Brescia e Mantova consentirono all'artista di accumulare un piccolo capitale con cui poter stabilizzare la sua relazione sentimentale. Nel novembre del 1525, per «respecto» dei due figli Pomponio e Orazio avuti poco prima da lei, Tiziano sposò l'umile figlia di un barbiere, Cecilia, anch'essa nativa del Cadore e da tempo convivente con lui; nello stesso anno, a testimonianza del raggiungimento di una certa considerazione da parte del nuovo doge, il Gritti nominò il padre Gregorio vicario delle miniere e il cognato, Matteo Soldano, cancelliere a Feltre[104]. L'unione con Cecilia, a quell'epoca già malata, si sarebbe drammaticamente conclusa nell'agosto del 1530 a causa della morte della donna dovuta alla nascita di Lavinia, l'amatissima figlia che negli anni a venire, a differenza dei due maschi (e in particolare del primogenito Pomponio, la «pecora nera» della famiglia)[105], avrebbe riempito il cuore e forse anche la solitudine di Tiziano. Del tenero amore provato dal pittore per Lavinia rimane come straordinario documento un suo ritratto in abito da sposa oggi alla Gemäldegalerie di Dresda (tav. 26), donatole dal padre nel 1555 in occasione delle nozze con Cornelio Sarcinelli, membro di una famiglia della piccola nobiltà di Serravalle, un paese tra Venezia e Pieve di Cadore[106]. Alla morte della moglie, avvenuta nella casa del sestiere di San Polo presa in affitto alcuni anni prima dalla famiglia Tron, i tre piccoli orfani furono allevati dalla sorella dell'artista, Orsa, una donna coraggiosa che sarebbe stata definita nella lettera di condoglianze per la sua morte scritta a Tiziano dall'Aretino nel 1550 «non pur sorella, ma figliuola, madre e compagna» del pittore[107]. Il duro colpo subìto per la scomparsa di Cecilia, che secondo l'ambasciatore mantovano a Venezia rese Tiziano «tutto sconsolato»[108], dovette provocare effetti devastanti sull'artista e forse anche per questo lutto, oltre che per le esigenze della sua professione, egli decise nel 1531 di lasciare quella casa impregnata di ricordi funesti e di trasferirsi nella più spaziosa dimora a Biri Grande. Al di là delle vicende familiari, che dovettero incidere a fondo sull'equilibrio psicologico dell'uomo e dell'artista, quella che in apparenza poteva sembrare nei primi decenni del secolo un'esistenza tranquilla, quasi interamente spesa nella ricerca di un ruolo stabile nell'agguerrito mercato artistico locale, si rivelò invece dalla seconda metà degli anni Venti una vita fitta di incontri umani e professionali di grande rilievo.

A partire dall'estate del 1527, in fuga dagli orrori del sacco di Roma, ripararono a Venezia l'architetto e scultore toscano Iacopo Sansovino, Sebastiano del Piombo e uno tra i più estrosi allievi di Raffaello, l'esperto di stucchi e di grottesche Giovanni da Udine, preceduti in primavera dall'arrivo in laguna di Pietro Aretino, destinato a divenire negli anni un intimo amico di Tiziano e un convinto sostenitore della sua arte[109]. Dopo un breve soggiorno tra la fine del 1526 e l'inizio del 1527 alla corte di Federico Gonzaga, dove il letterato toscano aveva visto morire agonizzante il suo protettore Giovanni delle Bande Nere, colpito da una palla di cannone alla gamba già ferita nel 1525 nella battaglia di Pavia, l'Aretino era partito alla volta di Venezia nel marzo del 1527, divenendo in breve tempo «amicissimo» – secondo il racconto del Vasari

– sia di Tiziano sia di Sansovino, artista quest'ultimo definito da Lotto, anch'egli all'epoca presente in città, «excellentissimo et phamoso» e «grande homo dopo Michelagnolo»[110]. Questo precoce legame culturale è rivelato da una brillante lettera inviata al duca mantovano nell'ottobre dello stesso 1527 in cui il «flagello dei principi», nell'accompagnare un suo ritratto eseguito dal pittore, gli scriveva «Tiziano e io vi basciamo le mani», citando anche il Sansovino e Sebastiano del Piombo, i quali per sua bocca promettevano di realizzare per il Gonzaga rispettivamente una «Venere sì vera e sì viva che empie di libidine il pensiero di ciascun che la mira» e un non meglio identificato quadro di fantasia, «purché non ci sien su hipocrisie, né stigmati, né chiodi»[111]. Nella repubblica di San Marco, formando con Tiziano un vero e proprio «triumvirato» culturale e artistico, reso quasi impenetrabile dalle intrusioni dei veneziani poiché i tre protagonisti erano tutti forestieri, i due toscani Sansovino e Aretino avrebbero trascorso il resto della propria esistenza; quest'ultimo, dopo essersi imbattuto nelle alterne fortune della vita cortigiana nella Roma dei papi medicei Leone X e Clemente VII, avrebbe scritto nel 1530 al doge Gritti, non senza il consueto eccesso di retorica, che «ne la libertà di cotanto stato ho fornito d'imparare a esser libero», assicurandogli inoltre di voler fare a Venezia «perpetuo tabernacolo agli anni che mi avanzano», dato che «qui non ha luogo il tradimento, qui il favore non può far torto al dritto, qui non regna la crudeltà de le meretrici, qui non comanda l'insolenza degli effeminati, qui non si ruba, qui non si sforza e qui non si amazza»[112].

Sempre nel 1527, dopo un lungo e fruttuoso girovagare tra la sua terra natale, ma anche tra il Veneto, la Lombardia e l'Emilia, si stabilì a Venezia, per restarvi in maniera duratura fino alla morte avvenuta nel 1539, il pittore friulano Pordenone, che nello scorcio degli anni Venti e per buona parte degli anni Trenta rappresentò per Tiziano il più pericoloso rivale sulla scena artistica lagunare[113]. Abile frescante e acuto interprete in chiave coloristica della maniera vigorosa di Michelangelo e di Giulio Romano a Palazzo Te a Mantova, egli seppe sfidare il Vecellio con l'arma di uno stile originale caratterizzato da drammatici contrasti di luci e di ombre e da torsioni e scorci dinamici molto efficaci, come dimostrano nel 1527-1529 le due ante esterne di un armadio per argenterie della chiesa di San Rocco con i *Santi Martino e Cristoforo*[114] (tav. 27), un'opera che impressionò il pubblico e la critica e che offuscò provvisoriamente la fama di Tiziano. Artista molto ammirato dal Buonarroti, ospitato a Venezia nel settembre del 1529 durante l'assedio alla Firenze repubblicana, il Pordenone – almeno a quanto racconta il Ridolfi – era talmente intimorito dalle possibili conseguenze della rivalità e dell'inimicizia con Tiziano che, mentre era impegnato negli affreschi del chiostro di Santo Stefano, accanto a sé teneva giorno e notte una spada[115]. Incrociato poco meno di un decennio prima – come si ricorderà – nel duomo di Treviso durante la decorazione della cappella di Broccardo Malchiostro, il Pordenone si ritrovò nuovamente di fronte al cadorino nel concorso indetto dalla Scuola di San Pietro martire per una pala da collocare nella grande chiesa domenicana dei Santi Giovanni e Paolo, una gara alla quale partecipò anche il lombardo Palma il Vecchio. Non poco irritati per la vasta eco suscitata dal successo delle due pale tizianesche eseguite per i loro rivali storici, i francescani dei Frari, i domenicani dei Santi Giovanni e Paolo dovettero nutrire molte speranze sull'esito del concorso e sul risultato finale conseguito dal suo vincitore. La piccola confraternita di San Pietro martire, di origine quattrocentesca, decise nel 1525 di rinnovare il proprio altare nella navata sinistra della chiesa domenicana e di sostituire il dipinto tardogotico di Iacobello del Fiore con una pala alla moda di grande formato che illustrasse l'uccisione del santo prediletto[116]. Dopo aver sconfitto la concorrenza del Palma, divenuto confratello della Scuola nel 1525 e forse per questo motivo favorito, scomparso però prematuramente nell'estate del 1528[117], e del Pordenone, del quale si conserva agli Uffizi un modello preparatorio per la scena eseguito con le più disparate tecniche grafiche[118], Tiziano ottenne la commissione verso il 1528 e consegnò l'opera due anni dopo, il 27 aprile 1530. Ritenuto sin dalla sua epoca il miglior lavoro del Vecellio, il quadro bruciò nella notte del 16 agosto 1867 in un incendio divampato all'interno della stessa chiesa nella cappella del Rosario, dove era stato momentaneamente sistemato per un restauro. Fortunatamente, però, esistono dell'immagine alcune pregevoli riproduzioni, tra cui si segnala in particolare – oltre a una copia cinquecentesca del toscano Ludovico Cigoli e a una seicentesca del tedesco Johann Carl Loth sull'altare originario – un'incisione dal notevole effetto pittorico del dalmata Martino Rota[119] (tav. 28).

La scena rappresentava in modo drammatico, riprendendo una soluzione compositiva già sperimentata dal pittore nel 1511 nel *Miracolo della donna ferita* per la Scuola del Santo a Padova, l'uccisione di Pietro da Verona, il frate domenicano persecutore di eretici, nominato inquisitore per la Lombardia nel 1234 da Gregorio IX, assassinato dai catari nel 1252 sulla strada tra Como e Milano. Non è da escludere – come è stato suggerito – che, al di là del riferimento alla vicenda agiografica e al culto specifico praticato dalla committenza, l'immagine si incaricasse di fornire anche una precoce risposta in chiave apologetica al primo dilagare in laguna dell'eresia luterana, la cui voce era risuonata sin dentro le chiese e i palazzi vaticani con il recente sacco di Roma[120]. Senza badare troppo a una tradizione iconografica che in area lombardo-veneta vantava alcuni precedenti illustri, come l'*Uccisione di san Pietro martire* di Giovanni Bellini alla National Gallery di Londra (1505-1510) o quella di Palma il Vecchio al Museo della basilica di San Martino Vescovo ad Alzano Lombardo (1526-1528)[121], Tiziano stravolse l'impaginazione statica dei suoi predecessori e rese con il suo proverbiale realismo tutta l'efferatezza della scena, in cui il santo è raffigurato riverso a terra mentre viene brutalmente ucciso nel fitto di una boscaglia e in alto si apre uno squarcio di cielo che illumina sia lui sia i due cherubini in volo con in mano la palma del martirio. Anche in quest'opera, talmente rivoluzionaria per l'epoca che a distanza di ben settant'anni, nel 1600, se ne sarebbe ricordato Caravaggio nel *Martirio di san Matteo* della cappella Contarelli in San Luigi dei Francesi[122], l'artista si servì ancora una volta di modelli coevi dell'Italia centrale, come se ormai il suo pensiero dominante fosse esclusivamente quello di gareggiare con i protagonisti della Roma dei papi: se la figura del predicatore domenicano ucciso dagli eretici richiama infatti quella di Raffaello nel perduto cartone con la *Conversione di Saulo* per uno degli arazzi della Cappella Sistina, dal 1521 nella collezione veneziana del cardinale Domenico Grimani, quella del frate Domenico sulla sinistra in atto di fuggire riprende l'Aman di Michelangelo su uno dei pennacchi della stessa aula vaticana[123].

L'opera fu ampiamente celebrata dai contemporanei del pittore, tanto che l'Aretino – pur legato da saldi vincoli di amicizia al suo autore – ebbe a esclamare in una lettera del 1537 allo scultore fiorentino Niccolò Pericoli detto il Tribolo che essa era «la più bella cosa in Italia» e che non poteva che essere «uscita dal pennello del divin Tiziano»[124]. Al letterato toscano fecero eco il Dolce, anch'egli intimo del Vecellio, che ammirò il quadro per le varie «bellezze della invenzione, del disegno e del colorito», e il Vasari, che ne esaltò la figura di san Pietro martire «maggior del vivo», i «due angeli nudi, che vengono da un lampo di cielo, il quale dà lume al paese, che è bellissimo», ma più in generale l'efficacia della composizione, «la più compiuta, la più celebrata e la maggiore e meglio intesa e condotta che altra la quale in tutta la sua vita Tiziano abbia fatto ancor mai»[125]. Ancora alla metà del Seicento, con i suoi consueti toni enfatici, il Ridolfi si soffermava sulla «mistione de' colori che dimostra la stessa verità, onde ogni parte rappresenta in modo la simiglianza della natura, che alletta l'occhio con industrioso inganno», non dimenticando una menzione particolare sia per «la figura del santo martire, nel cui volto si ammirano i pallori della morte o la fierezza del barbaro homicida, non men dotto per l'intelligenza delle parti e de' muscoli», sia per i realistici «effetti della paura del fuggitivo compagno, a segno che, nell'entrar che si fa in quell'augusto tempio, par in effetto di vedere un fatto naturale et il proprio sito d'una boscaglia»[126]. Nonostante fosse pagata la cifra tutt'altro che esorbitante di 100 ducati, peraltro ricevuta solo dopo uno sgradevole processo intentato da Tiziano contro la confraternita insolvente[127], e nonostante la committenza alle sue spalle non fosse certo di grande prestigio, la pala ai Santi Giovanni e Paolo offrì all'artista la possibilità di cimentarsi con un soggetto complicato, con cui ebbe modo di dimostrare ulteriormente la sua predilezione per le immagini a carattere drammatico, e di ottenere una maggiore visibilità a Venezia e fuori dai suoi confini. Tiziano era diventato nel giro di pochi anni, dopo il consolidarsi dei rapporti di committenza con le corti di Ferrara e di Mantova e l'esecuzione delle monumentali pale d'altare per le due principali chiese veneziane, uno tra i più ricercati pittori dell'Italia settentrionale. In questa veste, nello stesso periodo in cui si dedicava intensamente al completamento dell'*Uccisione di san Pietro martire*, egli sarebbe stato presentato da Federico Gonzaga all'imperatore Carlo V. Un incontro che gli avrebbe definitivamente cambiato la vita.

BOLOGNA 1530: L'INCONTRO CON CARLO V

Dopo la tempesta politica, religiosa e soprattutto ideologica provocata dal sacco di Roma del 1527, quando i due pilastri dell'Europa cristiana erano entrati seppur per breve tempo in conflitto[128], il trattato siglato a Barcellona tra il papa Clemente VII e l'imperatore Carlo V il 29 giugno 1529 pose fine ai funesti anni delle guerre d'Italia. Salutato a Roma da magnifici spettacoli pirotecnici, l'accordo sancì da un lato il passaggio di buona parte della penisola italiana sotto l'ombra dell'aquila asburgica e dall'altro il reintegro della sovranità del pontefice, la promessa di un intervento militare per liberare Firenze dai rigurgiti repubblicani e riconsegnarla ai Medici, la restituzione alla Chiesa di Roma dei territori strappati da Venezia e da Ferrara[129]. Di questo fondamentale evento diplomatico rimane come precoce testimonianza iconografica un disegno di Sebastiano del Piombo, forse destinato a trasformarsi in un dipinto, in cui è sottolineata la supremazia del potere spirituale su quello temporale per mezzo di un'efficace retorica dei gesti: se Clemente VII protende con fare autorevole e solenne il braccio sinistro verso il suo dirimpettaio, quasi a volergli imporre la sua volontà, Carlo V, il cui volto è reso in maniera impietosamente caricaturale, si porta la mano destra al petto in segno di devota obbedienza[130]. In realtà, nonostante il tentativo – non a caso rimasto sulla carta – di raccontare un'altra verità per mezzo di un'immagine satirica scaturita con ogni probabilità in area pontificia, la supremazia politica in Italia, in Europa e nelle nuove terre d'oltreoceano sarebbe stata negli anni a venire esclusivo appannaggio della casa d'Austria. Al trattato di Barcellona seguì l'anno successivo l'incoronazione imperiale di Carlo V, avvenuta a Bologna e non a Roma poiché la città dei papi era in rovina dopo le inenarrabili devastazioni compiute tre anni prima dalle fameliche truppe imperiali. Entrati nella città emiliana nell'inverno del 1529, accolti da apparati effimeri incentrati per lo più su trionfi antichizzanti, temi biblici ed episodi della vita di Costantino e di papa Silvestro, il pontefice e l'imperatore furono protagonisti del solenne rito dell'incoronazione nella basilica di San Petronio il 24 febbraio 1530, giorno del compleanno di Carlo V nonché anniversario della sua vittoria a Pavia nel 1525 contro il re «cristianissimo» Francesco I[131].

Organizzato con l'intenzione di donare all'imperatore una pregevole opera d'arte che sancisse simbolicamente la deferenza semifeudale del duca mantovano nei confronti degli Asburgo, l'incontro tra il più potente sovrano europeo e Tiziano venne preparato meticolosamente sin dall'autunno del 1529 da Federico Gonzaga, che convocò a Mantova il pittore per poi rimandare di qualche mese l'evento a Bologna[132]. Il Vecellio fu chiamato dal Gonzaga per eseguire un ritratto di Carlo V, ma anche in questo caso – come era già avvenuto per il camerino d'alabastro a Ferrara – egli dovette rappresentare una sorta di seconda scelta: come racconta il Vasari, infatti, per la realizzazione del dono tanto speciale fu coinvolto prima il Correggio, autore di una «Leda ignuda» e di una «Venere» eseguiti «in Mantova al duca Federigo II, per mandare a lo imperatore», identificabili con la *Leda* alla Gemäldegalerie di

Berlino e con la *Danae* alla Galleria Borghese, opere facenti parte del ciclo con i cosiddetti *Amori di Giove*[133]. Non è dato sapere con esattezza quando, dove e come si svolse il primo incontro tra Carlo V e Tiziano, ma è piuttosto verosimile che esso fosse andato in scena tra la fine del 1529 e l'inizio del 1530 a Bologna, dove il meglio della corte gonzaghesca, con il duca in testa, si spostò per assistere all'incoronazione[134]. In questa occasione il pittore realizzò il primo dei suoi vari ritratti del sovrano, purtroppo perduto, la cui memoria è legata indissolubilmente all'aneddoto raccontato in una lettera inviata il 18 marzo 1530 al duca di Urbino Francesco Maria Della Rovere dal suo agente a Venezia[135]: nella missiva, in cui peraltro non mancano esplicite critiche all'imperatore per la sua «estrema avaritia», Gian Giacomo Leonardi affermava che Carlo V avrebbe sborsato per il quadro un solo ducato e che da parte sua il Gonzaga, evidentemente imbarazzato per lo sconcertante gesto della «maestà cesarea», ne avrebbe elargiti al pittore altri 150.

Anche sulla tipologia del ritratto non possediamo dati certi, ma è assai probabile che esso raffigurasse il sovrano a mezzobusto in armatura, con la spada nella mano destra e con in bella evidenza il collare dell'ordine del Toson d'oro, fondato nel secolo precedente dal suo avo Filippo il Buono, secondo un'iconografia di paludata e sobria ufficialità nota attraverso alcune xilografie e incisioni di Agostino Veneziano e del tedesco Johannes Breit (Giovanni Britto), databili agli anni Trenta del Cinquecento, e un quadro di inizio Seicento di Rubens[136]. A prescindere dall'immagine, quello che conta davvero è il valore politico e sociale assunto dal ritratto nella vita e nella carriera di Tiziano, che grazie a questo efficace «grimaldello» consolidò il vincolo professionale con il duca di Mantova e si aprì un varco nella corte dell'imperatore. Sempre più consapevole del suo insostituibile ruolo agli occhi di Federico Gonzaga, ottenuto anche grazie alla leva esercitata sull'imperatore dal suo talento, il Vecellio sfruttò le circostanze favorevoli di un ormai granitico rapporto di committenza per chiedere al signore mantovano di aiutarlo in un'operazione fondiaria per lui assai rischiosa: essa consisteva nell'acquisto di trenta terreni nel Trevigiano, la cui giurisdizione dipendeva però non da un privato, ma dai monaci benedettini di Santa Maria del Pero, un'abbazia dipendente a sua volta dal monastero di San Giorgio Maggiore a Venezia[137]. Tiziano desiderava ottenere un forte sconto sul prezzo dei campi e contava di riuscirvi grazie agli ottimi rapporti che intercorrevano tra il Gonzaga e l'ordine benedettino; ed effettivamente il suo calcolo non si rivelò errato, dal momento che il duca incaricò il suo fidato agente in laguna, Giacomo Malatesta, di fare pressioni direttamente sull'abate di San Giorgio Maggiore. Ma nonostante i buoni uffici della corte gonzaghesca, per mancanza di liquidità l'affare non si concretizzò. Al fallimento dell'operazione, che si trascinò con alterne vicende tra il 1529 e il 1534, non dovette essere estranea l'interferenza di un'altra impresa tentata dal pittore, ossia quella di accaparrarsi il beneficio di Medole (Mantova) dopo aver saputo nell'estate del 1530 della destituzione del suo legittimo possessore, il frate Benedetto Moncetti. Il beneficio in questione, un canonicato che Tiziano intendeva assegnare al primogenito Pomponio per avviarlo alla carriera ecclesiastica, dipendeva dai Gonzaga e perciò anche in questo caso egli non si fece scrupoli a chiedere l'intervento diretto del duca e della madre Isabella d'Este, a quell'epoca presente a Venezia. Dopo alcuni mesi di continue sollecitazioni alla corte mantovana, durante i quali il pittore, pur di impietosire i suoi interlocutori, si inventò addirittura di soffrire di «humor melenconico» da cui sarebbe potuto guarire esclusivamente se il «Signor nostro li havesse dato il possesso del beneficio di Medule», Tiziano raggiunse nell'autunno dello stesso 1530 il tanto sospirato obiettivo[138]. Iniziava in questi anni a prendere forma nella vita dell'artista, insomma, una scaltra strategia volta a sfruttare la straordinaria abilità creativa al fine di radicare il benessere e il prestigio della famiglia anche nelle pingui proprietà fondiarie e nel sistema beneficiario della Chiesa. Ed è quanto accadde anche con il secondo ritratto eseguito per Carlo V.

Il ritratto dell'imperatore, questa volta fortunatamente giunto fino a noi e custodito al Museo del Prado[139] (tav. 29), venne realizzato dall'artista durante un nuovo soggiorno di Carlo V a Bologna tra il novembre del 1532 e il febbraio del 1533. Databile con maggior precisione all'inizio del 1533, quando Tiziano è documentato nella città felsinea, e derivato da un prototipo del 1532 a firma dell'austriaco Jakob Seisenegger, il dipinto raffigura il sovrano trentatreenne in piedi, elegantemente vestito con un abito in seta color oro e argento e con una stola di pelliccia, accompagnato dal fedele cane corso. Se si eccettuano rari esempi, tra cui spicca il celebre *Ritratto di cavaliere* (1500 circa) di Carpaccio al Museo Thyssen-Bornemisza di Madrid, il ritratto a figura intera in Italia era pressoché sconosciuto, mentre era già piuttosto diffuso in area nordica[140]. Definito in una lettera inviata il 14 gennaio 1533 da Ferrante Gonzaga al fratello maggiore Federico «tanto naturale che tutti quelli che lo vedono hano da dirne»[141], il quadro del Vecellio si premurava soprattutto di attenuare il più plateale tra i difetti fisici del modello, che gli valse il caustico soprannome di «mascellata maestà» affibbiatogli dall'Aretino. Causata dal prognatismo ereditario degli Asburgo, questa deformazione fu efficacemente descritta dall'ambasciatore veneziano Gasparo Contarini in una relazione al Senato del 1525 in cui, solo dopo aver elencato la «statura mediocre, [...] il naso un poco aquilino, [...] gli occhi avari» dell'imperatore, egli si soffermava non senza una certa dose di sadismo sulla sua «mascella inferiore, la quale è tanto larga e tanto lunga, che non pare naturale di quel corpo, ma posticcia, onde avviene che non può, chiudendo la bocca, congiungere li denti inferiori con li superiori, ma gli rimane spazio della grossezza d'un dente»[142]. Nel ritratto, oltre all'idealizzazione tipicamente cortigiana del personaggio, emerge con forza la grande dignità che caratterizzò l'esistenza dell'imperatore e che colpì tutti i suoi contemporanei, non ultimo il diarista veneziano Marin Sanudo, già feroce accusatore delle responsabilità asburgiche nel sacco di Roma, che ricorda come durante i pasti consumati nel periodo dell'incoronazione bolognese egli se ne stesse quasi sempre isolato «con maturità assai, mortificato et malinconico, senza riso, in gran silentio»[143].

Pagato questa volta la cifra di tutto rispetto di 500 scudi, il dipinto procurò al suo autore una serie di importanti vantaggi economici, politici e sociali i cui effetti positivi si sarebbero protratti negli anni successivi. Dopo il ritorno in Spagna infatti, da Barcellona, il 10 maggio del 1533 Carlo V nominò Tiziano, garantendogli inoltre una più che dignitosa pensione annua di 300 ducati, «conte palatino e cavaliere aureato nobile del Sacro Romano Impero con tutta la di lui discendenza mascolina et feminina, e di nobiltà tale da considerarsi procreata dalli avi paterni e materni», e gli concesse

la facoltà di creare notai e giudici ordinari di imperiale autorità, facendo prestare da essi nelle sue mani il giuramento di fedeltà, e di legittimare bastardi e figli naturali anche del ceto nobile, capacitandoli a tutti li diritti competenti ai figli legittimi, di adottare ed avogare figli estranei in propri[144].

Nel settembre dello stesso anno, a ulteriore conferma della stima di cui ormai godeva presso il sovrano, una lettera al segretario di Carlo V Francisco de los Cobos dell'ambasciatore imperiale a Venezia, don Lope de Soria, testimonia la volontà di strappare a Venezia il suo maggior artista e di condurlo in Spagna per effigiare i membri della corte, chiedendo per questo una licenza speciale al doge Andrea Gritti, che però si oppose non senza coraggio alla richiesta[145].

Nel Palazzo della Magnifica comunità a Pieve di Cadore si conserva il documento originale, munito di sigillo in ceralacca, con l'attestato di nobiltà: lo stemma che lo correda, creato per l'occasione, raffigura in basso una *V* rovesciata a indicare il territorio del Cadore e in alto l'aquila bicipite degli Asburgo, il tutto sovrastato dal drago dell'Aragona, una regione ereditata da Carlo come re di Spagna[146]. In questo diploma con cui l'artista veniva insignito di così altisonanti titoli nobiliari il rapporto di committenza tra Carlo V e il Vecellio veniva paragonato addirittura a quello tra Alessandro Magno e il suo pittore prediletto Apelle, come nel Seicento non mancò di segnalare con la consueta enfasi il Ridolfi, secondo il quale

gl'insoliti favori conceduti a Titiano dal liberale imperadore destorono negli altrui petti e de' principi stessi l'invidia, pungendo la di lui humanità, che si rendesse troppo famigliare con un pittore; onde quegli per longo tempo penavano alla corte per l'introdutione, il che riferito a Cesare, hebbe a dire ritrovarsi molti prencipi, ma un solo Titiano[147].

Ormai il maestro aveva raggiunto la piena consacrazione artistica e conquistato una fama internazionale, garantita dal rapporto stretto in questi anni con l'imperatore, e gli si rendeva perciò necessario dotarsi di una nuova dimora all'altezza del prestigio acquisito. A partire dal settembre del 1531, all'incirca un anno dopo la morte della moglie Cecilia e il fatidico incontro bolognese con Carlo V, Tiziano risiedette in una casa a Biri Grande, nei pressi del rio dei Gesuiti, occupandone all'inizio solamente il primo piano. Edificata nel 1527 per il patrizio veneziano Alvise Pollani, ma oggi difficilmente giudicabile a causa di vari interventi strutturali in stile neogotico del XIX secolo, la dimora si affacciava a nord sullo specchio della laguna, in direzione delle isole di San Cristoforo, di San Michele e di Murano, ed era circondata da un ampio giardino, che venne amorevolmente curato dalla sorella Orsa. Alla morte del pittore, l'abitazione fu prima occupata per breve tempo dal figlio Pomponio, quindi dai pittori Francesco Bassano e Leonardo Corona, per essere alla fine acquistata nel 1581 dal nobile veneziano Cristoforo Barbarigo[148]. Una sua sommaria descrizione è contenuta nell'opera di grammatica *Della lingua romana* (Venezia, 1540) del filologo toscano Francesco Priscianese, che vi trascorse una piacevole serata nell'agosto 1540 in compagnia del pittore, dell'Aretino, «nuovo miracolo di natura», di Sansovino, «imitator di quella con l'arte dello scalpello», e dell'esule antimediceo Iacopo Nardi. L'umanista, che ricorda come a quel convivio fossero presenti «alcuni de' più pellegrini ingegni che hoggi si trovino in questa città», rimase profondamente colpito sia dalla «contemplatione delle vive imagini delle escellentissime pitture delle quali era piena la casa» sia dalla «rara belleza et vagheza del giardino», situato «nella estrema parte di Vinegia, sopra il mare là onde si risguarda la vaga isoletta di Murano e altri luoghi bellissimi»[149]. In questa sorta di appartato rifugio, idealmente rivolto verso la sua Pieve di

Cadore e non distante dall'approdo di San Francesco della Vigna dove i mercanti cadorini avevano il permesso di accatastare la preziosa legna da vendere all'arsenale, si sarebbero mescolati senza un ordine preciso gli affetti privati e il mestiere della pittura, i colleghi esperti e i discepoli alle prime armi, gli uomini del popolo e i sovrani altezzosi. A Biri Grande, divenendo un vero e proprio monumento a se stesso, Tiziano avrebbe consumato i suoi ultimi quarantacinque anni di vita e, forse con una delle domestiche che accudivano la casa, avrebbe messo al mondo tra il 1543 e il 1548 un'altra figlia, Emilia[150].

III

«COME SOLE FRA PICCOLE STELLE»: GLI ANNI DELLA MATURITÀ

IN GARA CON LA ROMA DEI PAPI: LA VENEZIA DI ANDREA GRITTI

Contrassegnati da una antica stabilità politica e da un'attività commerciale ancora piuttosto florida nel Mediterraneo nonostante l'inarrestabile ascesa dell'Impero ottomano e l'espansione portoghese in Asia, gli anni del dogado di Andrea Gritti rappresentano una sorta di irripetibile *aurea aetas* per la cultura e per l'arte a Venezia, città che meglio di altre seppe approfittare della diaspora di artisti e di letterati provocata dal sacco di Roma. Il significato che il doge Gritti dovette attribuire al suo regno, seguito a una lunga sequela di guerre, carestie e ondate di pestilenza, si riflette con impareggiabile efficacia in una delle opere più interessanti del Cinquecento veneziano, la *Consegna dell'anello al doge* (1534-1535) di Paris Bordon all'Accademia di Venezia[1] (tav. 30). Eseguito nell'ambito di un ciclo di teleri per la Scuola grande di San Marco dedicati alle vicende del santo patrono, il dipinto illustra una leggenda di origine medievale in cui un pescatore veneziano, ricevuto dall'evangelista Marco un prezioso anello, lo consegna al doge Pietro Gradenigo (1289-1311) che immediatamente ne riconosce l'autenticità e identifica il gioiello con quello tuttora conservato presso il Tesoro di San Marco. L'opera del Bordon, dominata da una virtuosistica fuga prospettica, intendeva alludere alla figura di saggio difensore della pace e della prosperità incarnata dal Gritti, ben riconoscibile nel doge Gradenigo, specie se lo si confronta con il ritratto di Tiziano a Washington (tav. 23). Degno custode della secolare tradizione politica, religiosa e civica di Venezia, qui rappresentata simbolicamente sotto forma dell'anello donatogli dall'umile pescatore inginocchiato al suo cospetto, il doge Gradenigo alias Gritti è circondato dai confratelli di una delle principali Scuole della città e dai membri del Consiglio dei Dieci, mentre intorno a loro sono dislocati magnifici edifici classicheggianti che sembrano preludere ad alcune soluzioni architettoniche veneziane del Sansovino. Capolavoro di forma e contenuto, come si sarebbe detto un tempo, in cui viene raffigurata la salda unione tra il popolo e la nobiltà, tra i governati e i governanti, tra il mare, Venezia e san Marco, il quadro è una mirabile anticipazione del denso programma culturale e artistico perseguito con determinazione negli anni finali del dogado Gritti. Un dogado, merita sottolinearlo, che si avvalse del contributo fondamentale di alcuni artisti forestieri che scelsero la città marciana come patria adottiva e che, grazie all'esperienza accumulata in importanti cantieri rinascimentali, seppero vitalizzarne in profondità sia il linguaggio formale sia quello contenutistico.

Tra gli artisti giunti a Venezia in seguito al sacco di Roma un ruolo speciale riuscì a ritagliarselo il Sansovino, al quale spetta la radicale trasformazione del cuore urbanistico, architettonico e simbolico della città lagunare, piazza San Marco, il luogo destinato ad accogliere le processioni civiche e religiose. Subentrato nel 1529 allo scomparso Pietro Bon come proto dei procuratori di San Marco, un ruolo che comportava la responsabilità di tutti gli edifici pubblici marciani eccezion fatta per Palazzo Ducale, egli divenne durante il dogado del Gritti l'architetto di Stato della Serenissima[2], il che è ricordato con un certo orgoglio dal Vasari: sempre pronto a magnificare le gesta dei suoi conterranei, soprattutto in una città rivale di Firenze e più in generale della Toscana, lo storiografo afferma che solamente dopo l'arrivo a Venezia di Sansovino, divenuto in breve tempo «capo di tutte le fabbriche loro con suo onore e commodo», lì si cominciò «a fabricare con nuovi disegni e migliore ordine le cose publiche e le private»[3].

L'ambizioso programma edilizio concepito a partire dagli anni Trenta dal Sansovino per la principale area urbana di Venezia si inseriva in un piano ancor più ambizioso di totale rinnovamento del volto culturale, artistico, sociale e politico della città marciana: Venezia, infatti, esaltata proprio negli anni del Gritti dall'architetto Sebastiano Serlio nel suo *Quarto libro* (Venezia, 1537) come «ricetto di tutto il ben humano et divino», subì uno stravolgimento talmente radicale delle sue strutture secolari che a buon diritto si è parlato di una «renovatio urbis»[4]. Il palcoscenico su cui il Sansovino poté esibire tutta la sua straordinaria perizia architettonica, sfoderando a piene mani l'abilità che gli proveniva dai fruttuosi anni trascorsi nelle culle del Rinascimento, la Firenze dei Medici e la Roma dei papi, è la cosiddetta Piazzetta, una sorta di ideale corridoio tra la laguna e la zona dominata dalle imponenti sagome delle Procuratie e della basilica marciana[5]. Qui ancora oggi è possibile ammirare la Libreria (1537-1556), edificata secondo moduli classici di matrice vitruviana riscontrabili soprattutto nel portico dorico e nel piano superiore ionico, e la loggetta del campanile di San Marco (1537-1546), esemplata sugli archi di trionfo della Roma imperiale e impreziosita dai marmi policromi che riecheggiano il cromatismo della limitrofa basilica[6]. Non va inoltre dimenticata la Zecca, colpita da un incendio nel 1532 e ricostruita dal 1536 sotto la sorveglianza del Consiglio dei Dieci, un edificio situato sul molo e adiacente a piazza San Marco ideato sulla falsariga di una porta urbana di epoca classica e il cui prospetto in candido bugnato, non privo di originali contaminazioni tra l'ordine rustico e l'ordine dorico, ne fa uno dei più raffinati esempi dell'architettura del Cinquecento[7]. Come sottolineato da Manfredo Tafuri, tutti gli edifici volti a riqualificare in chiave «romanista» il volto della principale area urbana di Venezia rivestono un significato simbolico: se la loggetta costituisce «il supporto di una narrazione scultorea in cui divengono visibili i *topoi* del 'mito di Venezia', e la libreria, posta di fronte al palazzo, forma con esso una *via triumphalis* di accesso alle Mercerie e alla piazza, introdotta dalle colonne del molo», il Palazzo e la Libreria alludono alla «*domus Iustitiae* il primo, come viene esplicitato dal tondo con la Venezia-Giustizia e dal capitello angolare verso la porta della Carta, con la rappresentazione del Giudizio di Salomone», e alla «*domus Sapientiae* la seconda, [...] destinata alla conservazione dei codici lasciati a suo tempo alla Serenissima dal cardinal Bessarione»[8].

Ma nonostante questa prova di forza espressa sotto forma di cantieri monumentali, che avrebbero reso la città lagunare un polo all'avanguardia nell'applicazione delle teorie classiche all'architettura rinascimentale e trasfigurato un assetto urbano ancora fortemente medievale in un coraggioso esempio – se è lecito l'accostamento – di nuova Roma sull'acqua, Venezia mascherava a fatica il suo lento declino. Ne è una dimostrazione significativa la decorazione scultorea della loggetta, un luogo di incontro della nobiltà veneziana che rifletteva in particolare le aspirazioni culturali e il gusto estetico dei «procuratori de Supra», ai quali apparteneva quel prezioso oggetto di arredo urbano che erano soliti frequentare sin dalla mattina. Completata da Sansovino e bottega poco dopo la cocente sconfitta rimediata nel 1538 alla Prevesa dalla lega antiottomana formata da Venezia, Genova, Impero, cavalieri di Malta e Chiesa di Roma contro la flotta del corsaro Barbarossa, alla quale seguì nel 1540 un'umiliante pace con la Sublime Porta che sancì per la repubblica di San Marco la perdita di vari territori nell'Egeo e in Dalmazia e un cospicuo indennizzo di 300.000 ducati[9], essa si incaricava di celebrare, come se nulla fosse accaduto nel frattempo, le tradizionali virtù veneziane per mezzo delle quattro sculture nelle nicchie con *Minerva* (la sapienza), *Mercurio* (la diplomazia e il commercio), *Apollo* (l'armonia) e un'*Allegoria della Pace*[10]: tali virtù eternate nel bronzo, e perciò ideate per durare concretamente e simbolicamente nel tempo, erano destinate nella realtà a svanire sia nell'immaginario collettivo del popolo veneziano, sempre più minacciato dai fantasmi dell'Impero ottomano alle porte, sia nella condotta di un governo che, dopo la morte del Gritti, avrebbe faticato non poco a districarsi tra le questioni politiche, sociali e religiose di un'Europa in costruzione.

In questo fervido clima di rinascita culturale, a cui come detto non corrispondeva un altrettanto fortunato momento politico ed economico, Tiziano fu costretto a misurarsi o a scontrarsi non solo con gli artisti locali, tra cui ancora il solito Pordenone, ma anche con quelli provenienti da altre regioni italiane e in particolare dalla Toscana o da Roma, con quei maestri che Roberto Longhi ebbe a definire con la solita efficacia i «demoni etruschi»[11]. Con il Sansovino, a dire il vero, come testimonia anche il racconto del Vasari[12], il Vecellio entrò sin da subito in grande sintonia, formando insieme con l'altro toscano, Pietro Aretino, un compatto sodalizio artistico e culturale che con il passare del tempo avrebbe dominato quasi senza rivali la scena locale, talvolta influenzando pesantemente alcune tra le più prestigiose imprese decorative pubbliche. Nel 1531, a dimostrazione di un rapporto professionale ben avviato tra i due artisti, Sansovino realizzò alcune argenterie su disegni di Tiziano per la corte di Federico Gonzaga[13], che avrebbe continuato in futuro a garantire al pittore commissioni di rilievo e lo avrebbe introdotto – come vedremo – presso il duca di Urbino Francesco Maria Della Rovere. Nel 1535, inoltre, insieme con altri artisti e intellettuali quali il Serlio, Fortunio Spira e Iacopo Zambelli, il Vecellio avrebbe sottoscritto il cosiddetto *Memoriale* del frate osservante Francesco Zorzi per la riedificazione di San Francesco della Vigna ad opera del Sansovino. Questo programma era volto a dimostrare al doge Gritti, che possedeva un palazzo nel campo della chiesa e nel cui presbiterio avrebbe chiesto infine di essere sepolto, come la struttura dell'edificio francescano si ispirasse a un complicato sistema armonico di matrice platonica e pitagorica alla base anche – secondo calcoli cabalistici – delle proporzioni imposte da Dio a Mosè e al re Salomone rispettivamente per la costruzione dell'Arca dell'Alleanza e del tempio di Gerusalemme: un sistema, in parte derivato dalle teorie formulate nel *Timeo* di Platone, grazie al quale – secondo le parole dello stesso ideatore Zorzi – «tutte le misure del piano sì in lunghezza come in larghezza saranno consonantissime et per forza daranno diletto a chi le veggiarà, salvo se li loro occhi non fussero oblichi et disproportionati»[14].

Ma tornando alla committenza dei Gonzaga, oltre ad alcune opere a soggetto sacro dipinte intorno o poco oltre il 1530 per Federico, tra cui la cosiddetta *Madonna del coniglio* al Louvre[15], contrassegnata da una quinta paesaggistica ancora decisamente in debito con i moduli giorgioneschi di inizio secolo, e una perduta «santa Maddalena lachrimosa più che si può» da inviare in dono alla marchesa di Pescara Vittoria Colonna come modello di ascetismo su cui meditare nei suoi luttuosi giorni da vedova senza figli[16], Tiziano eseguì alla metà degli anni Trenta per la madre del duca, Isabella d'Este, un celeberrimo ritratto, oggi custodito al Kunsthistorisches Museum di Vienna[17] (tav. 31). L'originalità del quadro, in cui la marchesa è effigiata con uno dei suoi sfarzosi turbanti (*balzi*) e con un elegante abito nero munito di una stola di pelliccia, risiede soprattutto nel fatto che la committente, all'epoca sessantenne (era nata nel 1474), si fece platealmente ringiovanire dall'artista, che per recuperare un'immagine il più possibile avvenente di Isabella dovette ispirarsi – per poi migliorarlo – a un quadro dipinto nel 1511 da Francesco Francia[18]. Tra i migliori esempi di *State portrait* nel catalogo di Tiziano, l'opera intendeva restituire alla marchesa, alla stregua di un meritato «premio alla carriera», una bellezza e una gioventù ormai da tempo evaporate, inafferrabili e vivide solamente nei suoi ricordi, come non mancò di sottolineare con il consueto cinismo l'Aretino, che non perse l'occasione di etichettare la donna durante la sua vecchiaia come «disonestamente brutta» o «arcidisonestamente imbellettata», mettendone in risalto con tutta la malignità di cui era capace i «denti di hebano» e le «ciglia di avorio»[19]. Alla consegna dell'opera, consapevole dell'imbarazzante falso storico che aveva contribuito a creare con la complicità dell'artista, la committente dovette apprezzare particolarmente il risultato finale, come scrisse nel 1536 in una lettera all'ambasciatore mantovano a Venezia Benedetto Agnello: «Il ritratto nostro di man di Titiano ne piace di sorte che dubitamo de non essere stata in quell'etade ch'egli rappresenta di quella beltà che vi se contiene»[20].

Oltre all'assiduità dei rapporti con la corte di Federico Gonzaga, che non esitò a ricordare in una lettera del 1531 a Vittoria Colonna come il pittore fosse «il più excellente in quella arte che a' nostri tempi se ritrovi, et è tutto mio»[21], Tiziano continuò negli anni Trenta a dedicarsi anima e corpo al ruolo di artista ufficiale della Serenissima, proseguendo con una certa lentezza l'esecuzione della *Battaglia* in Palazzo Ducale e portando invece rapidamente a termine per la stessa sede un ennesimo quadro votivo per il doge Gritti, purtroppo anch'esso divorato dalle fiamme in un incendio dell'11 maggio 1574 e sostituito verso il 1582 da una replica della bottega di Iacopo Tintoretto[22]. Ricordata il 6 ottobre del 1531 dal Sanudo nella sala del Collegio come il «quadro nuovo posto con la persona et effigie di questo serenissimo, qual se inzenochia davanti a Nostra Donna col putin in brazo, et san Marco lo presenta, e da drio la Nostra Donna e tre santi, san Bernardin, sant'Alvise et santa Marina», l'opera venne riprodotta in una mediocre xilografia anonima in cui alle inconfondibili fattezze del Gritti furono assegnate quelle del doge Francesco Donà, in carica dal 1545 al 1553. Come già accaduto con l'*Assunta* (tav. 13), con la *Pala Pesaro* (tav. 25) o con l'*Uccisione di san Pietro martire* (tav. 28), anche questa immagine sconvolse la tradizionale struttura compositiva e iconografica che si riteneva ormai da tempo cristallizzata per questa tipologia di dipinti[23]. Posto nell'angolo sinistro della scena, il doge vi appare di profilo, in ginocchio e a mani giunte, vestito con l'abito da cerimonia, mentre sopra di lui, in piedi e colto in una posa statuaria, il santo patrono di Venezia, l'evangelista Marco, lascia appena intravedere dietro alla morbida tunica il muso del leone marciano, il cui capo viene cinto di alloro da un robusto cherubino. Nella metà di destra del riquadro, le cui due porzioni vengono collegate dal sapiente artificio della scala in prospettiva che richiama una soluzione adottata nella *Pala Pesaro*, la Madonna con il Bambino si rivolge benevola al principe veneziano ed è circondata da santa Marina, san Bernardino da Siena e san Ludovico da Tolosa. Le tre figure di santi vennero scelte dal committente poiché avevano tutte più o meno a che fare con la sua brillante carriera politica: se infatti la prima intendeva alludere alla riconquista di Padova nell'estate del 1509, avvenuta nel giorno della sua canonizzazione, le due glorie dell'ordine francescano rimandavano invece all'elezione ducale, caduta nella festa di san Bernardino e raggiunta per il rotto della cuffia soprattutto grazie ai buoni uffici del procuratore Alvise Pisani, che portava lo stesso nome del santo vescovo francese.

Nell'estate del 1538, dopo oltre venticinque anni, Tiziano consegnò finalmente il grande telero con la *Battaglia* nella sala del Maggior Consiglio di Palazzo Ducale. Questo imperdonabile ritardo, dovuto alla cospicua mole di lavori eseguiti senza sosta fuori e dentro Venezia, infastidì a tal punto la committenza che in un colpo solo gli venne sottratta la senseria del fondaco dei Tedeschi e fu affidata al Pordenone l'esecuzione della scena vicina. Ma per sua fortuna, come accadde più di una volta nella sua vita, un evento favorevole gli spalancò nuovamente le porte della gloria: nel gennaio 1539, infatti, morì il temibile rivale friulano e già nel giugno dello stesso anno il Vecellio poté riottenere la preziosa patente di pittore ufficiale della Serenissima[24]. In merito al rapporto a dir poco conflittuale intercorso tra questi due pittori, vale la pena di sottolineare che con ogni probabilità, se non fosse scomparso così improvvisamente, il Pordenone avrebbe causato ben più di qualche difficoltà al maestro apparentemente incontrastato di Venezia. Al di là dell'annosa vicenda del telero di Palazzo Ducale, infatti, nel 1537 un'*Annunciazione* del friulano fu preferita dalle suore del convento a quella realizzata da Tiziano per l'altar maggiore di Santa Maria degli Angeli a Murano, un'opera per cui il cadorino aveva richiesto la ragguardevole – e forse per la committenza proibitiva – cifra di 500 scudi. Spedito in dono dopo il rifiuto alla moglie di Carlo V, Isabella di Portogallo, il quadro andò disperso durante l'occupazione napoleonica della Spagna ed è noto grazie a un'incisione di Gian Iacopo Caraglio e a una vivida descrizione dell'Aretino in una lettera a Tiziano del 9 novembre 1537 che merita di essere riportata integralmente:

Egli è stato savio l'avedimento vostro, compar mio, avendo voi pur disposto di mandare l'imagine de la reina del cielo a l'imperadrice de la terra. Né poteva l'altezza del giudizio, dal qual traete le maraviglie de la pittura, locar più altamente la tavola in cui dipigneste cotal Nunziata. Egli s'abbaglia nel lume folgorante che esce dai raggi del paradiso, donde vengano gli angeli adagiati, con diverse attitudini in su le nuvole candide, vive e lucenti. Lo Spirito santo, circondato dai lampi de la sua gloria, fa udire il batter de le penne, tanto simiglia la colomba, di cui ha preso la forma. L'arco celeste, che attraversa l'aria del paese scoperto da l'albore de l'aurora, è più vero che quel che ci si dimostra dopo la pioggia inver' la sera. Ma che dirò io di Gabriele, messo divino? Egli, empiendo ogni cosa di luce, e rifulgendo ne l'albergo con nuova luce, si inchina sì dolcemente col gesto de la riverenza che ci sforza a credere che in tal atto si appresentasse inanzi al conspetto di Maria. Egli ha la maestà celeste nel volto, e le sue guance tremano ne la tenerezza composta dal latte e dal sangue che al naturale contrafà l'unione del vostro colorire. Cotal testa è girata da la modestia, mentre la gravità gli abbassa soavemente gli occhi: i capegli, contesti in anelli tremolanti, acenano tuttavia di cadere da l'ordine loro. La veste sottile di drappo giallo, non impacciando la semplicità del suo involgersi, cela tutto lo ignudo, senza asconderne punto; e par che la zona, di che è soccinto, scherzi col vento. Né si son vedute ancor ali, che aguaglino le sue piume di varietà, né di morbidezza. E il giglio, recatosi ne la sinistra mano, odora e risplende con candore inusitato. In somma par che la bocca, che formò il saluto che ci fu salute, esprima in note angeliche «Ave». Taccio de la Vergine prima adorata e poi consolata dal corrier di Dio, perché voi l'avete dipinta in modo e con tanta maraviglia che l'altrui luci, abbagliate nel refulgere dei suoi lumi di pace e di pietade, non la posson mirare[25].

Nel 1538, lo stesso anno in cui si concluse il dogado del Gritti, Tiziano portò a termine uno dei suoi dipinti più spettacolari, un'opera che incarna per magniloquenza e per classicismo lo spirito culturale di *renovatio urbis* vissuto a Venezia negli anni Trenta. Telero di ampie dimensioni (335 x 775 cm) commissionato nel 1534, la *Presentazione della Vergine al tempio* si trova tuttora nella sua sede originaria, la sala dell'Albergo della Scuola grande di Santa Maria della Carità, corrispondente alla sala XXIV delle Gallerie dell'Accademia. Esso doveva inaugurare una serie di episodi dedicati alla vita di Maria, un ciclo la cui prosecuzione venne affidata, dopo la consegna del quadro tizianesco, al solito Pordenone, cui la morte nel 1539 impedì di realizzare alcunché[26]. La scena, ai cui lati del registro inferiore sono state ricavate due porte (una già in origine e l'altra, ancora vivente Tiziano, nel 1572), è separata nettamente in due zone: se in quella di destra si svolge l'azione principale del racconto, derivato dalla medievale *Legenda aurea* di Iacopo da Varagine, in cui la fanciulla Maria, vestita con un semplice abito azzurro e circondata da un alone di luce, viene raffigurata nell'atto di salire i gradini del tempio di Gerusalemme verso il sommo sacerdote (tav. 32), sulla sinistra si snoda una fitta serie di ritratti di alcuni membri della confraternita (tav. 33), che il Vasari si limitò a descrivere sinteticamente come «teste d'ogni sorte ritratte dal naturale» e in cui il Ridolfi riconobbe invece il cancelliere grande di Venezia Andrea de' Franceschi, più volte effigiato da Tiziano, e il senatore Lazzaro Crasso[27]. Alla destra del gruppo dei confratelli, lui barbuto e di spalle e lei di profilo e in preghiera, sono rappresentati i due anziani genitori della Vergine, Gioacchino e Anna, riconoscibili sia per l'aspetto da sapienti biblici sia per gli abiti all'antica, ben diversi da quelli rinascimentali dei personaggi intorno.

Dipinta con una tavolozza squillante, tipica dell'artista in questo scorcio degli anni Trenta, l'immagine è solcata da una luce calda e pulviscolare che «diminuisce a mano a mano che risale verso le più remote parti del quadro, le quali si avvolgono in una oscurità tanto più profonda, quanto più sono lontane dalla Vergine»[28]. La composizione risulta divisa in due anche per la differente soluzione dello sfondo adottata per ciascuna delle parti del riquadro. La porzione di destra è caratterizzata da una vera e propria esibizione virtuosistica di architetture classicheggianti, in particolare il tempio e l'edificio attiguo con splendide colonne in marmo screziato e capitelli corinzi, anche se non mancano, seguendo con lo sguardo la profonda prospettiva tracciata dalle facciate delle costruzioni, palazzi di fattura contemporanea. L'impostazione spaziale della scena, che sembra quasi svolgersi su un palcoscenico di un severo teatro classico, si ispira alle coeve teorie architettoniche del Serlio, documentato a Venezia sin dal 1528, e ai primi cantieri edilizi aperti dal Sansovino nell'area di piazza San Marco, senza però rinunciare alla citazione di importanti prototipi pittorici come la più arcaica *Presentazione della Vergine al tempio* di Cima da Conegliano alla Gemäldegalerie di Dresda o quella manieristica di Baldassarre Peruzzi in Santa Maria della Pace a Roma[29]. Isolati dalla composizione, tagliati simbolicamente fuori dalla vicenda principale grazie all'espediente della poderosa base del tempio che li nasconde alla vista degli altri personaggi, ma che li rende ben visibili all'osservatore del quadro, in basso al centro e a destra due dettagli richiamano la nostra attenzione: sono una vecchia incappucciata, seduta e di profilo, affiancata da un cesto con delle uova, e un torso di una statua di epoca classica (tav. 32). Non degni di ricevere l'illuminazione simbolica che promana dalla scena sacra, essi alludono rispettivamente al mondo ebraico, e in particolare alla sinagoga, e a quello pagano, ossia a due momenti storici che precedettero l'avvento del cristianesimo e i cui protagonisti non sono ancora illuminati dalla luce della grazia. Con lo stesso significato simbolico, pur con un linguaggio formale assai differente, in una sua versione della scena per la serie di xilografie con la *Vita della Vergine* (1511), peraltro all'epoca molto diffusa in Italia e in particolare a Venezia, anche Albrecht Dürer raffigurò un idolo pagano, in alto a destra, e alcuni mercanti ebrei indaffarati a trafficare pane, agnelli e tortore, in basso a sinistra[30].

Quasi agli antipodi per struttura compositiva rispetto alla zona di destra, la parte di sinistra si apre su uno splendido paesaggio montano, con ogni probabilità una nostalgica finestra sulle possenti Dolomiti nel Cadore, dove Tiziano era nato e cresciuto, ma anche un rimando simbolico alla maestosità di Dio e di riflesso a quella di Maria[31] (tav. 33). In primo piano, davanti a un loggiato rinascimentale con a fianco una fantasiosa piramide, allusiva all'antico Egitto e in particolare ad Alessandria, il luogo del martirio di san Marco[32], sono effigiati con un realismo quasi fiammingo alcuni dei confratelli della Scuola della Carità, tra cui spiccano al centro del dipinto il «guardian grande» Nicolò dalla Torre in abito rosso e il suo vicario appena dietro di lui, impegnati a distribuire elemosine agli indigenti che ne reclamano l'attenzione con l'eloquente gestualità dei bisognosi[33]. Fondata nel 1260, prima in città a ottenere il titolo di «grande» (ossia appartenente ai battuti o disciplinati, che come regola avevano la penitenza di flagellarsi in privato e in processioni pubbliche), la confraternita era tra le più impegnate a Venezia sul versante dell'assistenza ai bisognosi, ai diseredati, ai derelitti[34]. Ricorda a tal proposito Benzoni, ed è esattamente il caso della committenza del telero tizianesco, che «degli indigenti rispettabili e, almeno esteriormente, pii, con residenza stabile inoltre nella città, s'occupano le Scuole Grandi (di Santa Maria della Carità, di San Marco, di San Giovanni Evangelista, della Misericordia, di San Rocco, di San Teodoro), confraternite laiche, la cui regola impone moralità e devozione, pienamente integrate nella vita cittadina, soggette al Consiglio dei Dieci e ossequienti alle direttive statali»; esse, inoltre, si occupavano in gran segreto anche della delicata questione dei «poveri vergognosi», di coloro cioè che per pudore non avrebbero mai osato mendicare in pubblico[35]. Manifesto precoce di un'arte al servizio della politica assistenziale di Venezia, la *Presentazione della Vergine al tempio* anticipa di qualche anno un più attivo impegno dell'artista in questo peculiare ambito del mestiere del dipingere, facendone come al solito uno straordinario precursore di tendenze e generi. L'intensità con cui il pittore ha reso i volti dei questuanti, inoltre, rivela una sua sincera partecipazione all'immagine e di riflesso, naturalmente, al suo più intimo significato sociale e umano. Di quest'opera, a dimostrazione della sua estrema originalità stilistica e iconografica, si sarebbe ricordato Iacopo Tintoretto nella scena omologa dipinta negli anni Cinquanta nella chiesa della Madonna dell'Orto, un'immagine più teatrale e articolata di quella di Tiziano, ma anch'essa sospesa a metà tra il mondo ebraico e quello cristiano e in cui la figura di Maria sulla scala «splende già della luce della grazia, che annuncia la nuova era e la nuova alleanza»[36].

PITTORE PER LA CORTE DI URBINO E «PRIMER PINTOR» DI CARLO V

I primi contatti tra Tiziano e Francesco Maria Della Rovere dovettero essere favoriti dal rapporto di committenza instaurato dal pittore con la corte di Mantova: nel 1509, infatti, il Della Rovere sposò Eleonora Gonzaga, figlia di Francesco II Gonzaga e di Isabella d'Este, divenendo perciò cognato di Federico[37]. La fitta trama di rapporti professionali e umani tessuta con pazienza e lungimiranza dall'artista dallo scorcio del secondo decennio, e che aveva mirato a coinvolgere le influenti corti di Alfonso d'Este a Ferrara e di Federico Gonzaga a Mantova, aveva da tempo iniziato a dare i suoi frutti, garantendo al Vecellio una continuità di rilevanti commissioni in molte parti d'Italia, tra cui non ultima la corte roveresca, i cui centri di riferimento erano Pesaro e Urbino.

Nato nel 1490 dal nipote di papa Sisto IV e prefetto di Roma Giovanni Della Rovere, signore di Senigallia e Mondavio, e da Giovanna da Montefeltro, figlia del duca Federico da Montefeltro, Francesco Maria trascorse l'infanzia tra la natia Senigallia e Urbino, dove crebbe all'ombra dello zio materno, il duca Guidubaldo I, e dove poté beneficiare nel 1503 dell'elezione al soglio pontificio dello zio paterno, Giulio II. Il suo primo approccio alla dura realtà dei campi di battaglia avvenne durante la crisi di Cambrai e paradossalmente contro Venezia, la città che lo avrebbe in futuro innalzato al rango di inattaccabile baluardo contro i nemici della repubblica: nella primavera del 1509, nelle vesti di capitano generale della Chiesa, il giovane militare sferrò un'offensiva antiveneziana alla testa di 8.000 fanti per strappare alla Serenissima alcuni territori romagnoli[38]. Personaggio dal pessimo carattere, capace per un peccato veniale come un mancato saluto di sbudellare il cardinale Francesco Alidosi, per cui nutriva in realtà un antico rancore mai sopito, il Della Rovere passò i suoi anni tra il mestiere delle armi e l'ozio letterario e artistico tipico del principe, per alimentare il quale fece completare nei pressi di Pesaro la villa Imperiale, iniziata da Alessandro Sforza alla metà del secolo precedente[39]. Elogiata dal Vasari come «una fabrica bellissima e bene intesa, piena di camere, di colonnati e di cortili, di logge, di fontane e di amenissimi giardini»[40], la magnifica residenza ducale fu costruita a partire dal 1528-1529 dall'urbinate Girolamo Genga, originale architetto, pittore e scenografo al quale fu affidata buona parte della programmazione della politica artistica del ducato roveresco. Nonostante la penuria di fondi destinati alla villa, egli poté avvalersi, riservando per sé il ruolo di sovrintendente alla struttura e alla decorazione dell'edificio, della consulenza del Bembo per le epigrafi in latino e di una folta équipe di pittori per l'affrescatura delle stanze, tra i cui nomi spiccavano quelli dei fratelli Dosso e Battista Dossi, di Francesco Menzocchi, di Camillo Mantovano, di Raffaellino del Colle e di Bronzino. L'Imperiale, con le sue soluzioni architettoniche all'avanguardia e con i suoi sontuosi ambienti dipinti per lo più con gli episodi gloriosi della carriera militare del committente, ben rispondeva alle esigenze di quello che Antonio Pinelli ha efficacemente definito «il riposo del guerriero»[41]; un'occupazione, quest'ultima, che comunque rimase per il Della Rovere il vero filo rosso di un'esistenza, interrotta a quarantotto anni per febbre durante un'ispezione alle fortezze di Istria e Dalmazia, vissuta sempre in prima linea, soprattutto nel lungo e difficile periodo da generale dell'esercito veneziano.

Il duca entrò ufficialmente al servizio della repubblica di Venezia nell'autunno del 1523, quando fu nominato governatore generale delle truppe di terra della Serenissima al posto del troppo filofrancese Teodoro Trivulzio, una carica che si sarebbe trasformata rapidamente, dopo i successi nella guerra contro la Francia in Lombardia e la formazione della lega antimperiale di Cognac, in quella di capitano generale[42]. Entrato trionfalmente a Venezia nel 1524, dove venne salutato con spettacoli teatrali che costarono oltre 1.000 ducati[43], il Della Rovere «sembra impersonare il ruolo di 'alter ego' del Gritti in campo militare, raccogliendo l'eredità di quest'ultimo, già provveditore dell'esercito veneziano durante le guerre di riconquista succedute alla disfatta di Agnadello»[44]. Assolutamente integrato nel contesto politico, sociale e culturale del doge, con cui condivise l'accortezza politica, il duca era già prima della sua nomina veneziana legato da solidi rapporti di amicizia, solo per citare qualche nome illustre, a personaggi del livello del cardinale Domenico Grimani, di Pietro Bembo, di Francesco Zorzi o del potente procuratore Antonio Cappello, tutti a vario titolo vicini a Tiziano[45]. Professionista della guerra, durante il suo incarico in laguna egli riprese le linee guida di un programma già ideato dal Gritti quando questi, prima della sua elezione ducale, era impegnato sui campi di battaglia contro la Lega di Cambrai: secondo questo piano, il territorio della repubblica di San Marco rappresentava un complesso organico in cui la terraferma doveva essere protetta dalle quattro città di Treviso, Padova, Vicenza e Verona, definite non a caso dallo stesso capitano «baloardi fortissimi, che fiancheggiano il stato di [Venezia], havendo li monti et fiumi per cortine, che legano et incatenano tutto questo paese». Convinto sostenitore della fanteria, il Della Rovere riteneva fondamentali sia l'apporto della nuova tecnologia bellica sia la capacità di edificare inespugnabili fortificazioni, sebbene fosse certo che il ruolo del capitano – e più in generale quello della politica sul mestiere delle armi – dovesse sempre prevalere su quello dell'ingegnere militare[46].

Un uomo del genere, si potrebbe a questo punto pensare, e forse a buon diritto, era distante anni luce da raffinati cultori delle arti quali Alfonso d'Este e il nipote Federico Gonzaga, anch'essi a diverso titolo coinvolti nelle interminabili vicende belliche della loro epoca e legati da solidi vincoli di committenza a Tiziano. Le ragioni principali sottese alle opere commissionate negli anni Trenta dal duca di Urbino all'artista veneto, più che in una sua divorante passione per la pittura, vanno ricercate essenzialmente nella momentanea voglia di fuga dagli orrori della guerra e nell'esigenza tutta politica e autocelebrativa di proiettare sul presente e lasciare come eredità al futuro l'ombra lunga del suo prestigio personale, conquistato con le unghie e con i denti attraverso la dura lotta sui campi di battaglia di tutta Italia. I primi rapporti tra Tiziano e il Della Rovere, intermediario il Serlio, datano almeno al 1532, quando l'ambasciatore del duca a Venezia, Gian Giacomo Leonardi, cita tre opere in esecuzione poi consegnate due anni dopo, ossia un *Ritratto di Annibale*, una figura di *Cristo* di profilo e un'*Adorazione dei pastori*: transitato per il mercato antiquario il primo dipinto, nel cui eroe cartaginese il condottiero roveresco dovette presumibilmente identificarsi, sia l'*Adorazione dei pastori*, assai deperita, sia il *Busto di Cristo*, non lontano per qualità formale e iconografia classicheggiante da quello dipinto per Alfonso d'Este circa vent'anni prima nella *Moneta del tributo*, vanno individuati nei quadri oggi alla Galleria Palatina di Palazzo Pitti[47].

Nella medesima collezione fiorentina, dove giunse nel 1631 insieme con l'eredità Della Rovere, si conserva uno dei capolavori eseguiti dal Vecellio per il suo nuovo committente, la cosiddetta *Maddalena penitente*[48] (tav. 34), un'opera inviata a Urbino verso il 1535 e derivata forse da una figura di *Venus pudica* classica. L'immagine, sul cui vasetto con gli unguenti nell'angolo in basso a sinistra è apposta la firma TITIANVS, è sotto tutti i punti di vista straordinaria e di ciò, considerata la quantità di repliche eseguite negli anni dall'artista e dalla sua bottega, dovette subito rendersi conto lo stesso Tiziano[49]. A differenza di quanto sostenuto da una parte della storiografia artistica[50], e in accordo invece con Humfrey[51], risulta piuttosto difficile ritenere che il quadro potesse riprodurre le fattezze di quello, disperso, dipinto poco dopo il 1530 per Vittoria Colonna e che doveva illustrare in modo austero e castigato – come si ricorderà – una «santa Maddalena lachrimosa più che si può». Questa figura della Maddalena, infatti, ha sicuramente gli occhi gonfi e liquidi di chi è sul punto di piangere, ma le sue lacrime sono ancora trattenute, mentre il suo sguardo estatico si perde oltre il margine superiore del dipinto. La caratteristica principale dell'iconografia creata dal pittore per il Della Rovere risiede nella sua dirompente carica erotica, il che la differenzia in maniera netta dalle molte versioni del tema – su cui avremo modo di tornare – dipinte successivamente e trasfigurate in chiave del tutto controriformistica. Al pari di altre sensuali figure muliebri dipinte intorno al 1535 da Tiziano per il duca, come la *Bella* a palazzo Pitti, la *Giovane in pelliccia* al Kunsthistorisches Museum di Vienna e la *Giovane con cappello piumato* all'Ermitage di San Pietroburgo, tutte peraltro aventi come protagonista la stessa modella che darà il volto anche alla cosiddetta *Venere di Urbino*, questa Maddalena sprigiona un fascino irresistibile. La protagonista del quadro è volutamente in bilico tra la dimensione sacra e quella profana, tra la contemplazione rapita del divino e il peccato, tra la luce calda che ne bagna il corpo giunonico e il buio che sembra risucchiarla verso il fondo; i lunghi e morbidi capelli rossi, che a stento coprono i turgidi seni, mescolano in modo malizioso il puro piacere visivo riservato al committente e il riferimento all'episodio evangelico svoltosi nella casa di Simone il fariseo (*Lc* VII, 36-50), secondo cui la donna avrebbe prima lavato i piedi di Cristo con le sue lacrime e poi li avrebbe asciugati con la sua folta chioma[52]. Forse non dovette sfuggire alla sensibilità di Tiziano che all'incirca nello stesso periodo del quadro, nel 1535, l'amico Aretino dedicò nei suoi *Tre libri de la humanità di Christo* una lunga descrizione, non priva di una sottile vena di erotismo e di sensualità, proprio alla figura della Maddalena. Secondo lo scrittore toscano, il cui prototipo della peccatrice biblica non è distante da quello creato dal «compare», la Maddalena con le «chiome non ricoperte da velo» e dal «vermiglio delle gote» che aveva «colorite le guance dell'Aurora», dopo essersi fustigata fino a perdere i sensi sarebbe stata consigliata dalla sorella Marta di donare interamente il suo cuore a Gesù: «Dagli [a Cristo] il core, offeriscigli il core e aprigli il core [...], innamorati di Giesù, ardi per lui, sospira per lui. [...] Abbellisci lei [l'anima], adorna lei, ungi lei»[53]. Questa immagine a metà strada tra il sacro e il profano dovette essere particolarmente gradita al Della Rovere, anch'egli al pari della Maddalena sempre al bivio, ma tra la vita e la morte, tra il vizio e le congiure e le semplici virtù domestiche del buon marito: fiaccato nel corpo e nello spirito da anni di continue guerre, per mezzo del dipinto di Tiziano egli tentò evidentemente di aprire uno spiraglio di prorompente vitalità e gioiosa spensieratezza nella sua vita fatta di atrocità e violenze disumane, magari convincendosi, alla fine, che la bellezza è davvero in grado di riscattare finanche i più oscuri risvolti dell'esistenza umana.

Tutt'altra dimensione iconografica rispetto alla *Maddalena penitente* di Palazzo Pitti, completamente calata nella concreta realtà della sua epoca storica, è quella esibita dai due famosi *State portraits* agli Uffizi con la coppia ducale roveresca dipinti da Tiziano tra il 1536 e il 1537, ma che dovettero giungere a Pesaro solamente nella primavera del 1538. Il *Ritratto di Francesco Maria Della Rovere*[54] (tav. 35) fu forse ideato dal committente sin dal 1533, quando a Bologna l'imperatore Carlo V lo elogiò pubblicamente per le sue brillanti iniziative militari nelle vesti di capitano generale dell'esercito della Serenissima. Merita d'altra parte ricordare che già durante il corteo bolognese del 1530 per l'incoronazione del sovrano asburgico il Della Rovere, in qualità di prefetto di Roma, aveva avuto l'onore di sfilare accanto all'imperatore, una scena che il duca non mancò in seguito di far affrescare dal Genga sul soffitto della sala dei Semibusti all'Imperiale[55]. Effigiato a mezza coscia e quasi frontale, ma forse in origine pensato a figura intera, come testimonierebbe un disegno a penna sempre agli Uffizi[56], il protagonista assume nell'opera una posa severa e spiccatamente marziale che riproduce in parte quella dell'imperatore Claudio nella serie dei cosiddetti *Cesari*, un ciclo perduto di undici busti di imperatori romani dipinto nel 1536-1540 per il Palazzo Ducale di Mantova e noto grazie a incisioni come quelle di Aegidius Sadeler[57]. Il duca indossa un corsaletto di fattura tedesca da cavallo leggero che Tiziano, al quale era stato prestato per realizzare in modo il più possibile verosimile il ritratto del committente, è riuscito a rendere con una vena iperrealistica soprattutto grazie allo spettacolare gioco di guizzanti riflessi; a questa armatura, ricordata dal suo legittimo proprietario come «sommamente cara», il duca doveva tenere in modo particolare, tanto che nel luglio del 1536, scrivendo non senza una certa apprensione al suo agente in laguna Leonardi, ne richiedeva al pittore una sollecita restituzione. L'indumento militare dipinto dal pittore rappresenta un vero e proprio saggio di virtuosismo: per farsi una pur vaga idea di quanto doveva essere complicato cogliere con naturalismo l'effetto del metallo, basti ricordare che nella propria biografia il Vasari sottolineò con enfasi la enorme difficoltà da lui incontrata nel dipingere l'armatura nel ritratto del duca di Firenze Alessandro de' Medici, un'opera del 1534 oggi agli Uffizi[58]. Sul ripiano alle spalle del Della Rovere, ricoperto da un drappo in velluto rosso, sono ordinatamente poggiati, da sinistra a destra, una borgognotta con un cimiero bianco a forma di drago e tre differenti bastoni di comando: uno in oro con lo stemma papale, a rammentare la carica di capitano generale delle truppe pontificie dal 1508 al 1513, uno in argento con l'emblema fiorentino, a ricordare quella di comandante delle truppe gigliate dalla primavera del 1522 all'estate del 1523, e in mezzo a questi un nodoso ramo di rovere con il motto SE SIBI. Con la mano destra, infine, in bella mostra davanti all'osservatore, egli impugna il bastone con l'insegna di comandante generale dell'esercito veneziano, ruolo ricoperto al momento del ritratto. Del quadro, come del suo *pendant* con l'effigie della moglie, possediamo una descrizione di Aretino, sotto forma di sonetto, contenuta all'interno di una lettera inviata il 7 novembre del 1537 alla poetessa Veronica Gambara in cui è nuovamente istituito – dopo la bolla imperiale del 1533 – il confronto tra Tiziano e Apelle:

> Se 'l chiaro Apelle, con la man de l'arte
> rassemplò d'Alessandro il volto e 'l petto,

non finse già del pellegrin subietto
l'alto vigor, che l'anima comparte.
Ma Tizian, che dal cielo ha maggior parte,
fuor mostra ogni invisibile concetto;
però 'l gran duca nel dipinto aspetto
scopre le palme entro al suo cuore sparte.
Egli ha il terror fra l'uno e l'altro ciglio,
l'animo in gli occhi, e l'alterezza in fronte,
nel cui spazio l'onor siede, e 'l consiglio.
Nel busto armato e ne le braccia pronte
arde il valor, che guarda dal periglio
Italia sacra a sue virtuti conte[59].

Il *Ritratto di Eleonora Gonzaga*[60] (tav. 36), concepito in modo molto differente dal dipinto gemello, non risulta chiuso in uno spazio opprimente e caratterizzato da toni bassi, ma è aperto su una lontana quinta paesaggistica ed è dominato da colori caldi e avvolgenti. Seguito dalla duchessa in persona durante le fasi di lavorazione, quando una prima volta nell'inverno 1536-1537 e una seconda nel gennaio 1538 la coppia ducale è documentata a Venezia per la nomina del Della Rovere a generale dell'armata di terra della lega antiottomana, il quadro raffigura la donna con un sontuoso abito nero ricamato in oro, i colori dello stemma dei Montefeltro, e una raffinata pelliccia di martora con una testa aurea ornata da occhi di ametista; la duchessa è seduta davanti a una finestra spalancata su un paesaggio collinare tipico delle Marche, definito da Rodolfo Pallucchini «il brano più commosso di tutto il quadro [...], d'una malinconia greve, in quelle luci fredde che si spengono sulle catene di monti bluastre»[61]. Sul tavolino poco dietro di lei, coperto da un panno in velluto verde, vi sono un cagnolino acciambellato, tradizionale simbolo di fedeltà, in questo caso coniugale, e un prezioso orologio a torre di produzione tedesca, allusivo alla virtù della temperanza, ma anche *memento mori* teso a simboleggiare l'inesorabile scorrere del tempo. L'atmosfera fiabesca che si respira nel ritratto, molto lontana da quella cupa del *pendant* con il consorte, è colta con la consueta efficacia dai versi dell'Aretino nella missiva alla Gambara:

> L'unione dei colori, che lo stile
> di Tiziano ha distesi, esprime fora
> la Concordia, che regge in Lionora
> le ministre del spirito gentile.
> Seco siede Modestia in atto umile,
> Onestà nel suo abito dimora,
> Vergogna il petto e il crin le vela e onora,
> le affigge Amore il guardo signorile.
> Pudicizia e Beltà, nimiche eterne,
> le spazian nel sembiante, e fra le ciglia
> il trono de le Grazie si discerne.
> Prudenza il valor suo guarda, e consiglia
> nel bel tacer, l'altre virtuti interne
> l'ornan la fronte d'ogni meraviglia[62].

Le varie virtù elencate dal letterato toscano, tradizionalmente connesse con la dimensione cortese che dall'immagine trapela con forza e che proprio a Urbino, grazie al *Cortegiano* (1528) di Baldassar Castiglione, aveva trovato una delle sue più compiute teorizzazioni rinascimentali, emergono grazie al pennello di Tiziano con tutta la viva energia di cui solo lui era capace, ricollegando l'opera al dittico di Piero della Francesca agli Uffizi (1460-1473) con i ritratti di profilo del duca Federico da Montefeltro e della moglie Battista Sforza e i due rispettivi rovesci allegorici raffiguranti il *Trionfo della Fama* e il *Trionfo della Modestia*.

Ideale «anello di congiunzione – come è stato osservato – contenutisticamente qualificante rispetto alla coppia di ritratti ducali»[63], l'*Allegoria* del Louvre (tav. 37) raffigura il Della Rovere che si accomiata dalla consorte, evidentemente idealizzata e colta mentre pare voler scrutare il destino dell'amato in una sfera di cristallo; l'uomo, in armatura come nel ritratto agli Uffizi, poggia la mano sinistra sul seno della donna, mentre intorno ai due protagonisti della scena, interpretabili anche come la coppia di divinità olimpiche Marte e Venere, figurano un Cupido con un fascio di frecce, simbolo di unione, un'allegoria della Fedeltà coniugale, con il capo cinto da una ghirlanda di mirto, in atto di portarsi la destra al petto e dietro di lei, in ombra, con gli occhi rivolti al cielo e una cesta ricolma di fiori, un'allegoria della Speranza. Il condottiero stanco di mille battaglie, sembra comunicare il quadro, parte per l'ennesima, rischiosa avventura, non sapendo se tornerà dalla sua personale Venere, la moglie Eleonora, che quasi presagisce, con quel suo sguardo abbassato e spento, la fine imminente del compagno di una vita.

Morto nel 1538 Francesco Maria Della Rovere, Tiziano proseguì il florido rapporto di committenza con la corte marchigiana attraverso il figlio del glorioso capitano nonché suo successore alla guida del ducato, il ventiquattrenne Guidubaldo II. Fu questi infatti, all'epoca ancora duca di Camerino, a commissionargli nel 1538 la «donna nuda», per usare le sue parole, ossia la famosa *Venere di Urbino* degli Uffizi[64]. In debito, per la posa esplicitamente erotica della donna, con la cosiddetta *Venere di Dresda*, iniziata – come si ricorderà – da Giorgione e terminata dopo la sua morte dall'allievo Tiziano, l'immagine ha da sempre suscitato aspri dibattiti sul suo possibile significato simbolico. Tra le ipotesi più accreditate vi è quella che individuerebbe nella scena, che ha come protagonista assoluta la donna nuda sdraiata sul letto in primo piano e come attori comprimari le due ancelle sul fondo, un'allegoria matrimoniale legata al duca Guidubaldo, convolato a nozze nel 1534 con la appena decenne Giulia da Varano[65]. Accettando tale lettura, alcuni elementi della composizione si caricherebbero di precise valenze simboliche relative al matrimonio e più in generale all'amore: le rose nella mano destra della donna, il piccolo cane addormentato sul materasso, il vaso di mirto fiorito sul davanzale della finestra e i due cassoni sotto di essa, contenenti forse il corredo nuziale, alluderebbero infatti alle virtù coniugali necessarie alla moglie, ma forse ancor più al marito, spesso lontano dal talamo per i pressanti impegni pubblici. Ma per quanto ci si possa sforzare, la figura rappresentata nel quadro non appare certamente quella di una fanciulla di quattordici anni, quanti cioè ne aveva verso il 1538 la moglie di Guidubaldo. La giovane nuda di Tiziano, al di là delle possibili chiavi interpretative del quadro, è indubbiamente una Venere, il che non sfuggì affatto all'attento Vasari[66], ed è al contempo una mirabile esaltazione dell'amore nelle sue forme più esplicite, ossia «lo sguardo invitante e i capelli sparsi sulle spalle, la mano che nascondendo richiama e suggerisce, con l'ausilio di un'ombra profonda, ciò che non si può rappresentare, il letto disfatto», il tutto volto a sottolineare in modo plateale la «dimensione erotica all'interno del matrimonio»[67], magari, perché no, proprio quello non da molto consumatosi tra Giulia e Guidubaldo. Secondo Daniel Arasse, oltre a esaltare «la gloria del corpo femminile, questo quadro canta anche la gloria dell'arte di Tiziano, capace di farci vedere una bellezza che resterebbe, senza di lui, irriducibilmente invisibile», una bellezza cioè «immaginata, 'indovinata', intuita, sia che si tratti di una Venere platonica sia che si tratti di una Venere 'socializzata' fino al punto di diventare venale»[68].

Assorbito alla fine degli anni Trenta dalle impegnative commissioni per la famiglia Della Rovere che proseguiranno, con pause più o meno lunghe, fino al 1574 (anno della morte del duca Guidubaldo II), Tiziano continuava a lavorare a Venezia e per personaggi di alto lignaggio che nella città lagunare speravano di ottenere dal maestro un ritratto o un qualsiasi piccolo saggio della sua proverbiale bravura. Proseguiva inoltre, con gli ultimi dipinti per la corte di Mantova (in particolare con gli impegnativi *Cesari*), il rapporto con Federico Gonzaga, che sarebbe venuto a mancare nel 1540, e con la corte di Ferrara, dove Ercole II d'Este, morto nel 1534 il padre Alfonso, ne avrebbe stancamente ripercorso le orme della politica culturale e artistica. Ma soprattutto proseguiva senza impedimenti il più prestigioso dei rapporti di committenza instaurati dal Vecellio in questi anni, quello con l'imperatore Carlo V. Un rapporto a distanza, certo, le cui complicazioni logistiche non avrebbero però ostacolato il sovrano nel gratificare quello che egli considerava il più grande pittore italiano vivente e la cui abilità lo aveva letteralmente folgorato durante i due soggiorni bolognesi dei primi anni Trenta. Questo prezioso vincolo professionale, che nello scorcio del quarto decennio non avrebbe comunque impedito all'artista di dipingere per Federico Gonzaga e Guidubaldo II Della Rovere i ritratti di due fieri avversari dell'Impero, ossia il re di Francia e nemico storico Francesco I e il «gran turco» Solimano il Magnifico[69], avrebbe registrato una simbolica quanto definitiva consacrazione nel 1536. In quest'anno infatti, durante il quale Tiziano e Carlo V si incontrarono di nuovo, questa volta ad Asti e ancora grazie alla mediazione del duca di Mantova, in una lettera spedita al viceré di Napoli, don Pedro de Toledo, il sovrano asburgico definì il cadorino il «nuestro primer pintor», ordinando peraltro che, a fronte dei suoi lavori passati e futuri, gli venisse concessa la tratta di 300 carri di grano sul Regno di Napoli, una promessa in realtà mai mantenuta e per la cui mancata soddisfazione l'artista si sarebbe lamentato per il resto dei suoi giorni[70]. Nel giugno del 1537, inoltre, per mezzo di una missiva di Carlo V al suo agente in laguna, don Lope de Soria, Tiziano ricevette la promessa di poter ottenere una rendita ecclesiastica per il figlio dodicenne Pomponio[71]. Ma ormai, al di là delle promesse dell'imperatore e dei suoi dignitari, forse cadute nel vuoto più per colpa di inevitabili intoppi burocratici che per una reale mancanza di volontà da parte di Carlo V di premiare il pittore, la salda unione tra i due non poteva più essere intaccata e avrebbe continuato in futuro a partorire storie e capolavori tanto per i contemporanei quanto per i posteri.

TRA «DEMONI ETRUSCHI» ED ERETICI D'OLTRALPE: IL MANIERISMO E LA CRISI RELIGIOSA

Morto nel 1534 il papa fiorentino Clemente VII, al quale i romani non avevano mai perdonato le gravi responsabilità nell'immane tragedia del sacco del 1527, gli subentrò sul soglio pontificio Alessandro Farnese, creato cardinale nel 1493 da Alessandro VI e ormai da dieci anni decano del sacro collegio[72]. Eletto alla veneranda età di 66 anni, il che stenta a trapelare dall'energico ritratto con il piccolo nipote Ottavio dipinto verso il 1534-1535 da Sebastiano del Piombo[73], già ritrattista ufficiale del suo predecessore, il nuovo papa Paolo III fu accolto con entusiasmo sia dal popolo dell'Urbe, dove fu salutato con magnifici spettacoli pirotecnici, giostre e carri con le allegorie della *Roma triumphans*, della Fede e della Chiesa tra Pace, Abbondanza e Carità, sia dagli intellettuali di professione (Erasmo in testa) e da uomini di Chiesa. In lui, infatti, formatosi culturalmente alla fine del Quattrocento in due culle del Rinascimento quali la Roma di Pomponio Leto e la Firenze di Demetrio Calcondila e Lorenzo il Magnifico, erano riposte molte delle speranze per una difficile riconciliazione tra i cattolici e i protestanti, ma anche – o forse soprattutto – per una seria riforma della corrotta curia papale[74]. Pressato dall'imperatore Carlo V, che non aveva più la forza di controllare le divisioni politiche e religiose della Germania, Paolo III dovette convincersi – a differenza del suo indeciso predecessore – dell'inevitabilità di un concilio ecumenico per tentare di sanare le fratture della cristianità in Europa; dello stesso avviso, come rivela una lettera al duca di Milano del 1535, era d'altra parte anche il Giovio, pur abbarbicato alla greppia papale, secondo il quale

> la opulenzia delli antiqui papi è anichilata, per avere atteso più al temporale che al spirituale; e così pian piano perdendosi la reputazione e autorità della religione, la botega non frutta più e siamo condotti ovi siamo, al bisogno de un gran concilio, dal qual ben alcuno non si può sperare, se Dio non ce pone la mano destra[75].

Dopo aver inizialmente optato per Mantova e Vicenza, papa Farnese stabilì alla fine che il sinodo si dovesse svolgere a Trento, una città al confine tra i territori italiani e quelli imperiali e perciò gradita anche al sovrano asburgico. A presiedere il concilio, aperto il 13 dicembre del 1545, furono inviati i tre cardinali Giovanni Maria Del Monte e Marcello Cervini, futuri papi Giulio III e Marcello II, e l'inglese Reginald Pole, convinto che si dovesse quanto prima

> levar via in gran parte la Cancelleria, la Penitentieria in grandissima parte; che si facessero vescovi che sapessero predicare; che le parocchie non si dessero a cortigiani; che si lasciasse tutta la sua

giurisditione libera alli vescovi, et che fossero huomini degni di stare al suo vescovato, come si faceva nella Chiesa primitiva[76].

Oltre a convocare il Tridentino, Paolo III istituì nel 1534-1535 alcune commissioni per promuovere riforme in seno alla curia e nel 1535-1542 conferì il cappello cardinalizio a uomini di indiscussa statura morale e intellettuale[77]. Tra questi, oltre agli inglesi John Fisher e Reginald Pole, a Gasparo Contarini, Iacopo Sadoleto, Girolamo Aleandro, Gian Pietro Carafa, futuro papa Paolo IV, Federico Fregoso, Gregorio Cortese, Marcello Cervini, Giovanni Morone, Tommaso Badia, spiccava il nome di Pietro Bembo, un amico di lunga data di Tiziano che di lui, poco dopo la consegna della berretta rossa (1539), realizzò un celebre ritratto oggi alla National Gallery of Art di Washington[78]: il letterato, da tempo ritiratosi nella sua dimora a Padova per coltivare gli studi letterari, vi appare effigiato con la berretta e la mozzetta dell'abito cardinalizio e in una posa teatrale, con lo sguardo penetrante diretto alla sinistra dell'osservatore e con la mano destra invece retoricamente rivolta a destra, come se volesse illustrare una complicata teoria a un ideale interlocutore. Ma nonostante i tentativi di ridare credibilità alle screditate istituzioni ecclesiastiche, le velleitarie commissioni, le prestigiose nomine cardinalizie, decisioni coraggiose che però non riuscirono a impedire la pubblicazione di caustici libelli protestanti in cui il pontefice veniva trasfigurato nell'Anticristo apocalittico e la Chiesa di Roma nella meretrice di Babilonia[79], la Riforma si propagava in Italia con una pervasività inarrestabile, raggiungendo senza distinzioni persone di ogni ceto sociale.

Il passaggio più agevole per le dottrine luterane era costituito proprio dalla Venezia di Tiziano, definita non a caso la «porta» della Riforma, un secolare crocevia di uomini e di idee in cui la circolazione di libri era facilitata da un mercato floridissimo sin dallo scadere del secolo precedente[80]. Nella città lagunare già alla fine degli anni Trenta il «compare» del pittore, Pietro Aretino, affascinato dalle infiammate prediche del cappuccino senese Bernardino Ochino e dalla traduzione in volgare della *Bibbia* ad opera del fiorentino Antonio Brucioli, due personaggi ciascuno a diverso titolo coinvolti nel mondo eterodosso, non esitava ad affermare di essere stanco di ascoltare «il gracchiar dei frati» e al contempo di saper «meglio credere a Cristo che essi non san parlarne»[81]. Nella miriade di calli labirintiche della Serenissima, dove transitavano ogni giorno frotte di mercanti d'oltralpe diretti al fondaco dei Tedeschi, ma anche vari nemici interni ed esterni della città come ebrei o turchi, sin dagli anni Venti si potevano commerciare traduzioni italiane non autorizzate di opere di Lutero o di Filippo Melantone, il che non avrebbe tardato a suscitare nel nunzio apostolico Girolamo Aleandro una comprensibile preoccupazione[82]. Un timore, peraltro, accentuato nelle più alte sfere della gerarchia ecclesiastica dall'ambigua posizione assunta da Venezia: gelosa della sua secolare indipendenza politica e religiosa e decisa a difendere le sue prerogative giurisdizionali, la repubblica marciana non si schierò in prima linea nel contrastare la pericolosa diffusione della Riforma nei suoi territori, e in particolare nella limitrofa Padova con la sua università frequentata da tedeschi e fiamminghi, ma attese fino a quando l'infezione ereticale aveva ormai contagiato in modo irreversibile tutta la società, tanto il patriziato quanto gli umili artigiani. Per dare l'idea di quanto fosse infetta la piaga protestante nella Venezia di metà Cinquecento, basti ricordare che nei famosi costituti del 1551 del prete marchigiano Pietro Manelfi, un fitto e impressionante elenco di «anabattisti et lutherani», figurava forse anche il nome di Bernardo Navagero, membro del Consiglio dei Dieci, futuro ambasciatore a Roma nonché cardinale dal 1561, carica con cui avrebbe presieduto l'ultima sessione del concilio di Trento[83]. Vista la situazione ormai fuori controllo, a tal punto che nel 1545 l'eterodosso Pier Paolo Vergerio si permetteva di scrivere al neoeletto doge Francesco Donà, uomo di acclarate posizioni anticuriali, che in nome «dell'honor et della gloria di Giesù Christo» egli doveva sconfiggere «li vitii et gli abusi et le superstitioni»[84], bisognava correre rapidamente ai ripari. E proprio a tal fine servirono, nella scia della nascita del tribunale del Sant'Ufficio nel 1542, il decreto del Consiglio dei Dieci del 1543 che proibiva la stampa e la vendita di libri in odore di eresia, la creazione nel 1547 della magistratura dei Tre savi all'eresia, un organo indipendente che doveva sia affiancare sia controllare nelle sue decisioni il tribunale ecclesiastico romano, i roghi di libri consumati nella zona di Rialto negli anni Quaranta e la pubblicazione nel 1549 del primo *Indice dei libri proibiti* ad opera del nunzio Giovanni Della Casa[85]. Sotto la scure di quest'ultimo provvedimento, non prima di una «condanna ufficiosa» – come ha osservato Massimo Firpo – avvenuta da parte del Tridentino nel 1546, sarebbe finito naturalmente anche il bestseller tra i libri eterodossi del secolo, il *Beneficio di Christo*, un trattatello rielaborato da Marcantonio Flaminio a Viterbo nel 1542 che nei primi sei anni di vita vendette 40.000 copie nella sola Venezia[86]. Le prime avvisaglie di una temibile diffusione delle idee riformate in laguna si ebbero nel dogado del Gritti, durante il quale patrizi come Gasparo Contarini tentarono con ogni mezzo di promuovere il dialogo con i protestanti anche sulla spinosa questione dottrinale della giustificazione per sola fede[87].

All'infiltrarsi dell'eresia nella società veneziana non fu certamente impermeabile il circolo culturale e artistico di cui faceva parte Tiziano. Se inflessioni di dubbia ortodossia sono rintracciabili negli scritti religiosi composti da Aretino negli anni Trenta, come dimostrano la *Passione di Giesù* (1534), i *Sette salmi de la penitentia di David* (1534) e i *Tre libri de la humanità di Christo* (1535), tutti messi poi all'indice[88], nello stesso periodo mostrarono simili orientamenti religiosi sia il Sansovino, con i suoi edifici ecclesiastici di un ascetismo e di un rigore assai più nordici che italiani (si pensi al caso emblematico di San Francesco della Vigna)[89], sia il Serlio, il quale non si fece scrupoli a dedicare il suo *Quinto libro* (Parigi, 1547) a Margherita di Navarra, sostenendo come «i veri tempii siano gli cuori dei pietosi christiani, dentro de' quali habita per fede Giesù Christo salvator nostro», una frase che avvicina il trattatista e architetto bolognese al tema luterano della giustificazione per fede[90]. Lo stesso Tiziano, d'altronde, non fu immune in quel periodo da sentimenti religiosi complessi, al confine tra ortodossia ed eterodossia, il che lo accomuna ad altri famosi colleghi contemporanei quali Michelangelo, vivendo intensamente il suo rapporto con il sacro attraverso una serie di quadri che ne fanno – come sempre nella sua produzione – un originale e sensibile interprete degli umori della società dell'epoca. Sempre pronto a integrarsi nel contesto culturale più all'avanguardia della Venezia rinascimentale, l'artista era dotato peraltro – come l'inseparabile amico Aretino – di un infallibile istinto che gli consentiva di fiutare in anticipo il vento; forse anche per tale motivo i suoi dubbi religiosi non sconfinarono mai in una dichiarata eterodossia, ma restarono invece circoscritti nella sfera di una personalissima spiritualità trasferita poi in alcuni dipinti realizzati nei primi anni Quaranta. Per la creazione di tali opere, che precedono di poco il suo viaggio a Roma, Tiziano si avvalse delle preziose novità formali importate a Venezia da artisti toscani di passaggio in città, tra cui in particolare il fiorentino Francesco Salviati e l'aretino Vasari, aderendo in parte a quella fin troppo abusata categoria stilistica che suole per comodità definirsi «manierismo»[91]. Accolto in città dal vescovo di Ceneda e futuro patriarca di Aquileia Giovanni Grimani e da suo fratello Vettore, procuratore di San Marco, il Salviati giunse in laguna nell'estate del 1539 per decorare con Giovanni da Udine due soffitti del loro magnifico palazzo presso Santa Maria Formosa; merita ricordare che i due fratelli appartenevano a una famiglia, i Grimani appunto, strettamente legata sin dall'inizio del secolo al gusto artistico e alla cultura antichizzante di Roma[92]. Poco dopo essere giunto a Venezia, inoltre, egli ottenne la protezione dell'Aretino, il quale gli chiese di illustrare con alcune xilografie *La vita di Maria Vergine*, un testo fresco di stampa (1539)[93]. Prima di lasciare nel 1541 la Serenissima, un luogo a suo parere non adatto agli «uomini del disegno», l'artista fece in tempo a dipingere lo straordinario *Compianto sul Cristo morto* oggi alla Pinacoteca di Brera a Milano[94] (tav. 38), commissionato per la chiesa del Corpus Domini dal procuratore di San Marco Bernardo Moro. Punto di riferimento nella formazione di pittori quali Andrea Schiavone o Iacopo Tintoretto, questo dipinto presenta le principali caratteristiche del più raffinato manierismo tosco-romano, dal virtuosismo plastico buonarrotiano delle figure alla loro gestualità teatrale che discende dai prototipi di Pontormo, Rosso Fiorentino e Beccafumi, dal timbro metallico del colore delle vesti alla maniacale cura riservata al disegno, anche se non mancano concessioni al luminismo tipico della pittura di area lombardo-veneta. Quanto al Vasari, che durante il soggiorno in laguna tra la fine del 1541 e l'inizio del 1542 aveva con sé le copie di due importanti opere michelangiolesche, la *Leda e il cigno* e *Ve-*

nere e Cupido, egli fu convocato dal compatriota Aretino per allestire le scene della sua commedia *La Talanta*[95], ma ebbe anche modo di lasciare in città alcuni suoi quadri: nel 1542, infatti, dipinse alcuni pannelli allegorici, tra cui spiccano la *Giustizia* e la *Pazienza* oggi all'Accademia di Venezia, per un soffitto del palazzo sul Canal Grande dei Corner[96], un'altra famiglia legata a doppio filo – al pari dei Grimani – al contesto romano, e fu inoltre scelto per decorare il soffitto della chiesa di Santo Spirito in Isola, poi realizzato da Tiziano. È forse superfluo sottolineare quanta influenza esercitarono sul Vecellio, ma non solamente su di lui, i dipinti eseguiti a Venezia dai due pittori toscani, le cui novità estetiche, insieme con la diffusione delle incisioni di Parmigianino, suscitarono un vivace dibattito nel ricettivo microcosmo artistico locale.

Una vivida eco delle soluzioni manieristiche di matrice centro-italiana dovute al rapido passaggio in laguna di Salviati e di Vasari è ravvisabile nel *San Giovanni Battista*[97] (tav. 39), un'opera databile verso il 1540 proveniente dalla chiesa di Santa Maria Maggiore e attualmente conservata all'Accademia di Venezia. Firmato TICIANVS sulla pietra su cui il protagonista poggia il piede sinistro, una roccia sagomata simbolica della pietra angolare Cristo su cui è fondata la Chiesa, cui il pittore rende in questo modo un nascosto omaggio, il dipinto fu molto lodato dal Dolce, secondo il quale «non fu mai veduta cosa più bella né migliore, né di disegno né di colorito»[98]. Il suo calibrato compromesso tra la maniera lombardo-veneta del realistico paesaggio sullo sfondo (in cui si noti la magistrale resa della cascatella nel fiume Giordano) e quella michelangiolesca della possente volumetria del Battista, che riprende in parte anche la posa dell'*Apollo del Belvedere*, giustifica in pieno il celebre giudizio di Paolo Pino nel *Dialogo della pittura* (Venezia, 1548): «Se Tiziano e Michiel Angelo fussero un corpo solo, over al disegno di Michiel Angelo aggiontovi il colore di Tiziano, se gli potrebbe dir lo dio della pittura, sì come parimenti sono anco dèi propri»[99]. Vestito con umili pelli di animali e caratterizzato da un volto in cui spiccano i due profondi e intensi occhi che trattengono a stento le lacrime, il maggiore dei precursori di Cristo tiene con la sinistra una semplice croce composta da due rami intrecciati e con la destra indica fuori dalla scena, annunciando l'avvento del Redentore e al contempo – dato che il quadro era situato nella cappella a destra dell'altar maggiore – rivolgendo una sorta di segnale al polo liturgico dell'edificio che ospitava l'opera[100]. Riallacciandosi in parte alla figura penitenziale della Maddalena, forse più a quella perduta per Vittoria Colonna che a quella per il duca di Urbino (tav. 34), il Battista dipinto da Tiziano incarna il prototipo del barbuto eremita, dell'asceta ritiratosi nella natura selvaggia e inospitale per vivere tra digiuni e astinenze, dell'appassionato predicatore. In esso si rispecchia la descrizione quasi identica contenuta nell'*Humanità di Christo* dell'Aretino:

> Ecco Giovanbattista là sopra un sasso con la chioma inculta, con la barba orrida, e con la faccia simile a quella de la penitenza. Egli si ha ricoperto il dosso de la spoglia de lo animale, la cui mansuetudine non è diversa da quella del cuor suo. Ha le braccia ignude, ha le gambe svestite, ha i piedi scalzi, e cinto di vitalba si ciba d'erbe, bee l'acque, dorme su i tronchi, e con le esclamationi che gli escono del profondo de la anima crolla i boschi, scuote gli scogli, e sbigottisce Eco, che gli risponde tremante[101].

Commissionata da austere monache osservanti, l'opera è del tutto in linea con la coeva predicazione veneziana in chiave cristocentrica di Ochino[102]: essa infatti, forse più che alle virtù del Battista, sembra voler alludere a quelle di Gesù, la cui presenza è evocata dalla croce del suo martirio, dall'agnello sacrificale nell'angolo in basso a sinistra, dalla pietra con la firma in ombra del pittore. Il dipinto, insomma, riflette almeno in parte gli accesi dibattiti religiosi sul ruolo salvifico di Cristo, sul valore della grazia e delle opere che scuotevano l'Italia, dibattiti ai quali un personaggio della statura artistica e culturale del livello di Tiziano non poteva certamente restare indifferente. Altre opere realizzate dal pittore in questo periodo, d'altra parte, sono incentrate su questi temi con una certa insistenza, trasformandosi in efficaci specchi ideologici di alcune tra le posizioni in materia di fede più all'avanguardia nella società veneziana dell'epoca. Tra queste, ancora in debito con il colto manierismo tosco-romano, un posto particolare è occupato dall'*Incoronazione di spine* del Louvre e dall'*Ecce homo* al Kunsthistorisches Museum di Vienna, due dipinti che riecheggiano le coeve pagine aretiniane dedicate alla religione, inducendo l'osservatore a ritenere che la magnifica coppia costituita dal nuovo Apelle e dalla penna più mordace del secolo parlassero con una sola voce e con un solo spirito.

L'*Incoronazione di spine*[103] (tav. 40) fu eseguita tra il 1540 e il 1543 per la cappella della Santa Corona in Santa Maria delle Grazie a Milano, un'aula le cui pareti furono affrescate all'incirca negli stessi anni da Gaudenzio Ferrari con *Storie della passione di Cristo*. Oltre al suo valore intrinseco, quest'opera testimonia che il nuovo rapporto instaurato da Tiziano con la città lombarda doveva essere in questo periodo piuttosto assiduo, tanto che proprio qui, nell'agosto del 1541, il pittore ricevette da Carlo V un'altra pensione annua di 100 ducati e consegnò direttamente al suo committente, da lui già effigiato a Bologna nel 1533, l'*Allocuzione di Alfonso d'Avalos*[104]. Custodito al Prado, il quadro fu commissionato nel 1539 da

Alfonso d'Avalos, cugino acquisito di Vittoria Colonna, marchese del Vasto e di Pescara, comandante delle truppe imperiali in Italia e governatore di Milano, che vi figura in piedi su un podio nell'atto di arringare le sue truppe e con al fianco il piccolo figlio Francesco Ferrante, rappresentato con l'elmo paterno in mano mentre guarda verso l'osservatore. Opera di notevole effetto teatrale e anch'essa di dichiarata ascendenza manieristica, dovette servire al Vecellio per ingraziarsi il potente generale, che nelle intenzioni dello scaltro cadorino doveva servire come una sorta di grimaldello, specie in considerazione della carica ricoperta dal d'Avalos sin dal 1538 a Milano, al fine di ottenere per il figlio Pomponio, all'epoca quindicenne e a detta dello stesso padre non «molto inclinato ad esser huomo di chiesa», il canonicato di Santa Maria della Scala, un beneficio ecclesiastico vacante che comportava l'obbligo di residenza[105].

Ma tornando all'*Incoronazione di spine*, tema piuttosto insolito per una pala d'altare, vale la pena di sottolineare che essa venne richiesta per una confraternita che faceva del culto della corona di spine (di cui possedeva una preziosa reliquia) una sorta di missione, come dimostra da parte della stessa istituzione, un ventennio prima della pala tizianesca, la commissione al lombardo Bernardino Luini di un affresco con identico soggetto per il loro oratorio[106]. Siderale è la distanza tra queste due opere, in parte affini nella concitata gestualità dei truci manigoldi impegnati a intrecciare la corona, soprattutto se si considera la tensione dinamica e l'uso sapiente dei contrasti luministici da parte di Tiziano. Nel dipinto il drammatico episodio evangelico (*Mt* XXVII, 29; *Mc* XV, 17; *Gv* XIX, 2) è reso ancor più realistico grazie all'ambientazione cupa della scena, dominata in alto a destra dal busto di Tiberio (in realtà più somigliante a Nerone), sotto cui sfila l'iscrizione solo parzialmente in ombra TIBERIVS CAESAR, e illuminata sia dalla nerboruta figura di Cristo, ancora una volta in debito verso il *Laocoonte*[107], sia dai bagliori metallici della cotta in primo piano e degli abiti rigonfi dei personaggi. Con questo quadro Tiziano sembra voler scuotere in profondità la coscienza dell'osservatore, adottando un linguaggio sferzante simile a quello usato dall'Aretino nella *Passione di Giesù*:

> Chi non immolò mai gli occhi, chi non piegò mai il core, chi è impaziente, chi è superbo, chi è iniquo, chi è ingrato, chi è inesorabile, chi non ha fede, chi tenne sempre un stile, e chi non pensa a la morte, oda quello che de la sua passione mi detta colui che sceso di cielo in terra, diventato di Dio huomo, e morendo per darci vita, dimostrò a la natura humana con quali tempre amasse il suo legnaggio. Et se non piange et se non si intenerisce et se non impara a sofferire et se non si humilia et se non si fa giusto et se non torna benigno, et se non crede et se non muta vezzo et con farsi riconoscitor dei benefici non pensa al fine, o che è di pietra o che è nato negli abissi. Hor volgasi a me chi è di carne e, posta giuso ogni altra cura, ascolti le mie parole, le quali in virtù di Christo vi esprimeranno la millessima parte del dolore che egli sofferse[108].

Sembra davvero di leggere, peraltro in uno stile altrettanto retorico e manieristico, quanto il pennello tizianesco ha reso immortale nel quadro del Louvre. Che il pittore tenesse molto al parere del «compare» e che guardasse con particolare attenzione alle sue opere letterarie è d'altra parte testimoniato da una lettera dell'Aretino inviata nel 1537 al miniaturista Iacopo del Giallo: «Io non son cieco ne la pittura, anzi molte volte e Rafaello e fra Bastiano [del Piombo] e Tiziano si sono attenuti al giudizio mio, perché io conosco parte de gli andari antichi e moderni»[109]. Quanto al risultato finale ottenuto dalla pala milanese, è indubbio che l'artista dovette restarne molto soddisfatto, come suggerisce l'orgogliosa firma TITIANVS F apposta sul gradino su cui Gesù poggia il piede sinistro, uno stratagemma iconografico volto a segnalare in modo sottile il nome dell'autore. Al pari dell'*Allocuzione di Alfonso d'Avalos*, il quadro dovette suscitare nel clima non proprio aggiornato della pittura milanese dell'epoca un vero e proprio corto circuito, imponendo all'attenzione di critica e pubblico il nome del maestro veneto.

Di poco posteriore all'*Incoronazione di spine* è l'*Ecce homo*[110] (tav. 41), firmato TITIANVS EQVES CAES[AREVS] F e datato 1543 sul cartiglio semiarrotolato sulla scala, un dipinto che con la pala parigina, ma in parte anche con il *San Giovanni Battista*, condivide il forte pathos e lo stretto rapporto con la produzione letteraria a tema religioso di Aretino. Il Vasari ricorda che l'opera venne eseguita per il palazzo a San Benedetto sul Canal Grande della famiglia del mercante fiammingo Jan Van Haanen (italianizzato in Giovanni d'Anna), un edificio che mostrava sulla facciata d'acqua alcuni spettacolari affreschi del Pordenone e dove il dipinto fu ammirato nel 1574 dal re di Francia Enrico III in visita a Venezia[111]. Oltre agli aspetti formali, che riprendono spunti – dai colori luminosi all'impostazione prospettico-spaziale, dalla divisione in due zone della scena all'artificio della scala – dalla *Presentazione della Vergine al tempio* (tavv. 32-33), il quadro assume un particolare significato storico e simbolico per la sua plateale trasposizione nella realtà contemporanea del celebre episodio evangelico (*Gv* XIX, 5). È stato dimostrato, infatti, che in molti dei personaggi rappresentati dal pittore si celano alcuni ritratti della Venezia dell'epoca, uomini e donne che dovettero rivestire un'importanza decisiva nella vita di Tiziano e che recitano nella composizione un ruolo ben preciso. Già il Ridolfi riconosceva nel Ponzio Pilato in atto di mostrare Cristo le fattezze dell'Aretino[112], il che è agevolmente verificabile soprattutto se lo si confronta con il ritratto tizianesco dell'amico, databile al 1548, alla Frick Collection di New York[113] (tav. 42). La «responsabilità nella regia del dipinto» da parte del letterato toscano, come è stato evidenziato, costituisce un «fitto tessuto di dirette allusioni alle contemporanee vicende europee che annoda indissolubilmente i fili della politica e della religione»[114], all'interno di un'opera tra le più dense e complesse della carriera di Tiziano. Straordinario spaccato della vita veneziana dell'epoca, il dipinto va analizzato un brano alla volta, partendo dalla zona di sinistra con i due principali protagonisti, Cristo e Pilato, per poi muoversi verso destra e tentare alla fine di tirare le somme del suo significato complessivo. Anzitutto bisogna precisare che la figura di Pilato, alias Pietro Aretino, non ha qui un significato negativo, legato cioè alla consolidata tradizione che ne ha da sempre fatto un esempio di indifferenza, di ignavia o tutt'al più di scarso coraggio, ossia di colui che si lavò letteralmente le mani del destino di Gesù. Il Pilato di Tiziano, e non poteva essere diversamente avendogli l'artista assegnato i tratti somatici del «compare», è al contrario un personaggio che «assume una veste problematicamente positiva, profilando il ritratto di un individuo di certo non cattivo, tormentato dal dubbio e dall'insicurezza, portato ad errare per paura piuttosto che per insita malvagità»[115]. Il suo profilo psicologico, reso con la consueta capacità introspettiva dal pennello tizianesco, coincide perfettamente con quello tracciato dall'Aretino nella più volte citata *Humanità di Christo*, un testo che nella sola Venezia, oltre alla prima stampa del 1535 dovuta a Giovanni Antonio Nicolini da Sabbio, ebbe due ristampe ravvicinate, nel 1538 e nel 1539, presso il forlivese Francesco Marcolini e una sontuosa edizione nel 1551 da parte dei figli di Aldo Manuzio[116]. Stando alla versione aretiniana, il prefetto romano della Giudea, il quale «simigliava Antonino Pio più ne lo animo che nel volto», sarebbe stato indotto a decretare la crocifissione di Cristo più dalla ferocia e dall'accanimento della folla ebraica raccoltasi davanti al palazzo del Pretorio che da una sua convinta scelta personale, come dimostrano le parole da lui stesso pronunciate:

> A che più affliggerlo, se non ci si trova cagione? Non udite voi che la terra e il cielo esclama del torto che gli fa la vostra nequitia? Deh rimettetegli ogni ingiuria, et acquetate gli animi mossi per debil cagione. [...] Toglietelo e crocifiggetelo voi, che io per me non debbo consentire a la morte di chi non erra[117].

La colpa della morte di Cristo, secondo Aretino e di riflesso secondo Tiziano, non è da attribuire a Pilato, ma al gran sacerdote Caifa, la massima autorità religiosa del popolo giudaico, a cui viene infatti riservato nella scena un ampio spazio in primo piano sulla destra. Vestito con un abito da cerimonia in raso rosso e con una mozzetta di ermellino sulle spalle, caratterizzato fisicamente da una corpulenza tesa a evidenziarne – secondo una lettura in chiave antiebraica dell'episodio – la vita viziosa e sregolata, per mezzo di un'iconografia già molto diffusa in area nordica (si pensi ad esempio alle xilografie di Dürer), Caifa incarna l'arroganza e l'indifferenza di chi ha impietosamente sentenziato il martirio del Redentore. A questa figura, deformata nel corpo poiché deformata nell'anima, sembra idealmente rispondere dall'altro lato della composizione, nell'angolo in basso a sinistra, quella del giovane con la bocca spalancata e il volto cristallizzato in un'orrenda smorfia, raffigurato in compagnia di un cane, teso a simboleggiare la ferinità degli ebrei: ancora una volta ispirata all'*Humanità di Christo*, essa rappresenta Giuda, al cui gesto estremo di impiccarsi, dovuto al rimorso per il tradimento nei confronti del maestro, allude il cappio della corda sotto le gambe[118].

Al fianco di Caifa, in ombra e di profilo, volutamente distante per la sua austerità dalla vacua ricchezza del gran sacerdote, si nota un personaggio con una lunga barba, vestito con una tonaca da frate con cappuccio, appoggiato a un bastone da viandante. Si tratta forse del grande predicatore Bernardino Ochino, generale dell'ordine cappuccino dal 1538 al 1542, quando fu costretto a lasciare precipitosamente l'Italia per sfuggire alla convocazione a Roma da parte del neonato tribunale del Sant'Ufficio[119]. La sua presenza nella scena si giustifica per la sincera ammirazione di cui il frate, predicatore di punta nella Venezia degli anni tra il 1539 e il 1542 dal pulpito della chiesa dei Santi Apostoli, godette presso Aretino, ma più in generale presso il contesto che faceva riferimento a Tiziano, non ultimo Pietro Bembo: proprio il letterato, alla vigilia della sua nomina cardinalizia nel 1539, in alcune lettere a Vittoria Colonna confessava apertamente di «non avere mai udito predicar più utilmente, né più santamente di lui», sostenendo inoltre come il religioso senese fosse «oggimai adorato in questa città» e che «né ci è uomo né donna che non l'alzi con le laudi fino al cielo»[120]. La diffusione delle sue opere a Venezia fu capillare, come dimostra la pubblicazione tra il 1539 e il 1542 presso editori del calibro di Niccolò Zoppino o di Francesco Bindoni e Matteo Pasini dei *Dialogi quattro*, dei *Dialogi sette*, delle *Prediche predicate* e delle *Prediche nove*[121]. Insomma, Ochino nella città lagunare doveva sentirsi davvero a casa. Lo dimostra il fatto che l'ex cappuccino, dopo essersi rifugiato a Ginevra, non nascose le speranze che Venezia potesse passare al campo protestante, come scrisse in una lettera del 7 dicembre 1542: «Già Christo ha incominciato a penetrare in Italia, ma vorrei che v'intrasse glorioso, a la scoperta, e credo che Venetia sarà la porta»[122]. Nel dipinto di Tiziano, datato 1543 e perciò a fuga di Ochino ormai compiuta, l'ex frate viene rappresentato con il bastone da pellegrino, a sottolineare la sua scelta di abbandonare l'Italia per riparare in lidi più ricettivi dal punto di vista dottrinale; egli, il solo insieme con il Pilato-Aretino a saper cogliere appieno l'intensa drammaticità della scena con il Cristo di dolori protagonista, cerca inutilmente di instaurare un dialogo con l'ottuso Caifa che gli sta accanto, un personaggio in cui non è escluso possa celarsi un riferimento alle più alte gerarchie ecclesiastiche, prive della capacità di saper ascoltare l'autentica parola di Dio.

In asse con il gran sacerdote ebraico, raffigurato a cavallo e con un grosso turbante bianco, si riconosce il profilo inconfondibile del sultano ottomano Solimano il Magnifico, al quale un altro personaggio a cavallo e in armatura, evidentemente un soldato cristiano, indica la scena con Gesù che esce dal palazzo del Pretorio. Se il primo, per ovvie ragioni, non può cogliere il significato più profondo dell'episodio biblico, e pare anzi mostrare una certa sorpresa con lo scatto all'indietro della testa, il secondo assume invece il ruolo di novello crociato e paladino della fede, indicando in modo retorico il centro simbolico della scena: tale personaggio è presumibilmente da identificare con Alfonso d'Avalos, il potente generale di Carlo V in Italia che nel 1539 aveva tentato di coinvolgere Venezia in una lega con la Francia e con l'Impero per dar vita a una crociata antiturca. Se nell'economia del quadro il ruolo svolto da Ochino è quello di massimo interprete della sensibilità religiosa in chiave cristocentrica tipica del contesto in cui l'opera aveva visto la luce, quello del d'Avalos è di integerrimo *miles christianus* il cui compito è difendere i confini della cristianità dalla minaccia turca, qui incarnata dal suo principale rappresentante, Solimano. Egli inoltre, del quale sono documentati i rapporti con Aretino (che gli aveva dedicato la *Vita di Caterina vergine* e la *Vita di san Tommaso*), con Tiziano (al quale commissionò più di un'opera) e con Ochino (con cui ebbe uno scambio epistolare), allude alle posizioni politiche filo-asburgiche del committente Giovanni d'Anna, richiamate anche dall'aquila bicipite nera sullo scudo su cui è poggiato il soldato romano in basso a sinistra[123].

Restano da svelare le identità delle due fanciulle quasi al centro della composizione, le uniche presenze femminili nel quadro. Nella giovane vestita di bianco è riconoscibile la figlia del pittore Lavinia, all'epoca tredicenne (era infatti nata, come si ricorderà, nel 1530, causando la morte della madre per parto), come dimostra il confronto con il più tardo ritratto in abito nuziale a Dresda (tav. 26), mentre la bambina stretta tra le sue braccia è forse Adria, la figlia dell'Aretino avuta nel 1537 da Caterina Sandella[124]. Aretino e la «figlioletta amantissima» Adria, cui fecero da padrini Sebastiano del Piombo e l'editore Francesco Marcolini[125], Lavinia Vecellio, orgoglio del padre pittore, il predicatore Bernardino Ochino, seminascosto poiché alla data del dipinto ormai eretico conclamato, il turco Solimano il Magnifico, il comandante imperiale Alfonso d'Avalos: questi personaggi costituiscono frammenti di un antico specchio in frantumi offuscato dal tempo, tessere di un mosaico che ha perso la sua luminosità originaria, granelli di sabbia di una clessidra rovesciata. Spetta a noi tentare di incollare i vetri, di ricomporre la figura, di arrestare l'inesorabile scorrere delle ore, anche se, come recita senza speranza *L'orologio* di Charles Baudelaire, «il tempo è giocatore avido: guadagna senza barare, ad ogni colpo!»[126]. Tiziano ha consegnato all'eternità un capolavoro denso di significati simbolici, di vincoli affettivi, di squarci di storie legate strettamente tra loro, riuscendo a condensare in una irripetibile immagine un complesso microcosmo culturale, politico, sociale, religioso.

Al drammatico cristocentrismo che caratterizza sia l'*Incoronazione di spine* sia l'*Ecce homo*, frutto di un sentimento religioso che all'incirca nello stesso periodo avrebbe dato vita ai celebri disegni di Michelangelo per Vittoria Colonna, due personaggi non immuni – come è noto – dall'influenza del *Beneficio di Christo* e dalla sua dottrina incentrata sulla giustificazione per fede[127], si alternarono nei primi anni Quaranta altre rilevanti tematiche sacre, come dimostrano forse meglio di altre opere il soffitto per Santo Spirito in Isola e il *San Giovanni elemosinario*. Il ciclo di dipinti per la chiesa agostiniana di Santo Spirito in Isola, edificio il cui completamento venne affidato a Iacopo Sansovino negli anni a cavallo tra quarto e quinto decennio[128], fu in un primo momento affidato al Vasari, che nel 1541 fornì tre disegni preparatori, ma che non realizzò nulla a causa della partenza da Venezia. Il lavoro passò quindi nel 1542 a Tiziano, che lo portò a termine presumibilmente entro il 1544 e che, proprio secondo le parole dello storiografo e pittore aretino, consegnò alla fine dei quadri «bellissimi, per avere atteso con molt'arte a fare scortare [scorciare] le figure al di sotto in su»[129]. Derivate per le plastiche torsioni, gli scorci dinamici e i violenti contrasti tra luci e ombre da prototipi del Correggio, di Giulio Romano e del Pordenone, le opere tizianesche, tre scene di formato quasi quadrato a soggetto veterotestamentario (*Caino uccide Abele*, *Sacrificio di Isacco* e *Davide e Golia*) e otto tondi con gli *Evangelisti* e i *Dottori della Chiesa*[130], al pari della pala con *San Marco in trono tra i santi Cosma, Damiano, Rocco e Sebastiano* (tav. 8) si trovano oggi nella sagrestia della basilica della Salute. I temi su cui erano incentrate le immagini, culminanti nella *Pentecoste*, anch'essa affidata al Vecellio[131], e tra cui si inserivano altri episodi derivati dall'*Antico Testamento* dipinti da Giuseppe Porta detto il Salviati, erano il sacrificio di Cristo e l'eucarestia, due spinose questioni dottrinali che dividevano all'epoca cattolici e protestanti. Condotti ancora una volta con un approccio formale manieristico in cui, in modo analogo alla poco più tarda decorazione della Scuola grande di San Giovanni evangelista, dominano le figure scorciate, riprese con una prospettiva dal basso verso l'alto (il «sotto in su» di cui parla il Vasari), nonché i violenti contrasti luministici, più accentuati del solito a causa della collocazione sul soffitto dei teleri, i tre dipinti principali con scene riprese fedelmente dal *Genesi* (IV, XXII) e dal primo libro dei Re (XVII) divennero ben presto un modello molto seguito in area veneziana, come dimostra il ciclo dipinto alla metà del secolo da Iacopo Tintoretto per la Scuola della Trinità[132]. Ma anche in queste opere, ben più che le questioni stilistiche, quello che appare davvero interessante sottolineare è l'inserimento di Tiziano, per mezzo delle sue creazioni, nel denso dibattito religioso in corso. I tre teleri maggiori, *Caino uccide Abele*, il *Sacrificio di Isacco* e *Davide e Golia*, rappresentano una «trilogia dell'omicidio: l'omicidio condannato da Dio, l'omicidio impedito da Dio e l'omicidio approvato da Dio», anche se essi rivestono un significato cristologico preciso, dal momento che i tre protagonisti positivi delle scene, Abele, Isacco e Davide, ciascuno caratterizzato da virtù quali l'umiltà o la pazienza, sono prefigurazioni di Cristo[133]. I tre episodi biblici alludono a questioni di natura dottrinale decisamente scottanti in quegli anni, a temi cruciali di memoria paolina e agostiniana poi fatti propri da Lutero e dai suoi seguaci: essi spaziano infatti dal libero arbitrio del *Caino uccide Abele* alla giustificazione per fede e alla grazia del *Sacrificio di Isacco* e del *Davide e Golia*, il tutto con ogni probabilità frutto di una meditata programmazione iconografica da parte del predicatore eremitano Agostino Museo[134]. Protetto dal doge Andrea Gritti e da Giovanni Grimani, il patriarca di Aquileia più volte bersaglio nella sua vita dei sospetti del Sant'Ufficio[135], Museo era stato accusato apertamente di eresia nel 1537 dal cappuccino Giovanni da Fano per la sua predicazione quaresimale a Siena, ma era stato poi prosciolto nel 1538 ed era infine approdato nel 1542 proprio al convento lagunare di Santo Spirito in Isola per ricoprire l'incarico di maestro di sacre lettere e filosofia[136]. Non sappiamo con quale consapevolezza e partecipazione Tiziano aderisse ai temi commissionati dai canonici regolari veneziani dietro sollecitazione del Museo, ma fatto sta che fu proprio lui e non un altro artista a utilizzare il pennello per la messa in scena di quelle iconografie, il che accadde all'incirca nello stesso periodo anche per l'*Incoronazione di spine* e l'*Ecce homo*, nemmeno essi del tutto immuni – come abbiamo visto – da sottili influenze eterodosse. Pittore e intellettuale, circondato da personaggi del livello culturale di Bembo o di Aretino, il Vecellio era entrato di nuovo da protagonista nelle più urgenti questioni della sua epoca, questioni alle quali per impegno e per statura morale egli non si sottrasse mai nell'arco della sua esistenza. Il che è dimostrato anche dal devozionale *San Giovanni elemosinario* sull'altar maggiore dell'omonima chiesa veneziana presso Rialto[137] (tav. 43), un edificio dipendente dal doge e in cui lo storico rivale di Tiziano, il Pordenone, aveva affrescato intorno alla metà degli anni Trenta la cupola e dipinto una pala con i *Santi Sebastiano, Rocco e Caterina d'Alessandria*[138].

Databile allo scadere degli anni Quaranta, quando nella città lagunare dilagava la carestia, l'opera si inserisce nel dibattito veneziano sull'assistenza pubblica ai poveri, anche se in maniera assai differente rispetto, per citare un altro celebre esempio dell'epoca, alla pala con l'*Elemosina di sant'Antonino* dipinta nel 1542 da Lorenzo Lotto per la chiesa domenicana dei Santi Giovanni e Paolo[139]. Se nel dipinto lottesco, infatti, l'elemosina è mediata e si realizza attraverso una calibrata scala gerarchica che dal santo vescovo in alto sul trono, sospinto anche dai suggerimenti degli angeli, passa per i due chierici per poi giungere a destinazione alla piccola folla questuante in basso, secondo una pratica «burocratica e discriminatoria ratificata in quegli anni dalle leggi veneziane e affidata alla gestione delle parrocchie»[140], in quello di Tiziano non esiste alcuna barriera tra il barbuto patriarca di Alessandria e il mendicante accovacciato sulla scala che riceve la carità. Proprio la carità costituisce il nodo simbolico del quadro, una carità individuale, diretta, priva di steccati tra un ceto sociale e un altro: si tratta della carità cristiana per eccellenza, alla quale sia il Vecellio sia il suo committente, il doge Francesco Donà allora in carica, che al santo elemosiniere prestò i suoi tratti fisionomici, dovettero guardare con un'attenzione particolare in quei difficili anni non scevri da aspre polemiche su come, quando e a chi fare l'elemosina. Il dipinto nacque nella scia della capillare iniziativa contro la mendicità lanciata dai provveditori alla Sanità nel 1545 e dell'approvazione al concilio di Trento, avvenuta il 13 gennaio del 1547, del decreto sulla giustificazione, teso a ribadire il valore meritorio delle opere, messo invece in discussione dai protestanti[141]: il riflesso di questo atto conciliare, che ebbe in seguito un notevole peso sulla produzione figurativa, si coglie anche nella pala tizianesca, che si incarica di ribadire l'importanza delle opere attraverso il pilastro della religione cristiana, la carità.

Dopo la crisi manieristica e dopo i dubbi in materia di fede che avevano prodotto i non lineari orientamenti religiosi dei primi anni Quaranta, un periodo in cui erano nati capolavori pittorici memorabili, era giunto il momento di fare visita a sua santità Paolo III, di fare visita cioè a quella città dei Cesari e dei papi nella quale Tiziano aveva deciso per due volte – nonostante le sollecitazioni del Bembo e del duca di Ferrara Alfonso d'Este – di non trasferirsi. Questa volta però, ormai stabilizzatosi dal punto di vista culturale e professionale, riconosciuto da tutta Venezia come il pittore ufficiale della Serenissima e indicato dall'imperatore Carlo V in persona come il suo «primer pintor», il Vecellio poteva permettersi un viaggio a Roma senza l'ansia mista al timore di potervi o dovervi restare, magari affascinato dalle sue vestigia classiche o ammaliato dalle mirabili opere moderne di suoi celebrati colleghi quali Raffaello o Michelangelo. Il suo viaggio, peraltro di breve durata, aveva in realtà ben altro scopo che quello di un soggiorno turistico.

CON TUTTI GLI ONORI: I VIAGGI A ROMA E AD AUGUSTA

Caduto nel vuoto, il primo tentativo di Tiziano di entrare in contatto con Paolo III e con la sua famiglia, i Farnese, risale all'estate del 1539, quando l'Aretino scrisse allo scultore, orafo e medaglista Leone Leoni, all'epoca impiegato nella zecca papale, auspicando che il pittore potesse «lasciar memoria de la sua arte nei ritratti dei principi de la celeberrima stirpe Farnese»[142]. Nonostante il fallimento dell'iniziativa aretiniana, l'occasione di entrare al servizio di una delle più ricche casate italiane si sarebbe ripresentata un paio di anni più tardi, quando il nipote del pontefice, l'undicenne Ranuccio, fu inviato nel 1541 a seguire un ciclo di studi umanistici all'università di Padova. A Venezia, dove fu nominato priore commendatario di San Giovanni dei Templari, proprietà dei cavalieri di Malta, Ranuccio si concesse infatti al pennello di Tiziano, che nel 1542 lo ritrasse per volontà del nobile veneziano e vescovo di Brescia Andrea Corner, protettore del fanciullo a Padova, che voleva farne dono alla madre dell'effigiato, Girolama Orsini. Tra i massimi capolavori della ritrattistica ufficiale del Cinquecento, paragonabile per il suo malcelato senso di distacco aristocratico ai coevi ritratti dei piccoli Medici a firma del Bronzino, il *Ritratto di Ranuccio Farnese*, in cui egli figura con l'abito da cavaliere di Malta[143], dovette impressionare profondamente i parenti del giovane, creato cardinale dal nonno ad appena quindici anni nel 1545, sancendo di fatto l'accoglienza del Vecellio nelle grazie della famiglia del pontefice.

Tra la primavera e l'estate del 1543, in segno di riconoscenza per i servigi prestati, Tiziano è documentato al seguito della corte papale tra Ferrara, Bologna e Busseto, nei pressi di Parma, per presenziare all'incontro tra Paolo III e Carlo V[144]. In quest'occasione, oltre ad accogliere la richiesta dell'imperatore di eseguire un ritratto della moglie Isabella di Portogallo, morta nel 1539, il pittore realizzò un ritratto del papa, oggi al Museo di Capodimonte a Napoli, in cui l'effigiato vi appare stanco per i suoi settantacinque anni, ma ancora pervaso da un'indomabile energia, come dimostrano sia lo sguardo astuto sia le mani nervose poggiate sul bracciolo della sedia e sulla borsa per le monete alla cintura[145] (tav. 44). Esemplato sul celebre *Ritratto di Giulio II* (1511-1512) di Raffaello alla National Gallery di Londra, il quadro dovette rappresentare la definitiva consacrazione del pittore agli occhi dei Farnese e in particolare del pontefice, che tentò sin da quel breve soggiorno emiliano di far trasferire il Vecellio a Roma in qualità di pittore di corte e gli promise in uno slancio di entusiasmo di cedergli l'ufficio di piombatore delle bolle papali, carica curiale da tempo ricoperta da Sebastiano del Piombo[146]. Ma a Tiziano, come era già successo in passato, non interessava affatto abbandonare la rassicurante Venezia per recarsi in un luogo dal futuro nebuloso e con ogni probabilità dal clima non proprio amichevole; egli invece, che ormai da qualche anno non faceva che macerarsi per le incerte sorti dello scapestrato figlio Pomponio, voleva sfruttare il rapporto con i Farnese per ottenere l'ennesimo beneficio ecclesiastico, l'abbazia di San Pietro in Colle nel Cenedese, vicina a un ampio podere sul Col di Manza di sua proprietà. Al raggiungimento di tale obiettivo, però, si frapponeva un problema di non poco conto e cioè che l'abbazia apparteneva all'arcivescovo di Santa Severina e abate di Nonantola Giulio Antonio Sertorio, che non aveva alcuna intenzione di rinunciarvi. Senza per questo perdersi d'animo e con la consueta determinazione, il pittore fece allora leva sulla famiglia di Paolo III e grazie al cardinale Alessandro, nipote del papa e in futuro suo munifico committente, ottenne dal Sertorio la promessa di permutare il canonicato con un altro beneficio di pari livello e di assegnarlo al figlio, che prese gli ordini minori nel 1544, anche se divenne sacerdote solamente nel 1563. Ma la promessa rimase tale e Tiziano, a dir poco contrariato, iniziò tramite una fitta serie di lettere scritte dal temuto «procuratore» Aretino a esercitare pressioni sui Farnese, prima attraverso il segretario del cardinale Alessandro, Bernardino Maffei, e poi attraverso il nunzio pontificio a Venezia, Giovanni Della Casa, secondo il quale il pittore, pur di mettere le mani sull'abbazia, sarebbe stato disposto «a ritrar l'illustrissima casa [...] tutti fino alle gatte». Alla fine, costretto dall'impenetrabile muro di gomma che si era interposto tra la sua richiesta e coloro che dovevano esaudirla, fu obbligato suo malgrado a trasferirsi a Roma – seppur provvisoriamente – per ottenere dal papa quanto gli era stato garantito non senza una certa superficialità dal nipote[147]. Proprio per quest'ultimo, che durante un soggiorno a Pesaro era rimasto abbagliato dalla *Venere di Urbino*, Tiziano dipinse nel 1544-1545, per poi consegnargliela direttamente a Roma, la sensuale *Danae* del Museo di Capodimonte, una sorta di biglietto da visita in chiave veneziana, caratterizzato da una pennellata densa e da un caldo cromatismo, da poter esibire ai colleghi toscani e romani gravitanti attorno al «divino» Michelangelo. Che il dipinto fosse un condensato di erotismo, ben rispecchiando la mentalità non proprio penitenziale del suo committente, è testimoniato da una lettera inviata nel settembre del 1544 dal monsignor Della Casa al porporato secondo cui, in confronto al quadro per Guidubaldo Della Rovere, la *Venere di Urbino*, «quella che Vostra Signoria reverendissima vide in Pesaro nelle camere del signor duca d'Urbino è una teatina»[148], un termine quest'ultimo con cui si indicavano i membri dell'austero ordine religioso fondato da Gian Pietro Carafa. Ma al di là della commissione della *Danae* di Napoli, i rapporti tra l'artista e il cardinale dovevano essere già piuttosto solidi in quel 1544, tanto che il Vecellio poté permettersi di lamentarsi con lui, in una lettera inviatagli l'11 dicembre, del comportamento scorretto dei frati agostiniani di Santo Spirito in Isola – definiti «miei chiari et antichi debitori» – in merito ai mancati pagamenti delle sue opere[149]. La consegna della *Danae* al «gran cardinale» fornì comunque al pittore una buona scusa per recarsi a Roma e promuovere la causa del beneficio di San Pietro in Colle, il che avvenne nell'autunno del 1545 insieme con il figlio minore Orazio, al quale il «padre padrone» aveva deciso di affidare la futura gestione della avviatissima bottega, facendone un «perno insostituibile della compagine vecelliana» e assegnandogli compiti che andavano

dalla riscossione dei primi pagamenti di Filippo d'Asburgo alla registrazione del dare e avere fra Tiziano e la Magnifica comunità, dai viaggi a Milano e Genova per curare le rendite imperiali e smerciare quadri alla procura per garantire la dote della sorella Lavinia, dalla stipula di contratti d'acquisto per immobili e fondi agricoli in terraferma alla gestione del commercio in legname[150].

A settembre Tiziano fece una breve tappa a Urbino presso il duca Guidubaldo II, che gli riservò un'accoglienza degna del suo prestigio e con ogni probabilità gli presentò il collega veneziano Battista Franco, nuovo pittore della corte roveresca, impegnato all'epoca nella decorazione a fresco – in buona parte perduta – dell'abside del duomo[151]. Dopo la parentesi marchigiana, i Vecellio *senior* e *iunior* si mossero finalmente alla volta dell'Urbe, accompagnati da una scorta armata di sette cavalieri messa a disposizione da Guidubaldo per poter transitare in tutta sicurezza nelle terre pontificie[152]. A Roma l'artista e il figlio ventenne giunsero il 9 ottobre, ricevuti con tutti gli onori dai cardinali Pietro Bembo e Alessandro Farnese e da Paolo III, che procurarono loro un comodo appartamento nei palazzi vaticani, all'interno del Belvedere, limitrofo alle stanze della corte papale; per poter visitare le principali bellezze antiche e moderne della città, vennero inoltre messi a disposizione del pittore forestiero addirittura il Vasari e Sebastiano del Piombo, ai quali fu affidato il compito di rendere più piacevole il loro soggiorno[153]. Rivolgendosi durante una visita guidata in Vaticano al Luciani, incaricato da Clemente VII di restaurare alcuni affreschi di Raffaello nelle Stanze Vaticane deturpati dagli incendi appiccati un ventennio prima dai lanzichenecchi, Tiziano avrebbe chiesto stizzito, provocando forse nel collega e concittadino un certo imbarazzo, «chi era stato quel presuntuoso et ignorante che haveva imbrattati quei volti, non sapendo però che Bastiano gli havesse riformati, ma veggendo solamente la sconcia differenza che era dall'altre teste a quelle»[154].

Faticosamente liberatasi dalle scorie del devastante sacco del 1527, durante il papato farnesiano Roma fu un vivace cantiere in cui al raffinato gusto per l'antichità classica si mescolava l'apprezzamento per le eleganze manieristiche. In questi anni ripresero i lavori per la basilica di San Pietro, la cui supervisione venne affidata – dopo la morte nel 1536 del Peruzzi – ad Antonio da Sangallo il Giovane, si iniziarono gli orti farnesiani sul Palatino, si riqualificarono con splendide decorazioni pittoriche e scultoree le sale di Castel Sant'Angelo, si eseguirono interventi strutturali e decorativi in Vaticano (sala Regia, cappelle Sistina e Paolina, Belvedere), si avviarono o completarono lavori urbanistici e magnifiche residenze private, come dimostrano la sistemazione di piazza del Campidoglio e di Palazzo Farnese, e si promosse un accurato restauro di antichi edifici pagani quali il Pantheon. Ma il vero fiore all'occhiello della magniloquente campagna artistica promossa da Paolo III e dai suoi congiunti furono gli affreschi dipinti da Michelangelo in Vaticano, dal *Giudizio universale* sulla parete d'altare della Cappella Sistina (1536-1541) alla *Conversione di san Paolo* e alla *Crocifissione di san Pietro* nella Cappella Paolina (1542-1549)[155].

Abituato a confrontarsi tutt'al più con artisti del livello di un Palma il Vecchio o di un Pordenone, senza voler nulla togliere al pur notevole talento dei pittori attivi a Venezia negli anni Venti, Trenta o Quaranta, Tiziano dovette rimanere sconvolto dalla bellezza di tanti e tali capolavori disseminati nei palazzi, nelle chiese, nei resti affioranti dal Foro di una città così diversa da quella in cui era solito muoversi quasi senza rivali da ormai circa mezzo secolo. Alla visione delle Stanze Vaticane di Raffaello, della villa suburbana di Agostino Chigi meglio nota come la Farnesina, delle fastose sale dei palazzi papali si alternò, non senza provocare il medesimo senso di stupore e di ammirazione, quella delle rovine della Roma dei Cesari, una visione che spinse l'artista a confessare in una lettera spedita l'8 dicembre del 1545 all'imperatore Carlo V come stesse «imparando da questi meravigliosissimi sassi antichi»[156], il che è confermato da una lettera del Bembo all'amico veneziano Girolamo Querini secondo cui Tiziano «ha veduto oggimai tante belle cose antiche, che il fanno sopra modo maravigliare et rallegrarsi d'esserci venuto»[157]. A Venezia intanto, nell'ottobre del 1545, la insaziabile curiosità di Aretino lo avrebbe indotto a scrivere all'amico – senza però ricevere alcuna risposta – per averne le impressioni sul viaggio e per consigliarlo sulle opere e sugli artisti assolutamente da non perdere durante la sua permanenza nell'Urbe:

Mi pare ogni ora un mese il tempo de lo aspettar che ritorniate, solo per udire ciò che vi pare degli antichi nei marmi, e in quel che più e men vale il Buonaroto di loro; e in che non si gli appressa e lo supera Rafaello in dipignere. Goderommi nel ragionarmi voi de la machina del Bramante in San Pietro, e de le opere degli altri architetti e scultori. Tenete a mente il far di ciascun pittore famoso, e del nostro fra' Bastiano [del Piombo] in spezie. [...] Né vi si scordi il paragonare così fra voi stesso le figure del compar messer Iacopo [Sansovino] con le statue di coloro che seco concorrono a torto, onde ne son biasimati a ragione. Insomma, così de la corte, così dei costumi dei cortigiani venitevene informato, come de l'arte del pennello e de lo scarpello. E soprattutto attendete a le cose di Perin del Vago, perché è d'intelletto mirabile. In cotal mezzo rammentativi di non vi perdere sì nella contemplazione del Giudicio di capella[158].

Ma all'entusiasmo di Tiziano non corrispose un sentimento simile da parte dei vari colleghi attivi a Roma, gelosi della posizione conquistata negli anni e intimoriti che un così dotato concorrente, anche se per un periodo breve, potesse affacciarsi sul loro palcoscenico e insidiarne la scena. Un celeberrimo brano delle *Vite* del Vasari illustra meglio di un qualsiasi altro documento l'irrespirabile clima di ipocrisia, invidie e veleni che dovette accompagnare il soggiorno romano del pittore veneto:

Andando un giorno Michelagnolo et il Vasari a vedere Tiziano in Belvedere, videro in un quadro, che allora avea condotto, una femina ignuda, figurata per una Danae, che aveva in grembo Giove trasformato in pioggia d'oro, e molto, come si fa in presenza, gliene lodarono. Dopo, partiti che furono da lui, ragionandosi del fare di Tiziano, il Buonarruoto lo comendò assai, dicendo che molto gli piaceva il colorito suo e la maniera, ma che era un peccato che a Vinezia non s'imparasse da principio a disegnare bene e che non avessono que' pittori miglior modo nello studio. «Con ciò sia – diss'egli – che, se quest'uomo fusse punto aiutato dall'arte e dal disegno, come è dalla natura, e massimamente nel contrafare il vivo, non si potrebbe far più né meglio, avendo egli bellissimo spirito et una molto vaga e vivace maniera»[159].

A Roma, oltre a completare la *Danae* per il cardinale Alessandro Farnese, un'opera che come hanno poi rivelato le radiografie – e come ben prima aveva acutamente notato Michelangelo – fu in effetti dipinta senza disegno preliminare, e a realizzare un ritratto dello stesso prelato e un *Ecce homo* richiestogli dal papa, Tiziano si dedicò con tutte le sue energie al *Ritratto di Paolo III con i nipoti Alessandro e Otta-*

vio Farnese, custodito anch'esso al Museo di Capodimonte[160]. Quadro che incarna il trionfo del nepotismo papale, dipinto secondo il Vasari «con molta soddisfazione di que' signori»[161], il triplice ritratto presenta al centro il vecchio Paolo III, ancora saldamente attaccato al suo potere terreno, come dimostra il dettaglio della mano sinistra che stringe con vigore il bracciolo della sedia, affiancato alla sua destra da Alessandro Farnese, creato cardinale nel 1534 a soli quattordici anni e designato alla successione sulla cattedra di san Pietro, e alla sua sinistra, piegato in un deferente inchino verso il nonno, da Ottavio Farnese, al quale era invece affidata la continuità della famiglia nel ducato di Parma e Piacenza, istituito dal pontefice nel 1545 – contro la volontà di Carlo V – per il figlio Pier Luigi Farnese.

Il 19 marzo del 1546, pochi mesi prima di lasciare definitivamente la città, Tiziano ottenne per i suoi chiari meriti artistici la cittadinanza romana in Campidoglio, un titolo onorifico che pochi altri artisti forestieri nel corso del Cinquecento (tra cui Michelangelo e Pirro Ligorio) riuscirono a conquistare grazie alle proprie capacità; pochi giorni dopo, il 24 marzo, Paolo III concesse al figlio Pomponio il beneficio ecclesiastico di Sant'Andrea a Favaro Veneto, nella diocesi di Treviso, forse subodorando che per quello di San Pietro in Colle ci sarebbe stato ben poco da fare[162]. Il viaggio a Roma di Tiziano, intrapreso con molte speranze e per uno scopo preciso, quello di ottenere il canonicato nel Cenedese per Pomponio, sembrava nella primavera dello stesso anno essersi risolto in un nulla di fatto, dal momento che le pratiche per ottenere l'abbazia erano a dir poco incagliate. Il legittimo proprietario di San Pietro in Colle, infatti, aveva nel frattempo fatto sapere al cardinal Farnese che sul ricco beneficio rivendicavano diritti sia il duca di Ferrara sia il cardinale Salviati, il che gettò nell'inquietudine il pittore; ma il potente nipote del papa, avvalendosi di alcuni suoi fidati collaboratori e dell'influente presenza in laguna dell'amico Della Casa, riuscì alla fine di maggio a sbloccare la situazione e a confermare l'accordo tra Tiziano e il Sertorio, accordo che in realtà, dopo il ritorno a Venezia, il cadorino avrebbe scoperto con amara sorpresa essere stato annullato per un nuovo rifiuto da parte del Sertorio[163]. A nulla sarebbe servita l'accorata supplica scritta dall'artista al «gran cardinale» il 19 giugno del 1546: «Supplico poi a provedere alla satisfatione del arcivescovo, ad ciò mi veda questa contentezza in questa mia etade et il rimanente de' miei anni habbi, senza pensare ad altro, a spender in servitio di Vostra Signoria illustrissima et reverendissima»[164]. Insomma, il tanto agognato beneficio sarebbe rimasto per il Vecellio un sogno irrealizzato e il suo soggiorno a Roma si sarebbe rivelato alla fine solo un piacevole quanto inutile viaggio d'aggiornamento, speso nel ritrarre i membri di una famiglia da cui, dopo tutti gli sforzi profusi, non avrebbe ottenuto che qualche promessa e l'autorizzazione a riportarsi in patria un paio di valigie riempite con alcuni marmi antichi[165].

Ma altri viaggi e nuovi rapporti si profilavano all'orizzonte del pittore. Giunto il 12 giugno del 1546 a Firenze, dove sarebbe rimasto appena una settimana, giusto il tempo di visitare le famose collezioni medicee, Tiziano tentò invano di offrire i propri servigi al duca Cosimo I, presso la cui corte – dominata dai tre astri incontrastati di Pontormo, Bronzino e Salviati – sin dall'autunno dell'anno precedente aveva provato senza successo a insinuarsi l'Aretino inviando in dono un quadro dipinto dall'amico. Si tratta, naturalmente, del *Ritratto di Pietro Aretino* oggi alla Galleria Palatina di Palazzo Pitti, un'opera che a detta dell'effigiato «respira, batte i polsi e muove lo spirito nel modo ch'io mi faccio in vita», ma che sfortunatamente sia per lo scrittore sia per l'artista veneto non suscitò nella città gigliata l'effetto sperato: alla solida coppia Aretino-Tiziano e ai loro tentativi, infatti, si oppose strenuamente Pierfrancesco Riccio, influente maggiordomo ducale tra il 1545 e il 1553 nonché amico e protettore del Bronzino, che certo non avrebbe gradito la temibile concorrenza del Vecellio nella sua Firenze[166]. Il Bronzino, però, poteva continuare a dormire sonni tranquilli: il maestro veneto, per sua fortuna, era qui solo di passaggio, un passaggio che a conti fatti non lasciò tracce significative. Verso la fine di giugno del 1546, dopo una breve tappa intermedia a Pesaro, Tiziano era nuovamente a Venezia. Nonostante né il soggiorno romano, in cui peraltro non aveva ricevuto un solo ducato per le opere eseguite per i Farnese, né tantomeno quello fiorentino avessero sortito gli effetti desiderati, per l'artista stavano per schiudersi orizzonti professionali insperati e di ben altro livello politico e sociale.

Nell'autunno del 1547, anno in cui – dopo la morte di Sebastiano del Piombo – l'artista tentò invano di ottenere la carica di piombatore apostolico, passata invece allo scultore di fiducia dei Farnese, Guglielmo Della Porta, il Vecellio venne invitato alla dieta imperiale di Augusta[167]. Nella città della Baviera Carlo V, reduce dalla vittoria contro la lega protestante di Smalcalda ottenuta il 24 aprile del 1547 a Mühlberg, sulle rive dell'Elba, mirava da una parte a ricomporre le mille divisioni interne della Germania e dall'altra a garantire la successione in queste terre al giovane figlio Filippo, al quale però, dopo una tenace opposizione del fratello dell'imperatore, Ferdinando, che su di esse rivendicava diritti, furono assegnati la Spagna, le Fiandre, le zone di dominio iberico in Italia e le Americhe[168]. Tiziano e la sua comitiva, formata dal figlio Orazio, dal cugino Cesare, dal pittore olandese Lambert Sustris e da pochi altri aiutanti di bottega, partirono alla volta della Germania ai primi di gennaio del 1548, portandosi dietro un *Ecce homo* e una *Venere* per Carlo V, e vi rimasero per tutta la primavera e l'estate. Poco prima della partenza, Tiziano donò una copia dell'*Ecce homo* per l'imperatore all'Aretino, che ebbe così modo di consolarsi almeno in parte per l'assenza del «compare» e di lodarne il dipinto con il suo inimitabile tono tra il serio e il faceto:

> La copia di quel Cristo e vivo e vero, che voi portate alo imperadore, mandatami questa mattina di Natale, è il più prezioso dono che mai re desse per mancia a qualunche più gli si mostri in favore. Di spine è la corona che lo trafigge et è sangue il sangue che le lor punte gli fanno versare; né altrimenti il flagello può enfiare e far livide le carni, che se l'abbia fatte livide et enfiate il pennello vostro divino ne le immortali membra de la divota imagine. Il dolore in cui si ristringe la di Gesù figura conmove a pentirsi qualunche cristianamente gli mira le braccia recise da la corda che gli lega le mani; impara a essere umile chi contempla l'atto miserrimo da la canna la quale sostiene in la destra; né ardisce di tenere in sé punto di odio e rancore colui che scorge la pacifica grazia che in la sembianza dimostra. Talché il luogo u' dormo non par più camera signorile e mondana, ma tempio sacro e di Dio. Sì che io in orazioni son per convertire i piaceri e in onestà la lascivia. Del che l'artificio e la cortesia vostra ringrazio[169].

Concluso il soggiorno bavarese, scortata dagli armati del cardinale Otto Truchsess von Waldburg, la compagnia dei Vecellio fece tappa in autunno prima a Füssen e poi a Innsbruck, in Tirolo, ritornando a Venezia solamente a novembre[170]. La convocazione oltralpe dell'artista, da cui egli si aspettava un pagamento di 1000 scudi d'oro e commissioni dai convenuti all'assemblea, aveva naturalmente una funzione precisa: considerato da oltre un decennio il «primer pintor» dell'imperatore, egli aveva infatti il delicato compito di ritrarre non solo tutti i componenti della famiglia e della corte asburgica, tra i quali figuravano personaggi del calibro della sorella e del fratello di Carlo, ossia Maria regina d'Ungheria e Ferdinando re dei Romani, o del cancelliere imperiale Nicolas Perrenot de Granvelle e del figlio Antoine, vescovo di Arras, ma anche alcuni elettori tedeschi che avevano aderito alla Riforma protestante, come Filippo d'Assia o Giovanni Federico di Sassonia, sconfitto a Mühlberg un anno prima[171].

Tiziano e i suoi aiutanti, le «sette boche» da sfamare citate con una punta di cinismo in una sua lettera ad Antoine Perrenot de Granvelle datata 1° settembre 1548, dimoravano in una casa presa in affitto dai ricchi banchieri Fugger non lontana dal palazzo dove si svolse la dieta, mentre al capobottega venne inoltre riservato un piccolo appartamento limitrofo alle stanze in cui abitava l'imperatore; il che, naturalmente, fu organizzato per poter agevolare il contatto tra i due personaggi durante le varie sedute di posa necessarie all'esecuzione dei ritratti[172]. Tra i circa venti ritratti documentati della casa d'Austria eseguiti dal pittore e dalla sua bottega durante la permanenza ad Augusta, la maggior parte dei quali dispersa o nota attraverso copie di Rubens[173], un posto speciale occupano due effigi giustamente famose di Carlo V, una con il protagonista seduto e l'altra a cavallo.

Il primo ritratto, conservato all'Alte Pinakothek di Monaco e firmato e datato sotto la finestra TITIANVS F MDXLVIII[174] (tav. 45), presenta un'immagine serena e malinconica del sovrano in poltrona: vestito in nero, colore che caratterizza anche il berretto e la stola di pelliccia, con un guanto infilato nella mano sinistra e uno stretto nella destra, Carlo V si staglia su uno sfondo decisamente originale, diviso a metà da una colonna classica, aperto a destra su un paesaggio dal tratto già impressionistico e chiuso a sinistra da una parete rivestita da un pannello in cuoio dorato, secondo la moda spagnola dell'epoca. Fissato in un intenso sguardo rivolto all'osservatore, l'imperatore esibisce al collo un ciondolo con il simbolo dei cavalieri del Toson d'oro; al suo fianco sinistro è poggiato il fodero di una spada, che non viene mostrata esplicitamente poiché qui siamo in presenza di un ritratto *a riposo* del trionfatore di Mühlberg, in cui il principale attore della politica europea del Cinquecento sembra concedersi – anche perché ormai gravemente malato di gotta – un momento di meritata pace dopo anni di guerra. Tiziano ha saputo anche in quest'occasione catturare con la consueta abilità introspettiva l'abisso insondabile dell'imperatore, fiaccato nell'animo e nel corpo e pronto a passare il testimone al figlio Filippo e al fratello Ferdinando.

Uno spirito opposto esprime il *Ritratto di Carlo V a cavallo* del Prado[175] (tav. 46), in cui l'imperatore sulle rive del fiume Elba, annientati gli smalcaldici, è effigiato in una solitudine quasi metafisica, ma circondato da un'aura di potenza e di invincibilità assente nel dipinto di Monaco. Rappresentato con un'armatura lucente di fattura tedesca, tuttora conservata all'Armeria reale di Madrid, lancia in resta su un cavallo dalla rossa gualdrappa, il sovrano asburgico guarda lontano in direzione di una simbolica alba nascente, proiettato a un futuro che dopo la vittoria di Mühlberg gli consegnerà le chiavi di una gloria eterna. La tipologia del ritratto equestre di Tiziano, che alla data del quadro vantava una tradizione secolare, si ispira a celebri modelli dell'antichità classica come l'*Antigono I Monoftalmo* di Apelle o il *Marco Aurelio* in Campidoglio, passando inoltre in rassegna prototipi del cristianesimo eroico quali san Giorgio, Carlo Magno o il fiero *miles christianus* delineato da Erasmo e dall'incisione di

Dürer *Il cavaliere, la morte e il diavolo* (1513); non mancano, peraltro, citazioni da monumenti celebrativi rinascimentali come il *Gattamelata* (1446-1450) di Donatello a Padova e il *Bartolomeo Colleoni* (1488) del Verrocchio a Venezia o dal quasi contemporaneo *Ritratto di Francesco I a cavallo* (1540 circa) di François Clouet agli Uffizi[176]. Ermeticamente chiuso nel suo nobile isolamento, Carlo V appare in quest'immagine come l'unico vincitore della lega protestante guidata dall'elettore di Sassonia: egli non vuole nessuno al suo fianco, nemmeno le due allegorie della Religione e della Fama che Aretino, in una lettera spedita nell'aprile 1548 all'amico pittore, suggerì di inserire nella scena, «l'una con la croce e il calice in mano, che gli mostrassi il cielo, e l'altra con le ali e le trombe, che gli offerisse il mondo»[177], ma intende consegnare alla storia esclusivamente la sua persona, come fosse un maestoso monumento eretto a se stesso e alla futura memoria dell'umanità dal suo «primer pintor».

Con il fondamentale viaggio ad Augusta, poi replicato tra il 1550 e il 1551, quando chiese senza successo a Carlo V la porpora cardinalizia per l'Aretino, Tiziano si era ormai definitivamente proiettato verso più ampi orizzonti internazionali, lasciando a Venezia il campo libero agli agguerriti pittori delle nuove generazioni. Tra questi stava uscendo con prepotenza dall'ombra un suo ex allievo, cacciato dalla bottega per il troppo talento, ossia il trentenne Iacopo Tintoretto. Ancor più legato del Vecellio alla città lagunare, al punto di trasformarsi negli anni – come ebbe a sostenere Jean-Paul Sartre – in una sorta di «sequestrato di Venezia»[178], Tintoretto avrebbe approfittato dell'assenza nel 1548 di Tiziano per licenziare il rivoluzionario *Miracolo dello schiavo* per la Scuola grande di San Marco[179], un'opera alle Gallerie dell'Accademia su cui l'Aretino, sempre pronto a incensare gli artisti emergenti, espresse un giudizio lusinghiero, provocando forse una certa dose di gelosia nel «compare» di lunga data:

> E, sì come non è naso, per infreddato che sia, che non senta in qualche parte il fumo de lo incenso, così non è uomo sì poco instrutto ne la virtù del disegno che non si stupisca nel rilievo de la figura che, tutta ignuda, giuso in terra, è offerta a le crudeltà del martiro. I suoi colori son carne, il suo lineamento ritondo e il suo corpo vivo, tal che vi giuro, per il bene ch'io vi voglio, che le cere, l'arie e le viste de le turbe che la circondano sono tanto simili agli effetti ch'esse fanno in tale opera, che lo spettacolo pare più tosto vero che finto. Ma non insuperbite, se bene è così, ché ciò sarebbe un non voler salire in maggior grado di perfezione. E beato il nome vostro, se reduceste la prestezza del fatto in la pazienzia del fare[180].

Forse per consumare una piccola vendetta nei confronti del giovane Tintoretto, che nel 1549, forte del successo del *Miracolo dello schiavo*, aveva chiesto – senza fortuna – di entrare a far parte della prestigiosa Scuola grande di San Rocco, nello stesso torno di anni Tiziano avanzò la propria candidatura a confratello di governo della pia istituzione, offrendosi inoltre di dipingervi «quelo quadro grande dello Albergo sopra dove stanno quelli della Bancha», ossia il gigantesco telero che doveva ricoprire la parete di fronte all'ingresso nella sala dell'Albergo. Non senza un velo di mistero, però, i ripetuti tentativi tizianeschi di incunearsi nei gangli della potente Scuola veneziana non andarono a buon fine e così Tintoretto poté ottenere – anche se solamente nel 1564-1565 – sia il sospirato ingresso nella confraternita sia il monopolio delle pitture al suo interno[181].

Ma Tiziano, nonostante gli astri nascenti di Tintoretto e di Veronese e sempre più ostaggio della sua sfrenata ambizione, si era volontariamente tagliato fuori da Venezia, un luogo che doveva stargli stretto dopo mezzo secolo di dominio quasi incontrastato, per proiettarsi invece sulla scena europea come il più accreditato pittore di corte. Di questa sua decisione avrebbe approfittato con lungimiranza in particolare la corte asburgica di Filippo II, il suo principale committente negli ultimi anni.

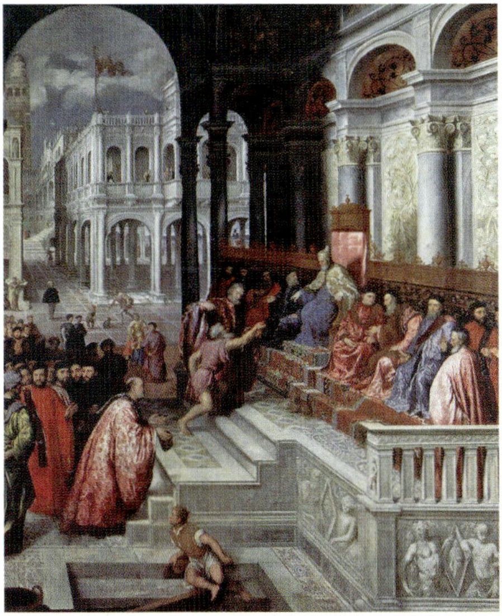

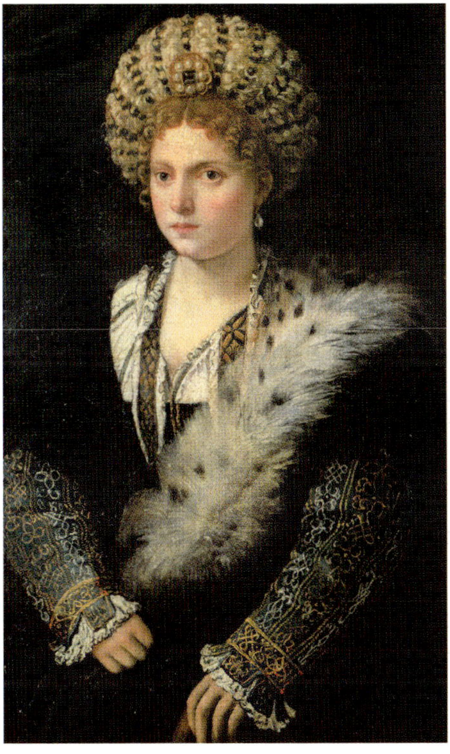

Tav. 30. Paris Bordon, *Consegna dell'anello al doge*. Venezia, Gallerie dell'Accademia.

Tav. 31. Tiziano, *Ritratto di Isabella d'Este*. Vienna, Kunsthistorisches Museum.

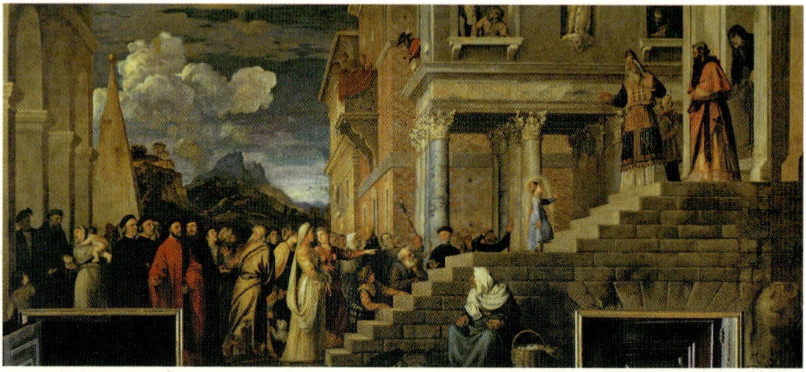

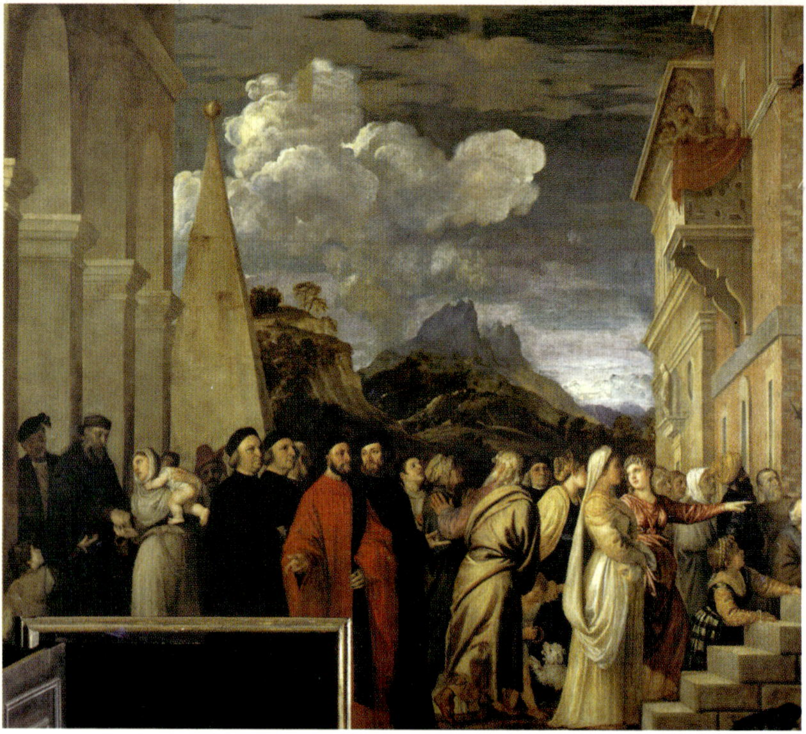

Tavv. 32 e 33. Tiziano, *Presentazione della Vergine al tempio*. Venezia, Gallerie dell'Accademia.

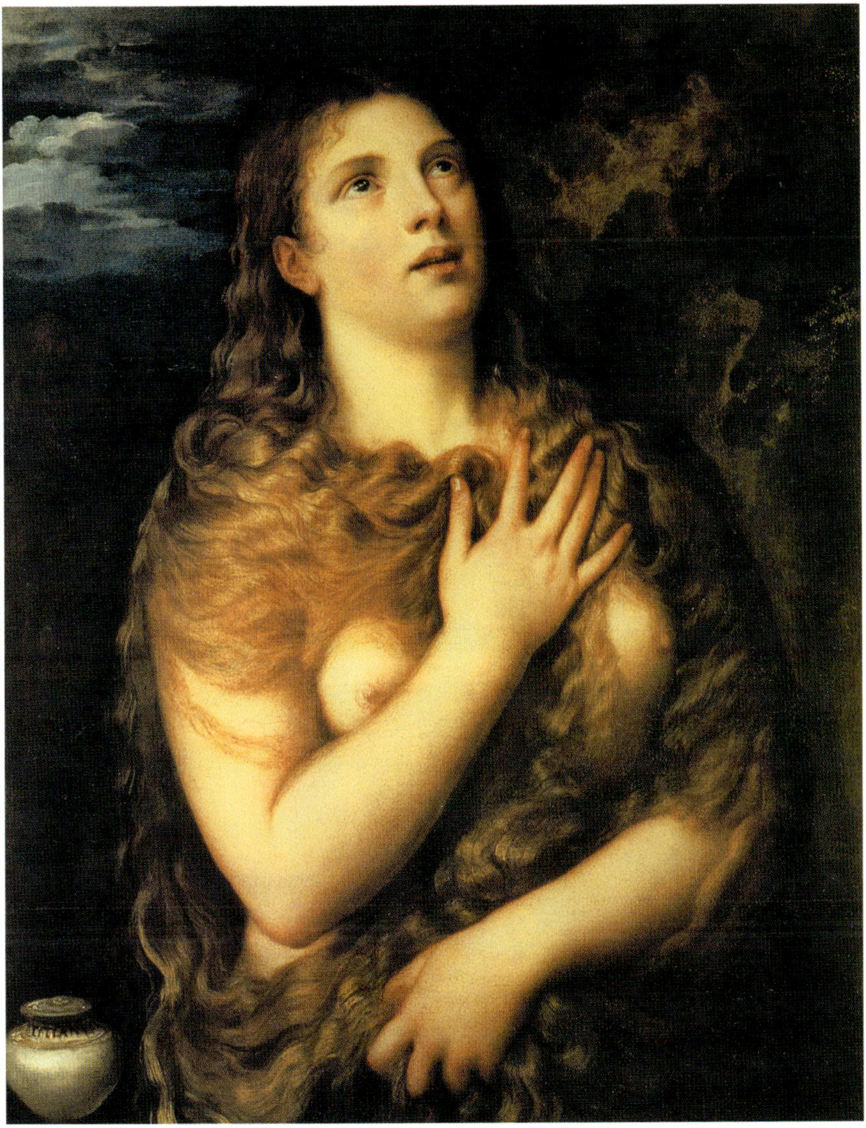

Tav. 34. Tiziano, *Maddalena penitente*.
Firenze, Palazzo Pitti, Galleria Palatina.

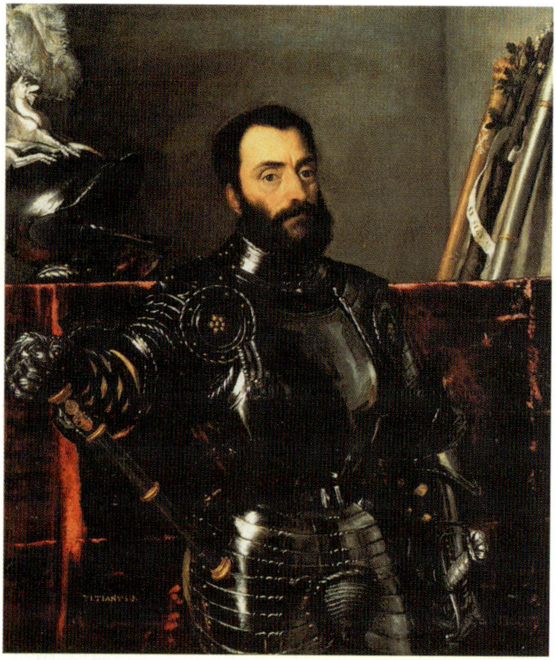

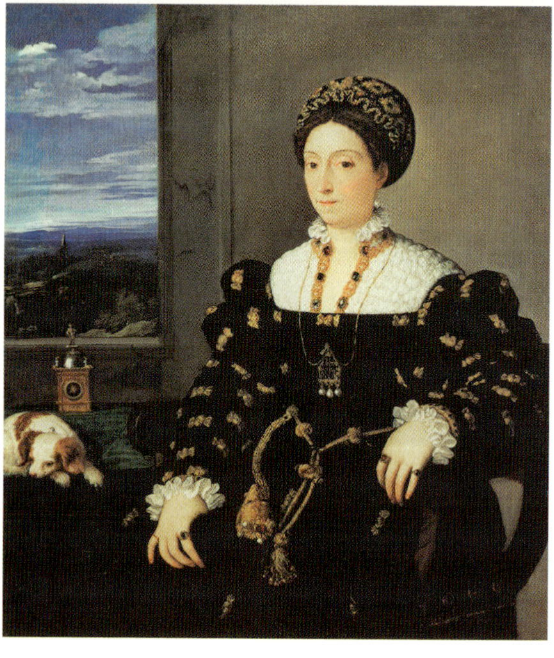

Tav. 35. Tiziano, *Ritratto di Francesco Maria Della Rovere*. Firenze, Galleria degli Uffizi.

Tav. 36. Tiziano, *Ritratto di Eleonora Gonzaga*. Firenze, Galleria degli Uffizi.

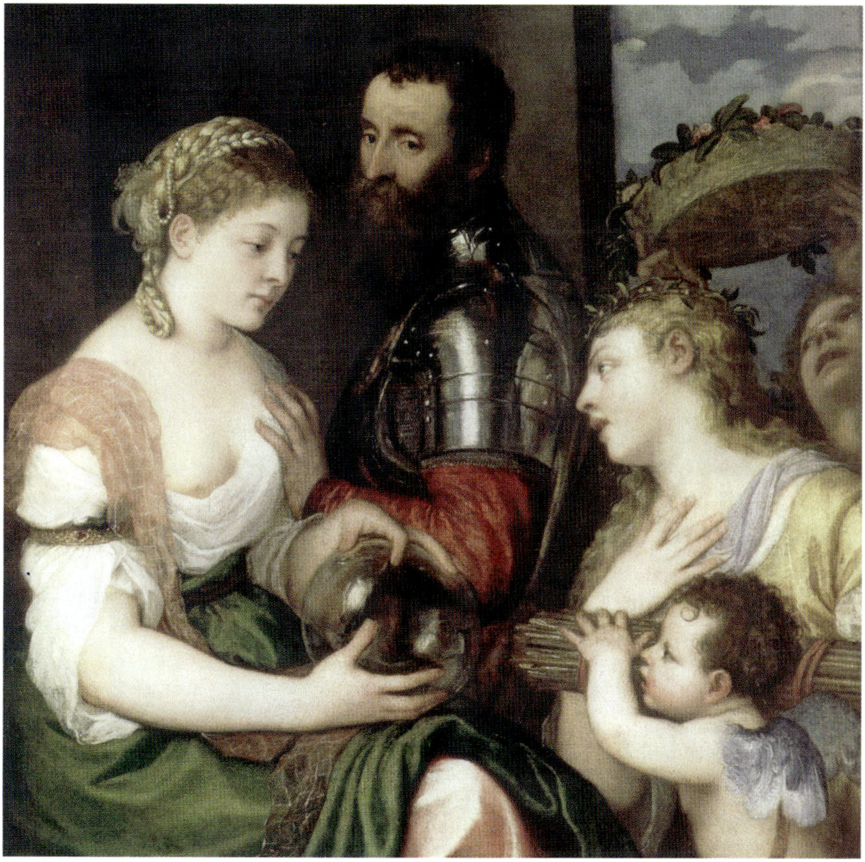

Tav. 37. Tiziano, *Allegoria di Francesco Maria Della Rovere*. Parigi, Musée du Louvre.

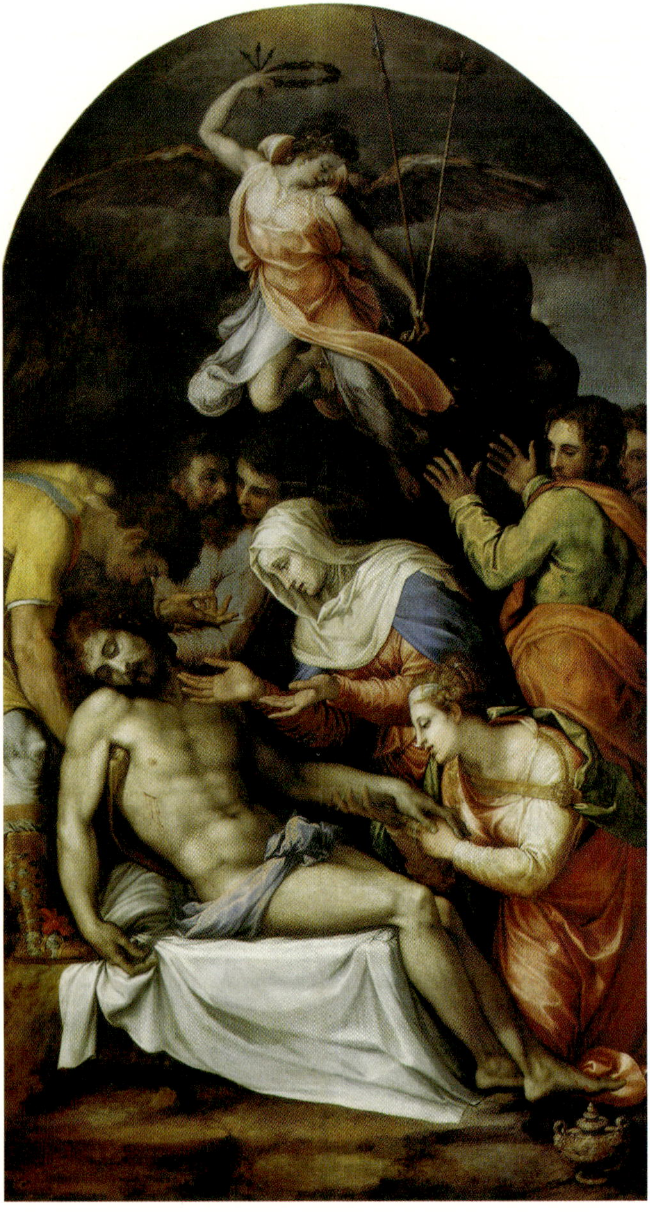

Tav. 38. Francesco Salviati,
Compianto sul Cristo morto.
Milano, Pinacoteca di Brera.

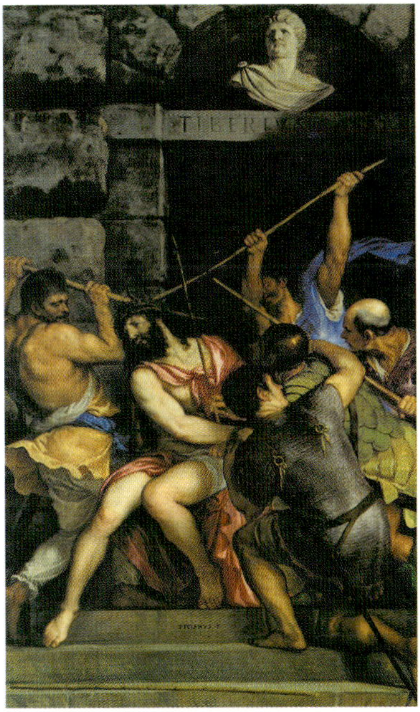

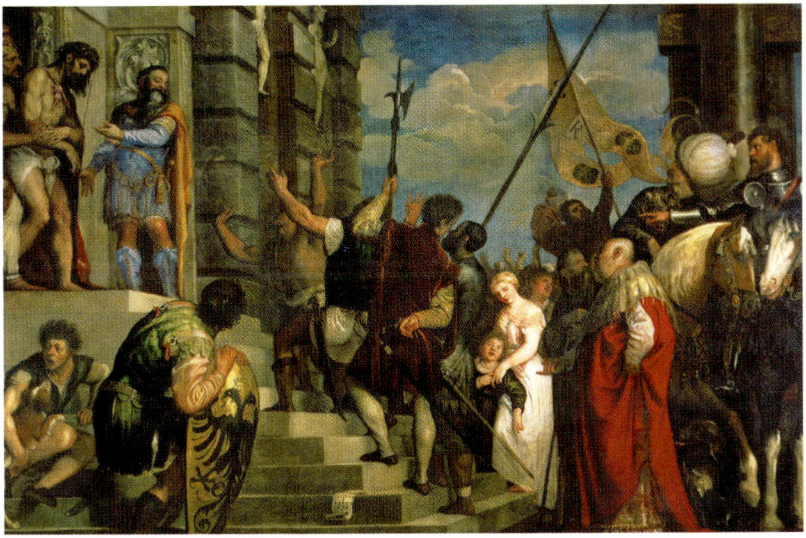

Tav. 39. Tiziano, *San Giovanni Battista*. Venezia, Gallerie dell'Accademia.

Tav. 40. Tiziano, *Incoronazione di spine*. Parigi, Musée du Louvre.

Tav. 41. Tiziano, *Ecce homo*. Vienna, Kunsthistorisches Museum.

Tav. 42. Tiziano, *Ritratto di Pietro Aretino*. New York, Frick Collection.

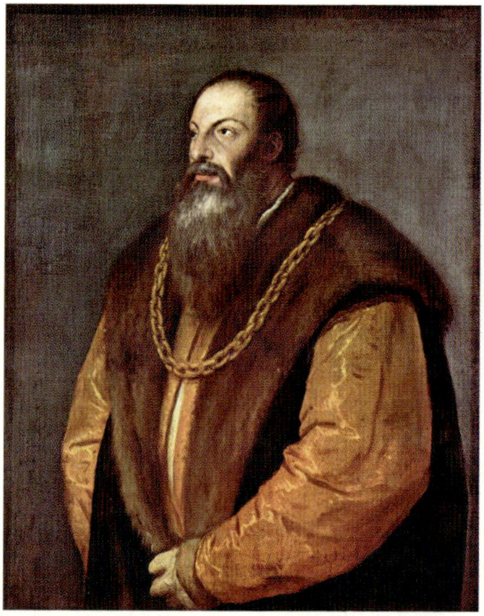

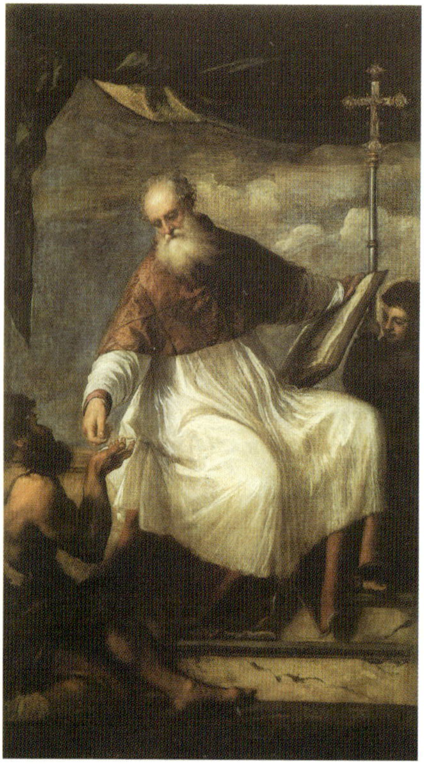

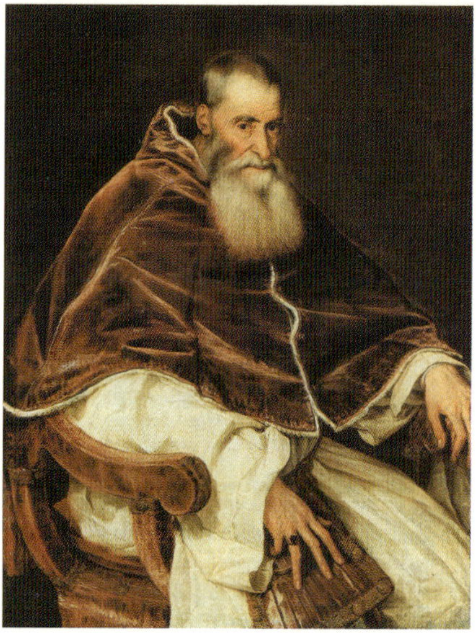

Tav. 43. Tiziano, *San Giovanni elemosinario*. Venezia, San Giovanni elemosinario.

Tav. 44. Tiziano, *Ritratto di Paolo III*. Napoli, Museo e Gallerie nazionali di Capodimonte.

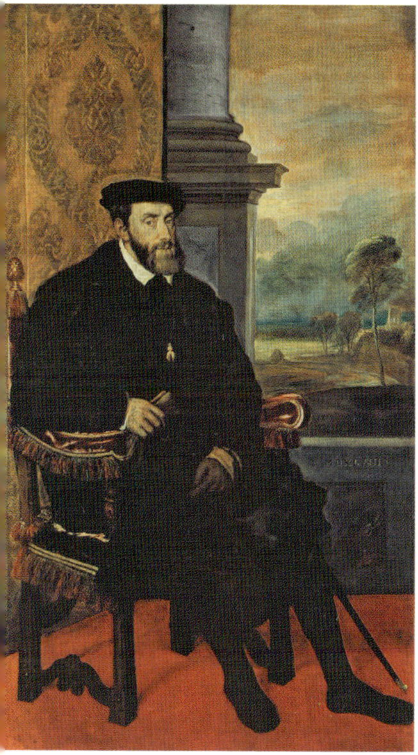

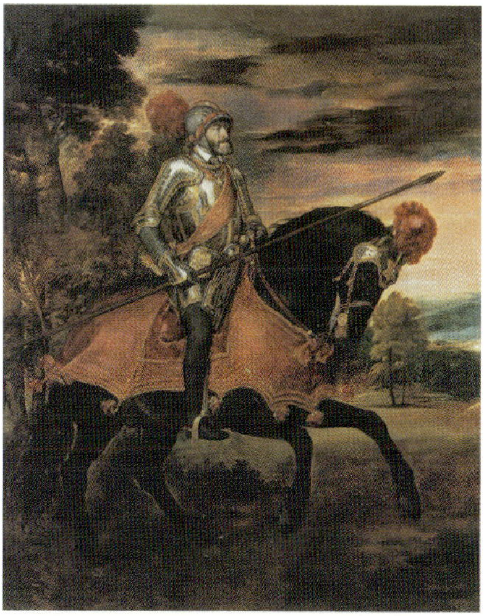

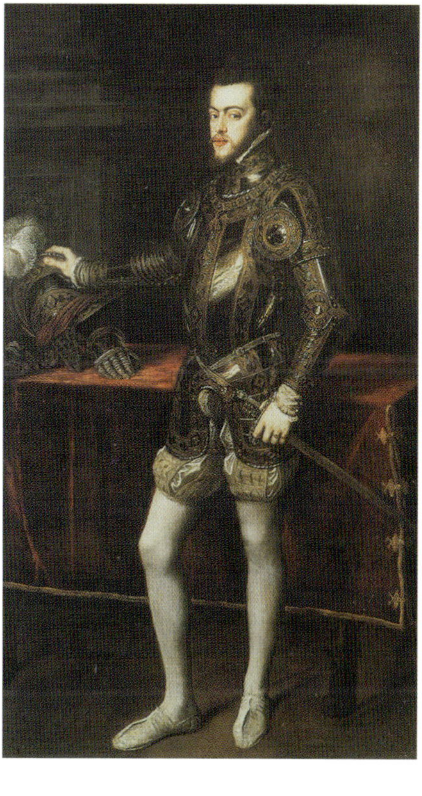

Tav. 45. Tiziano, *Ritratto di Carlo V seduto*. Monaco, Alte Pinakothek.

Tav. 46. Tiziano, *Ritratto di Carlo V a cavallo*. Madrid, Museo Nacional del Prado.

Tav. 47. Tiziano, *Ritratto di Filippo II*. Madrid, Museo Nacional del Prado.

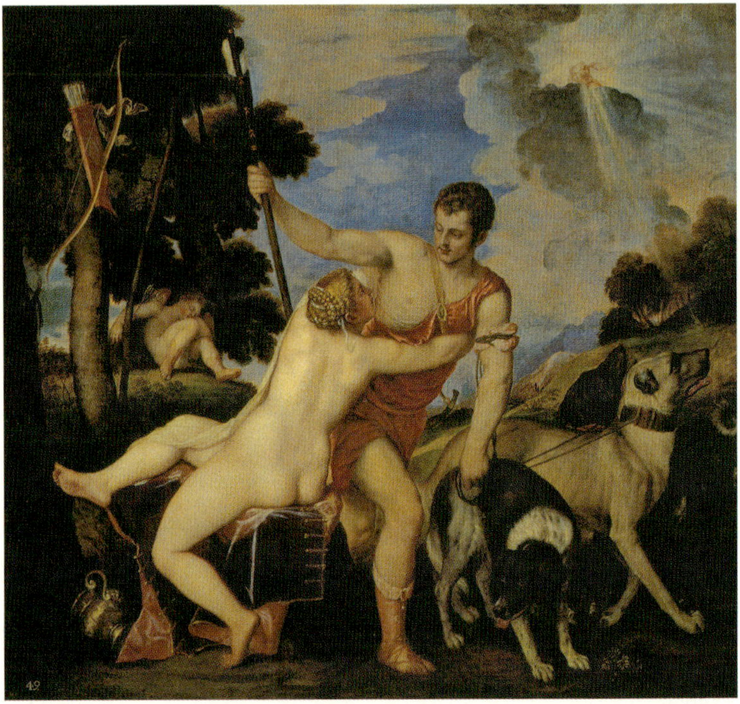

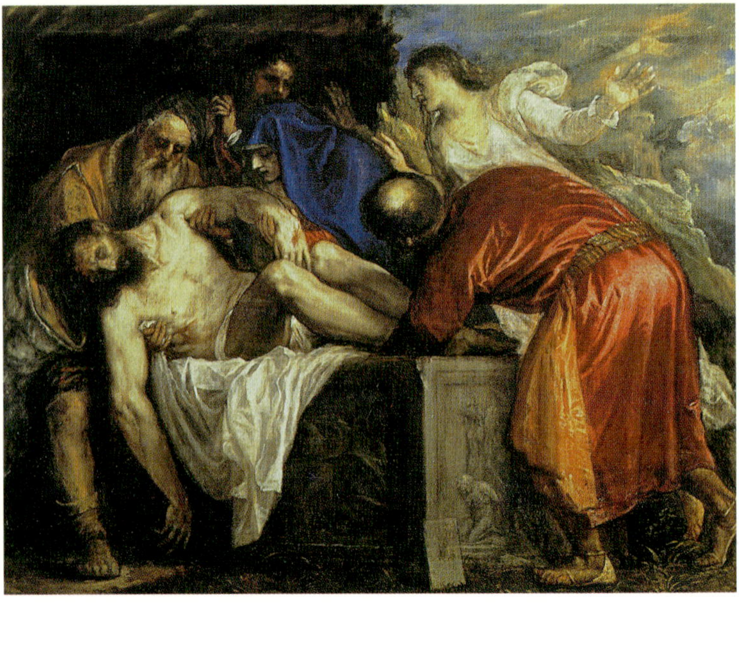

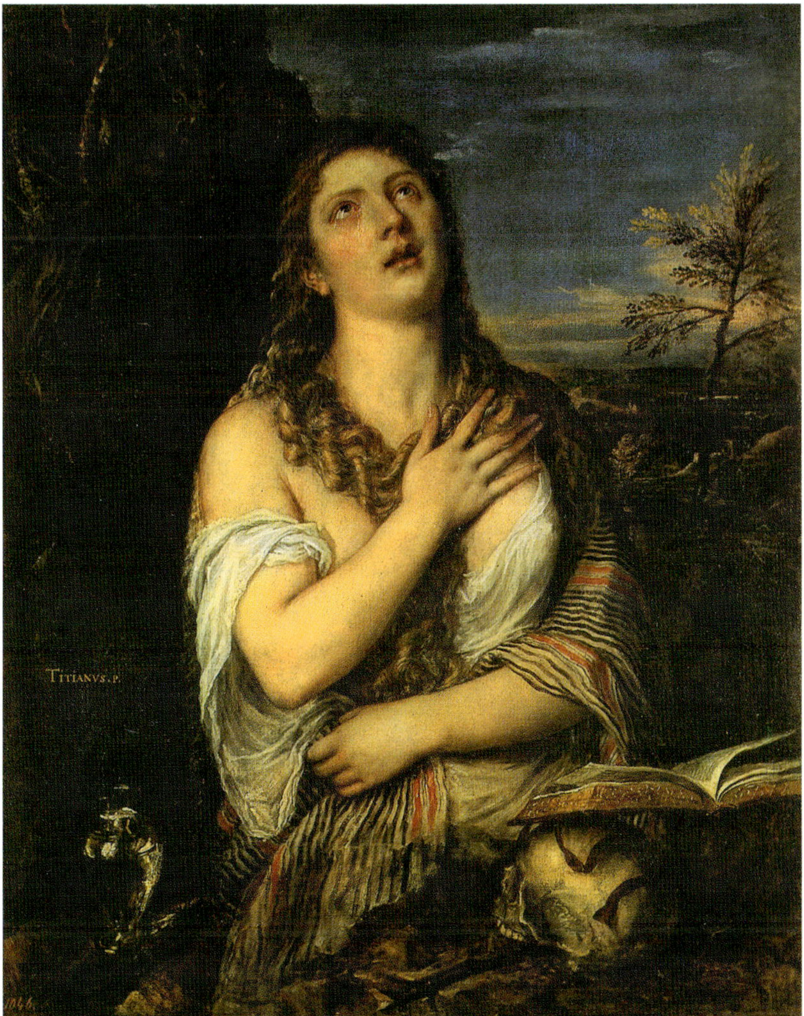

A fronte.
Tav. 48. Tiziano, *Venere e Adone*. Madrid, Museo Nacional del Prado.

Tav. 49. Tiziano, *Deposizione di Cristo nel sepolcro*. Madrid, Museo Nacional del Prado.

Tav. 50. Tiziano, *Maddalena penitente*. San Pietroburgo, Ermitage.

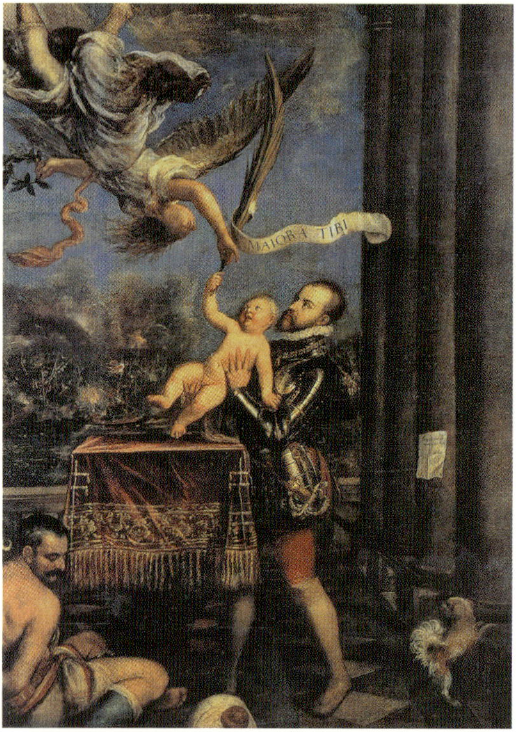

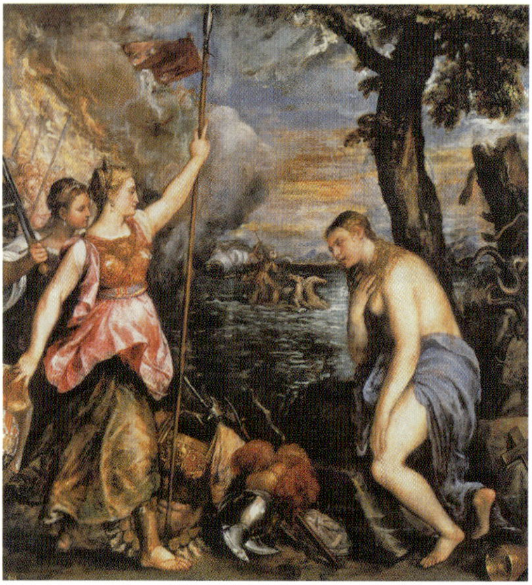

Tav. 51. Tiziano, *Filippo II offre l'infante don Fernando alla Vittoria*. Madrid, Museo Nacional del Prado.

Tav. 52. Tiziano, *Allegoria della Spagna che soccorre la Religione*. Madrid, Museo Nacional del Prado.

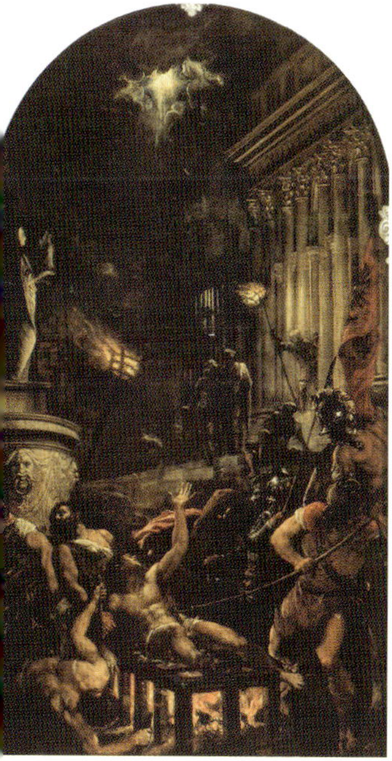

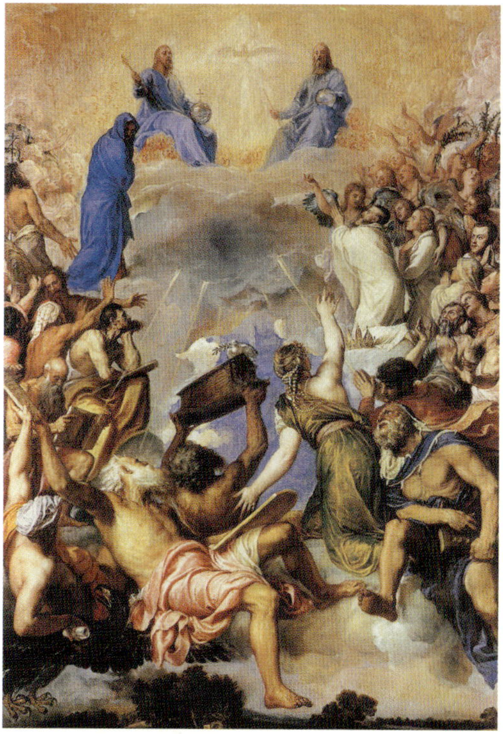

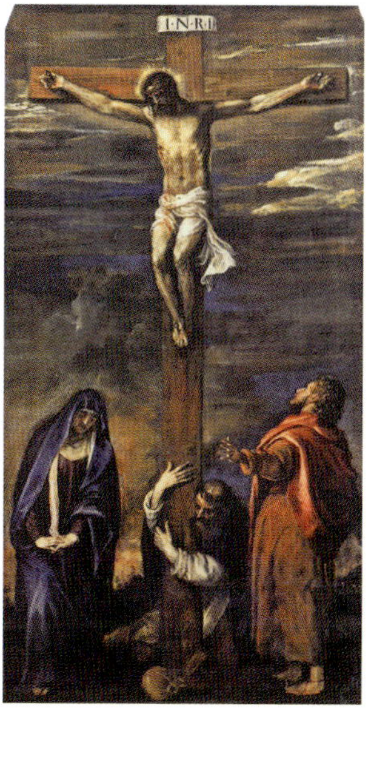

Tav. 53. Tiziano, *Martirio di san Lorenzo*. Venezia, chiesa dei Gesuiti.

Tav. 54. Tiziano, *Gloria*. Madrid, Museo Nacional del Prado.

Tav. 55. Tiziano, *Crocifissione*. Ancona, San Domenico.

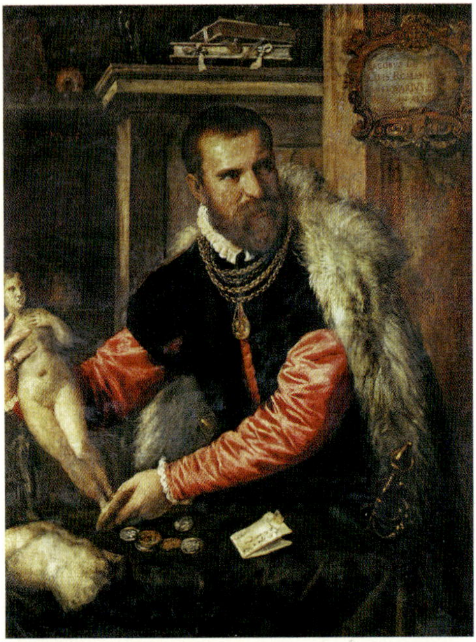

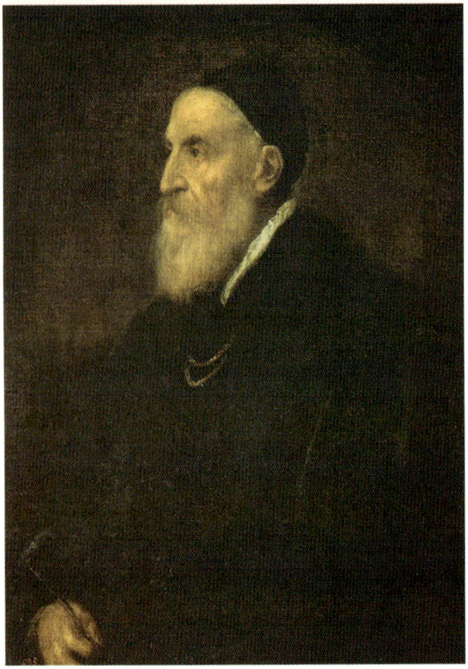

Tav. 56. Tiziano, *Ritratto di Iacopo Strada*. Vienna, Kunsthistorisches Museum.

Tav. 57. Tiziano, *Autoritratto*. Madrid, Museo Nacional del Prado.

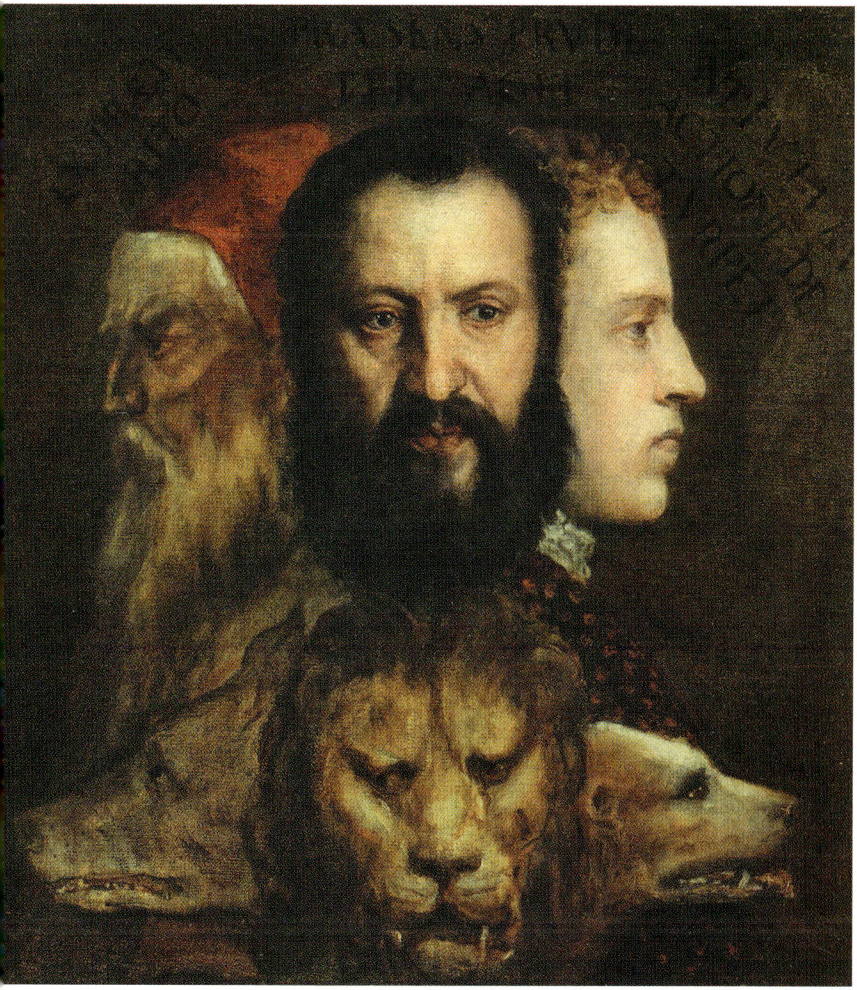

Tav. 58. Tiziano, *Allegoria della Prudenza*.
Londra, National Gallery.

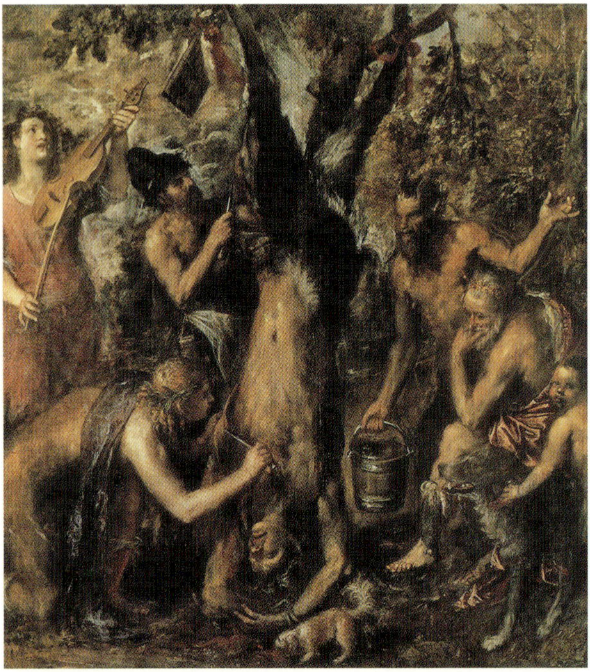

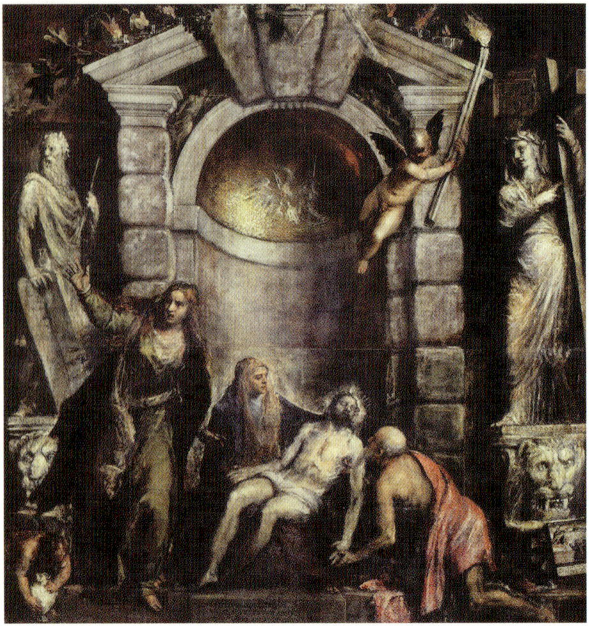

Tav. 59. Tiziano, *Supplizio di Marsia*. Kroměříž, arcivescovado di Olomouc, palazzo dell'arcivescovado.

Tav. 60. Tiziano, *Pietà*. Venezia, Gallerie dell'Accademia.

IV

NELLE «CALAMITÀ DE' TEMPI PRESENTI»: GLI ANNI FINALI

LA COMMITTENZA DI FILIPPO II: TRA «POESIE», DRAMMI RELIGIOSI E CELEBRAZIONE POLITICA

Il primo incontro tra Tiziano e il futuro re di Spagna Filippo II d'Asburgo avvenne nel dicembre del 1548 a Milano, dove l'artista – rientrato da un mese dalla Germania – si era recato per rendergli omaggio e immortalarlo; alcuni generosi pagamenti al pittore da parte del giovane principe, elargiti per non meglio identificati ritratti eseguiti durante il soggiorno milanese, sono documentati già nel gennaio dell'anno successivo[1]. Dopo aver ammirato nel 1549 i cosiddetti quattro *Dannati* (o *Furie*) dipinti dal Vecellio per la regina Maria d'Ungheria e destinati al castello di Binche nelle Fiandre[2], la residenza estiva della governatrice dei Paesi Bassi, Filippo incontrò nuovamente il pittore durante il suo secondo e ultimo soggiorno ad Augusta del 1550-1551, periodo al quale risale con ogni probabilità il più celebre ritratto del figlio dell'imperatore, quello a figura intera conservato al Prado[3] (tav. 47). Effigiato con indosso una preziosa e scintillante armatura tedesca, anch'essa – al pari di quella del *Ritratto di Carlo V a cavallo* (tav. 46) – tuttora visibile presso l'Armeria reale di Madrid, egli mostra quella vena di sottile malinconia che per tutta la vita ne contraddistinse il carattere, forse dovuta a un complesso di inferiorità nei confronti del padre. Logoro del suo ruolo ufficiale e gravemente malato, con l'abdicazione del 1556 questi gli cedette le chiavi di un regno sterminato che si estendeva da gran parte dell'Europa fino alle lontane colonie nelle Americhe. Inviato nella primavera del 1551 a Bruxelles alla zia Maria d'Ungheria, su suo consiglio il dipinto fu forse spedito da Filippo in Inghilterra nel 1553, a un anno dal suo matrimonio con la regina Maria Tudor, per mostrare un'effigie in parte idealizzata del re spagnolo alla futura consorte: il che, se ancora ce ne fosse bisogno, getta ulteriore luce sul valore politico e diplomatico, ma anche sentimentale e affettivo assegnato dai potenti ai quadri tizianeschi.

La committenza di Filippo II fu tanto lunga quanto eclettica nella scelta dei soggetti richiesti al pittore, passando con una certa disinvoltura da complessi temi mitologici, non di rado contrassegnati da un esplicito erotismo, a temi di carattere politico o religioso. Alle mutevoli esigenze del re spagnolo, dettate talvolta da mere questioni contingenti, si adattava del resto molto bene la poliedricità del pennello di Tiziano, che nella sua lunga carriera si era cimentato con le più disparate iconografie. Tra l'artista e il sovrano vennero siglati tra gli anni Cinquanta e Sessanta un paio di vantaggiosi accordi che garantivano a entrambi la continuità del rapporto di committenza e dai quali scaturirono, non senza produrre a intervalli quasi regolari anche le lamentele del cadorino per i continui ritardi nei pagamenti da parte della corte asburgica, almeno una ventina di opere di straordinaria qualità, tra cui le «poesie» o «favole» – come le definiva lo stesso autore – dipinte all'incirca nel 1550-1562.

Il piccolo e disomogeneo ciclo mitologico con le «poesie», composto in totale da sei quadri e forse destinato in origine ad abbellire la residenza del Pardo o quella di Aranjuez, rimase in realtà senza sede per molto tempo. Vagamente ispirato ai cicli profani dell'Italia rinascimentale, tra i quali – per restare a Tiziano – un'influenza notevole esercitò quello ferrarese per il duca Alfonso d'Este, il complesso pittorico è incentrato almeno in apparenza su temi quali l'amore e la caccia, soggetti particolarmente graditi a un principe e futuro sovrano sempre oppresso da impegni politici[4]. I primi due quadri della serie, realizzati il primo con una pennellata rapida e corposa e il secondo con un tocco invece minuzioso e definito in ogni zona della composizione, sono una *Danae*, pressoché identica a quella per il cardinale Alessandro Farnese, ma in cui al posto di Cupido figura una mezzana, e una *Venere e Adone*, opere databili rispettivamente al 1550-1553 e al 1553-1554 ed entrambe conservate al Prado. Il secondo dipinto[5] (tav. 48), ispirato al bassorilievo antico noto come *Letto di Policleto* e alle *Nozze di Psiche* nel ciclo a fresco di Raffaello e aiuti nella loggia della Farnesina[6], ammirato dal Vecellio durante il soggiorno a Roma, narra in maniera originale un episodio tratto dalle *Metamorfosi* di Ovidio (X, 519-559, 708-739) e rivisitato da alcune opere letterarie coeve a Tiziano e pubblicate a Venezia, in particolare la *Favola d'Adone* (1545) del Dolce e la *Fábula de Adonis* (1553) di Diego Hurtado de Mendoza, ambasciatore imperiale in laguna dal 1539 al 1546. Innamoratasi del giovane cacciatore Adone dopo essere stata colpita casualmente da una freccia di Cupido, Venere giace con lui nei pressi di un bosco e prima di ripartire per Cipro con il suo carro trainato dai cigni lo mette in guardia sui pericoli della caccia ad animali feroci quali leoni, orsi e cinghiali; ma l'irruento e bellissimo cacciatore, indifferente ai consigli della dea, parte comunque per la sua battuta, durante la quale viene assalito e trafitto a morte dalle zanne di un cinghiale. L'artista ha fissato nel quadro il momento esatto in cui Venere, che già presagisce il lutto imminente, un lutto a cui fanno riferimento anche le dense e cupe nubi all'orizzonte, tenta senza successo di trattenere l'amato, che invece è mosso dal suo irrefrenabile impeto e dalla muta di cani che lo trascinano in cerca di prede. Lo spirito della scena, caratterizzata da un'atmosfera in bilico tra l'estasi amorosa raggiunta dalla coppia di amanti, uno divino e l'altro terreno, e un futuro di morte e dolore ormai alle porte, fu colto con grande sensibilità dal Dolce in una lettera inviata nel 1553 all'amico Alessandro Contarini, in cui all'umanista non sfuggirono né il «disiderio ardentissimo di gire alla caccia» di Adone, il cui vitale dinamismo non può essere frenato nemmeno dall'abbraccio di una divinità, che peraltro non può impedire il compimento del fato, e né tantomeno, in merito alla figura di Venere, la «paura che sentiva il suo cuore», il tutto condensato in un'immagine di fronte alla quale

> non si truova huomo tanto astuto di vista e di giudicio che veggendola non la creda viva; niuno così raffreddato da gli anni, o sì duro di complessione, che non si senta riscaldare, intenerire e commoversi nelle vene tutto il sangue[7].

Con ogni probabilità, nel guardare in sequenza prima la nudità di Danae e poi quella di Venere, dovette riscaldarsi «tutto il sangue» del committente, al quale Tiziano, con un pizzico di malizia, scrisse nell'estate del 1554, accompagnando con una lettera il dipinto a Londra, dove Filippo II e Maria Tudor si erano nel frattempo sposati: «Et perché la Danae, ch'io mandai già a Vostra Maestà, si vedeva tutta dalla parte dinanzi, ho voluto in quest'altra poesia variare, e farle mostrare la contraria parte, acciocché riesca il camerino, dove hanno da stare, più gratioso alla vista»[8]. Con questo dipinto, in cui la virtuosistica torsione della Venere callipigia serve a offrire allo spettatore – come nella *Venere allo specchio* della National Gallery of Art di Washington, dipinta verso il 1555 ancora per il re di Spagna[9] – i vari punti di vista della figura come se si trovasse di fronte a una statua, Tiziano intese sfidare apertamente l'arte dello scalpello e colui che ne era all'epoca il massimo esponente, Michelangelo, partecipando così al dibattito in corso alla metà del secolo sulla superiorità tra pittura e scultura. Anche questo artificio della figura «tridimensionale» venne percepito con acume dal Dolce, al quale presumibilmente l'amico pittore dovette svelare tanto i trucchi tecnici quanto gli aspetti teorici più reconditi della sua arte:

> La Venere è volta di schena, non per mancamento d'arte, [...] ma per dimostrar doppia arte. Perché nel girar del viso verso Adone, sforzandosi con amendue le braccia di ritenerlo, e mezza sedendo sopra un drappo sollo di pavonazzo, mostra da per tutto alcuni sentimenti dolci e vivi. [...] Né è meraviglia: ché se una statua di marmo poté in modo con gli stimoli della sua bellezza penetrare nelle midolle d'un giovane, ch'egli vi lasciò la macchia, or, che dee far questa ch'è di carne, ch'è la beltà stessa, che par che spiri?[10]

Filippo II scelse verosimilmente questo soggetto profano, che può essere letto anche come un ammonimento morale a non incamminarsi sul rischioso sentiero della guerra se non strettamente necessario e a preservare la pace, per augurare a se stesso e alla più anziana moglie un matrimonio felice e duraturo e al contempo una salda alleanza tra la Spagna e l'Inghilterra foriera di sicurezza e di prosperità, soprattutto in un delicato momento storico in cui le truppe del re di Francia Enrico II si scatenavano in rapide ed efficaci incursioni in Italia e nei Paesi Bassi[11].

Alla scena con *Venere e Adone*, di cui si conoscono varie repliche autografe e di bottega[12], seguirono quelle di *Perseo e Andromeda* (1554-1556) alla Wallace Collection di Londra, la coppia con *Diana e Atteone* e *Diana e Callisto* (1556-1559) alla National Gallery of Scotland di Edimburgo e il *Ratto di Europa* (1559-1562) all'Isabella Stewart Gardner Museum di Boston. I due *pendants* conservati in Scozia, che riprendono il tema della caccia di *Venere e Adone*, sono citati da Tiziano in due lettere a Filippo II del 19 giugno e del 22 settembre del 1559. Nella prima missiva l'artista sottolinea il peso dei suoi anni, un peso alleggerito però «non so a che modo miracolosamente ogni volta ch'io m'aricordo d'essere vivo al mondo per servirla e farle cosa grata», mentre nella seconda, oltre a istituire un confronto tra il sovrano spagnolo e Alessandro Magno, paragonando se stesso ad Apelle secondo un parallelo già adottato da Carlo V, e a ribadire come egli avesse ormai rifiutato «la servitù d'ogni altro principe per servire lei sola», si lamenta per un grave fatto di cronaca nera occorso a Milano al figlio Orazio[13]. Quest'ultimo infatti, da oltre un decennio instancabile factotum dell'attrezzatissima bottega paterna, si era recato nella primavera del 1559 nella città lombarda a riscuotere la pensione che a partire dal 1541 – come si ricorderà – Tiziano si era visto assicurare da Carlo V; ma qui lo scultore Leone Leoni, nel 1549 insignito del titolo di cavaliere di Cesare e anch'egli all'epoca al servizio degli Asburgo, tentò di rubargli il denaro con una vile imboscata e per poco non riuscì ad assassinarlo, provocandogli con i fendenti del suo coltello «delle mortal ferite»[14]. Nella lettera, un piccolo capolavoro di diplomazia cortigiana in cui si alternano l'adulazione e la richiesta di favori, al meticoloso capobottega subentrava con un improvviso cambiamento di ruolo il padre premuroso e trasfigurato dalla rabbia per il brutto incidente capitato al figlio: a Filippo II, senza indugi o inutili giri di parole, Tiziano chiese per il violento Leoni, un artista che egli aveva potuto incontrare durante il suo secondo soggiorno ad Augusta, di «farlo meritatamente castigare secondo il costume della sua giustitia», il che avvenne però solo in parte poiché l'aggressore se la cavò con una semplice multa e con il bando da Milano, riparando a Roma e trovandovi la protezione del neoletto papa Pio IV[15].

Tornando al ciclo per Filippo II, vale la pena di soffermarsi in particolare sulla coppia di quadri con *Diana e Atteone* e *Diana e Callisto*[16], due immagini a tema venatorio ideate secondo un'assoluta uniformità stilistica e iconografica in cui la protagonista principale è Diana, la dea della caccia, della castità e della luna. La prima delle due storie, tratta nuovamente dalle *Metamorfosi* di Ovidio (III, 138-252), illustra il momento in cui il cacciatore Atteone, persosi negli anfratti di un bosco, capita casualmente nei pressi di una fonte dove la dea e le sue ninfe stanno facendo il bagno; furiosa poiché il giovane riesce a scorgerne la sua divina nudità, il che avviene nonostante i vani e un po' goffi tentativi da parte dell'ancella negra di coprirla, Diana lo investe con un getto d'acqua e lo trasforma in un cervo, facendolo diventare preda dei suoi stessi cani. Alla tremenda fine di Atteone, qui solo imminente e invece rappresentata da Tiziano con la massima crudezza in un altro dipinto più tardo per Filippo II oggi alla National Gallery di Londra, fa riferimento il cranio di cervo sul pilastro seminascosto dalle fronde degli alberi sulla destra, in una composizione tutta giocata sulla suggestiva contaminazione tra natura e architettura, tra umano e divino, tra inconsapevole delitto o errore umano e consapevole e spietato castigo divino; all'attimo tragico e fatale che segnerà il destino di Atteone, colto dal pittore mentre discosta la tenda che nasconde Diana e le sue accompagnatrici, sembra inoltre contrapporsi con amara ironia la scena nella scena con il cagnolino in basso a destra che abbaia con tutta la ferocia di cui è capace, una sorta di ridicolo contraltare ai possenti segugi dello sfortunato cacciatore. La seconda storia, non meno drammatica della prima e anch'essa desunta dalle *Metamorfosi* di Ovidio (II, 401-530), racconta solo in parte la vicenda della ninfa Callisto: ingravidata con l'inganno da Giove, che di lei si è innamorato, e perciò venuta meno al voto di castità imposto dalla dea cacciatrice a tutto il suo seguito, Callisto viene alla fine scoperta per l'evidente gonfiore del ventre e cacciata dalla compagnia di Diana e delle sue ninfe. Anche in questo caso, come per la scena con Atteone, l'artista raffigura l'attimo della scoperta mista alla sorpresa che precede la punizione, tralasciando volutamente di rappresentare l'epilogo della storia, quando cioè la ninfa, trasformata in orsa dalla gelosa Giunone, rischia prima di essere sbranata dai cani e poi di essere uccisa da un altro cacciatore, Arcade, nato dal rapporto incestuoso tra lei e Giove. Proprio il capriccioso re dell'Olimpo, mosso a pietà e forse in colpa per quanto aveva provocato per soddisfare la sua sfrenata libidine, trasformerà alla fine sia Callisto sia il figlio Arcade in costellazioni, l'Orsa maggiore e Bootes; alla costellazione dell'Orsa però, come ultimo dispetto a Callisto, la vendicativa Giunone impedirà con un sortilegio di immergersi nell'Oceano, obbligandola a rimanere sospesa per l'eternità sopra la linea dell'orizzonte. Anche in questa immagine, collegata al suo *pendant* sia per la presenza del ruscello, che se idealmente unito con il rivolo d'acqua dell'altro dipinto sembra formare un unico torrente, sia per il bassorilievo sulla formella in alto del pilastro, in cui è scolpito Atteone mutato in cervo da Diana, la mistione tra una natura selvaggia e l'artificio umano della scultura e dell'architettura è suggerita con impareggiabile maestria.

Ma nei due dipinti, come del resto in alcuni altri a soggetto mitologico o storico eseguiti da Tiziano per Filippo II, nonostante la festa di colori e la presenza massiccia di divinità, ninfe, umani, animali, piante, il tema dominante è quello della morte imminente e del destino luttuoso riservato agli esseri umani dal cinico e impietoso mondo delle divinità pagane: siamo insomma di fronte al tramonto delle illusioni, a una mitologia svuotata di gioia e ormai ridotta all'eterno conflitto tra umano e divino, a un racconto profano non più spensierato come quello a cui lo stesso pittore, all'inizio del secolo e fino ai dipinti per il camerino d'alabastro a Ferrara, consegnava tutte le sue speranze e tutto il suo talento, ma a un universo che sembra voler condannare la scelta e il libero arbitrio per privilegiare invece un fato intriso di lugubri bagliori. Adone trafitto mortalmente dalle zanne di un cinghiale, Atteone dilaniato dai suoi stessi cani, Callisto prima messa in ridicolo da Diana e dalle compagne e poi – trasformata in orsa – condannata a scappare e a nascondersi nei boschi per non essere cacciata e uccisa: l'epilogo delle loro storie è tanto tragico quanto prevedibile, almeno se si considera con disincanto la caducità degli esseri umani e del mondo che essi hanno generato, un mondo effimero e sul punto di sgretolarsi raffigurato da Tiziano sotto forma di brandelli di scultura e di architettura nelle scene di Diana e che infatti, non a caso, vengono quasi fagocitati dal corso inesorabile della natura, la cui ritmica ciclicità non può che condurre alla fine di un sogno, alla brutale conclusione di un amore e infine alla morte.

E proprio su temi come la morte, la sofferenza, la macerazione, il tormento fisico e spirituale, pensieri ricorrenti nell'ultimo Tiziano e di certo accentuati dalle tragiche perdite in sequenza di personaggi cari come l'amico Aretino (1556), il prestigioso committente Carlo V (1558) o il fratello Francesco (1559), sono incentrati alcuni tra i dipinti realizzati dall'artista per Filippo II, opere il cui tenore intensamente drammatico prelude alla sua fase finale venata di uno straziante pessimismo esistenziale. A questi drammi va inoltre aggiunta la continua delusione provocata dal figlio Pomponio, non di rado bersaglio dei duri rimbrotti dell'Aretino sulla sua condotta dissoluta, come dimostra in particolare una lettera del settembre 1550 che vale la pena di riportare per intero:

Egli è la verità che la vecchiezza è favola de la gioventù, come anco non è menzogna che la gioventù sia storia de la vecchiezza, onde nel modo che quella si ride di ciò che devria piangere, così questa va piangendo di ciò che si devrebbe ridere. Io entro in cotal proposito in conto del farsi beffe un par vostro de le amonizioni che gli fanno un mio simile. Ecco a me il di voi padre iersera, eccomelo in casa dico, ma con tanta angustia ne l'animo, che quel ch'ei pativa io pativo; e tutto viene dal vivere, che il sì grande uomo vorria che si mutasse, in vostro essere. Certo la vita vostra si confà con il caso d'una comedia i cui andari non si guardano nel quanto durano da chi li ascolta, ma al come son ben recitati in la scena. Or per che la pena del fallire è la emenda che si dà al fallo, retiratevi un poco appresso al vostro intelletto sì bello che se lo andaste essercitando in gli studi vedrestevi al par d'ogni altro intra i dotti. Non è onesto che la facultà sì degna che si hanno procacciata in vertù del pennello le fatighe, le saviezze e i viaggi di Tiziano si getti via nei piaceri; anzi, di vostra laude sarebbe lo acrescerla e moltiplicarla nel doppio. Sì che ritornate a i libri lasciando le lascivie da parte, e vengavi a noia il vedervi marcire ne l'ozio, avenga che le sue pigrizie ingenerano la lusuria. Leggete gli altrui poemi in le carte, imperoché il leggere nutrica lo ingegno e, s'aviene che sia confuso, il ristora. Componetevi nel procedere in ciascuna cosa commendabile, in modo che le persone vi abbino più tosto invidia in la reputazione che pietade nel biasimo. Non è dubbio che uno che non sa pigliare di se stesso partito in mentre si sente proverbia[re] da la propria conscienza e da l'animo è simile a un corpo infermo il quale tiene una certa pigrizia dentro ai nervi, una senza punto di fatiga istracchezza, un triemito corrente in le membra e uno isbadigliar così spesso che si crede morirsi vivendo. Or quando sia che vogliate ritornar de la sorte ch'io vi desidero e bramo, e che voi sapete e devete, importunarò di maniera il compare che i miei prieghi fervidi vinceranno non che la sua ostinazione, ma il giuramento. Onde ripatriarete in quel suo core del quale vi hanno isbandito gli errori[17].

I «prieghi fervidi» aretiniani non dovettero scalfire nemmeno lontanamente la più intima natura umana di Pomponio, obbligato nel 1554 dallo stesso padre a rinunciare con disonore al canonicato di Medole per la sua scarsa vocazione religiosa e a cederlo a un nipote del pittore che, pur di ingraziarsi la popolazione e il parroco, dipinse per l'altar maggiore della chiesa di Santa Maria l'*Apparizione di Cristo alla Vergine nel purgatorio*[18].

Completata nel 1559, poiché a questa data l'autore parla dell'opera compiuta nella lettera a Filippo II del 22 settembre, la cupa *Deposizione di Cristo nel sepolcro* oggi al Prado[19] (tav. 49) è un'immagine assai lontana dalla classica monumentalità che si coglie in quella dipinta quasi quarant'anni prima per Alfonso d'Este. Firmata TITIAN[VS] VECELLIVS AEQVES CAES[AREVS] con caratteri in oro sulla tavoletta poggiata allo spigolo della tomba, sulla cui lastra di destra è ben visibile la scena del sacrificio di Isacco, tradizionale prefigurazione del sacrificio di Cristo, l'opera è caratterizzata da un dramma silenzioso e raccolto, al quale contribuisce la pennellata sfibrata e densa che tende a smaterializzare le figure. Il soggetto luttuoso del dipinto, che poco prima della morte dell'artista venne collocato nella cappella funebre imperiale all'interno della *iglesia vieja* dell'Escorial, dovette essere particolarmente sentito da Tiziano, che non a caso si è voluto ritrarre nel barbuto san Giuseppe d'Arimatea che sulla sinistra sostiene il corpo di Gesù e ne guarda il livido cadavere con un'intensa partecipazione emotiva. Merita ricordare che in modo non molto diverso, alla metà degli anni Cinquanta, anche Michelangelo si era effigiato in una patetica scena di Pietà, quella cosiddetta *Bandini* ideata per ornare la propria sepoltura in Santa Maria Maggiore a Roma e oggi al Museo dell'Opera del duomo di Firenze, ma nelle vesti del discepolo segreto di Cristo, Nicodemo[20], a dimostrazione di una spiritualità comune nei due massimi artisti del secolo. Questo intimo sentimento religioso, che informerà la maggior parte della produzione tarda del Vecellio, è ancor più accentuato in altre opere realizzate su commissione del re spagnolo per decorare il maestoso palazzo-monastero dell'Escorial, come dimostrano il *Martirio di san Lorenzo*[21], dipinto alla metà degli anni Sessanta ispirandosi a un suo precedente quadro – su cui torneremo – oggi nella chiesa veneziana dei Gesuiti, o il *San Girolamo penitente*.

Consegnato nel 1575, come testimonia una lettera del 24 settembre di quell'anno spedita a Filippo II dall'ambasciatore spagnolo a Venezia, Diego Guzmán de Silva, e perciò realizzato in una fase ormai tardissima dell'attività del pittore, il *San Girolamo penitente* dell'Escorial[22] discende da un prototipo piuttosto fortunato nel catalogo di Tiziano, ideato nella seconda metà degli anni Cinquanta per la chiesa veneziana di Santa Maria Nova, ma oggi alla Pinacoteca di Brera a Milano[23], e giunto con non troppe varianti fino al quadro del Museo Thyssen-Bornemisza di Madrid[24], all'incirca coevo a quello del monastero. Costruito con violente pennellate e con un colore filamentoso soprattutto nel paesaggio, pennellate che sembrano invece placarsi nella figura del santo, il quadro offre allo spettatore, secondo i recenti dettami post-tridentini sulle immagini sacre, un granitico esempio di virtù cristiana: il protagonista della scena, il dotto traduttore della *Bibbia* e al contempo il sofferente asceta che si percuote il petto con una pietra in segno di penitenza, è raccolto in un tormento spirituale in cui il fedele dovrebbe idealmente rispecchiarsi, tentando di imitare questo grande modello di santità. Girolamo, in cui non si fatica a riconoscere un autoritratto estremo del pittore, il che è riscontrabile anche nel *San Girolamo* del Museo Thyssen-Bornemisza e in quello – come vedremo – nella *Pietà* all'Accademia di Venezia, è immerso in una natura apparentemente minacciosa e oscura, una buia grotta che fa da affascinante cornice alla sua macerazione interiore; circondato dal fedele leone e dai testi biblici da lui tradotti in latino, presso i quali il pittore ha raffigurato una clessidra a ricordare che il tempo scorre inesorabile, il santo dalmata è inginocchiato al cospetto di un umanissimo crocifisso, colpito da un potente raggio di abbacinante luce metafisica che ne illumina il corpo ancora vigoroso. E forse così, ancora nel pieno delle forze, dovette sentirsi nella sua ultima vecchiaia il maestro veneto, che appose la consueta firma TITIANVS F sulla roccia su cui Girolamo poggia il ginocchio sinistro, una simbolica pietra cristologica che riceve energia vitale dal fiotto d'acqua in basso a destra, un particolare quest'ultimo teso forse a simboleggiare la forza ancora integra dell'artista e il suo intatto e zampillante potere creativo.

In linea anch'esse con il decreto sulla venerazione delle immagini sacre, approvato il 4 dicembre del 1563 durante l'ultima sessione del concilio di Trento e già a luglio dell'anno seguente pubblicato a Venezia dopo una votazione quasi unanime del Senato[25], le varie versioni della *Maddalena penitente* dipinte da Tiziano nei suoi anni finali dipendono da un modello ideato per Filippo II, ma poi rimasto a Venezia e venduto al patrizio veneziano Silvio Badoer[26]. Tra le migliori, se non la migliore in assoluto, tanto che l'artista la tenne in casa con sé fino alla morte, si segnala quella all'Ermitage di San Pietroburgo[27] (tav. 50), dove al posto del vasetto con gli unguenti del dipinto per Francesco Maria Della Rovere (tav. 34), un'opera – come si ricorderà – caratterizzata da un esplicito erotismo qui del tutto assente, il pittore ha collocato una brocca di cristallo, volta a simboleggiare la purezza della santa. Il libro aperto e il teschio che gli fa da lugubre leggio, insieme con il paesaggio cupo e con gli occhi arrossati e colmi di lacrime della donna, contribuiscono a suggerire un'atmosfera di severa penitenza, in un'immagine del cui intenso patetismo si accorse il Vasari:

> Ella, alzando la testa con gl'occhi fissi al cielo, mostra compunzione nel rossore degl'occhi, e nelle lacrime dogliezza de' peccati: onde muove questa pittura, chiunche la guarda, estremamente; e, che è più, ancorché sia bellissima, non muove a lascivia, ma a commiserazione[28].

Non proprio così penitenziale, invece, dovette essere ritenuta da Tiziano la sua figura della Maddalena, almeno se si considera un divertente aneddoto che vide come protagonisti nel 1562 il giovane nobile fiorentino Baccio Valori e l'anziano pittore. In visita alla bottega tizianesca di Biri Grande, il Valori fu accolto dall'artista e gli fu mostrata una delle tante versioni della *Maddalena penitente*:

> Conobbi qui Tiziano quasi fermo in casa per l'età e, come che fusse stimato per ritrarre al naturale, mi mostrò una Maddalena nel diserto da piacere; anzi mi ricordo hora che, dicendoli che era da piacer troppo come fresca e rugiadosa in quella penitenza, cono-

sciuto che io volea dire che dovesse essere scarna dal digiuno, mi rispose ghigniando: «Avvertisci che l'è ritratta pel primo dì che vi entrò, inanzi che cominciassi a digiunare, per rappresentar la pittura penitente sì, ma piacevole quanto poteva». E per certo tale era[29].

La sconfinata fiducia di cui Tiziano godette presso il sovrano spagnolo a partire dagli anni Cinquanta gli consentì di celebrare con il suo pennello due eventi di capitale importanza storica per Filippo II, ossia la gloriosa battaglia di Lepanto e la nascita del figlio ed erede, l'infante Fernando, avvenuti rispettivamente il 7 ottobre e il 7 dicembre del 1571. Se l'avvenimento a carattere dinastico poteva garantire finalmente la successione alla monarchia spagnola sugli sterminati territori degli Asburgo, la vittoria sui turchi da parte della Lega Santa, formata dalla Chiesa di Roma, dalla Spagna e da Venezia e guidata da don Giovanni d'Austria, consegnava definitivamente alla storia il nome del re, creando intorno a lui e agli altri protagonisti dell'epopea bellica – in particolare il papa Pio V Ghislieri – un alone di invincibilità contro il nemico infedele[30]. Il primo dei due dipinti, entrambi spediti al committente nell'autunno del 1575 e oggi al Prado, rappresenta il re nell'atto di offrire il piccolo Fernando a una Vittoria alata che scende in picchiata dal cielo, recando in dono al fanciullo una palma con il cartiglio augurale MAIORA TIBI e una corona d'alloro; sullo sfondo, tra il fumo denso e il bagliore sulfureo delle fiamme, si può a stento intuire una caotica rappresentazione della battaglia di Lepanto, mentre nell'angolo in basso a sinistra, inserito nella composizione come un trofeo da mostrare senza pietà, un baffuto turco privato del suo bianco turbante giace a terra con le mani legate e con gli occhi abbassati in segno di sconfitta[31] (tav. 51). Opera contrassegnata da un notevole effetto teatrale, che lasciò una duratura traccia sulla pittura barocca spagnola, reca l'orgogliosa firma TITIANVS VECELLIVS EQVES CAES[AREVS] FECIT sul foglietto affisso alla seconda colonna da destra, un piccolo saggio di virtuosismo che ha quasi il sapore di una sfida al tanto celebrato realismo fiammingo. Ben più complessa, giocata sul filo dell'allegoria controriformistica, si rivela l'altra immagine con la Spagna in atto di soccorrere la Religione[32] (tav. 52), in cui il pittore ha raggruppato con equilibrio e sapienza iconografica alcuni simboli che richiamano in modo esplicito l'ancestrale lotta tra il bene e il male e l'inevitabile vittoria del primo sul secondo. Vale la pena di ricordare che in modo non troppo diverso, all'incirca nello stesso periodo dei due dipinti tizianeschi, Pio V – il vero vincitore morale di Lepanto – aveva sfruttato a suo vantaggio la vittoria contro la flotta ottomana per propagandare dalla sala Regia in Vaticano una nuova e retorica immagine della Chiesa militante, glorificata nei due affreschi del Vasari con le *Flotte contrapposte a Lepanto* e con la *Battaglia di Lepanto*[33]. Nel quadro per Filippo II, destinato in origine a contenere un *Trionfo della Virtù sul Vizio* per Alfonso d'Este, che a causa della morte nel 1534 non fece però in tempo a veder realizzata l'opera, una donna seminuda sulla destra – una Venere nel progetto incompiuto per il duca di Ferrara – è raffigurata mentre si porta devotamente la mano destra al petto e con alle spalle un calice eucaristico e una croce, simboli della Fede e della Religione, e un tronco spezzato con un groviglio di serpenti, allusivi alla velenosa eresia protestante. La figura allegorica viene soccorsa da un'altra personificazione femminile sulla sinistra, già una Minerva nel quadro per Alfonso, la quale, accompagnata dalla Giustizia con la spada levata e da un indistinto esercito di fedeli armati, incede verso di lei con una lancia nella sinistra e con lo stemma di Filippo II nella destra, mentre ai suoi piedi giacciono armi e indumenti militari in ricordo della vittoria di Lepanto; sullo sfondo, anch'esso caratterizzato – al pari del suo ideale *pendant* – dalla presenza di navi, nuvole di fumo e guizzanti fiamme, l'artista ha dipinto un turco che cavalca un carro trainato da una coppia di cavalli marini, a simboleggiare la potenza marittima dell'Impero ottomano, sostituendo la figura di Nettuno abbozzata molti decenni prima. La firma del pittore TITIANVS F compare seminascosta a fianco della croce poggiata sulla roccia, nell'angolo in basso a destra, ancora una volta lasciata in una zona altamente simbolica della scena.

Spenti ormai quasi dovunque gli ultimi fuochi del dissenso religioso e almeno per ora sedata – anche se solo simbolicamente – la minaccia turca nel Mediterraneo con la vittoria di Lepanto, la Chiesa post-tridentina sembrava poter trionfare in Italia e in molte parti d'Europa, potendo contare anche sul decisivo contributo fornito proprio dal sovrano spagnolo Filippo II. A questa operazione propagandistica, dopo aver messo da parte i dubbi e i non lineari orientamenti in materia di fede degli anni centrali del secolo, aveva contribuito anche il grande Tiziano, il cui pennello si era prestato nei due dipinti, gli ultimi eseguiti per il re asburgico, all'affermazione di un nuovo modello di immagini sacre in cui la ragion di Stato, secondo le future teorie di Giovanni Botero, coincideva con la ragion di Chiesa. Il glorioso e aureo Rinascimento, di cui il pittore veneto era stato per vari decenni uno tra i più fulgidi rappresentanti, lasciava ormai il posto all'austero pessimismo della Controriforma e alla sua arte pedagogica al servizio della formazione delle coscienze.

NELLO SPECCHIO DELLA «GLORIA»: CARLO V E TIZIANO A YUSTE

Pur oberato dalla committenza di Filippo II, Tiziano riuscì comunque a soddisfare le molte richieste che intorno alla metà del secolo gli giungevano da più parti a Venezia, continuando a mantenere inalterato il solido rapporto con il governo marciano che ormai durava pressoché ininterrotto da quarant'anni. Nel giugno del 1554, all'età di 65 anni, in buona parte trascorsi con sobrietà a studiare le lettere, la filosofia e la legge, veniva eletto doge Francesco Venier, il quale durante i suoi appena due anni di governo commissionò al Vecellio varie opere di notevole importanza. Tra queste merita ricordare soprattutto un suo intenso ritratto in abito cerimoniale oggi al Museo Thyssen-Bornemisza di Madrid[34], l'ultimo ritratto di doge eseguito dall'artista, in cui traspaiono sia l'estrema acutezza d'ingegno sia la grave malattia che costringeva il Venier a camminare sorretto da due persone e che a breve lo avrebbe condotto alla morte, e il quadro votivo, noto come la *Fede* e custodito nella sala delle Quattro porte in Palazzo Ducale, volto a celebrare a oltre trent'anni dalla sua scomparsa il discusso doge Antonio Grimani[35].

All'incirca nello stesso periodo, ormai quasi conclusa la costruzione dell'edificio, venne definito il programma decorativo per la sala di lettura della Libreria Marciana, un prestigioso luogo di cultura e di formazione delle élites cittadine sorto con l'intento di ospitare i codici miniati greci e latini donati nel 1468 a Venezia dal patriarca di Costantinopoli, il cardinale Giovanni Bessarione. Se le complesse iconografie dei 21 tondi che decorano il soffitto del salone sansoviniano furono scelte con ogni probabilità dal procuratore di San Marco Vettore Grimani, già ideatore insieme con Antonio Cappello del programma iconografico della loggetta, e dall'umanista e futuro patriarca di Aquileia Daniele Barbaro, la selezione dei sette pittori ai quali affidare i quadri spettò a Tiziano e a Sansovino, che optarono – scartando preventivamente il poco controllabile Tintoretto – per artisti di formazione o ascendenza manieristica dichiaratamente tosco-romana: Giovanni De Mio, Giuseppe Porta detto il Salviati, Battista Franco, Giulio Licinio, Giambattista Zelotti, Andrea Schiavone e Paolo Veronese[36]. Il perno iconografico della decorazione era costituito dall'*Allegoria della Sapienza*, alla quale Tiziano dedicò un ottagono collocato sul soffitto dell'antisala, mentre ai tondi della sala era affidato l'incarico di insistere sui temi delle arti, delle scienze e delle virtù. Oltre al pagamento pattuito per i dipinti, 60 ducati a ciascun artista, venne messa in palio per il tondo migliore una collana d'oro, conquistata alla fine dal Veronese con la sua *Allegoria della Musica*: questi infatti, che secondo il Vasari «ottenne la vittoria et il premio dell'onore»[37], ricevette il gioiello direttamente dalle mani di Tiziano, il cui gesto rappresentò «un passaggio di consegne dall'ormai più che sessantenne pittore ufficiale della Serenissima all'astro nascente della pittura veneziana»[38].

Allo scadere degli anni Cinquanta Tiziano portò a termine uno dei suoi più alti capolavori, il *Martirio di san Lorenzo*, collocato sin dal Settecento sul primo altare di sinistra della chiesa veneziana dei Gesuiti[39] (tav. 53). In realtà, la monumentale pala d'altare (493 x 277 cm) era destinata in origine alla seconda cappella della navata destra di Santa Maria dei Crociferi, dove il committente, il nobile Lorenzo Massolo, aveva stabilito di porre nel 1548 la sua sepoltura, quella della moglie Elisabetta Querini, nipote del senatore Girolamo Querini, e di una loro figlia deceduta in tenera età. Percorsa da un violento luminismo del tutto adatto al drammatico episodio rappresentato dal pittore, in cui il martire viene arso vivo sulla graticola da alcuni nerboruti carnefici di fattura michelangiolesca, l'opera si infiamma di ardenti bagliori in quattro studiati punti: le due torce in diagonale, la fiamma della brace in primo piano e lo squarcio di cielo da cui si dirige verso san Lorenzo la luce della grazia divina[40]. La scena presenta un suggestivo campionario di citazioni classiche, dalla figura del protagonista, ripresa dal *Galata caduto* all'epoca nella collezione archeologica dei Grimani, alla figura velata di *Vesta* sul podio a sinistra, fino al possente colonnato del tempio di Antonino e Faustina o di quello di Marte Ultore a Roma sulla destra: questo poderoso arsenale iconografico, che testimonia la solida cultura figurativa dell'autore e la sua notevole dimestichezza – acuita dopo il soggiorno a Roma – con l'antichità greca e romana, svolge la funzione di simboleggiare l'inesorabile passaggio dall'era pagana a quella cristiana, un passaggio attestato sia dallo stesso martirio inflitto a Lorenzo, santo che porta il nome del committente, sia dalla figura di *Vesta* con una statuetta della Vittoria in mano, secondo Panofsky «un monumento al Trionfo delle Fede»[41]. Dietro la complessità dell'immagine, il cui rivoluzionario notturno diventerà un prototipo imprescindibile per la pittura di Tintoretto e di Iacopo Bassano nonché, mezzo secolo dopo, per Caravaggio e per i suoi seguaci, vi è presumibilmente Elisabetta Querini che, alla morte del marito nel 1557, prese in mano le redini della commissione e ordinò a Tiziano di completare il quadro «con quella più prestezza serà possibile»[42]. Morta due anni dopo il consorte e anch'essa come lui privata della gioia di poter ammirare il dipinto installato sull'altare, la Querini amava circondarsi di intellettuali come Aretino, Pietro Bembo e Giovanni Della Casa[43], tanto che non è da escludere che proprio in tale contesto culturale avesse preso forma un'opera così densa di allusioni simboliche. Eroe cristiano per antonomasia, andato incontro alla morte violenta pur di difendere la propria fede e di non piegarsi nemmeno di fronte all'imperatore Valeriano che lo obbligava ad adorare idoli pagani, il martire Lorenzo incarnava alla perfezione il modello di buon cristiano di cui Venezia, raggelata dal vento della Riforma protestante, aveva bisogno per riaffermare la sua ortodossia e la sua fedeltà alla Chiesa di Roma.

Pervasa da una sottile vena controriformistica si rivela la *Gloria* dipinta per Carlo V tra il 1551 e il 1554, quando venne spedita a Bruxelles, un'opera oggi al Prado il cui titolo deriva da un inventario di dipinti inviati all'Escorial da Filippo II nel 1574 nel quale è citato un «juicio con los retratos del emperador Carlos quinto que está en gloria»[44] (tav. 54). Invece di un giudizio finale («juicio») e di una «gloria», in alcune lettere spedite negli anni 1553-1554 dall'ambasciatore imperiale a Venezia Francisco Vargas al sovrano è menzionata una *Trinità*[45], che in effetti è l'immagine raffigurata nella zona superiore del quadro, dove in una luce abbagliante campeggiano le tre figure di Dio padre e di Gesù, speculari per i tratti fisionomici, l'abito blu e gli attributi dello scettro regale e del globo sormontato dalla croce, e dello Spirito Santo sotto forma di colomba. Scendendo e muovendo dalla zona sinistra della composizione, sono rappresentati la Vergine ammantata di blu che guarda in direzione dell'osservatore e, sotto di lei, san Giovanni Battista rivolto alla Trinità, gli evangelisti e più in basso di tutti, seduti sulle nuvole, Ezechiele con il turbante e sopra l'aquila, Mosè con le tavole della legge e Noè con il modellino dell'arca; sulla destra, sempre partendo dalla zona superiore, presentati da una schiera angelica, sfilano i membri della famiglia asburgica, tra cui si riconoscono Carlo V in grande evidenza, di profilo e inginocchiato in preghiera dopo aver deposto al suo fianco in segno di rispetto la ricca corona imperiale, dietro di lui Isabella di Portogallo, alle sue spalle Maria d'Ungheria e Filippo II, entrambi a mani giunte, e sotto di loro Aretino e Tiziano, il primo quasi frontale e il secondo di profilo, mentre più in basso compaiono la sibilla Eritrea di spalle vestita in verde, il re David che tiene stretta nelle mani la sua caratteristica arpa e sopra di lui, forse nelle vesti di Giobbe, l'ambasciatore Vargas. Pur ispirandosi alla caotica massa umana del *Giudizio universale* di Michelangelo, che l'artista aveva potuto ammirare durante il suo viaggio romano, Tiziano non ha costruito le masse dei suoi personaggi con quel senso di immane pesantezza e forza di gravità adottato invece nella scena buonarrotiana, ma ha smaterializzato le figure con un colore dorato e caldo che scivola gradualmente dalla zona superiore con la Trinità per giungere quasi integro al sobrio paesaggio in basso. Di questa leggerezza metafisica partecipano tutti gli eroi biblici nonché l'imperatore e il suo ristretto seguito, mentre la coppia Aretino-Tiziano, indivisibile finanche in questa simbolica scena sospesa tra il cielo e la terra, sembra mantenere ancora tutta la vitale corporeità degli esseri umani, come viene peraltro suggerito dalla loro teatrale gestualità che quasi stona rispetto all'immobile ieraticità degli Asburgo. La famiglia reale è colta mentre è sul punto di essere ammessa alla corte celeste, in trepida attesa alle porte del paradiso; la visione divina, la gloria e la luce che coinvolgono i membri del casato, i cui effetti si riverberano a cascata su tutte le altre parti della composizione, sono quelle descritte da sant'Agostino nel *De civitate Dei* e da Luis de Granada, confessore della sorella dell'imperatore e in rapporto anche con lo stesso sovrano[46]. Estasiato dalla smagliante bellezza del dipinto, Carlo V volle portarlo con sé durante l'esilio nel monastero di San Jerónimo a Yuste, dove egli decise di trascorrere in solitudine i suoi ultimi anni dopo l'abdicazione nel 1556[47]. Del quadro, rimasto a Yuste fino al 1574, quando Filippo II lo trasferì con le spoglie mortali del padre all'Escorial[48], Carlo V lasciò traccia in un codicillo del suo testamento del 9 settembre 1558, definendolo inequivocabilmente «el juicio final»: il che, considerando anche la presenza del profeta Ezechiele e della sibilla Eritrea, entrambi autori di profezie sulla fine del mondo, svelerebbe l'intenzione più profonda del dipinto, ossia quella di voler alludere alla promessa di salvezza finale per la famiglia reale riunita devotamente sotto la Trinità, anche se sotto forma di anime trasfigurate dalla luce[49]. Poco prima di morire in quel fatidico 21 settembre del 1558, almeno a quanto narra la leggenda, l'imperatore era solito guardare con una tale intensità la *Gloria* da terrorizzare i medici che lo assistevano, i quali temevano che le sue già precarie condizioni di salute potessero in questo modo peggiorare ulteriormente[50]. L'ossessiva immedesimazione di Carlo V nella scena dipinta da Tiziano, che con il suo autoritratto volle lasciarvi un plateale segno del ruolo non marginale svolto nella biografia del sovrano, giustifica appieno quanto ebbe ad affermare del dipinto Karl Brandi, secondo il quale esso incarna «la più umile e tuttavia la più superba espressione del senso vitale dell'imperatore, della certezza di essere stato chiamato dalla suprema volontà di Dio»[51].

Con la *Gloria* Tiziano chiudeva un cerchio aperto da oltre un ventennio, un periodo in cui aveva potuto seguire passo dopo passo i successi e le sconfitte di quello che per lui sarebbe per sempre rimasto l'unico sacro romano imperatore, più volte effigiato nel corso degli anni e seguito fino in Germania pur di assecondarne la volontà. Da Carlo V, ma poi anche dal figlio di questi, Filippo II, il pittore avrebbe ottenuto prestigiose commissioni e un invidiabile – e spesso invidiato – lustro personale, tradotto in tangibili soddisfazioni economiche e sociali non solo per se stesso, ma anche per la famiglia. Tramontato l'astro del sovrano asburgico, Tiziano si sarebbe ancor più chiuso nel proprio ermetico bozzolo esistenziale, rendendosi lucidamente conto che un'epoca d'oro andava spegnendosi e che una altrettanto gloriosa non era nemmeno lontanamente visibile all'orizzonte.

«ESSENDO GRAVE DI ETÀ»: LA BOTTEGA DI BIRI GRANDE

Per la produzione tarda di Tiziano, quella che va all'incirca dalla metà degli anni Cinquanta alla morte, si è giustamente parlato di «non finito»[52], di «pittura di macchia» e di «impressionismo magico»[53], a indicare un modo di dipingere volutamente incompiuto, caratterizzato da pennellate vibranti e dense che non tendono a definire le parti in modo netto, ma che al contrario sembrano lasciarle in un suggestivo stato di abbozzo; sono quasi del tutto assenti inoltre, come è stato osservato ad esempio per la cosiddetta *Ninfa e pastore* del Kunsthistorisches Museum a Vienna (1570 circa), le linee di contorno delle figure, tanto che «le forme e gli elementi figurativi si confondono l'uno nell'altro e le singole aree non sono separate in modo netto»[54]. Il colore, come accadrà nel Seicento con artisti come Rubens, Van Dyck, Rembrandt o Velázquez e nell'Ottocento con Goya, Delacroix e infine con gli impressionisti, viene steso dal pittore con rapidi colpi di pennello che sovente lasciano in vista sul supporto spessi strati o grumi di vernice, creando un effetto materico di notevole originalità e ponendo l'osservatore di fronte al profondo senso della creazione artistica, una creazione che passa dalla dimensione organica dei mezzi tecnici adoperati a quella estetica e iconografica della composizione finale consegnata al committente.

Già la storiografia artistica del Cinque e Seicento era rimasta sbigottita da questo procedimento pittorico adottato da Tiziano negli ultimi anni di attività, come dimostrano due celebri brani a firma del Vasari e di Marco Boschini. Il pittore e storiografo aretino, erede della secolare tradizione pittorica fiorentina basata sul disegno e sulla compiutezza di ogni singola parte della composizione, ricorda non senza una punta di fastidio che la maniera seguita dall'artista veneto nei suoi ultimi quadri

> è assai differente dal fare suo da giovane: con ciò sia che le prime [opere] son condotte con una certa finezza e diligenza incredibile, e da essere vedute da presso e da lontano, e queste ultime, condotte di colpi, tirate via di grosso e con macchie, di maniera che da presso non si possono vedere e di lontano appariscono perfette. E questo modo è stato cagione che molti, volendo in ciò immitare e mostrare di fare il pratico, hanno fatto di goffe pitture: e ciò adiviene perché, se bene a molti pare che elle siano fatte senza fatica, non è così il vero e s'ingannano, perché si conosce che sono rifatte e che si è ritornato loro addosso con i colori tante volte che la fatica vi si vede. E questo modo sì fatto è giudizioso, bello e stupendo, perché fa parere vive le pitture e fatte con grande arte, nascondendo le fatiche[55].

Ha quasi il sapore del paradosso che, a dispetto di quanto appena riportato, Tiziano avesse fatto carte false pur di essere ammesso nel 1566 – insieme con Palladio, Tintoretto, Danese Cattaneo, Giuseppe Porta e lo Zelotti – nella prestigiosa Accademia del Disegno, fondata nel 1563 a Firenze dal duca Cosimo de' Medici su sollecitazione del Vasari[56].

Racconta invece il Boschini nelle *Ricche minere della pit-*

tura veneziana (1674), citando una testimonianza di Iacopo Palma il Giovane, allievo di Tiziano, che nella sua fase finale il pittore

abbozzava i suoi quadri con una tal massa di colori che servivano (come dire) per far letto, o base alle espressioni, che sopra poi li doveva fabricare; e ne ho veduti anch'io de' colpi rissoluti, con pennellate massiccie di colori, alle volte d'un striscio di terra rossa schietta, e gli serviva (come a dire) per mezza tinta; altre volte con una pennellata di biacca, con lo stesso pennello, tinto di rosso, di nero e di giallo, formava il rilievo d'un chiaro, e con queste massime di dottrina faceva comparire in quattro pennellate la promessa d'una rara figura. [...] Dopo aver formati questi preziosi fondamenti, rivolgieva i quadri alla muraglia, e ivi gli lasciava alle volte qualche mese, senza vederli; e quando poi da nuovo vi voleva applicare i pennelli, con rigorosa osservanza li esaminava, come se fossero stati suoi capitali nemici, per vedere se in loro poteva trovar diffetto; e scoprendo alcuna cosa che non concordasse al delicato suo intendimento, come chirurgo benefico medicava l'infermo, se faceva di bisogno spolpargli qualche gonfiezza, o soprabondanza di carne, radrizzandogli un braccio, se nella forma l'ossatura non fosse così aggiustata, se un piede nella positura avesse presa attitudine disconcia, mettendolo a luogo, senza compatir al suo dolore, e cose simili. Così, operando e riformando quelle figure, le riduceva nella più perfetta simmetria che potesse rappresentare il bello della natura e dell'arte; e doppo, fatto questo, ponendo le mani ad altro, sino che quello fosse asciutto, faceva lo stesso; e di quando in quando poi copriva di carne viva quegli estratti di quinta essenza, riducendoli con molte repliche che solo il respirare loro mancava; né mai fece una figura alla prima, e soleva dire che chi canta all'improvviso non può formare verso erudito né ben aggiustato. Ma il condimento de gli ultimi ritocchi era andar di quando in quando unendo con sfregazzi delle dita negli estremi de' chiari, avicinandosi alle meze tinte, ed unendo una tinta con l'altra; altre volte con un striscio delle dita pure poneva un colpo d'oscuro in qualche angolo per rinforzarlo, oltre qualche striscio di rossetto, quasi gocciola di sangue, che invigoriva alcun sentimento superficiale; e così andava riducendo a perfezione le sue animate figure. Ed il Palma mi attestava, per verità, che nei finimenti dipingeva più con le dita che co' pennelli[57].

Sulla scorta del racconto del Palma, questo straordinario passo del Boschini ci svela che l'artista dipingeva nella sua estrema vecchiaia usando più le dita che i pennelli, quasi che si fosse trasformato in un essere sovrannaturale in grado di sprigionare un'energia vitale semidivina. L'artista demiurgo si era trasfigurato durante la sua creazione in un vero e proprio dio della pittura, capace di trasferire sulla tela il suo corpo e la sua anima, il suo sangue e la sua tavolozza, i brandelli della sua consunta carne e i pigmenti scelti per soffiare la vita nelle sue figure. È quasi impossibile poter distinguere il vecchio Tiziano dalle sue opere finali, che rispecchiano con bruciante passione i suoi più intimi pensieri, le pieghe del suo tormento interiore, il rimpianto per un'epoca aurea al tramonto, riflettendo l'immagine dell'artista e del suo microcosmo. Ma anche ragioni di ordine fisiologico, merita ricordarlo, condizionavano la pittura dell'ultimo Tiziano, come testimoniano una lettera del 1568 del mercante d'arte Niccolò Stoppio a Johann Jacob Fugger, in cui si afferma che il pittore non aveva ormai più la forza di vedere ciò che stava dipingendo e che la sua mano era diventata incerta e tremolante, o le impietose critiche mosse alla produzione tarda dell'artista da Antonio de Guzmán y Zúñiga, marchese di Ayamonte e governatore di Milano dal 1573 al 1580, secondo il quale era soprattutto Orazio Vecellio a portare a termine le idee del padre[58].

Nonostante l'impegno principale di questi ultimi anni fosse quello in favore del re spagnolo, Tiziano – coadiuvato dalla sua folta bottega – continuò anche a Venezia a realizzare rare, ma significative pale d'altare, costruite per mezzo di uno stile che non avrebbe certo tardato a fare proseliti, fornendo spunti formali e iconografici soprattutto al drammatico luminismo di Tintoretto e di Iacopo Bassano. Rappresentative della fase tarda del maestro veneto sono le due ampie tele con la *Crocifissione* in San Domenico ad Ancona e con l'*Annunciazione* in San Salvador a Venezia, opere che rivelano un rapporto molto saldo tra la fine degli anni Cinquanta e la metà degli anni Sessanta tra l'artista e la famiglia di mercanti Cornovi Della Vecchia, il cui maggior rappresentante in laguna era all'epoca Antonio. Gioielliere e mercante di oro, gemme preziose e seta, questi era un esponente di spicco di quelle conventicole di eterodossi che si riunivano intorno alla metà del secolo nelle botteghe di oreficeria della zona di Rialto; più volte membro della Scuola grande di San Rocco, dove ricoprì la carica di decano nel 1548, di vicario nel 1562 e di guardian grande nel 1569, Antonio Della Vecchia fu amico fraterno dell'altro gioielliere e autore di opere burlesche Alessandro Caravia, che durante il processo intentatogli dall'Inquisizione nel 1557-1559 lo avrebbe chiamato in causa dichiarando che insieme erano soliti recarsi a messa «hora in San Salvator, hora a la Madonna de l'Horto et in altre ghiesie»[59]. Si trattava insomma di un personaggio più che sospetto dal punto di vista religioso, la cui famiglia strinse rapporti a Venezia e nelle Marche con Lorenzo Lotto, anch'egli non immune dal fascino delle dottrine eterodosse[60]. Morto nel 1572, egli commissionò importanti opere ad alcuni grandi artisti veneziani, come dimostrano il perduto *Cristo coronato di spine et alcuni farisei intorno che lo scherniscono* di Battista Franco, ricordato dal Vasari nella dimora presso la Madonna dell'Orto del mercante veneziano[61], e almeno uno dei due quadri di Tiziano.

Inizialmente affidata al lombardo Pellegrino Tibaldi, che ebbe però uno screzio con la committenza, la *Crocifissione* di Ancona[62] (tav. 55) venne ordinata al Vecellio verso il 1556 dai fratelli Tomaso e Pietro Della Vecchia, due mercanti che gestivano floridi traffici tra Venezia, le Marche e gli empori orientali tra cui Costantinopoli; fu il primo a ottenere nel 1555 il giuspatronato della cappella maggiore di San Domenico e a restare stabilmente ad Ancona a seguire le sorti delle attività commerciali, mentre il secondo ne divenne alla morte l'erede universale, assistendo nel 1558 alla collocazione sull'altare della pala tizianesca e continuando a dirigere in città la bottega di famiglia[63]. Opera caratterizzata da una straordinaria intensità drammatica, firmata TITIANVS F sulla base della croce, essa ha come attori protagonisti, oltre al Cristo crocifisso con gli occhi chiusi e grondante sangue dalle ferite provocate dalla corona di spine, dai chiodi sulle mani e sui piedi e dallo squarcio sul costato, la Madonna sulla sinistra, pietrificata nel suo straziante dolore e con lo sguardo mesto rivolto a terra, san Giovanni evangelista sulla destra, che replica con le braccia il gesto del Redentore, e san Domenico, il santo titolare della chiesa, abbracciato allo strumento di martirio in una posa di vibrante pathos teatrale. Il notturno della scena, illuminata al pari del *Martirio di san Lorenzo* (tav. 53) da bagliori sapientemente distribuiti dal pittore, esalta la dimensione tragica dell'episodio, una dimensione – presente in altre opere coeve – particolarmente avvertita dall'ultimo Tiziano, ossessionato dal pensiero di una morte imminente e dall'angoscia di una vecchiaia segnata da un inesorabile declino fisico e mentale. Un declino che, in realtà, non trapela affatto dalle sue pitture, sempre ricche di invenzioni formali e contenutistiche, come dimostra l'*Annunciazione* per la chiesa agostiniana di San Salvador, solo in parte ripresa dall'omologa scena per San Domenico Maggiore a Napoli[64].

Nel testamento redatto il 7 maggio del 1559 Antonio Della Vecchia dispose di far collocare sull'altare della cappella di famiglia in San Salvador, in cui ottenne la sepoltura anche il padre Venturino, una «pala della Incarnation de nostro Signor», ossia l'*Annunciazione* di Tiziano[65]. Terminata verso il 1565 e perciò eseguita in un lasso di tempo piuttosto lungo, il che trova conferma nell'uso dell'imperfetto della firma TITIANVS FACIEBAT apposta in origine sul primo scalino, poi sostituita dalla improbabile TITIANVS FECIT FECIT, l'opera presenta sulla destra del secondo gradino un'altra iscrizione, questa volta originale: IGNIS ARDENS NON COMBVRENS, ovvero – secondo il versetto dell'*Esodo* (III, 2) – «Fuoco ardente che non brucia». Il brano tratto dall'*Antico Testamento* si riferisce all'episodio di Mosè e del roveto ardente che, pur bruciando, non si consuma ed è perciò una prefigurazione della verginità di Maria e del suo immacolato concepimento. Come è stato osservato, però, nell'immagine si fatica non poco a rintracciare simboli di purezza e di castità. In essa anzi, dove i fiori fiammeggianti nella trasparente caraffa in basso a destra richiamano in modo sottile il roveto ardente di Mosè, si nota la clamorosa assenza del giglio che qualifica abitualmente l'arcangelo Gabriele, qui rappresentato vigoroso e un po' corpulento, mentre tra le mani dei cherubini in alto a sinistra compare la rossa fascia allusiva alla verginità di Maria, che però essa dovrebbe tenere stretta ai fianchi[66]. In parte ispirata alla *Vita di Maria Vergine* (1539) dell'Aretino, in cui il rapporto tra l'angelo annunciante e la Vergine annunciata viene descritto con toni pittorici in un'atmosfera di «gran lampo di fiamma luminosa»[67], l'*Annunciazione* di San Salvador è un quadro ambiguo dal punto di vista contenutistico. In esso è esibita una dotta mistione tra annunciazione e incarnazione, un mistero quest'ultimo che Gabriele a braccia incrociate riconosce nella Madonna, colta mentre si scopre il volto in segno di accettazione della volontà divina; all'incarnazione, inoltre, allude anche il letto ancora disfatto appena visibile alle spalle di Maria, ben visibile invece nell'incisione che dalla scena trasse nel 1566 l'olandese Cornelis Cort. Ma al di là dei suoi complessi significati semantici, il dipinto è un capolavoro già alle porte del barocco, in cui l'esplosione di luce della zona superiore, dove una fitta corona di angeli gesticolanti con al centro la colomba dello Spirito Santo si staglia su una coltre di nubi, illumina con violenza rubensiana i due protagonisti dell'episodio evangelico e gli scarni elementi architettonici.

Ridotta la tarda attività pittorica di Tiziano relativa alle grandi pale d'altare, i cui due esempi per la famiglia Cornovi Della Vecchia rappresentano una felicissima parentesi, negli ultimi anni diminuì considerevolmente anche la produzione ritrattistica del maestro, che evidentemente si sentiva molto più a suo agio a dipingere opere che non necessitavano di un'attenzione spasmodica al dettaglio. Tra le rare eccezioni, però, un posto a sé è occupato dall'intenso *Ritratto di Iacopo Strada* al Kunsthistorisches Museum di Vienna, firmato in alto a sinistra TITIANVS F e datato 1566 sul cartiglio in alto a destra, un cartiglio che peraltro rivela l'identità dell'effigiato e la sua età di 51 anni all'epoca del dipinto[68] (tav. 56). Mantovano di origini nobiliari, orafo, pittore, architetto e collezionista di antichità gravitante prima nell'orbita della corte dei Gonzaga e poi al servizio dei più disparati personaggi, dal banchiere Hans Jakob Fugger al duca Alberto di Baviera, dai papi Giulio III e Marcello II agli imperatori Ferdinando I, Massimiliano II e Rodolfo II, Iacopo Strada è presentato da Tiziano, il cui nome compare scritto anche nella lettera sul tavolo, come un altero gentiluomo[69]: vestito con abiti ricercati ed eleganti, l'antiquario è raffigurato in una sorta di studiolo ed è circondato dai suoi amati reperti archeologici, tra i quali spiccano in un apparente disordine alcune monete – fu infatti autore di un trattato di numismatica – e due statuette di Diana (o Minerva) e di Ercole, oltre a quella più grande di Venere che egli mostra con orgoglio a un ideale interlocutore (o forse a un potenziale acquirente) alla sua sinistra. Non è da escludere che in questo controverso personaggio, che sapeva curare i propri affari con abilità e che amava circondarsi di potenti pronti a elogiarne le spiccate doti professionali, che dal 1566 fu ricercato dall'Inquisizione poiché sospetto di eresia e che nel 1574 ottenne la tanto sospirata patente di nobiltà, il vecchio pittore riconoscesse se stesso più giovane di qualche anno, magari all'epoca dell'*Autoritratto* di Berlino (tav. 1), che con il dipinto viennese condivide sia l'atmosfera raccolta di un umbratile interno sia la fiera e quasi fastidiosa consapevolezza dell'effigiato. Arrogante e avido di denaro come Tiziano, a tal punto che la coppia – in rapporto per ragioni commerciali – fu etichettata dal mercante di anticaglie Niccolò Stoppio come i «doi ghiotti a un tagliero»[70], lo Strada dovette compiere un percorso biografico non dissimile, anche se assai meno glorioso, da quello dell'artista, passando anch'egli dalla condizione di un talentuoso professionista del mestiere a quella di un aristocratico e rispettato uomo di mondo.

Ma all'uomo di mondo Tiziano, abituato da decenni a trattare da pari a pari con i potenti della terra e a seguire come un vero mastino i suoi molteplici interessi commerciali soprattutto (ma non solo) tra Venezia e il Cadore, questa dimensione onorifica iniziava a stare stretta, prevalendo invece nel suo animo un sentimento di profonda mestizia per una vita che gli stava sfuggendo dalle mani e per un mestiere del dipingere che era spesso costretto ad affidare agli allievi. Questo, e molto altro, ci comunicano con un cupo senso di disperazione i suoi ultimi autoritratti, talvolta nascosti sotto mentite spoglie, ma in realtà ben riconoscibili a un'attenta osservazione.

EPILOGO: AUTORITRATTI TRAGICI

I mancati pagamenti di Filippo II per alcune opere spedite da Tiziano in Spagna sfibrarono l'artista fino ai suoi ultimi giorni, inducendolo a preoccuparsi per la sicurezza economica dei parenti, che all'ombra del *pater familias* vivevano ormai da anni. L'ultima lettera inviata al sovrano spagnolo, datata 27 febbraio 1576, pochi mesi prima della morte dell'artista, documenta efficacemente questo malessere:

> L'infinita benignità di Vostra Maestà cattolica, colla quale per suo natural costume suol gratificare tutti quelli che fedelmente l'hanno servita et tuttavia la servono, mi dà animo di comparirli davanti con la presente così per rinnovarmi nella sua real memoria, nella quale senz'altro io mi persuado che l'antica et divota servitù mia mi tenghi ancora conservato, come anche di supplicarla di una gracia la quale è questa: sono già passati 25 anni che in ricompensa di molte pitture che in diverse occasioni ho inviato alla Maestà Vostra non ho mai avuto cosa alcuna, havendo havuto relatione per lettere del suo secretario Antonio Pérez della buona volontà di Vostra Maestà verso la persona mia in gratificarmi, onde essendo già ridotto ad una età molto grave et non senza mia grande necessità, con ogni humiltà vengo a supplicarla che con la solita sua pietà si degni sopra ciò dar a suoi ministri quell'ordine che le parerà più espediente per rimedio del mio bisogno, acciò havendomi la gloriosa memoria di Carlo quinto suo felicissimo padre ascritto nel numero de' suoi familiari, o per dir meglio, fidelissimi servi, con

avermi oltre ogni mio merito honorato del nome di cavaliere tenuto honorato et dal mondo così stimato; et perché si conosca insieme che le mie fatiche fatte tant'anni alla serenissima casa d'Austria siano state grate, il che sarà causa che con più lieto animo passarò il rimanente di miei giorni in servizio di Vostra Maestà catholica, ne' quali sarò tanto più obligado veggendomi con la sua gracia in questa mia vecchiaia consolato di pregar Signor Dio che le conceda felice et lunga vita con l'accrescimento della sua divina gracia et essaltazioni di suoi regni. In questo mentre starò aspettando dalla real benignità di Vostra Maestà il frutto della desiderata gratia, et con quella riverenza et humiltà ch'io debbio, le bascio le sacre mani[71].

Altri fastidiosi pensieri, d'altra parte, gli crearono alcune frizioni con la Magnifica comunità della sua Pieve di Cadore, dove sin dal conferimento del privilegio imperiale nel 1533 il pittore creava regolarmente notai e per la cui chiesa arcidiaconale di Santa Maria Nascente aveva affidato l'esecuzione su suoi cartoni preparatori di alcuni affreschi a tre fidati assistenti: il giovane nipote Marco Vecellio, nato nel 1545 e per il quale Tiziano aveva previsto la successione alla guida della bottega dopo la morte del figlio Orazio, il mosaicista Valerio Zuccato, figlio di quel Sebastiano con cui il maestro aveva iniziato il suo apprendistato, e il tedesco Emanuel Amberger, figlio del valente ritrattista Christoph[72]. Per questi affreschi, realizzati nel 1566-1568 ma purtroppo perduti, l'artista aveva addirittura fatto un cospicuo sconto alla Magnifica comunità, una vera rarità nell'ambito dei suoi venali rapporti di committenza, accettando un compenso di 200 ducati contro i 500 pattuiti all'inizio[73]. Insomma, conti e sconti alla mano, Tiziano si sentiva di certo in una posizione da benefattore nei confronti della patria d'origine, dove la sua presenza registrata di tanto in tanto doveva essere percepita dai compaesani come quella del figliol prodigo che fa ritorno a casa o di un sovrano che fa visita ai luoghi dell'infanzia. Dovette essere perciò un boccone davvero amaro quello che egli fu costretto a ingoiare nei primi anni Settanta, quando scoppiò una crisi tra la Magnifica comunità e un suo nipote, Odorico Soldano, notaio e cancelliere del capitano veneto del Cadore. La dura lettera spedita dal pittore ai governanti di Pieve di Cadore il 26 dicembre del 1572, l'ultima inviata alla sua cittadina, rivela tutta l'amarezza di un uomo che dovette sentirsi tradito dalla sua stessa gente, alla quale egli ricordava di aver fatto nel corso degli anni solo «benefitii e favori», specie sotto forma di prestiti in denaro[74], e con cui – mettendo da parte il suo orgoglio – tentava adesso per via diplomatica di scendere a patti non «per ricercarne altra ricompensa, ma per dirle che io ho amato la mia cara patria et cercato d'honorarla sempre et favorire le cose sue»[75].

Un efficace riflesso di questo tormento interiore, frutto sia di una lucida riflessione esistenziale su se stesso e sul suo ruolo sia delle preoccupazioni di natura economica e familiare, si può rintracciare in una serie di autoritratti piuttosto ravvicinati nel tempo, che testimoniano l'impietoso scorrere del tempo sul viso di Tiziano. Scavato e pallido, con una barba bianca e rada e con gli occhi persi nell'orizzonte e privi di quella luce vitale che caratterizza invece l'*Autoritratto* di Berlino dipinto alla metà del secolo (tav. 1), l'artista appare in tutta la stanchezza fisica e mentale dei suoi circa ottant'anni nell'*Autoritratto* del Prado, un'opera databile verso il 1565[76] (tav. 57). L'energia che vibrava e che era a stento controllata nel quadro berlinese sembra qui ormai sfiorita, lasciando il posto a una sorta di terreo ritratto prefunerario, a un profilo all'antica ispirato alla numismatica classica in cui il maestro risulta però ancora saldamente vincolato alla sua duplice dimensione sociale: quella aristocratica, attestata dall'elegante abito nero con stola di pelliccia e dalla collana dell'ordine dello Speron d'oro donatagli nel 1533 da Carlo V, e quella professionale, esibita con orgoglio tramite la presenza del pennello nella mano destra. Ci troviamo a tutti gli effetti di fronte a un ritratto eseguito per i posteri, in cui Tiziano lascia di sé un'immagine severa e permeata da sobria fierezza, cristallizzando la sua vita in un'icona nella quale il suo volto livido emerge dal tono scuro del vestito e dello sfondo grigio-marrone. L'opera appartenne nel Seicento a Rubens[77], che forse per primo, immedesimandosi nel soggetto raffigurato, ne seppe cogliere il significato simbolico: l'artista veneto infatti, ritraendo se stesso in questa posa nobile, quasi al di là del tempo e dello spazio, come fosse davvero immortale, aveva definitivamente riabilitato il ruolo del pittore e la funzione della pittura, sublimando l'uno e l'altra nella più pura ed elitaria dimensione intellettuale.

Più o meno coeva al quadro madrileno è la cosiddetta *Allegoria della Prudenza* alla National Gallery di Londra[78] (tav. 58), una suggestiva sintesi di quanto Tiziano desiderava per il suo futuro e soprattutto per quello della sua famiglia, un'opera in cui la dimensione privata si esplicita in un'immagine che ha da sempre provocato un'accesa discussione tra gli studiosi sul suo complesso significato simbolico. In essa vi sono raffigurati, da sinistra verso destra e con i due personaggi laterali di profilo e quello al centro frontale, il vecchio pittore con un copricapo rosso, confrontabile per i tratti fisionomici con l'*Autoritratto* del Prado, il figlio quarantenne Orazio e il nipote ventenne Marco, sotto i quali figurano le teste di un lupo, di un leone e di un cane; sopra i tre Vecellio, a fare da cornice agli intensi ritratti, sfila l'iscrizione latina EX PRAETERITO / PRAESENS PRVDENTER AGIT / NI FVTVRV[M] ACTIONE[M] DETVRPET, ossia: «Dal passato / il presente agisce prudentemente / affinché il futuro non rovini l'azione».

L'allegoria complessiva rappresentata dal pittore insiste sul concetto classico e umanistico di prudenza, e cioè di saggezza e ponderazione, che governa il tempo, qui espresso sotto forma dei tre famigliari che alludono alle tre età della vita, la vecchiaia, la maturità e la gioventù, una gioventù che Tiziano ha voluto ulteriormente accentuare nel nipote Marco illuminandone il viso, ad augurargli quindi un luminoso futuro. Come è stato dimostrato[79], le tre teste di animali delineate sotto i ritratti, già presenti nella bestia tricipite che ornava la statua della divinità egizia Serapide descritta nei *Saturnalia* di Macrobio, rimandano ai tre tempi, come peraltro scrisse nell'*Idea del theatro* (1550) anche Giulio Camillo Delminio, amico dell'artista e legato ad Aretino, Bembo, Serlio:

> Le tre teste di lupo, di leone et di cane sono tali. Scrive Macrobio che gli antichi, volendo figurare i tre tempi, cioè il passato et il futuro, dipingevano le tre predette teste. Et quella del lupo significava il tempo passato, perciocché ha già devorato; quella del leone il presente (se il presente dar si può) perciocché gli affanni presenti ci mettono così fatto terrore qual ci metterebbe la vista d'un leone se ci soprastesse. E quella del cane significa il tempo futuro, perciocché a guisa di cane adulatore il tempo futuro ci promette sempre di meglio[80].

Questi tre tempi, definiti dal Camillo i «tre tempi saturnini», sono quelli che regolano l'attività dell'intellettuale e dell'artista, «nato sotto Saturno» e perciò sottomesso durante la fase creativa ai mutevoli capricci dell'umore melanconico, un umore che trapela in particolare dall'autoritratto tizianesco sulla sinistra, il cui sguardo ancora acuto appare però velato da una patina di tristezza per il tempo che fu e che non tornerà mai più. La speranza del «grande vecchio» ed esigente capobottega, consapevole che i discepoli non potranno mai raggiungere il suo livello, si trasforma in quest'opera in una sorta di criptico emblema dinastico che lascia spazio a uno spiraglio di viva umanità: ormai prossimo alla morte, Tiziano passa il testimone al figlio Orazio e al nipote Marco, dando vita – secondo le parole di Panofsky – alla «rappresentazione di un grande re che abdica, orgoglioso e rassegnato, a favore del prediletto erede legittimo e dell'ugualmente prediletto erede presunto»[81]. A Orazio inoltre, dopo avergli garantito da tempo la successione nella bottega, il padre avrebbe trasferito, rispettivamente nel 1569 e nel 1571, prima la senseria del fondaco dei Tedeschi e poi la pensione annua di Milano, consolidandone così la posizione economica[82].

Proprio alla stregua di un re «orgoglioso e rassegnato», per parafrasare lo studioso tedesco, il pittore volle rappresentarsi in uno dei suoi ultimi capolavori, il *Supplizio di Marsia* di Kroměříž[83] (tav. 59), un'opera databile oltre la soglia del 1570, firmata sulla pietra in basso a destra TITIANVS P, in cui la tecnica pittorica protoimpressionistica raggiunge esiti spettacolari di ineguagliato fascino. Il tema illustrato nella scena deriva da un drammatico racconto tratto dalle solite *Metamorfosi* di Ovidio (VI, 382-400), un testo che Tiziano sfruttò a più riprese lungo tutto l'arco della carriera anche attraverso il riadattamento in volgare composto nel 1558 dall'amico Ludovico Dolce. Secondo la narrazione ovidiana, la dea Minerva aveva costruito un flauto e si era dedicata a suonarlo con impegno ed entusiasmo, almeno fino a quando venne derisa poiché mentre suonava le si deformavano le gote; gettatolo via, lo strumento venne raccolto dal satiro Marsia che, dopo esserne divenuto un abile suonatore, decise addirittura di sfidare in una gara musicale il dio Apollo e la sua mitica lira. Come ampiamente prevedibilie, la contesa venne stravinta da Apollo il quale, per vendicarsi della superbia del rivale, lo scorticò vivo, provocandone strazianti lamenti:

«Perché mi strappi a me stesso?», egli diceva; «Ahimè! mi pento! Ahimè! un flauto non vale tanto strazio!». Ma mentre egli urlava, a fior delle membra gli fu strappata la pelle; né altro era se non una sola ferita: d'ogni parte scorre sangue, affiorano, scoperti, i muscoli e senza alcuna protezione guizzano pulsando le vene; potresti contargli le viscere palpitanti e il brillio delle fibre sul petto[84].

Il pittore, che s'ispirò per la composizione a un affresco di Giulio Romano in palazzo Te a Mantova, di cui conosceva forse un disegno preparatorio[85], ha raffigurato al centro Marsia appeso a testa in giù a un albero, mentre Apollo e un suo esperto aiutante con berretto frigio sono intenti con grande cura a scuoiarlo con coltelli affilatissimi; se sulla sinistra, inoltre, egli ha inserito un giovane che suona ispirato una lira da braccio (forse quella di Apollo), quasi a voler soffocare le urla della tortura in corso, sulla destra figurano un altro satiro con un secchio in mano per raccogliere il sangue di Marsia, sangue leccato con ingordigia dal cagnolino in basso al centro, un piccolo satiro con un grosso cane e infine un pensieroso e anziano re Mida con corona d'oro e pietre preziose sul capo, un personaggio ripreso in realtà da un'altra sfida musicale narrata da Ovidio, quella tra Apollo e Pan. Atterrito dalla spietatezza degli antichi dèi, nei quali aveva invece riposto una sconfinata fiducia in gioventù, il vecchio re Mida è sotto mentite spoglie Tiziano, ripiegato sulla sua solitudine ed effigiato in una posa tipicamente malinconica, non molto diversa da quella della statua del *Pensatore* (1880-1900) di Auguste Rodin. Come è stato osservato,

la sua malinconia saturnina – la malinconia di una creazione artistica imperfetta e imperfettibile – proviene da quell'illusione: la lunga illusione del «tocco d'oro» del grande pittore, spenta nella malinconia dalla coscienza finale dell'assoluta irrilevanza dell'operazione artistica di fronte alla disgrazia della storia[86].

Giunto ormai a fine corsa, il decrepito artista sembra guardare con il distacco stoico del saggio al suo amato mondo sul punto di sgretolarsi, un mondo in cui i fasti della mitologia si sono trasformati in agghiaccianti scene di terrore e di morte; non siamo più di fronte, come d'altronde già prefiguravano i dipinti a tema profano eseguiti per Filippo II, a un universo incantato abitato da gioiose divinità olimpiche pronte a entrare in contatto con gli umani, ma a un intricato e tetro bosco in cui dominano il conflitto e la tragedia, la disperazione e l'angoscia, la presa di coscienza e il cinico destino. Mida-Tiziano, impotente al cospetto di tanta disumana crudeltà, sembra volerci comunicare di aver perso il tocco con cui era in grado di trasformare in oro tutto ciò che sfiorava: svanita la magia dalle sue mani, quasi evaporata la sua impareggiabile abilità creativa e privo l'orizzonte di degni eredi, il pittore contempla assorto l'inesorabile declino della sua vita, il cui specchio simbolico è costituito dal povero Marsia, punito in modo brutale per il suo veniale peccato di superbia.

Per un peccato di superbia, forse, credere cioè di aver raggiunto l'immortalità grazie all'arte, l'ultimo Tiziano volle chiedere perdono per mezzo di quello che va considerato il suo testamento pittorico, la *Pietà* alle Gallerie dell'Accademia di Venezia[87] (tav. 60), lo straordinario canto del cigno della sua carriera. Dipinta in origine per la cappella del Crocifisso in Santa Maria Gloriosa dei Frari, dove il pittore desiderava essere tumulato, per una divergenza con i frati la pala non vi fu alla fine collocata e rimase nella casa-bottega a Biri Grande dopo la sua morte, avvenuta il 27 agosto del 1576 durante l'epidemia di peste; passata nelle mani dell'allievo Palma il Giovane, fu da questi completata in alcune parti, in particolare nell'angelo in volo con il cero acceso, e corredata in basso al centro da un'iscrizione che rivela come Tiziano avesse lasciato l'opera incompiuta e come il discepolo l'avesse rifinita con riverenza e poi dedicata a Dio: QVOD TITIANVS INCHOATVM RELIQVIT / PALMA REVERENTER ABSOLVIT / DEOQ[VE] DICATVM OPVS. Dominata alle spalle da un'imponente edicola in bugnato rustico ispirata all'architettura di palazzo Te a Mantova, capolavoro manieristico di Giulio Romano che il pittore aveva potuto apprezzare durante i suoi soggiorni presso la corte dei Gonzaga, la scena presenta un Cristo in pietà sorretto dalla Madonna, un gruppo vagamente modellato sulla *Pietà* di Michelangelo in San Pietro; la madre e il figlio morto sono affiancati alla loro destra da una Maddalena urlante con ai piedi un puttino con il vaso degli unguenti e alla loro sinistra da un san Girolamo devotamente inginocchiato e nell'atto di stringere il braccio sinistro del livido Redentore. Due finte statue classicheggianti di Mosè e della sibilla Ellespontica, ossia rispettivamente il legislatore dell'*Antico Testamento* che prefigura il Cristo e l'annuncio della crocifissione misto alla promessa di rinascita, sono rappresentate ai due lati della nicchia, nel cui catino a finto mosaico su fondo oro è raffigurato un pellicano che si lacera il petto e con il sangue che ne sgorga nutre i suoi cuccioli affamati, un simbolo di origine medievale che rimanda al sacrificio di Gesù sulla croce. Ancora al Nazareno allude la sobria architettura che caratterizza l'immagine, poiché – secondo un versetto del *Vangelo* di Matteo (XXI, 42) – «la pietra che i costruttori hanno scartato è diventata testata d'angolo», fondamenta sulla quale costruire il futuro edificio della Chiesa[88]. Pensato per decorare la propria sepoltura all'interno della chiesa francescana, il che non avvenne, il dipinto ha un carattere eminentemente devozionale ed è permeato da una diffusa speranza di resurrezione: una speranza di resurrezione su cui per primo lo stesso Tiziano, effigiatosi nelle sembianze di un emaciato e penitenziale san Girolamo che chiede perdono dei suoi peccati alla Vergine con il figlio in grembo, sembra voler insistere con le ultime stille di vita rimastegli. La finta tavoletta dipinta in basso a destra sotto il podio dell'Ellespontica, un minuscolo quadro nel quadro, testimonia anch'essa questo tentativo del Vecellio di restare a tutti i costi aggrappato alla vita: essa raffigura l'artista e il figlio Orazio, secondo un modulo adottato nel 1573-1574 nella *Madonna della Misericordia* per Guidubaldo II Della Rovere, inginocchiati al cospetto di un'altra Pietà, un ex voto per scampare all'infuriare della peste sotto al quale figura seminascosto lo stemma di famiglia. Seguito dopo poche settimane anche dal suo Orazio, Tiziano fu spazzato via durante il morbo, secondo il registro dei morti della parrocchia di San Canciano, all'inverosimile età di 103 anni; sepolto nella chiesa dei Frari, ottenne una cerimonia semplice e sbrigativa celebrata dai canonici di San Marco poiché non si poteva perdere troppo tempo nel dare sepoltura ai morti quando urgeva invece portare soccorso ai vivi[89].

Una sorte non certo migliore toccò alla gloriosa abitazione del pittore. Venduta il 27 ottobre del 1581 al nobile Cristoforo Barbarigo dall'ingrato Pomponio Vecellio, che non si era fatto molti scrupoli a sbarazzarsi dell'ingombrante ricordo del padre e del fratello, la dimora-atelier di Biri Grande era stata saccheggiata nei convulsi giorni della peste, come risulta da un proclama datato 24 luglio 1577, di «molti beni di grandissimo pretio, crediti, scritture, conti, instrumenti, scritti di molti debitori, locationi et riceveri, et cose d'oro, di argento et gemme, et altri mobili et quadri innumerabili di non picciol valore»[90].

Per il maestro veneto l'onore di ricevere una degna sepoltura nella grande chiesa francescana, dove sessant'anni prima era iniziata la sua luminosa parabola artistica con l'*Assunta* (tav. 13) e dove con la *Pala Pesaro* (tav. 25) aveva avviato la fortunata serie di pale d'altare della maturità, sarebbe arrivato solamente alla metà dell'Ottocento, quando proprio sul luogo della cappella del Crocifisso, come una vendetta postuma, fu eretto in sua memoria un monumento funebre marmoreo in stile neoclassico da Luigi e dal figlio Pietro Zandomeneghi. Sormontata dal possente leone di San Marco, il nume tutelare che sempre aveva vegliato sul destino dell'artista e della sua famiglia, la macchinosa tomba presenta al centro la statua di Tiziano e intorno a lui le personificazioni delle Arti, mentre alcuni bassorilievi illustrano i suoi capolavori a tema sacro, dall'*Assunta* all'*Uccisione di san Pietro martire*, dal *Martirio di san Lorenzo* alla *Pietà*[91].

Raccolta a piene mani nella ricettiva epoca barocca come se si trattasse della biblica manna caduta dal cielo, una manna in grado di lasciare indelebili tracce sulla formazione di artisti del calibro di Annibale Carracci o di Caravaggio, di Rubens o di Van Dyck, di Rembrandt o di Velázquez, l'eredità tizianesca sarebbe riuscita a passare indenne anche attraverso la gelida età dei lumi, un periodo che alla maniera passionale del Vecellio avrebbe preferito di gran lunga quella più pausata e dolce di un Raffaello, di un Andrea del Sarto o di un Correggio; da qui sarebbe giunta fino all'epoca risorgimentale con la sua freschezza vitale ancora intatta, tanto da conquistarsi con tutti gli onori la meritata tomba ai Frari e non molto tempo dopo, nel 1880, una statua in bronzo a Pieve di Cadore a firma del veneziano Antonio Dal Zotto[92]. Il messaggio artistico e ideologico del pittore veneto, da cui non sarebbero rimasti immuni nemmeno i grandi coloristi del Novecento, è giunto ai nostri giorni in tutta la sua integrità poiché è un messaggio efficace, incentrato sull'uomo e sulle sue infinite, piccole e grandi debolezze. Pur con la sua opportunistica affettazione nei confronti dei potenti, pur con la sua costante brama di denaro e di emergere sui rivali, pur con il suo ossessivo desiderio di migliorare la condizione sociale ed economica della famiglia, insomma pur con tutti i suoi pregi e difetti, Tiziano ha infatti cercato sempre di essere un uomo calato nella sua epoca, tentando senza pregiudizi di interpretarne le contraddizioni politiche, sociali, religiose, culturali. I suoi straordinari dipinti riflettono meglio di altri documenti la fitta trama di rapporti umani e professionali intrecciata nell'arco di una lunga e fruttuosa esistenza. Come preziosi specchi della memoria, essi continueranno a riflettere il pittore anche in futuro, inducendo l'osservatore a farsi la stessa domanda che nella primavera del 1544 l'Aretino, di fronte a un mirabile tramonto veneziano, fece a se stesso rimpiangendo l'assenza dell'amico, l'unico in grado di imitare e talvolta di superare lo spettacolo della natura[93]: «Oh, Tiziano, dove sète mo?».

NOTE

PREMESSA

[1] Erwin Panofsky, *Tiziano. Problemi di iconografia*, postfazione di Augusto Gentili, Marsilio, Venezia 1992 (I ed. statunitense 1969), p. 3; cfr. anche Roberto Tassi, *Tiziano. Il polittico Averoldi in San Nazaro*, Grafo Edizioni, Brescia 1976, p. 7; Michelangelo Muraro, *Tiziano pittore ufficiale della Serenissima*, in *Tiziano. Nel quarto centenario della sua morte, 1576-1976*, Edizioni dell'Ateneo Veneto, Venezia 1977, pp. 83-100, in part. p. 83.

[2] Sul dipinto, la cui datazione oscilla per la storiografia artistica tra anni Quaranta e Sessanta, ma che con ogni probabilità va messo in relazione con la xilografia del 1550 del tedesco Johannes Breit (Giovanni Britto) raffigurante l'*Autoritratto di Tiziano*, cfr. *Tiziano e la silografia veneziana del Cinquecento*, catalogo della mostra della Fondazione Cini a Venezia, a cura di Michelangelo Muraro e David Rosand, Neri Pozza, Vicenza 1976, scheda 56; *Tiziano*, catalogo della mostra di Palazzo Ducale a Venezia, Marsilio, Venezia 1990, scheda 59; *Titian*, National Gallery Company, London 2003, scheda 28; *L'ultimo Tiziano e la sensualità della pittura*, catalogo della mostra delle Gallerie dell'Accademia a Venezia, a cura di Sylvia Ferino-Pagden, Marsilio, Venezia 2008, scheda 1.9.

[3] Augusto Gentili, *Tiziano*, allegato ad «Art e Dossier», n. 47, giugno 1990, p. 35.

[4] Luba Freedman, *Titian's independent Self-Portraits*, Olschki, Firenze 1990, pp. 73 e sgg., 105 e sgg.; Katherine T. Brown, *The Painter's Reflection. Self-Portraiture in Renaissance Venice, 1458-1625*, Olschki, Firenze 2000, pp. 86-88.

[5] Giovan Paolo Lomazzo, *Idea del tempio della pittura*, a cura di Robert Klein, 2 voll., Istituto Nazionale di Studi sul Rinascimento, Firenze 1974, vol. I, p. 127.

[6] *The Age of Titian. Venetian Renaissance Art from Scottish Collections*, catalogo della mostra della Royal Scottish Academy a Edimburgo, edited by Aidan Weston-Lewis, Trustees of the National Galleries of Scotland, Edinburgh 2004, scheda 153; *Tiziano. L'ultimo atto*, catalogo della mostra di Palazzo Crepadona a Belluno, a cura di Lionello Puppi, Skira, Milano 2007, scheda 6.

[7] Giorgio Vasari, *Le vite de' più eccellenti pittori scultori et architettori nelle redazioni del 1550 e 1568*, testo a cura di Rosanna Bettarini, commento secolare

a cura di Paola Barocchi, 6 voll., Sansoni-SPES, Firenze 1967-1984, vol. VI, p. 169.

[8] Massimo Firpo, Fabrizio Biferali, *«Navicula Petri». L'arte dei papi nel Cinquecento*, Laterza, Roma-Bari 2009, pp. 172-173. Merita ricordare che ancora vivente, verso il 1571-1576, Tiziano venne nuovamente rappresentato con Michelangelo, ma anche con Raffaello (o Correggio) e con il miniaturista dalmata Giulio Clovio, nella *Cacciata dei mercanti dal tempio* di El Greco al Minneapolis Institute of Arts; cfr. Lionello Puppi, *El Greco in Italia e l'arte italiana*, in *El Greco. Identità e trasformazione. Creta. Italia. Spagna*, catalogo della mostra di Palazzo delle Esposizioni a Roma, a cura di José Álvarez Lopera, Skira, Ginevra-Milano 1999, pp. 95-113, in part. pp. 107, 109; Silvia Gazzola, *Il volto di Tiziano*, in *Tiziano. L'ultimo atto* cit., pp. 23-35, in part. p. 30.

[9] Brown, *The Painter's Reflection* cit., p. 63; Peter Humfrey, *Tiziano*, Phaidon, London 2007, pp. 8, 146.

[10] *Omaggio a Tiziano. La cultura artistica milanese nell'età di Carlo V*, catalogo della mostra di Palazzo Reale a Milano, Electa, Milano 1977, scheda 92; Freedman, *Titian's Independent Self-Portraits* cit., p. 20.

[11] Mary D. Garrard, *«Art More Powerful than Nature»? Titian's Motto Reconsidered*, in *The Cambridge Companion to Titian*, edited by Patricia Meilman, Cambridge University Press, Cambridge 2004, pp. 241-261; Lionello Puppi, *Su/Per Tiziano*, Skira, Milano 2004, pp. 33-36; Augusto Gentili, *Ancora sull'«Allegoria della Prudenza»*, «Studi tizianeschi», IV, 2006, pp. 122-134, cfr. in part. pp. 131-132; *Tiziano. L'ultimo atto* cit., scheda 3; Jérémie Koering, *Titien sculpteur?*, «Venezia Cinquecento», XVIII, 2008, n. 36, pp. 177-196, in part. pp. 182-185.

[12] Lomazzo, *Idea del tempio* cit., vol. I, p. 145.

[13] Gino Benzoni, *Venezia ai tempi di Tiziano*, in *Tiziano* cit., pp. 29-34, cfr. p. 29.

[14] Antonio Forcellino, *Michelangelo Buonarroti. Storia di una passione eretica*, introduzione di Adriano Prosperi, Einaudi, Torino 2002, e dello stesso studioso, *Michelangelo. Una vita inquieta*, Laterza, Roma-Bari 2005; Maria Forcellino, *Michelangelo, Vittoria Colonna e gli «spirituali». Religiosità e vita artistica a Roma negli anni Quaranta*, Viella, Roma 2009; Massimo Firpo, *Gli affreschi di Pontormo a San Lorenzo. Eresia, politica e cultura nella Firenze di Cosimo I*, Einaudi, Torino 1997; *Artisti, gioiellieri, eretici. Il mondo di Lorenzo Lotto tra Riforma e Controriforma*, Laterza, Roma-Bari 2001; *Storia religiosa e storia dell'arte. I casi di Iacopo Pontormo e Lorenzo Lotto*, «Belfagor», LIX, 2004, pp. 571-590; Fabrizio Biferali, Massimo Firpo, *Battista Franco «pittore viniziano» nella cultura artistica e nella vita religiosa del Cinquecento*, Scuola Normale Superiore di Pisa, Pisa 2007, pp. 158 e sgg.

CAPITOLO I

[1] Una utile silloge delle fonti documentarie e storiografiche sulle presunte date di nascita di Tiziano è stata pubblicata da Frank Jewett Mather, *When Was Titian Born?*, «The Art Bulletin», XX, 1938, pp. 13-25, sostenitore della data del 1477.

[2] *Tiziano. Le lettere*, a cura di Clemente Gandini, presentazione di Giuseppe

Vecellio, introduzione di Ugo Fasolo, Magnifica comunità di Cadore, Pieve di Cadore 1977, pp. 260-261.

[3] Raffaello Borghini, *Il riposo*, saggio bibliografico e indice analitico a cura di Mario Rosci, 2 voll., Edizioni Labor, Milano 1967, vol. I, p. 529; Tizianello, *Breve compendio della vita di Tiziano (1622)*, a cura di Lionello Puppi, Il Polifilo, Milano 2009, pp. 50, 57; Carlo Ridolfi, *Le maraviglie dell'arte ovvero le vite degli illustri pittori veneti e dello Stato*, a cura di Detlev Freiherrn von Hadeln, 2 voll., Società Multigrafica Editrice SOMU, Roma 1965, vol. I, p. 152.

[4] Ludovico Dolce, *Dialogo della pittura intitolato l'Aretino*, in *Trattati d'arte del Cinquecento fra Manierismo e Controriforma*, a cura di Paola Barocchi, 3 voll., Laterza, Bari 1960-1962, vol. I, pp. 141-206, cfr. pp. 163-164, 201.

[5] Vasari, *Le vite* cit., vol. VI, p. 169; vale la pena di sottolineare che lo stesso Vasari, contraddicendosi nel giro di poche pagine, all'inizio della biografia di Tiziano afferma che egli sarebbe nato nel 1480 (ivi, p. 155); cfr. anche Paul Joannides, *Titian to 1518. The Assumption of Genius*, Yale University Press, New Haven-London 2001, pp. 8-9.

[6] Panofsky, *Tiziano* cit., pp. 178-181; Charles Hope, *Titian*, Jupiter Books, London 1980, pp. 11 e sgg.; Gentili, *Tiziano* cit., pp. 5 e sgg.

[7] Panofsky, *Tiziano* cit., p. 181.

[8] Alessandro Sacco, *Alcune note sul Cadore del Cinquecento*, in *Tiziano. L'ultimo atto* cit., pp. 189-195, in part. p. 189, e dello stesso studioso, *La vita in Cadore. Aspetti del dominio veneto nelle lettere di capitani e vicari, 1500-1788*, Cierre Edizioni, Verona 2007, pp. 13 e sgg., 21 e sgg.; cfr. anche Giovanni Fabbiani, *Breve storia del Cadore*, IV ed., Tipografia Piave, Belluno 1977, pp. 55 e sgg.; sull'arte e la cultura in Cadore nel Rinascimento cfr. Ennio Concina, *Il Cadore al tempo di Tiziano: territorio e cultura*, in *Titianus Cadorinus: celebrazioni in onore di Tiziano. Pieve di Cadore 1576-1976*, a cura di Michelangelo Muraro, La Grafica e Stampa, Vicenza 1982, pp. 49-59, e Alessandra Cusinato, *L'arte in Cadore al tempo di Tiziano*, introduzione di Bernard Aikema, Alinari 24 ORE, Firenze 2008, pp. 27 e sgg.

[9] Celso Fabbro, *Documenti su Tiziano e sulla famiglia Vecellio conservati nella casa di Tiziano a Pieve di Cadore*, «Archivio storico di Belluno, Feltre e Cadore», XXV, 1954, pp. 15-22, 75-87, 125-131, cfr. p. 126.

[10] Wolfgang Wolters, *Storia e politica nei dipinti di palazzo Ducale. Aspetti dell'autocelebrazione della Repubblica di Venezia nel Cinquecento*, Arsenale, Venezia 1987, p. 272; *Cesare Vecellio, 1521 c.-1621*, a cura di Tiziana Conte, Provincia di Belluno, Belluno 2001, p. 171; Cusinato, *L'arte in Cadore* cit., pp. 151-155.

[11] Sacco, *Alcune note sul Cadore* cit., p. 191.

[12] Michelangelo Muraro, *Tiziano e il Cadore. Aggiornamenti critici*, in *Titianus Cadorinus* cit., pp. 183-218, cfr. in part. p. 199.

[13] Sulla famiglia e l'infanzia di Tiziano cfr. Giovanni Battista Cavalcaselle, Joseph A. Crowe, *Tiziano, la sua vita e i suoi tempi con alcune notizie della sua famiglia*, 2 voll., Le Monnier, Firenze 1877-1878, vol. I, pp. 24 e sgg.; Celso Fabbro, *Notizie storiche sul casato dei Vecellio*, in *Mostra dei Vecellio*, a cura di Francesco Valcanover, con prefazione di Giuseppe Fiocco e cenni storici di Celso Fabbro, Tipografia Germano Sommavilla, Belluno 1951, pp. III-VIII; Fabbiani, *Breve storia del Cadore* cit., pp. 86 e sgg.; Muraro, *Tiziano e il Cadore* cit., pp. 183 e sgg.; Filippo Pedrocco, *Tiziano*, Rizzoli, Milano 2000, pp. 19 e sgg.;

Joannides, *Titian to 1518* cit., pp. 7 e sgg.; Sacco, *La vita in Cadore* cit., pp. 15 e sgg.; Charles Hope, *Titian's Life and Times*, in *Titian* cit., pp. 9-28, in part. p. 11, e dello stesso Hope, *La famiglia di Tiziano e la dispersione del suo patrimonio*, in *L'ultimo Tiziano* cit., pp. 29-41, in part. p. 29 (cfr. anche ivi, p. 31, l'albero genealogico dei Vecellio); Humfrey, *Tiziano* cit., p. 16.

[14] Sacco, *Alcune note sul Cadore* cit., pp. 189-190; sulla battaglia di Cadore cfr. *La battaglia di Cadore: 2 marzo 1508*, a cura di Lionello Puppi, Alinari 24 ORE, Firenze 2010.

[15] *Omaggio a Tiziano* cit., scheda 4; Muraro, *Tiziano pittore ufficiale* cit., pp. 85-86; Panofsky, *Tiziano* cit., p. 4; Pedrocco, *Tiziano* cit., scheda 99; Joannides, *Titian to 1518* cit., p. 7.

[16] Dolce, *Dialogo della pittura* cit., p. 201; cfr. anche Tizianello, *Breve compendio* cit., p. 50.

[17] *Mostra dei Vecellio* cit., pp. 18-19; Sacco, *Alcune note sul Cadore* cit., p. 192; Humfrey, *Tiziano* cit., p. 16; Hope, *La famiglia di Tiziano* cit., p. 29; su Francesco Vecellio cfr. «Studi tizianeschi», VI-VII, 2011, *passim*.

[18] Rodolfo Pallucchini, *Tiziano*, 2 voll., Sansoni, Firenze 1969, vol. I, pp. 3-4; Muraro, *Tiziano pittore ufficiale* cit., pp. 86 e sgg.

[19] Dolce, *Dialogo della pittura* cit., p. 201; cfr. anche la versione più elaborata, ma sostanzialmente identica, fornita dal Vasari, *Le vite* cit., vol. VI, pp. 155 e sgg., che non si lasciò sfuggire la ghiotta occasione di malignare sul fatto che l'esordio di Tiziano in pittura fosse avvenuto «senza far disegno, tenendo per fermo che il dipignere solo con i colori stessi, senz'altro studio di disegnare in carta, fusse il vero e miglior modo di fare et il vero disegno», e quelle di Borghini, *Il riposo* cit., vol. I, pp. 524 e sgg., e Ridolfi, *Le maraviglie dell'arte* cit., vol. I, pp. 152 e sgg.; Cavalcaselle, Crowe, *Tiziano* cit., vol. I, pp. 36 e sgg.; Muraro, *Tiziano pittore ufficiale* cit., pp. 86 e sgg.; Pedrocco, *Tiziano* cit., pp. 19-20; Joannides, *Titian to 1518* cit., pp. 10 e sgg.; Hope, *Titian's Life* cit., p. 11; Humfrey, *Tiziano* cit., pp. 16 e sgg.

[20] Terisio Pignatti, *Gli inizi di Tiziano (1505-1511)*, in *Titianus Cadorinus* cit., pp. 139-146; Muraro, *Tiziano e il Cadore* cit., p. 191; David Alan Brown, *Bellini e Tiziano*, in *Tiziano* cit., pp. 57-67, in part. pp. 57 e sgg., e dello stesso studioso, *Tiziano y Bellini: de discípulo a rival*, in *Tiziano y el legado veneciano*, Galaxia Gutenberg, Barcelona 2005, pp. 17-40, in part. pp. 20 e sgg.; Giovanna Nepi Scirè, *La pittura del Nord e l'Umanesimo veneziano*, in *Il Rinascimento a Venezia e la pittura del Nord ai tempi di Bellini, Dürer, Tiziano*, catalogo della mostra di Palazzo Grassi a Venezia, a cura di Bernard Aikema e Beverly Louise Brown, Bompiani, Milano 1999, pp. 57-59; Peter Humfrey, *Masters and Pupils, Colleagues and Rivals*, in *Bellini, Giorgione, Titian and the Renaissance of Venetian Painting*, catalogo della mostra della National Gallery of Art a Washington, edited by David Alan Brown and Sylvia Ferino-Pagden, Yale University Press, New Haven-London 2006, pp. 40-53, in part. pp. 41 e sgg., e dello stesso Humfrey, *Tiziano* cit., pp. 17 e sgg.; sul panorama artistico veneziano dei primi decenni del Cinquecento cfr. l'ottima sintesi di Mauro Lucco, *Venezia, 1500-1540*, in *La pittura nel Veneto. Il Cinquecento*, a cura di Mauro Lucco, 3 voll., Electa, Milano 1996-1999, vol. I, pp. 13-146, in part. pp. 13 e sgg.

[21] David Rosand, *Painting in Cinquecento Venice: Titian, Veronese, Tintoretto*, Yale University Press, New Haven-London 1982, pp. 31 e sgg.; Francesco Valcanover, *Introduzione a Tiziano*, in *Tiziano* cit., pp. 3-28, cfr. pp. 6 e sgg.;

Peter Humfrey, *La pittura a Venezia nel Rinascimento*, Leonardo, Milano 1996 (I ed. statunitense 1994), pp. 113 e sgg.; Patricia Meilman, *An Introduction to Titian. Context and Career*, in *The Cambridge Companion* cit., pp. 1-32, in part. p. 9.

[22] Rona Goffen, *Giovanni Bellini*, Federico Motta, Milano 1990 (I ed. inglese 1989), pp. 205 e sgg.; Daniele Ferrara, *Il ritratto del doge Leonardo Loredan: strategie dell'abito tra politica e religione*, «Venezia Cinquecento», I, 1991, n. 2, pp. 89-108.

[23] Oliver Logan, *Venezia. Cultura e società, 1470-1790*, Il Veltro, Roma 1980 (I ed. inglese 1972), pp. 103 e sgg., 137 e sgg.; Vittore Branca, *L'umanesimo*, in *Storia di Venezia. Dalle origini alla caduta della Serenissima*, 15 voll., Istituto della Enciclopedia Italiana, Roma 1992-2007, vol. IV, pp. 723-755, cfr. pp. 747 e sgg.; Gino Benzoni, *Le accademie e l'istruzione*, ivi, pp. 789-816, in part. pp. 801 e sgg.; Francesco Valcanover, *Tiziano. I suoi pennelli sempre partorirono espressioni di vita*, Il Fiorino, Firenze 1999, pp. 13 e sgg.

[24] Benzoni, *Venezia ai tempi di Tiziano* cit., p. 33; cfr. anche Marino Zorzi, *Stampatori tedeschi a Venezia*, in *Venezia e la Germania*, Electa, Milano 1986, pp. 115-140, in part. pp. 115 e sgg., e dello stesso Zorzi, *L'editoria illustrata tra la fine del XV secolo e il principio del XVI*, in *Giorgione*, catalogo della mostra del Museo Casa Giorgione a Castelfranco Veneto, a cura di Enrico Maria Dal Pozzolo e Lionello Puppi, Skira, Milano 2009, pp. 169-178, in part. pp. 175 e sgg.

[25] Alberto Tenenti, *Profilo di un conflitto secolare*, in *Venezia e i Turchi. Scontri e confronti di due civiltà*, Electa, Milano 1985, pp. 9-37, cfr. pp. 30 e sgg.

[26] Frederic C. Lane, *Storia di Venezia*, Einaudi, Torino 1991 (I ed. statunitense 1973), pp. 278 e sgg., 288 e sgg., 412 e sgg.; Franco Cardini, *Venezia, il papato e il dominio dell'Adriatico*, in *Venezia e la Roma dei papi*, Electa, Milano 1987, pp. 105-128, in part. pp. 120 e sgg.; Maria Pia Pedani, *Venezia porta d'Oriente*, il Mulino, Bologna 2010, *passim*.

[27] *I diarii di Girolamo Priuli*, 4 voll., Lapi, Città di Castello-Zanichelli, Bologna 1912-1941, vol. II, pp. 13 e sgg., 37 e sgg.; Gaetano Cogo, *La guerra di Venezia contro i Turchi (1499-1501)*, «Nuovo archivio veneto», IX, 1899, pp. 5-76, cfr. pp. 20 e sgg., 47 e sgg.; Frederic C. Lane, *Naval Actions and Fleet Organization, 1499-1502*, in *Renaissance Venice*, edited by John R. Hale, Faber & Faber, London 1973, pp. 146-173, in part. pp. 148 e sgg., e dello stesso studioso, *Storia di Venezia* cit., pp. 412 e sgg.; Alberto Aubert, *La crisi degli antichi Stati italiani (1492-1521)*, Le Lettere, Firenze 2003, pp. 177 e sgg.; sul Grimani, il principale responsabile dell'ingloriosa sconfitta veneziana allo Zonchio (12 agosto 1499), il che gli valse un processo dinanzi al Maggior Consiglio e un umiliante esilio in Dalmazia, ma anche artefice delle fortune economiche della famiglia ed eletto doge alla veneranda età di quasi novant'anni nel 1521, cfr. la voce di Roberto Zago nel *Dizionario biografico degli italiani*, a cura dell'Istituto dell'Enciclopedia Italiana, Roma 1960 e sgg. (d'ora in avanti DBI), vol. LIX, pp. 593-595.

[28] Ludwig von Pastor, *Storia dei papi dalla fine del medio evo*, 16 voll., Desclée & C., Roma 1910-1955, vol. III, pp. 542 e sgg.; Cardini, *Venezia, il papato* cit., p. 122; Aubert, *La crisi degli antichi Stati* cit., pp. 177 e sgg.

[29] Augusto Gentili, *Le storie di Carpaccio. Venezia, i Turchi, gli Ebrei*, Marsilio, Venezia 1996, p. 82.

[30] *I diarii di Marino Sanuto*, a cura di Nicolò Barozzi, Guglielmo Berchet,

Rinaldo Fulin, Federico Stefani e Marco Allegri, 58 voll., a spese degli editori (tip. Marco Visentini), Venezia 1879-1902, vol. III, col. 553; *I diarii di Girolamo Priuli* cit., vol. II, pp. 19 e sgg.; Lane, *Naval Actions* cit., pp. 165-166; Rona Goffen, *Devozione e committenza. Bellini, Tiziano e i Frari*, Marsilio, Venezia 1991 (I ed. statunitense 1986), pp. 44 e sgg., 140, nota 112.

[31] *I diarii di Girolamo Priuli* cit., vol. II, p. 287.

[32] *I diarii di Marino Sanuto* cit., vol. IV, coll. 313 e sgg.

[33] Goffen, *Devozione e committenza* cit., pp. 99 e sgg., 157, nota 40; Patricia Fortini Brown, *Venice and Antiquity. The Venetian Sense of the Past*, Yale University Press, New Haven-London 1996, p. 238.

[34] *I diarii di Marino Sanuto* cit., vol. IV, coll. 315, 460.

[35] Goffen, *Devozione e committenza* cit., pp. 85 e sgg.

[36] Rona Goffen, *Tiziano, i donatori e i soggetti religiosi*, in *Tiziano* cit., pp. 85-93, in part. p. 85; sul trittico belliniano cfr. della stessa studiosa, *Giovanni Bellini* cit., pp. 157 e sgg., e *Devozione e committenza* cit., pp. 31 e sgg.

[37] Sul dipinto cfr. Pallucchini, *Tiziano* cit., vol. I, p. 11; *L'opera completa di Tiziano*, presentazione di Corrado Cagli, apparati critici e filologici di Francesco Valcanover, Rizzoli, Milano 1969, scheda 14; Harold E. Wethey, *The Paintings of Titian. Complete Edition*, 3 voll., Phaidon, London 1969-1975, vol. I, scheda 132; *Tiziano* cit., scheda 4; Panofsky, *Tiziano* cit., pp. 180-181; *Le siècle de Titien. L'âge d'or de la peinture à Venise*, catalogo della mostra del Grand Palais a Parigi, a cura di Michel Laclotte e Giovanna Nepi Scirè, Réunion des Musées nationaux, Paris 1993, scheda 40; Joannides, *Titian to 1518* cit., pp. 150-155; *Titian* cit., scheda 3.

[38] Cavalcaselle, Crowe, *Tiziano* cit., vol. I, pp. 60-64.

[39] *The Genius of Venice, 1500-1600*, catalogo della mostra della Royal Academy of Arts a Londra, edited by Jane Martineau and Charles Hope, Weidenfeld and Nicolson, London 1983, scheda 113; *Le siècle de Titien* cit., scheda 40; Pedrocco, *Tiziano* cit., scheda 17; Caroline Campbell, *Titian's «Jacopo Pesaro being presented by Pope Alexander VI to Saint Peter»*, in *Titian: «Jacopo Pesaro being presented by Pope Alexander VI to Saint Peter»*, Koninklijk Museum voor Schone Kunsten, Antwerp 2003, pp. 1-8, cfr. pp. 4-5.

[40] Jürg Meyer zur Capellen, *Beobachtungen zu Jacopo Pesaros Exvoto in Antwerpen*, «Pantheon», XXXVIII, 1980, pp. 144-152; Brown, *Bellini e Tiziano* cit., p. 60; Campbell, *Titian's* cit., p. 2.

[41] *I diarii di Marino Sanuto* cit., vol. IV, coll. 276-277.

[42] *Le siècle de Titien* cit., scheda 40; Enrico Maria Dal Pozzolo, *Giorgione*, Federico Motta, Milano 2009, pp. 168 e sgg.

[43] Rudolf Wittkower, *Transformations of Minerva in Renaissance Imagery*, «Journal of the Warburg Institute», II, 1938-1939, pp. 194-205, cfr. pp. 202-203; *Le siècle de Titien* cit., scheda 40.

[44] Hope, *Titian* cit., p. 26.

[45] Gentili, *Le storie di Carpaccio* cit., pp. 27 e sgg.

[46] *I diarii di Girolamo Priuli* cit., vol. II, pp. 285 e sgg., 295 e sgg., 326 e sgg., 369 e sgg.

[47] Francesco Guicciardini, *Storia d'Italia*, introduzione di Emilio Pasquini, presentazione critica e note di Ettore Mazzali, 3 voll., Garzanti, Milano 2006, vol. II, pp. 785 e sgg., 1417-1418; Pastor, *Storia dei papi* cit., vol. III, pp. 686 e sgg., 732 e sgg.; Felix Gilbert, *Venice in the Crisis of the League of Cambrai*, in

Renaissance Venice cit., pp. 274-292; Lane, *Storia di Venezia* cit., pp. 284 e sgg.; Michael E. Mallet, *Venezia e la politica italiana: 1454-1530*, in *Storia di Venezia* cit., vol. IV, pp. 245-310, cfr. pp. 282 e sgg.; Robert Finlay, *Fabius Maximus in Venice: Doge Andrea Gritti, the War of Cambrai, and the Rise of Habsburg Hegemony, 1509-1530*, «Renaissance Quarterly», LIII, 2000, n. 4, pp. 988-1031, in part. pp. 992 e sgg.; Aubert, *La crisi degli antichi Stati* cit., pp. 180 e sgg., 208 e sgg.; cfr. anche la voce su Andrea Gritti di Gino Benzoni in DBI, vol. LIX, pp. 726-734, in part. pp. 728-730.

[48] Guicciardini, *Storia d'Italia* cit., vol. II, pp. 791-792.

[49] Fabbiani, *Breve storia del Cadore* cit., pp. 93 e sgg.; Aubert, *La crisi degli antichi Stati* cit., pp. 228 e sgg.

[50] Fabbiani, *Breve storia del Cadore* cit., pp. 97 e sgg.

[51] *Mostra dei Vecellio* cit., pp. 17-18.

[52] Pastor, *Storia dei papi* cit., vol. IV/1, pp. 102 e sgg.

[53] Wolters, *Storia e politica nei dipinti di palazzo Ducale* cit., p. 227; Patricia Fortini Brown, *La pittura nell'età di Carpaccio. I grandi cicli narrativi*, Albrizzi, Venezia 1992 (I ed. statunitense 1988), p. 21; Humfrey, *La pittura a Venezia* cit., pp. 116-117.

[54] Achille Olivieri, *«Dio» e «Fortuna» nelle Lettere storiche di Luigi Da Porto*, «Studi veneziani», XIII, 1971, pp. 253-273, cfr. p. 264; Gilbert, *Venice in the Crisis* cit., pp. 277 e sgg.; Edward Muir, *Il rituale civico a Venezia nel Rinascimento*, Il Veltro, Roma 1984 (I ed. statunitense 1981), pp. 31-32.

[55] Vasari, *Le vite* cit., vol. VI, p. 156; cfr. anche Charles Hope, *Tiziano e la committenza*, in *Tiziano* cit., pp. 77-84, in part. pp. 77-78.

[56] Ennio Concina, *Storia dell'architettura di Venezia dal VII al XX secolo*, Electa, Milano 2004, pp. 52, 157; sulle origini, l'architettura e le funzioni del fondaco cfr. anche Cavalcaselle, Crowe, *Tiziano* cit., vol. I, pp. 64 e sgg.; Mario Brunetti, *Il fondaco dei Tedeschi nell'arte e nella storia*, in *Il Fondaco nostro dei Tedeschi*, Ministero delle Comunicazioni-Direzione Generale delle Poste e Telegrafi, Venezia 1941, pp. 49-98, in part. pp. 53 e sgg.; *Giorgione a Venezia*, catalogo della mostra delle Gallerie dell'Accademia a Venezia, a cura di Adriana Augusti Ruggeri, Pier Luigi Fantelli, Ettore Merkel, Sandra Moschini Marconi, Alberto Rizzi, Giovanna Nepi Scirè, Sandro Sponza e Francesco Valcanover, Electa, Milano 1978, pp. 118 e sgg.; Gerhard Rösch, *Il Fondaco dei Tedeschi*, in *Venezia e la Germania* cit., pp. 51-72; Giandomenico Romanelli, *Il Fondaco dei Tedeschi*, in *Il Rinascimento a Venezia e la pittura del Nord* cit., pp. 77-81; Carolin Wirtz, *«Mercator in fontico nostro». Mercanti tedeschi fra la Germania e il fondaco dei Tedeschi a Venezia*, in *Presenze tedesche a Venezia*, a cura di Susanne Winter, Storia e Letteratura, Venezia-Roma 2005, pp. 1-48, in part. pp. 1 e sgg.; Alessandro Nova, *Giorgione e Tiziano al Fondaco dei Tedeschi*, in *Giorgione entmythisiert*, herausgegeben von Sylvia Ferino-Pagden, Brepols, Turnhout 2008, pp. 71-104, in part. pp. 72 e sgg.

[57] Manfredo Tafuri, *Venezia e il Rinascimento. Religione, scienza, architettura*, Einaudi, Torino 1985, p. 32; Romanelli, *Il Fondaco dei Tedeschi* cit., p. 80; Concina, *Storia dell'architettura di Venezia* cit., pp. 158-160.

[58] Sulla decorazione del fondaco, alla quale collaborò anche l'esperto di grottesche Morto da Feltre e i cui principali brani superstiti sono conservati presso la Galleria Giorgio Franchetti alla Ca' d'Oro di Venezia, cfr. Cavalcaselle, Crowe, *Tiziano* cit., vol. I, pp. 71 e sgg.; Brunetti, *Il fondaco dei Tedeschi* cit., pp.

73 e sgg.; Pallucchini, *Tiziano* cit., vol. I, pp. 5-7; *L'opera completa* cit., scheda 9; Wethey, *The Paintings of Titian* cit., vol. III, pp. 5-10, scheda 18; Giovanna Nepi Scirè, *Giorgione. Nuda*, in *Giorgione a Venezia* cit., pp. 117-127; Rodolfo Pallucchini, *I due «creati» di Giorgione: Sebastiano e Tiziano*, ivi, pp. 15-33, cfr. pp. 23 e sgg.; Francesco Valcanover, *Tiziano Vecellio. Giuditta; Combattimento di uomini e mostri; Tritone e putto; Combattimento di un putto con un mostro; Stemma*, ivi, pp. 130-142; Hope, *Titian* cit., pp. 12 e sgg.; *Tiziano* cit., scheda 1; Terisio Pignatti, *Giorgione e Tiziano*, ivi, pp. 68-76, in part. pp. 68, 73-74; Pedrocco, *Tiziano* cit., pp. 21 e sgg. e scheda 6; Joannides, *Titian to 1518* cit., pp. 51 e sgg.; *Giorgione. «Le maraviglie dell'arte»*, catalogo della mostra delle Gallerie dell'Accademia a Venezia, a cura di Giovanna Nepi Scirè e Sandra Rossi, Marsilio, Venezia 2003, schede 7-8; Humfrey, *Tiziano* cit., pp. 20 e sgg.; Dal Pozzolo, *Giorgione* cit., pp. 334 e sgg.; *Giorgione* cit., schede 5-11.

59 Augusto Gentili, *L'ira del cielo su Venezia: Giorgione e l'astrologia*, in *Venezia e Venezie. Descrizioni, interpretazioni, immagini. Studi in onore di Massimo Gemin*, a cura di Fabrizio Borin e Filippo Pedrocco, Il Poligrafo, Padova 2003, pp. 35-52, cfr. pp. 51-52, e dello stesso studioso, *Tracce di Giorgione. La cultura ebraica e la scienza astrologica*, in *Giorgione. «Le maraviglie dell'arte»* cit., pp. 19-32, in part. pp. 27-29.

60 Silvio D'Amicone, *«Apocalypsis cum mensuris». L'«Astrologo» di Giulio Campagnola*, «Venezia Cinquecento», II, 1992, n. 3, pp. 75-87; Francesco Sorce, *Di ninfe, astrologi e pastori. Studi di iconologia sulle incisioni di Giulio Campagnola*, «Venezia Cinquecento», XIII, 2003, n. 26, pp. 47-110, cfr. pp. 63 e sgg.

61 Dolce, *Dialogo della pittura* cit., pp. 201-202; cfr. anche Vasari, *Le vite* cit., vol. VI, pp. 156-157.

62 Ridolfi, *Le maraviglie dell'arte* cit., vol. I, p. 155.

63 Vasari, *Le vite* cit., vol. IV, pp. 44-45.

64 Serena Romano, *Giuditta e il fondaco dei Tedeschi*, in *Giorgione e la cultura veneta tra '400 e '500. Mito, allegoria, analisi iconologica*, De Luca, Roma 1981, pp. 113-125; Giandomenico Romanelli, *Tiziano «politico» tra Repubblica e Impero*, in *Tiziano* cit., pp. 35-42, cfr. p. 36; cfr. anche Carl Nordenfalk, *Titian's Allegories on the Fondaco de' Tedeschi*, «Gazette des beaux-arts», XL, 1952, pp. 101-108, in part. pp. 105 e sgg., e Michelangelo Muraro, *The political Interpretation of Giorgione's Frescoes on the Fondaco dei Tedeschi*, «Gazette des beaux-arts», LXXXVI, 1975, pp. 177-183, in part. pp. 181-183.

65 Romano, *Giuditta e il fondaco* cit., p. 119.

66 Ivi, pp. 121-122.

67 Ivi, p. 122; cfr. anche Wolters, *Storia e politica nei dipinti di palazzo Ducale* cit., pp. 228 e sgg.

68 Romano, *Giuditta e il fondaco* cit., pp. 114 e sgg.

69 Pallucchini, *Tiziano* cit., vol. I, pp. 22-23; *L'opera completa* cit., scheda 33; Wethey, *The Paintings of Titian* cit., vol. I, scheda 119; Francesco Valcanover, *Tiziano Vecellio. S. Marco in trono fra i santi Cosma, Damiano, Rocco e Sebastiano*, in *Giorgione a Venezia* cit., pp. 163-169; *Tiziano* cit., scheda 5; Pedrocco, *Tiziano* cit., scheda 18; Joannides, *Titian to 1518* cit., pp. 148-151; Deborah Howard, *Venice: Society and Culture, 1500-1530*, in *Bellini, Giorgione, Titian* cit., pp. 2-10, in part. pp. 2-3.

70 David Rosand, *Tiziano e lo spazio virtuale*, in *Tiziano* cit., pp. 94-100, cfr. p. 95, e dello stesso Rosand, *Titian's Light as Form and Symbol*, «The Art Bulle-

tin», LVII, 1975, pp. 58-64, in part. pp. 58-59, e *Tiziano sacro e profano*, «Studi tizianeschi», III, 2005, pp. 57-66, in part. p. 58.

[71] Gentili, *Tiziano* cit., p. 14; cfr. anche Stefania Mason, *Le immagini della peste nella cultura figurativa veneziana*, in *Venezia e la peste, 1348-1797*, Marsilio, Venezia 1979, pp. 209-224, in part. pp. 216-217, e ivi, scheda a11.

[72] Sul ciclo padovano cfr. Cavalcaselle, Crowe, *Tiziano* cit., vol. I, pp. 108 e sgg.; Pallucchini, *Tiziano* cit., vol. I, pp. 14-16, e dello stesso Pallucchini, *I due «creati» di Giorgione* cit., pp. 25 e sgg.; *L'opera completa* cit., scheda 30; Wethey, *The Paintings of Titian* cit., vol. I, scheda 93; Francesco Valcanover, *Il classicismo cromatico di Tiziano*, in *Tiziano e il manierismo europeo*, a cura di Rodolfo Pallucchini, Olschki, Firenze 1978, pp. 43-56, in part. pp. 45-49; Lionello Puppi, *Tiziano tra Padova e Vicenza*, in *Tiziano e Venezia*, Neri Pozza, Vicenza 1980, pp. 545-558, in part. pp. 545 e sgg.; Hope, *Titian* cit., pp. 26 e sgg.; *Tiziano* cit., scheda 6; Pedrocco, *Tiziano* cit., pp. 28 e sgg. e scheda 19; Joannides, *Titian to 1518* cit., pp. 107 e sgg.; Humfrey, *Tiziano* cit., pp. 26 e sgg.; cfr. anche Rona Goffen, *Titian's Women*, Yale University Press, New Haven-London 1997, pp. 13-25, che sottolinea il carattere palesemente misogino delle scene antoniane, pur attenuato dalla sensibilità mostrata negli affreschi di Tiziano per l'elemento femminile.

[73] Lionello Puppi, *Tiziano e l'«epopea antoniana» della Scoletta del Santo. Nota sui significati iconografici e sulla committenza*, «Il Santo», XIX, 1979, pp. 481-503, cfr. pp. 487 e sgg.; Joannides, *Titian to 1518* cit., p. 107.

[74] Goffen, *Tiziano, i donatori* cit., p. 85.

[75] Antonio Sartori, *L'Arciconfraternita del Santo*, Tipografia della Provincia patavina di S. Antonio dei frati minori conventuali, Padova 1955; Pietro Zampetti, *La Scuola del Santo*, in *Le pitture del Santo di Padova*, a cura di Camillo Semenzato, Neri Pozza, Vicenza 1984, pp. 75-118, cfr. pp. 76 e sgg.

[76] *L'opera completa* cit., p. 87.

[77] Peter Meller, *Tiziano e la scultura*, in *Tiziano. Nel quarto centenario* cit., pp. 123-156, cfr. pp. 128-130; Beverly Louise Brown, *Titian's Marble Muse: Ravenna, Padua and «The Miracle of the Speaking Babe»*, «Studi tizianeschi», III, 2005, pp. 19-45, in part. p. 19; Humfrey, *Tiziano* cit., p. 28.

[78] All'inizio del Cinquecento la scultura era murata nella basilica ravennate di San Vitale, dove forse ebbe modo di vederla Tiziano; Ludwig Curtius, *Zum Antikenstudium Tizians*, «Archiv für Kulturgeschichte», XXVIII, 1938, pp. 233-241, cfr. pp. 233-234; Brown, *Titian's Marble Muse* cit., pp. 20 e sgg.

[79] Panofsky, *Tiziano* cit., pp. 50-51; cfr. anche la più dettagliata (e in parte differente) interpretazione della statua di Traiano data da Brown, *Titian's Marble Muse* cit., pp. 28 e sgg.

[80] Pallucchini, *Tiziano* cit., vol. I, p. 15, e dello stesso studioso, *I due «creati» di Giorgione* cit., p. 29; Hope, *Titian* cit., pp. 27-28; Wendy Stedman Sheard, *Titian's Paduan Frescoes and the Issue of Decorum*, in *Decorum in Renaissance narrative Art*, edited by Francis Ames-Lewis and Anka Bednarek, University of London, London 1992, pp. 89-102, cfr. pp. 91-92; Paul Joannides, *On some Borrowings and Non-borrowings from central Italian and antique Art in the Work of Titian c. 1510-c. 1550*, «Paragone», XLI, 1990, n. 487, pp. 21-45, in part. pp. 21-22, e dello stesso Joannides, *Titian to 1518* cit., p. 115, e *Titian and Michelangelo/Michelangelo and Titian*, in *The Cambridge Companion* cit., pp. 121-145, in part. p. 125; Rona Goffen, *Renaissance Rivals. Michelangelo, Leo-*

nardo, Raphael and Titian, Yale University Press, New Haven-London 2002, pp. 267-268; Michel Hochmann, *Venise et Rome 1500-1600. Deux écoles de peinture et leurs échanges*, Droz, Genève 2004, pp. 223-224; cfr. anche le osservazioni sulla violenza della scena di Una Roman D'Elia, *The Poetics of Titian's religious Paintings*, Cambridge University Press, Cambridge 2005, p. 70, e di Thomas Puttfarken, *Titian and tragic Painting. Aristotle's Poetics and the Rise of the modern Artist*, Yale University Press, New Haven-London 2005, p. 99.

[81] Goffen, *Tiziano, i donatori* cit., p. 85.

[82] Gentili, *Tiziano* cit., p. 15.

[83] *Ibid.*; cfr. anche Brown, *Titian's Marble Muse* cit., pp. 30 e sgg.

[84] Enrico Maria Dal Pozzolo, *Padova, 1500-1540*, in *La pittura nel Veneto* cit., vol. I, pp. 147-224, cfr. pp. 177 e sgg.

[85] Joannides, *Titian to 1518* cit., p. 125.

[86] Dal Pozzolo, *Giorgione* cit., pp. 300 e sgg.

[87] Vasari, *Le vite* cit., vol. VI, p. 160; sul quadro cfr. Jaynie Anderson, *«Christ carrying the Cross» in San Rocco: its Commission and miraculous History*, «Arte veneta», XXXI, 1977, pp. 186-188, e *Giorgione* cit., scheda 49.

[88] Anton Maria Zanetti, *Varie pitture a fresco de' principali maestri veneziani*, ristampa anastatica della I edizione (Venezia, 1760), a cura di Susy Marcon e Marino Zorzi, Arsenale, Venezia 1990, pp. IV-V.

[89] Augusto Gentili, *Da Tiziano a Tiziano. Mito e allegoria nella cultura veneziana del Cinquecento*, II ed., Bulzoni, Roma 1988, pp. 21-28; cfr. anche *Le siècle de Titien* cit., scheda 43; Philipp P. Fehl, *Decorum and Wit: The Poetry of Venetian Painting. Essays in the History of the classical Tradition*, IRSA, Vienna 1992, pp. 18-29; Una Roman D'Elia, *Titian's mute Poetry*, in *Titian: Materiality, Likeness, «Istoria»*, edited by Joanna Woods-Marsden, introduction by David Rosand, Brepols, Turnhout 2007, pp. 113-124, in part. pp. 114-116.

[90] *Tiziano. Amor sacro e Amor profano*, catalogo della mostra di Palazzo delle Esposizioni a Roma, a cura di Maria Grazia Bernardini, Electa, Milano 1995.

[91] Gentili, *Da Tiziano a Tiziano* cit., p. 28.

[92] Humfrey, *Tiziano* cit., p. 50.

[93] Vasari, *Le vite* cit., vol. VI, p. 157.

[94] *Tiziano. Le lettere* cit., pp. 5-7.

[95] Cfr. ivi, pp. 8-9, la lettera inviata da Tiziano al Consiglio dei Dieci il 28 novembre 1514.

[96] Cavalcaselle, Crowe, *Tiziano* cit., vol. I, pp. 123 e sgg.; Pallucchini, *Tiziano* cit., vol. I, pp. 28-29; *L'opera completa* cit., p. 84; Muraro, *Tiziano pittore ufficiale* cit., pp. 88 e sgg.; Charles Hope, *Titian's Role as official Painter to the Venetian Republic*, in *Tiziano e Venezia* cit., pp. 301-305, cfr. pp. 302-303; Valcanover, *Introduzione a Tiziano* cit., p. 6; Panofsky, *Tiziano* cit., pp. 6-7; Pedrocco, *Tiziano* cit., pp. 31-33.

[97] Jürgen Schulz, *The Houses of Titian, Aretino, and Sansovino*, in *Titian. His World and his Legacy*, edited by David Rosand, Columbia University Press, New York 1982, pp. 73-118, cfr. pp. 73, 78; Pedrocco, *Tiziano* cit., p. 31; Humfrey, *Tiziano* cit., p. 36.

[98] *Il «Paradiso» di Tintoretto. Un concorso per Palazzo Ducale*, a cura di Jean Habert con la collaborazione di Lucia Marabini, 5 Continents Editions, Milano 2006.

[99] Hope, *Titian's Role* cit., p. 302; Humfrey, *La pittura a Venezia* cit., pp. 21-22.

[100] Hope, *Titian* cit., pp. 37 e sgg., e dello stesso studioso, *Titian's Role* cit., p. 302.

[101] Maria Agnese Chiari Moretto Wiel, *Tiziano. Corpus dei disegni autografi*, Berenice, Milano 1989, schede 24-26; *Tiziano* cit., scheda 29; William R. Rearick, *Il disegno veneziano del Cinquecento*, Electa, Milano 2001, p. 97.

[102] Sulla perduta battaglia di Palazzo Ducale, le sue copie e le diverse interpretazioni del suo soggetto cfr. Cavalcaselle, Crowe, *Tiziano* cit., vol. I, pp. 134 e sgg.; Erica Tietze-Conrat, *Titian's «Battle of Cadore»*, «The Art Bulletin», XXVII, 1945, pp. 205-208, e della stessa Tietze-Conrat, *Titian's Design for the «Battle of Cadore»*, «Gazette des beaux-arts», XXXIV, 1948, pp. 237-242; *L'opera completa* cit., scheda 181; *The Genius of Venice* cit., schede D72-D73; Wethey, *The Paintings of Titian* cit., vol. III, pp. 47-52, e dello stesso studioso, *Titian and his Drawings*, Princeton University Press, Princeton 1987, pp. 61-68; Wolters, *Storia e politica nei dipinti di palazzo Ducale* cit., pp. 188-191; Panofsky, *Tiziano* cit., pp. 181-184; Patricia Meilman, *Historical Tradition and political Strategy: Titian's Battle Painting*, in *Titian: Materiality* cit., pp. 97-111, cfr. pp. 98 e sgg.; Humfrey, *Tiziano* cit., pp. 117-118.

[103] Vasari, *Le vite* cit., vol. VI, p. 161.

[104] Francesco Sansovino, *Venetia città nobilissima et singolare descritta in XIII libri*, ristampa anastatica della I edizione (Venezia, 1581), Leading, Bergamo 2002, p. 123*v*.

[105] Panofsky, *Tiziano* cit., p. 183.

[106] Ridolfi, *Le maraviglie dell'arte* cit., vol. I, pp. 165-166.

[107] Vasari, *Le vite* cit., vol. VI, p. 157.

[108] *Tiziano e la silografia veneziana* cit., schede 1-6; Francesco Valcanover, *Tiziano Vecellio. Trionfo di Cristo*, in *Giorgione a Venezia* cit., pp. 170-176; Puppi, *Tiziano tra Padova e Vicenza* cit., p. 550; *The Genius of Venice* cit., scheda P16; Michael Bury, *The «Triumph of Christ», after Titian*, «The Burlington Magazine», CXXXI, 1989, pp. 188-197; *Tiziano* cit., scheda 7; *Le siècle de Titien* cit., scheda 130; Joannides, *Titian to 1518* cit., pp. 272-278; sulla processione del 1511 cfr. Wolters, *Storia e politica nei dipinti di palazzo Ducale* cit., pp. 54, 203.

[109] Panofsky, *Tiziano* cit., pp. 60-65; cfr. anche il denso saggio di Staale Sinding-Larsen, *Titian's Triumph of Faith and the medieval Tradition of the Glory of Christ*, «Acta ad archaeologiam et artium historiam pertinentia», VI, 1975, pp. 315-351.

[110] Eugenio Massa, *Una cristianità nell'alba del Rinascimento. Paolo Giustiniani e il «Libellus ad Leonem X» (1513)*, Marietti 1820, Genova-Milano 2005.

[111] Erasmo da Rotterdam, *Elogio della pazzia*, a cura di Tommaso Fiore, Einaudi, Torino 1967, pp. 97 e sgg., 112-113.

[112] Sulla più grande xilografia tizianesca, composta da 12 fogli e corredata da una lunga didascalia («La crudel persecutione del ostinato re, contro il populo tanto da Dio / amato. Con la sommersione di esso pharaone goloso dil inocente / sangue. Disegnata per mano del grande, et immortal Titiano. In Venetia p[e]r Domeneco Dalle Greche depentore venitiano / MDXLIX»), cfr. *Il Passaggio del Mar Rosso di Tiziano Vecellio*, a cura di Terisio Pignatti, 2 voll., Neri Pozza, Vicenza 1973; *Tiziano e la silografia veneziana* cit., schede 8-9; Loredana Olivato, *«La submersione di Pharaone»*, in *Tiziano e Venezia* cit., pp. 529-537; *The Genius*

of Venice cit., scheda P19; *Tiziano* cit., scheda 10; *Le siècle de Titien* cit., scheda 132; *Il Rinascimento a Venezia e la pittura del Nord* cit., scheda 124; Joannides, *Titian to 1518* cit., pp. 278-280.

113 *I diarii di Marino Sanuto* cit., vol. XVII, col. 102.

114 *Tiziano e la silografia veneziana* cit., p. 82.

CAPITOLO II

1 Goffen, *Giovanni Bellini* cit., pp. 261, 269, *Appendice 2*, n. 67.

2 Joannides, *Titian to 1518* cit., pp. 203-235.

3 Dolce, *Dialogo della pittura* cit., p. 203.

4 Pallucchini, *Tiziano* cit., vol. I, pp. 40-41; *L'opera completa* cit., scheda 66; Wethey, *The Paintings of Titian* cit., vol. II, scheda 56; *Tiziano nelle Gallerie fiorentine*, catalogo della mostra di Palazzo Pitti a Firenze, presentazione di Mina Gregori, Centro Di, Firenze 1978, scheda 58; Pedrocco, *Tiziano* cit., scheda 38.

5 Pallucchini, *Tiziano* cit., vol. I, p. 47; *L'opera completa* cit., p. 84; Valcanover, *Il classicismo cromatico di Tiziano* cit., p. 56; Joannides, *Titian to 1518* cit., p. 237; Fernando Checa, *Alfonso I d'Este, Tiziano y la pintura de los antiguos*, in *Tiziano y el legado veneciano* cit., pp. 41-72, cfr. p. 44; Humfrey, *Tiziano* cit., p. 62.

6 Marco Folin, *Rinascimento estense. Politica, cultura, istituzioni di un antico Stato italiano*, II ed., Laterza, Roma-Bari 2004, pp. 251 e sgg., 256.

7 Goffen, *Tiziano, i donatori* cit., p. 87.

8 Joannides, *Titian to 1518* cit., pp. 237-238.

9 Folin, *Rinascimento estense* cit., pp. 52, 333 e sgg.; cfr. anche la voce su Alfonso I d'Este di Romolo Quazza in DBI, vol. II, pp. 332-337, in part. pp. 334-335.

10 Vasari, *Le vite* cit., vol. VI, p. 159.

11 Pallucchini, *Tiziano* cit., vol. I, pp. 38-39; *L'opera completa* cit., scheda 76; Wethey, *The Paintings of Titian* cit., vol. I, scheda 147; Pedrocco, *Tiziano* cit., p. 33 e scheda 50; Joannides, *Titian to 1518* cit., pp. 237-238.

12 *L'opera completa* cit., scheda 487; Wethey, *The Paintings of Titian* cit., vol. I, scheda 148; *Titian* cit., scheda 32; *L'ultimo Tiziano* cit., scheda 3.13; Mattia Biffis, *Rendere a Cesare. Riflessioni sul tema della sovranità nel «Tributo» di Londra*, «Venezia Cinquecento», XVIII, 2008, n. 35, pp. 155-173.

13 Cavalcaselle, Crowe, *Tiziano* cit., vol. I, p. 94; Philipp P. Fehl, *The Worship of Bacchus and Venus in Bellini's and Titian's Bacchanals for Alfonso d'Este*, «Studies in the History of Art», VI, 1974, pp. 37-96, cfr. pp. 40-42, e dello stesso Fehl, *Decorum and Wit* cit., pp. 49-50; Charles M. Rosenberg, *Money Talks: Numismatic Propaganda under Alfonso I d'Este*, in *L'età di Alfonso I e la pittura del Dosso*, Franco Cosimo Panini, Modena 2004, pp. 145-164, in part. p. 148; Biffis, *Rendere a Cesare* cit., pp. 161-163.

14 Cavalcaselle, Crowe, *Tiziano* cit., vol. I, p. 96.

15 Biffis, *Rendere a Cesare* cit., pp. 162-163; cfr. anche le osservazioni sul dipinto di Francesco Saracino, *Cristo a Venezia. Pittura e cristologia nel Rinascimento*, Marietti 1820, Genova-Milano 2007, pp. 137-138.

16 Pallucchini, *Tiziano* cit., vol. I, p. 48; *L'opera completa* cit., p. 84, schede 79-80; *Tiziano. Le lettere* cit., p. 12; Sandro Sponza, *Treviso, 1500-1540*, in *La*

pittura nel Veneto cit., vol. I, pp. 225-280, cfr. pp. 252-253; Humfrey, *Tiziano* cit., p. 71.

[17] David Rosand, *Tiziano: l'Assunta*, «Eidos», III, 1988, pp. 4-23, cfr. p. 9; Goffen, *Devozione e committenza* cit., pp. 4 e sgg.; Concina, *Storia dell'architettura di Venezia* cit., pp. 81 e sgg.

[18] Sul trittico smembrato, già sull'altar maggiore della chiesa francescana di Mestre e i cui pannelli sono tra la Wallace Collection di Londra e il Musée des beaux-arts di Strasburgo, cfr. *Cima da Conegliano. Poeta del paesaggio*, catalogo della mostra di Palazzo Sarcinelli a Conegliano, a cura di Giovanni C.F. Villa, Marsilio, Venezia 2010, schede 29-30.

[19] Wethey, *The Paintings of Titian* cit., vol. I, scheda 63; Goffen, *Devozione e committenza* cit., pp. 53, 60 e sgg.; Peter Humfrey, *The Altarpiece in Renaissance Venice*, Yale University Press, New Haven-London 1993, pp. 245, 310; Pedrocco, *Tiziano* cit., scheda 64; Joannides, *Titian to 1518* cit., p. 285; Alvise Zorzi, *Venezia scomparsa*, Mondadori, Milano 2001, p. 254.

[20] *I diarii di Marino Sanuto* cit., vol. XXV, col. 418.

[21] Dolce, *Dialogo della pittura* cit., p. 202.

[22] Ridolfi, *Le maraviglie dell'arte* cit., vol. I, p. 163.

[23] *The Genius of Venice* cit., scheda D70; Wethey, *Titian and his Drawings* cit., scheda 18; Chiari Moretto Wiel, *Tiziano. Corpus dei disegni* cit., scheda 11; *Tiziano* cit., scheda 12; Rearick, *Il disegno veneziano del Cinquecento* cit., pp. 51-52; Humfrey, *Tiziano* cit., pp. 70-71.

[24] *Tiziano e la silografia veneziana* cit., scheda 12; *The Genius of Venice* cit., scheda P18.

[25] Humfrey, *Tiziano* cit., p. 66.

[26] Cavalcaselle, Crowe, *Tiziano* cit., vol. I, pp. 178 e sgg.; Pallucchini, *Tiziano* cit., vol. I, pp. 45-47; *L'opera completa* cit., scheda 82; Wethey, *The Paintings of Titian* cit., vol. I, scheda 14; David Rosand, *Titian in the Frari*, «The Art Bulletin», LIII, 1971, pp. 196-213, cfr. pp. 196-200, e dello stesso Rosand, *Painting in Cinquecento Venice* cit., pp. 51 e sgg., e *Tiziano: l'Assunta* cit., pp. 8 e sgg.; Pedrocco, *Tiziano* cit., p. 35 e scheda 53; Joannides, *On some Borrowings and Non-borrowings* cit., pp. 23-24, e dello stesso studioso, *Titian to 1518* cit., p. 294, e *Titian and Michelangelo* cit., p. 128.

[27] Humfrey, *The Altarpiece in Renaissance Venice* cit., p. 301, e dello stesso studioso, *Tiziano* cit., pp. 66 e sgg.; sulle due opere belliniane cfr. Goffen, *Giovanni Bellini* cit., pp. 167 e sgg., 181 e sgg.

[28] Pallucchini, *Tiziano* cit., vol. I, p. 46; Valcanover, *Il classicismo cromatico di Tiziano* cit., p. 55; Rosand, *Tiziano: l'Assunta* cit., p. 15; *Tiziano* cit., scheda 11; Peter Humfrey, *The Prehistory of Titian's «Assunta»*, in *Titian 500*, edited by Joseph Manca, University Press of New England, Washington 1993, pp. 223-241, cfr. p. 234; Joannides, *Titian to 1518* cit., p. 285; sui dipinti di Mantegna e di Bellini cfr. Alberta De Nicolò Salmazo, *Mantegna*, Electa, Milano 1997, pp. 12 e sgg., 38 e sgg., e Goffen, *Giovanni Bellini* cit., p. 181.

[29] Rosand, *Painting in Cinquecento Venice* cit., p. 55, e dello stesso studioso, *Tiziano: l'Assunta* cit., p. 10.

[30] Vasari, *Le vite* cit., vol. VI, p. 159; cfr. anche Rosand, *Painting in Cinquecento Venice* cit., p. 55.

[31] Joannides, *Titian to 1518* cit., p. 296.

[32] Goffen, *Devozione e committenza* cit., p. 75.

[33] Joannides, *Titian to 1518* cit., p. 296.

[34] Goffen, *Devozione e committenza* cit., pp. 53 e sgg.

[35] Rosand, *Tiziano: l'Assunta* cit., pp. 11 e sgg.; Goffen, *Devozione e committenza* cit., pp. 68 e sgg.

[36] Rosand, *Painting in Cinquecento Venice* cit., pp. 57-58; Goffen, *Devozione e committenza* cit., pp. 64 e sgg.; Humfrey, *The Altarpiece in Renaissance Venice* cit., pp. 301-302.

[37] Goffen, *Devozione e committenza* cit., pp. 64 e sgg.

[38] Deborah Howard, *Giorgione's «Tempesta» and Titian's «Assunta» in the Context of the Cambrai Wars*, «Art History», VIII, 1985, n. 3, pp. 271-289, cfr. pp. 279 e sgg.; Rosand, *Tiziano: l'Assunta* cit., pp. 18-19.

[39] Rodolfo Pallucchini, Paola Rossi, *Tintoretto. Le opere sacre e profane*, 2 voll., Electa, Milano 1982, vol. I, scheda 170; Tom Nichols, *Tintoretto. Tradition and Identity*, Reaktion Books, London 1999, pp. 63-66.

[40] Cfr. la citata voce su Alfonso I d'Este di Romolo Quazza in DBI, vol. II, p. 336.

[41] *L'opera completa* cit., scheda 116; Wethey, *The Paintings of Titian* cit., vol. II, scheda 26; Joannides, *Titian to 1518* cit., pp. 237-238; Humfrey, *Tiziano* cit., pp. 78 e sgg.

[42] *L'opera completa* cit., scheda 118; Wethey, *The Paintings of Titian* cit., vol. II, scheda 24; *Le siècle de Titien* cit., scheda 56; Goffen, *Titian's Women* cit., pp. 62-63; Pedrocco, *Tiziano* cit., scheda 72; Jane Fair Bestor, *Titian's Portrait of Laura Eustochia: the Decorum of female Beauty and the Motif of the black Page*, «Renaissance Studies», XVII, 2003, pp. 628-673; Joanna Woods-Marsden, *The Mistress as «Virtuous»: Titian's Portrait of Laura Dianti*, in *Titian: Materiality* cit., pp. 53-69; Humfrey, *Tiziano* cit., p. 82; Enrico Maria Dal Pozzolo, *Colori d'amore. Parole, gesti e carezze nella pittura veneziana del Cinquecento*, Canova, Treviso 2008, p. 145.

[43] Carlo Dionisotti, *Tiziano e la letteratura*, in *Tiziano e il manierismo europeo* cit., pp. 259-270, cfr. p. 263; Nino Pirrotta, *Musiche intorno a Tiziano*, in *Tiziano e Venezia* cit., pp. 29-34, in part. pp. 31 e sgg.; Gianni Venturi, *Il parallelo tra le arti. Il caso Ariosto-Dosso*, in *L'età di Alfonso I* cit., pp. 45-55, in part. p. 45.

[44] Cavalcaselle, Crowe, *Tiziano* cit., vol. I, pp. 152-154; Pallucchini, *Tiziano* cit., vol. I, pp. 47 e sgg.; *L'opera completa* cit., p. 84; *Tiziano. Le lettere* cit., pp. 12-13; Joannides, *Titian to 1518* cit., p. 285; Maria Lucia Menegatti, *I camerini di Alfonso I. Regesto degli artisti*, in *Il camerino delle pitture di Alfonso I*, a cura di Alessandro Ballarin, 6 voll., Bertoncello Artigrafiche, Cittadella 2002, vol. I, pp. 403-463, in part. pp. 443-463; Humfrey, *Tiziano* cit., p. 71.

[45] Sulla collocazione originaria delle opere nella via Coperta e la loro cronologia cfr. Charles Hope, *The Camerino d'Alabastro of Alfonso d'Este*, «The Burlington Magazine», CXIII, 1971, pp. 641-650, e CXIV, 1972, pp. 712-721, e dello stesso studioso, *The Camerino d'Alabastro. A Reconsideration of the Evidence*, in *Bacchanals by Titian and Rubens*, edited by Görel Cavalli-Björkman, Nationalmusem, Stockholm 1987, pp. 25-42; Beverly Louise Brown, *On the Camerino*, ivi, pp. 43-56; Dana Goodgal, *The Camerino of Alfonso I d'Este*, «Art History», I, 1978, pp. 162-190; Fehl, *Decorum and Wit* cit., pp. 47 e sgg.; Alessandro Ballarin, *Lo studio dei marmi ed il camerino delle pitture di Alfonso d'Este*, in *Il camerino delle pitture di Alfonso I* cit., vol. I, pp. 63-353, in part. pp. 317 e sgg.; Maria Lucia Menegatti, *La via Coperta a partire da una rilettura dei*

documenti d'archivio, ivi, vol. VI, pp. 263-285; Lorenzo Finocchi Ghersi, *Dosso Dossi, Giovanni Bellini e Tiziano nei «Camarini» di Alfonso I d'Este*, «Saggi e memorie di storia dell'arte», XXVII, 2003, pp. 215-226, in part. pp. 216 e sgg.; Peter Humfrey, *Titian's «Bacchanals» for Duke Alfonso's «Camerino»: a Re-examination of the Chronology*, in *L'età di Alfonso I* cit., pp. 179-185; Valeska von Rosen, *«Diletto dei sensi» et «diletto dell'intelletto»: «Les Bacchanales» peintes par Bellini et Titien pour Alphonse d'Este considérées dans leur contexte de réception*, in *Programme et invention dans l'art de la Renaissance*, sous la direction de Michel Hochmann, Julian Kliemann, Jérémie Koering et Philippe Morel, Somogy éditions d'art, Paris 2008, pp. 311-351, in part. pp. 313 e sgg.

[46] *Titian* cit., pp. 101-102; Humfrey, *Tiziano* cit., p. 71.

[47] Paul Holberton, *The Choice of Texts for the Camerino Pictures*, in *Bacchanals by Titian and Rubens* cit., pp. 57-66; Ballarin, *Lo studio dei marmi ed il camerino* cit., pp. 67 e sgg.; Rosen, *«Diletto dei sensi»* cit., pp. 325 e sgg.; cfr. anche l'interpretazione del ciclo come «libidinal» e «nuptial in character» di Anthony Colantuono, *Titian, Colonna and the Renaissance Science of Procreation. Equicola's Seasons of Desire*, Ashgate, Farnham 2010.

[48] Goffen, *Renaissance Rivals* cit., pp. 270 e sgg.; *Titian* cit., p. 101; Humfrey, *Tiziano* cit., p. 72.

[49] Panofsky, *Tiziano* cit., p. 101, nota 25; Ballarin, *Lo studio dei marmi ed il camerino* cit., pp. 342 e sgg.; Vincenzo Farinella, *L'«Eneide» di Dosso per Alfonso I d'Este*, in *Il camerino delle pitture di Alfonso I* cit., vol. VI, pp. 299-342; *Titian* cit., p. 101; Humfrey, *Tiziano* cit., pp. 71-72.

[50] Ivi, p. 72.

[51] *L'opera completa* cit., scheda 84; Wethey, *The Paintings of Titian* cit., vol. III, scheda 13; Fehl, *The Worship of Bacchus and Venus* cit., pp. 61 e sgg., e dello stesso Fehl, *Decorum and Wit* cit., pp. 64 e sgg.; Panofsky, *Tiziano* cit., p. 100; Pedrocco, *Tiziano* cit., scheda 54; Ballarin, *Lo studio dei marmi ed il camerino* cit., pp. 173 e sgg.; *Titian* cit., scheda 16; *Bellini, Giorgione, Titian* cit., scheda 34; Humfrey, *Tiziano* cit., p. 72.

[52] *L'opera completa* cit., scheda 85; Wethey, *The Paintings of Titian* cit., vol. III, scheda 15; Fehl, *Decorum and Wit* cit., pp. 71 e sgg.; Pedrocco, *Tiziano* cit., scheda 78; *Titian* cit., scheda 14; *Bellini, Giorgione, Titian* cit., scheda 33; Humfrey, *Tiziano* cit., p. 72.

[53] Görel Cavalli-Björkman, *Worship of Bacchus and Venus. Variations on a Theme*, in *Bacchanals by Titian and Rubens* cit., pp. 93-106; Christopher Brown, *Van Dyck and Titian*, ivi, pp. 153-166; Fehl, *Decorum and Wit* cit., pp. 284-304.

[54] Panofsky, *Tiziano* cit., pp. 103-104; Gentili, *Da Tiziano a Tiziano* cit., p. 140.

[55] Maurizio Bonicatti, *Tiziano e la cultura musicale del suo tempo*, in *Tiziano e Venezia* cit., pp. 461-477, cfr. pp. 462 e sgg.; Pirrotta, *Musiche intorno a Tiziano* cit., p. 31; Edward E. Lowinsky, *Music in Titian's «Bacchanal of the Andrians»: Origin and History of the «Canon per Tonos»*, in *Titian. His World and his Legacy* cit., pp. 191-282; Panofsky, *Tiziano* cit., p. 102; Gentili, *Da Tiziano a Tiziano* cit., pp. 138 e sgg.; Antonio M. González Rodríguez, *Iconografía y música en la «Bacanal de los andrios» de Tiziano*, in *Tiziano y el legado veneciano* cit., pp. 73-102, in part. pp. 95 e sgg.

[56] David Alan Brown, *Venetian Painting and the Invention of Art*, in *Bellini, Giorgione, Titian* cit., pp. 15-37, cfr. pp. 32-34; Humfrey, *Tiziano* cit., p. 72.

[57] *L'opera completa* cit., scheda 108; Cecil Gould, *The Studio of Alfonso d'Este and Titian's Bacchus and Ariadne. A Re-examination of the Chronology of the Bacchanals and of the Evolution of One of Them*, National Gallery, London 1971, pp. 17 e sgg.; Wethey, *The Paintings of Titian* cit., vol. III, scheda 14; Paul Holberton, *Battista Guarino's Catullus and Titian's «Bacchus and Ariadne»*, «The Burlington Magazine», CXXVIII, 1986, pp. 347-350, e dello stesso studioso, *The Choice of Texts* cit., p. 59; Fehl, *Decorum and Wit* cit., pp. 68 e sgg.; Pedrocco, *Tiziano* cit., scheda 71; Ballarin, *Lo studio dei marmi ed il camerino* cit., pp. 143 e sgg.; *Titian* cit., scheda 13; Humfrey, *Tiziano* cit., p. 78.

[58] Gentili, *Da Tiziano a Tiziano* cit., pp. 140 e sgg.

[59] Ivi, p. 144.

[60] Wendy Stedman Sheard, *Antonio Lombardo's Reliefs for Alfonso d'Este's Studio di Marmi*, in *Titian 500* cit., pp. 315-357, cfr. pp. 321-322; Édouard Pommier, *L'invenzione dell'arte nell'Italia del Rinascimento*, Einaudi, Torino 2007 (I ed. francese 2006), p. 197; Bruce D. Sutherland, *Subtle Borrowings by Titian and Other Venetians*, «Venezia Cinquecento», XVIII, 2008, n. 35, pp. 205-237, in part. pp. 205-206.

[61] Wethey, *The Paintings of Titian* cit., vol. III, scheda 12; Dana Goodgal, *Titian repairs Bellini*, in *Bacchanals by Titian and Rubens* cit., pp. 17-24; Goffen, *Giovanni Bellini* cit., pp. 242 e sgg.; *Tiziano* cit., scheda 19; Fehl, *Decorum and Wit* cit., pp. 51 e sgg.; *Titian 500* cit., *passim*; Ballarin, *Lo studio dei marmi ed il camerino* cit., pp. 157 e sgg.; *Titian* cit., scheda 15; *Bellini, Giorgione, Titian* cit., scheda 32; Humfrey, *Tiziano* cit., p. 78.

[62] Checa, *Alfonso I d'Este, Tiziano* cit., p. 45; Humfrey, *Tiziano* cit., p. 72.

[63] Giovanni Mariacher, *Tiziano e le arti minori*, in *Tiziano e il manierismo europeo* cit., pp. 247-255, cfr. p. 248.

[64] Paolo Alei, *«Obscuratus est sol»: Unveiling the hidden Divinity in Titian's Louvre «Entombment»*, «Venezia Cinquecento», XVI, 2006, n. 32, pp. 85-132.

[65] Humfrey, *Tiziano* cit., p. 82.

[66] Carolyn Smyth, *Insiders and Outsiders: Titian, Pordenone and Broccardo Malchiostro's Chapel in Treviso Cathedral*, «Studi tizianeschi», V, 2007, pp. 32-75.

[67] *L'opera completa* cit., scheda 100; Wethey, *The Paintings of Titian* cit., vol. I, scheda 66; Kruno Prijatelj, *Tiziano e la Dalmazia*, in *Tiziano e Venezia* cit., pp. 539-543, cfr. pp. 539-540; Michele Polverari, *MDXX Titianus Cadorinus pinsit*, in *Tiziano. La pala Gozzi di Ancona. Il restauro e il nuovo allestimento espositivo*, catalogo della mostra della Pinacoteca comunale Francesco Podesti ad Ancona, a cura di Michele Polverari, Grafis Edizioni, Bologna 1988, pp. 23-31; Pedrocco, *Tiziano* cit., scheda 57; David Frapiccini, *Tiziano e le pale d'altare marchigiane*, in *Pittura veneta nelle Marche*, a cura di Valter Curzi, Silvana Editoriale, Cinisello Balsamo 2000, pp. 193-203, in part. pp. 193-196; Augusto Gentili, *Venezia tra Ancona e Ragusa. La pala Gozzi di Tiziano*, «Venezia Cinquecento», II, 1992, n. 3, pp. 89-97, ora nella sua raccolta di saggi *La bilancia dell'arcangelo. Vedere i dettagli nella pittura veneziana del Cinquecento*, Bulzoni, Roma 2009, pp. 107-116.

[68] Polverari, *MDXX Titianus Cadorinus pinsit* cit., pp. 26-27; Gentili, *Venezia tra Ancona e Ragusa* cit., p. 110.

[69] Ivi, pp. 110-112.

[70] *L'opera completa* cit., scheda 105; Wethey, *The Paintings of Titian* cit., vol.

I, scheda 92; Tassi, *Tiziano. Il polittico Averoldi* cit.; *Il polittico Averoldi di Tiziano restaurato*, catalogo della mostra del monastero di Santa Giulia a Brescia, a cura di Elena Lucchesi Ragni e Giovanni Agosti, Grafo, Brescia 1991; Pedrocco, *Tiziano* cit., scheda 63.

[71] Goffen, *Tiziano, i donatori* cit., p. 87.

[72] *Le siècle de Titien* cit., schede 205-206; Wethey, *Titian and his Drawings* cit., schede 21-22; Chiari Moretto Wiel, *Tiziano. Corpus dei disegni* cit., schede 12-13; *Tiziano* cit., scheda 14; *Il polittico Averoldi di Tiziano restaurato* cit., schede 6-7; Rearick, *Il disegno veneziano del Cinquecento* cit., pp. 59-62.

[73] Eugenio Battisti, *Di alcuni aspetti non veneti di Tiziano*, in *Tiziano e Venezia* cit., pp. 213-225, cfr. p. 215; Elena Lucchesi Ragni, *Le vicende del polittico*, in *Il polittico Averoldi di Tiziano restaurato* cit., pp. 89-110, in part. p. 90.

[74] Meller, *Tiziano e la scultura* cit., pp. 132-133; Joannides, *On some Borrowings and Non-borrowings* cit., pp. 31-32, e dello stesso studioso, *Titian and Michelangelo* cit., p. 126; Bruno Passamani, *Il polittico di San Nazaro tappa nodale nell'arte di Tiziano e polo catalizzatore per la pittura bresciana del primo Cinquecento*, in *Il polittico Averoldi di Tiziano restaurato* cit., pp. 7-32, cfr. pp. 9 e sgg.; Giovanni Agosti, *Sui gusti di Altobello Averoldi*, ivi, pp. 55-80, in part. p. 62; Goffen, *Renaissance Rivals* cit., pp. 289-293; Hochmann, *Venise et Rome 1500-1600* cit., pp. 228-229; Monica Grasso, *«Mostra aver passione per una sol saetta». Il San Sebastiano del polittico Averoldi di Tiziano*, «Acta ad archaeologiam et artium historiam pertinentia», XIX, 2005, pp. 125-140.

[75] Luba Freedman, *Saint Sebastian in Veneto Painting: The «Signals» addressed to «Learned» Spectators*, «Venezia Cinquecento», VIII, 1998, n. 15, pp. 5-20, cfr. p. 15.

[76] Bernard Aikema, *Tiziano, la maniera e il pubblico*, «Mitteilungen des Kunsthistorischen Institutes in Florenz», XXXIX, 1995, n. 1, pp. 167-184, cfr. p. 171; D'Elia, *The Poetics* cit., pp. 34 e sgg.

[77] Agosti, *Sui gusti di Altobello Averoldi* cit., pp. 63 e sgg.

[78] Sull'Averoldi cfr. la voce di Franco Gaeta in DBI, vol. IV, pp. 667-668; Tassi, *Tiziano. Il polittico Averoldi* cit., pp. 46-47; Agosti, *Sui gusti di Altobello Averoldi* cit., pp. 55 e sgg.; Goffen, *Renaissance Rivals* cit., pp. 285-286.

[79] Passamani, *Il polittico di San Nazaro* cit., p. 20.

[80] Agosti, *Sui gusti di Altobello Averoldi* cit., p. 75.

[81] Diane H. Bodart, *Tiziano e Federico II Gonzaga. Storia di un rapporto di committenza*, Bulzoni, Roma 1998, pp. 31-32.

[82] Ivi, pp. 32-33.

[83] Ivi, p. 34; Firpo, Biferali, *«Navicula Petri»* cit., pp. 34 e sgg.

[84] Bodart, *Tiziano e Federico II Gonzaga* cit., p. 35 e *Documenti 2-5*.

[85] Sul ritratto dell'Adorno, il cui acquisto da parte della marchesa di Mantova fu suggerito dallo storico e custode della biblioteca di San Marco Andrea Navagero, cfr. Peter Porçal, *Isabella d'Este, Tiziano e il «quadro di Ser Hieronymo»*, «Mitteilungen des Kunsthistorischen Institutes in Florenz», XXXIII, 1989, pp. 385-389; Bodart, *Tiziano e Federico II Gonzaga* cit., pp. 35-38 e *Documenti 6-7, 9-11*.

[86] *L'opera completa* cit., scheda 122; Wethey, *The Paintings of Titian* cit., vol. II, scheda 49; Bodart, *Tiziano e Federico II Gonzaga* cit., pp. 52 e sgg.; Pedrocco, *Tiziano* cit., scheda 82; Humfrey, *Tiziano* cit., pp. 92-94.

[87] Bodart, *Tiziano e Federico II Gonzaga* cit., pp. 41 e sgg.

[88] *L'opera completa* cit., p. 85 e schede 106, 109; Wethey, *The Paintings of Titian* cit., vol. III, pp. 27-29; Hope, *Titian's Role* cit., p. 303; Wolters, *Storia e politica nei dipinti di palazzo Ducale* cit., pp. 175-177.

[89] Cfr. la citata voce su Andrea Gritti di Gino Benzoni in DBI, vol. LIX, pp. 730-731.

[90] Robert Finlay, *Venezia, i turchi e il mondo cristiano*, in *«Renovatio urbis». Venezia nell'età di Andrea Gritti (1523-1538)*, a cura di Manfredo Tafuri, Officina, Roma 1984, pp. 78-118, cfr. pp. 78 e sgg., e dello stesso studioso, *Fabius Maximus in Venice* cit., pp. 1010 e sgg.

[91] *L'opera completa* cit., scheda 214; Wethey, *The Paintings of Titian* cit., vol. II, scheda 50; Lionello Puppi, *Iconografia di Andrea Gritti*, in *«Renovatio urbis»* cit., pp. 216-235, cfr. pp. 218-220; *Tiziano* cit., scheda 37; Humfrey, *Tiziano* cit., pp. 132-134; *L'ultimo Tiziano* cit., scheda 1.4.

[92] Pallucchini, *Tiziano* cit., vol. I, p. 56; *L'opera completa* cit., schede 110-111; Wethey, *The Paintings of Titian* cit., vol. I, schede 51, 98; Muraro, *Tiziano pittore ufficiale* cit., p. 97; *Tiziano* cit., schede 15, 20; Pedrocco, *Tiziano* cit., p. 39 e schede 68-69.

[93] *Tiziano* cit., scheda 15.

[94] *Tiziano e la silografia veneziana* cit., scheda 15; Lisa Pon, *A Document for Titian's «St Roch»*, «Print Quarterly», XIX, 2002, pp. 275-277.

[95] Cavalcaselle, Crowe, *Tiziano* cit., vol. I, pp. 274 e sgg.; Pallucchini, *Tiziano* cit., vol. I, pp. 63-64; *L'opera completa* cit., scheda 128; Wethey, *The Paintings of Titian* cit., vol. I, scheda 55; Francesco Valcanover, *Dall'«Assunta» al «S. Pietro Martire»*, in *Tiziano e il manierismo europeo* cit., pp. 57-69, cfr. pp. 64-66, e dello stesso Valcanover, *La pala Pesaro*, «Quaderni della Soprintendenza ai Beni artistici e storici di Venezia», VIII, 1979, pp. 57-67; Rosand, *Painting in Cinquecento Venice* cit., pp. 58 e sgg.; *Tiziano* cit., scheda 18; Goffen, *Devozione e committenza* cit., pp. 81 e sgg.; Fehl, *Decorum and Wit* cit., pp. 30-43; Hans H. Aurenhammer, *Tizian. Die Madonna des Hauses Pesaro. Wie kommt Geschichte in ein venezianisches Altarbild?*, Fischer, Frankfurt am Main 1994; Pedrocco, *Tiziano* cit., scheda 79; Humfrey, *La pittura a Venezia* cit., pp. 154-156, e dello stesso studioso, *Tiziano* cit., pp. 84-86.

[96] Gentili, *Tiziano* cit., p. 29; cfr. anche Goffen, *Devozione e committenza* cit., pp. 91 e sgg.; Fehl, *Decorum and Wit* cit., p. 37.

[97] Humfrey, *Tiziano* cit., p. 86.

[98] Staale Sinding-Larsen, *La pala dei Pesaro e la tradizione dell'immagine liturgica*, in *Tiziano e Venezia* cit., pp. 201-206, cfr. pp. 203 e sgg.; *Tiziano* cit., scheda 18; Aurenhammer, *Tizian. Die Madonna des Hauses Pesaro* cit., pp. 19 e sgg.; Humfrey, *The Altarpiece in Renaissance Venice* cit., pp. 304 e sgg.

[99] Aurenhammer, *Tizian. Die Madonna des Hauses Pesaro* cit., pp. 41-43; Peter Humfrey, *La pala Giustinian a S. Francesco della Vigna. Contesto e committenza*, in *Nuovi studi su Paolo Veronese*, a cura di Massimo Gemin, Arsenale, Venezia 1990, pp. 299-307; Peter Humfrey, Stephen Holt, *More on Veronese and his Patrons at San Francesco della Vigna*, «Venezia Cinquecento», V, 1995, n. 10, pp. 187-214, cfr. pp. 189 e sgg.; Robert Echols, Frederick Ilchman, John Marciari, *Les nouveaux rivaux de Titien*, in *Titien, Tintoret, Véronèse. Rivalités à Venise*, catalogo della mostra del Musée du Louvre a Parigi, a cura di Vincent Delieuvin e Jean Habert, Musée du Louvre Éditions, Paris 2009, pp. 132-156, in part. p. 148.

[100] *Sebastiano del Piombo 1485-1547*, catalogo della mostra di Palazzo Venezia a Roma, Federico Motta, Milano 2008, scheda 7.

[101] Sinding-Larsen, *La pala dei Pesaro* cit., p. 201; Goffen, *Devozione e committenza* cit., p. 84.

[102] Rosand, *Titian in the Frari* cit., pp. 203 e sgg.; Helen S. Ettlinger, *The Iconography of the Columns in Titian's Pesaro Altarpiece*, «The Art Bulletin», LXI, 1979, pp. 59-67, cfr. pp. 64-66; Sinding-Larsen, *La pala dei Pesaro* cit., p. 204; Goffen, *Devozione e committenza* cit., pp. 83, 98-99.

[103] Ettlinger, *The Iconography of the Columns* cit., p. 66; Valcanover, *La pala Pesaro* cit., pp. 57-58, nota 3; *Tiziano* cit., scheda 18; Goffen, *Devozione e committenza* cit., pp. 87 e sgg., 110 e sgg.

[104] *L'opera completa* cit., p. 85; *Tiziano* cit., pp. 406-407; Puppi, *Su/Per Tiziano* cit., pp. 37 e sgg.; Hope, *La famiglia di Tiziano* cit., pp. 29 e sgg.

[105] Puppi, *Su/Per Tiziano* cit., pp. 49 e sgg.

[106] Ivi, pp. 39-42; *L'ultimo Tiziano* cit., scheda 1.6; cfr. anche Goffen, *Titian's Women* cit., pp. 102 e sgg. e sul restauro del dipinto *Tizian. Die Damen in Weiss*, herausgegeben von Andreas Henning und Günter Ohlhoff, Sandstein, Dresden 2010.

[107] Puppi, *Su/Per Tiziano* cit., pp. 38, 133, nota 94.

[108] Pallucchini, *Tiziano* cit., vol. I, p. 69.

[109] *L'opera completa* cit., p. 85; *L'opera completa di Sebastiano del Piombo*, presentazione di Carlo Volpe, apparati critici e filologici di Mauro Lucco, Rizzoli, Milano 1980, p. 88; Michael Hirst, *Sebastiano del Piombo*, Clarendon Press, Oxford 1981, *Appendix C: Sebastiano's Movements after the Sack of Rome*, pp. 158-159; André Chastel, *Il sacco di Roma 1527*, Einaudi, Torino 1983, pp. 155 e sgg.; Christopher Cairns, *Pietro Aretino and the Republic of Venice. Researches on Aretino and his Circle in Venice 1527-1556*, Olschki, Firenze 1985, pp. 19 e sgg.; *Tiziano* cit., p. 406; Bruce Boucher, *The Sculpture of Jacopo Sansovino*, 2 voll., Yale University Press, New Haven-London 1991, vol, I, pp. 37 e sgg.; Paul Larivaille, *Pietro Aretino*, Roma, Salerno 1997, pp. 120 e sgg.; Manuela Morresi, *Jacopo Sansovino*, Electa, Milano 2000, pp. 427 e sgg.; Hochmann, *Venise et Rome 1500-1600* cit., pp. 247 e sgg.; Humfrey, *Tiziano* cit., p. 87; Firpo, Biferali, *«Navicula Petri»* cit., pp. 72 e sgg.

[110] Vasari, *Le vite* cit., vol. VI, p. 160; Boucher, *The Sculpture of Jacopo Sansovino* cit., vol. I, p. 184, nn. 61-62; Hochmann, *Venise et Rome 1500-1600* cit., p. 248, nota 8.

[111] Mina Gregori, *Tiziano e l'Aretino*, in *Tiziano e il manierismo europeo* cit., pp. 271-306, cfr. pp. 285-287; Boucher, *The Sculpture of Jacopo Sansovino* cit., vol. I, p. 184, n. 63; Larivaille, *Pietro Aretino* cit., p. 137; Bodart, *Tiziano e Federico II Gonzaga* cit., pp. 43-47 e *Documento 20*; Morresi, *Jacopo Sansovino* cit., p. 469.

[112] Larivaille, *Pietro Aretino* cit., p. 130.

[113] Walter Friedländer, *Titian and Pordenone*, «The Art Bulletin», XLVII, 1965, pp. 118-121; Cecil Gould, *The Cinquecento at Venice. IV. Pordenone versus Titian*, «Apollo», XCVI, 1972, pp. 106-110; Goffen, *Renaissance Rivals* cit., pp. 297 e sgg.

[114] Charles E. Cohen, *The Art of Giovanni Antonio da Pordenone. Between Dialect and Language*, 2 voll., Cambridge University Press, Cambridge 1996, vol. II, scheda 51.

[115] Ridolfi, *Le maraviglie dell'arte* cit., vol. I, p. 123; André Chastel, *Rivalità a Venezia: il concorso del «S. Pietro Martire» (1528-1530)*, nella sua raccolta di saggi *Cronaca della pittura italiana, 1280-1580*, Palombi, Roma 1985 (I ed. francese 1983), pp. 170-187, cfr. pp. 170 e sgg.

[116] Cavalcaselle, Crowe, *Tiziano* cit., vol. I, pp. 294 e sgg.; Pallucchini, *Tiziano* cit., vol. I, pp. 65-66; *L'opera completa* cit., scheda 137; Wethey, *The Paintings of Titian* cit., vol. I, scheda 133; Valcanover, *Dall'«Assunta» al «S. Pietro Martire»* cit., pp. 66-69; Chastel, *Rivalità a Venezia* cit., pp. 181 e sgg.; Goffen, *Renaissance Rivals* cit., pp. 297 e sgg.; Patricia Meilman, *Titian and the Altarpiece in Renaissance Venice*, Cambridge University Press, Cambridge 2000, pp. 77 e sgg.; D'Elia, *The Poetics* cit., pp. 56 e sgg.; Humfrey, *Tiziano* cit., pp. 86-87; Vincent Delieuvin, Jean Habert, *Les concours de peinture à Venise au XVIe siècle*, in *Titien, Tintoret, Véronèse* cit., pp. 44-101, cfr. pp. 50-53.

[117] Paolo Pino, *Dialogo della pittura*, in *Trattati d'arte del Cinquecento* cit., vol. I, pp. 93-139, cfr. p. 137; Philip Rylands, *Palma Vecchio*, Cambridge University Press, Cambridge 1992, pp. 15, 17, 337-338; Meilman, *Titian and the Altarpiece* cit., pp. 84 e sgg.; D'Elia, *The Poetics* cit., p. 61.

[118] *Le siècle de Titien* cit., scheda 223; Rearick, *Il disegno veneziano del Cinquecento* cit., p. 80.

[119] Caroline Karpinski, *«Lights Always at Play with Shadows». Prints in Titian's Service*, in *The Cambridge Companion* cit., pp. 95-118, cfr. p. 112; *The Age of Titian* cit., scheda 147; *Tiziano. L'ultimo atto* cit., scheda 111.

[120] Meilman, *Titian and the Altarpiece* cit., pp. 55 e sgg.

[121] Goffen, *Giovanni Bellini* cit., pp. 177 e sgg.; Rylands, *Palma Vecchio* cit., scheda 92; Meilman, *Titian and the Altarpiece* cit., pp. 86 e sgg.; D'Elia, *The Poetics* cit., pp. 60 e sgg.

[122] Maurizio Calvesi, *Le realtà del Caravaggio*, Einaudi, Torino 1990, p. 299.

[123] Meller, *Tiziano e la scultura* cit., p. 151; Joannides, *On some Borrowings and Non-borrowings* cit., p. 32, e dello stesso studioso, *Titian and Michelangelo* cit., p. 128; cfr. anche Humfrey, *The Altarpiece in Renaissance Venice* cit., p. 315, e Meilman, *Titian and the Altarpiece* cit., pp. 94 e sgg.

[124] *Lettere sull'arte di Pietro Aretino*, commentate da Fidenzio Pertile e rivedute da Carlo Cordié, a cura di Ettore Camesasca, 3 voll., Edizioni del Milione, Milano 1957-1960, vol. I, p. 73; cfr. anche Valcanover, *Dall'«Assunta» al «S. Pietro Martire»* cit., p. 67; Meilman, *Titian and the Altarpiece* cit., pp. 135 e sgg.

[125] Dolce, *Dialogo della pittura* cit., p. 204; Vasari, *Le vite* cit., vol. VI, pp. 160-161; cfr. anche Norman Earl Land, *Titian's «Martyrdom of St Peter Martyr» and the «Limitations» of ekphrastic Art Criticism*, «Art History», XIII, 1990, pp. 293-317, in part. pp. 297 e sgg., e Meilman, *Titian and the Altarpiece* cit., pp. 133 e sgg.

[126] Ridolfi, *Le maraviglie dell'arte* cit., vol. I, p. 168.

[127] *Tiziano. Le lettere* cit., pp. 23, 29-30; Chastel, *Rivalità a Venezia* cit., p. 181; Meilman, *Titian and the Altarpiece* cit., p. 83 e *Document 7*.

[128] Firpo, Biferali, *«Navicula Petri»* cit., pp. 55 e sgg.

[129] Karl Brandi, *Carlo V*, introduzione di Federico Chabod, con un saggio di Wolfgang Reinhard, Einaudi, Torino 2008 (I ed. tedesca 1935), pp. 266 e sgg.; Firpo, Biferali, *«Navicula Petri»* cit., pp. 79 e sgg.

[130] Hirst, *Sebastiano del Piombo* cit., pp. 108-109; Diane H. Bodart, *L'immagine di Carlo V in Italia tra trionfi e conflitti*, in *L'Italia di Carlo V. Guerra,*

religione e politica nel primo Cinquecento, a cura di Francesca Cantù e Maria Antonietta Visceglia, Viella, Roma 2003, pp. 115-138, cfr. pp. 133-135; *Sebastiano del Piombo 1485-1547* cit., scheda 103; Firpo, Biferali, *«Navicula Petri»* cit., pp. 78-79.

[131] Brandi, *Carlo V* cit., pp. 272 e sgg.; Fernando Checa, *Carlos V. La imagen del poder en el Renacimiento*, Ediciones el Viso, Madrid 1999, pp. 147 e sgg.; Firpo, Biferali, *«Navicula Petri»* cit., pp. 79-80.

[132] *L'opera completa* cit., p. 85; *Tiziano* cit., p. 407; Bodart, *Tiziano e Federico II Gonzaga* cit., pp. 55 e sgg. e *Documento 31.*

[133] Vasari, *Le vite* cit., vol. IV, p. 52; Bodart, *Tiziano e Federico II Gonzaga* cit., p. 59; *Correggio e l'antico*, catalogo della mostra della Galleria Borghese a Roma, a cura di Anna Coliva, Federico Motta, Milano 2008, schede 23-25.

[134] Bodart, *Tiziano e Federico II Gonzaga* cit., pp. 63-65.

[135] Harold E. Wethey, *Tiziano ed i ritratti di Carlo V*, in *Tiziano e Venezia* cit., pp. 287-291, cfr. p. 288; Matteo Mancini, *Tiziano e le corti d'Asburgo nei documenti degli archivi spagnoli*, Istituto veneto di Scienze, Lettere ed Arti, Venezia 1998, p. 17; Bodart, *Tiziano e Federico II Gonzaga* cit., pp. 61 e sgg. e *Documento 45*, e della stessa Bodart, *Frédéric Gonzague et Charles Quint. Enjeux politiques et artistiques des premiers portraits impériaux par Titien*, in *Tizian versus Seisenegger. Die Portraits Karls V. mit Hund. Ein Holbeinstreit*, herausgegeben von Sylvia Ferino-Pagden und Andreas Beyer, Brepols, Turnhout 2005, pp. 19-31, in part. pp. 20-21.

[136] *L'opera completa* cit., scheda 144; *Tiziano e la silografia veneziana* cit., schede 57-58; Wethey, *Tiziano ed i ritratti di Carlo V* cit., pp. 288-289; Charles Hope, *La produzione pittorica di Tiziano per gli Asburgo*, in *Venezia e la Spagna*, Electa, Milano 1988, pp. 49-72, cfr. p. 49; Fernando Checa, *Tiziano y la Monarquia Hispanica. Usos y funciones de la pintura veneciana en España (siglos XVI y XVII)*, prologo de Francisco Calvo Serraller, Nerea, Madrid 1994, p. 199, e dello stesso studioso, *Carlos V. La imagen del poder* cit., p. 178; Bodart, *Frédéric Gonzague et Charles Quint* cit., p. 22; Sylvia Ferino-Pagden, *Los retratos de Carlos V por Tiziano*, in *Carolus*, catalogo della mostra del Museo de Santa Cruz a Toledo, dirección Fernando Checa, Sociedad Estatal para la Conmemoración de los Centenarios de Felipe II y Carlos V, Madrid 2000, pp. 67-79, in part. pp. 70-72; Humfrey, *Tiziano* cit., pp. 92 e sgg.

[137] *Tiziano. Le lettere* cit., pp. 40-45; Bodart, *Tiziano e Federico II Gonzaga* cit., pp. 65 e sgg., 120 e sgg.

[138] *Tiziano. Le lettere* cit., pp. 20-21; Bodart, *Tiziano e Federico II Gonzaga* cit., pp. 82-84 e *Documenti 76, 86*; Puppi, *Su/Per Tiziano* cit., pp. 49 e sgg.

[139] *L'opera completa* cit., scheda 158; Wethey, *The Paintings of Titian* cit., vol. II, scheda 20, e dello stesso Wethey, *Tiziano ed i ritratti di Carlo V* cit., pp. 289-290; Antonio Paolucci, *Tiziano ritrattista*, in *Tiziano* cit., pp. 101-108, cfr. pp. 106-107; Checa, *Tiziano y la Monarquia Hispanica* cit., p. 199, e dello stesso studioso, *Carlos V. La imagen del poder* cit., pp. 180 e sgg., e *Carlos V con un perro, de Tiziano: Problemas de una imagen*, in *Tizian versus Seisenegger* cit., pp. 39-51; Bodart, *Tiziano e Federico II Gonzaga* cit., pp. 107 e sgg.; Pedrocco, *Tiziano* cit., scheda 92; Ferino-Pagden, *Los retratos de Carlos V* cit., pp. 72-74; *Carolus* cit., schede 75-76; Charles Hope, *Titian and some Portraits of Charles V*, ivi, pp. 89-97, in part. pp. 89 e sgg.; Linda L. Carroll, *A newly-discovered*

«Charles V with Dog», «Ateneo veneto», IV, 2005, pp. 43-77, in part. pp. 47 e sgg., 71 e sgg.; Humfrey, *Tiziano* cit., pp. 94-96.

[140] Panofsky, *Tiziano* cit., pp. 184-185.

[141] Bodart, *Tiziano e Federico II Gonzaga* cit., *Documento 167*; Carroll, *A newly-discovered «Charles V with Dog»* cit., p. 49.

[142] Bodart, *L'immagine di Carlo V* cit., p. 118.

[143] Stefano Andretta, Antonio Menniti Ippolito, *Marin Sanudo e l'immagine di Roma*, in *L'Italia di Carlo V* cit., pp. 171-186, cfr. p. 185.

[144] Celso Fabbro, *Documenti su Tiziano e sulla famiglia Vecellio conservati nella casa di Tiziano a Pieve di Cadore*, «Archivio storico di Belluno, Feltre e Cadore», XXIV, 1953, pp. 29-32, 97-104, cfr. pp. 97-98; Pallucchini, *Tiziano* cit., vol. I, pp. 69-70; *Tiziano* cit., p. 408; Checa, *Tiziano y la Monarquia Hispanica* cit., p. 200; Pedrocco, *Tiziano* cit., p. 39; Puppi, *Su/Per Tiziano* cit., p. 25.

[145] Mancini, *Tiziano e le corti d'Asburgo* cit., p. 18 e *Appendice I (1533-1576)*, n. 5.

[146] Humfrey, *Tiziano* cit., p. 96.

[147] Ridolfi, *Le maraviglie dell'arte* cit., vol. I, pp. 180-183; cfr. anche Checa, *Tiziano y la Monarquia Hispanica* cit., p. 220.

[148] Schulz, *The Houses of Titian* cit., pp. 79 e sgg.; Puppi, *Su/Per Tiziano* cit., pp. 67 e sgg.

[149] Neri Pozza, *La casa di Tiziano a Biri Grande*, in *Tiziano e Venezia* cit., pp. 35-37, cfr. p. 36; Giorgio Padoan, *A casa di Tiziano, una sera d'agosto*, ivi, pp. 357-367, in part. pp. 361-362; Schulz, *The Houses of Titian* cit., pp. 108-109, nota 27; Humfrey, *Tiziano* cit., p. 116.

[150] Puppi, *Su/Per Tiziano* cit., pp. 42-44.

CAPITOLO III

[1] Peter Humfrey, *Paris Bordon e il completamento del ciclo narrativo nell'Albergo della Scuola grande di San Marco*, in *Paris Bordon e il suo tempo*, Canova, Treviso 1987, pp. 41-46; Lionello Puppi, *La «Consegna dell'anello al doge». Anatomia di un dipinto*, ivi, pp. 95-108; Finlay, *Fabius Maximus in Venice* cit., pp. 990, 997; Delieuvin, Habert, *Les concours de peinture* cit., pp. 54-57.

[2] Deborah Howard, *Jacopo Sansovino. Architecture and Patronage in Renaissance Venice*, Yale University Press, New Haven-London 1987, pp. 8 e sgg.; Boucher, *The Sculpture of Jacopo Sansovino* cit., vol. I, pp. 38 e sgg.; Morresi, *Jacopo Sansovino* cit., pp. 439 e sgg.; Concina, *Storia dell'architettura di Venezia* cit., pp. 182 e sgg.

[3] Vasari, *Le vite* cit., vol. VI, pp. 185-186.

[4] Manfredo Tafuri, *«Renovatio urbis Venetiarum». Il problema storiografico*, in *«Renovatio urbis»* cit., pp. 9-55.

[5] Howard, *Jacopo Sansovino* cit., pp. 10 e sgg.; Morresi, *Jacopo Sansovino* cit., pp. 445 e sgg.

[6] Howard, *Jacopo Sansovino* cit., pp. 17 e sgg.; Morresi, *Jacopo Sansovino* cit., schede 31-32; Concina, *Storia dell'architettura di Venezia* cit., pp. 187 e sgg.

[7] Howard, *Jacopo Sansovino* cit., pp. 38 e sgg.; Morresi, *Jacopo Sansovino* cit., scheda 30; Concina, *Storia dell'architettura di Venezia* cit., pp. 183 e sgg.

[8] Tafuri, *«Renovatio urbis Venetiarum»* cit., p. 33.

[9] Lane, *Storia di Venezia* cit., pp. 415-416; Mirella Manfrici, *Carlo V e i Turchi nel Mediterraneo. L'ultima spedizione di Khair-ed-din Barbarossa (1543-1544)*, in *L'Italia di Carlo V* cit., pp. 639-657, cfr. pp. 640 e sgg.

[10] David Rosand, *Venezia e gli dèi*, in *«Renovatio urbis»* cit., pp. 201-215; Howard, *Jacopo Sansovino* cit., pp. 28 e sgg.; Boucher, *The Sculpture of Jacopo Sansovino* cit., vol. I, pp. 73-88 e vol. II, scheda 27; Morresi, *Jacopo Sansovino* cit., scheda 32.

[11] Roberto Longhi, *Viatico per cinque secoli di pittura veneziana*, Sansoni, Firenze 1946, p. 23.

[12] Vasari, *Le vite* cit., vol. VI, p. 188.

[13] *L'opera completa* cit., p. 85; *Tiziano* cit., p. 407.

[14] Antonio Foscari, Manfredo Tafuri, *L'armonia e i conflitti. La chiesa di San Francesco della Vigna nella Venezia del '500*, Einaudi, Torino 1983, pp. 48 e sgg. e *Appendice documentaria*, n. 11; Tafuri, *«Renovatio urbis Venetiarum»* cit., pp. 31 e sgg., e dello stesso studioso, *Venezia e il Rinascimento* cit., pp. 166 e sgg.; Howard, *Jacopo Sansovino* cit., pp. 64 e sgg.; Morresi, *Jacopo Sansovino* cit., scheda 23.

[15] *L'opera completa* cit., scheda 142; Wethey, *The Paintings of Titian* cit., vol. I, scheda 60; Sylvie Beguin, *A propos de la Sainte conversation et de la Vierge au lapin de Titien du Louvre*, in *Tiziano e Venezia* cit., pp. 479-484, cfr. pp. 480 e sgg.; *Tiziano* cit., scheda 23; *Le siècle de Titien* cit., scheda 160; Pedrocco, *Tiziano* cit., scheda 85; *Titian* cit., scheda 18; Humfrey, *Tiziano* cit., p. 92.

[16] Bodart, *Tiziano e Federico II Gonzaga* cit., pp. 85-93 e *Documenti 101-102, 104*; Marjorie Och, *Vittoria Colonna and the Commission for a «Mary Magdalene» by Titian*, in *Beyond Isabella. Secular Women Patrons of Art in Renaissance Italy*, edited by Sheryl E. Reiss and David G. Wilkins, Truman State University Press, Kirksville 2001, pp. 193-223.

[17] *L'opera completa* cit., scheda 174; Wethey, *The Paintings of Titian* cit., vol. II, scheda 27; *Tiziano* cit., scheda 25; Pedrocco, *Tiziano* cit., scheda 103; Goffen, *Titian's Women* cit., pp. 87 e sgg.

[18] Emilio Negro, Nicosetta Roio, *Francesco Francia e la sua scuola*, appendice documentaria di Carlo Giovannini, Artioli, Modena 1998, scheda 71.

[19] *Tiziano* cit., scheda 25.

[20] Bodart, *Tiziano e Federico II Gonzaga* cit., *Documento 247*.

[21] Ivi, *Documento 104*.

[22] Pallucchini, Rossi, *Tintoretto. Le opere sacre e profane* cit., vol. I, scheda 418.

[23] Pallucchini, *Tiziano* cit., vol. I, p. 74; *L'opera completa* cit., scheda 151; Staale Sinding-Larsen, *Christ in the Council Hall. Studies in the religious Iconography of the Venetian Republic*, with a contribution by Annette Kuhn, L'Erma di Bretschneider, Roma 1974, pp. 36 e sgg.; *Tiziano e la silografia veneziana* cit., scheda 77; Wolfgang Wolters, *Qualche ipotesi sui quadri votivi di Tiziano in palazzo Ducale*, in *Tiziano e Venezia* cit., pp. 563-566, cfr. pp. 563-564, e dello stesso Wolters, *Storia e politica nei dipinti di palazzo Ducale* cit., pp. 111 e sgg.; Wethey, *Titian and his Drawings* cit., scheda 14; Romanelli, *Tiziano «politico»* cit., pp. 37-39; *Tiziano* cit., scheda 21; Humfrey, *Tiziano* cit., pp. 116-117.

[24] Cavalcaselle, Crowe, *Tiziano* cit., vol. I, pp. 420 e sgg.; *L'opera completa*

cit., p. 85; *Tiziano* cit., p. 409; Cohen, *The Art of Giovanni Antonio da Pordenone* cit., vol. I, p. 439.

[25] *Lettere sull'arte di Pietro Aretino* cit., vol. I, pp. 78-79; sui due dipinti di Tiziano e del Pordenone cfr. Pallucchini, *Tiziano* cit., vol. I, p. 88; *L'opera completa* cit., scheda 180; Gould, *The Cinquecento at Venice* cit., pp. 109-110; *Tiziano* cit., p. 409; Cohen, *The Art of Giovanni Antonio da Pordenone* cit., vol. II, scheda 82; Lucco, *Venezia, 1500-1540* cit., p. 99; Pedrocco, *Tiziano* cit., p. 47; D'Elia, *The Poetics* cit., pp. 107-110.

[26] Cavalcaselle, Crowe, *Tiziano* cit., vol. I, pp. 449 e sgg.; Pallucchini, *Tiziano* cit., vol. I, pp. 83 e sgg.; *L'opera completa* cit., scheda 184; Wethey, *The Paintings of Titian* cit., vol. I, scheda 87; Sandra Moschini Marconi, *Gallerie dell'Accademia di Venezia*, 3 voll., Istituto Poligrafico dello Stato, Roma 1955-1970, vol. II, scheda 452; *Le Scuole di Venezia*, a cura di Terisio Pignatti, saggio storico di Brian Pullan, Electa, Milano 1981, p. 34; Rosand, *Painting in Cinquecento Venice* cit., pp. 85 e sgg., 140 e sgg.; Fehl, *Decorum and Wit* cit., pp. 192-197; Michael Bierwirth, *Tizians Tempelgang Mariens*, tuduv-Verlagsgesellschaft, München 1999; Pedrocco, *Tiziano* cit., scheda 105; Humfrey, *Tiziano* cit., pp. 118-119; Delieuvin, Habert, *Les concours de peinture* cit., pp. 58-59.

[27] Vasari, *Le vite* cit., vol. VI, p. 161; Ridolfi, *Le maraviglie dell'arte* cit., vol. I, pp. 153-154.

[28] Cavalcaselle, Crowe, *Tiziano* cit., vol. I, p. 452.

[29] Cecil Gould, *Sebastiano Serlio and Venetian Painting*, «Journal of the Warburg and Courtauld Institutes», XXV, 1962, pp. 56-64, cfr. pp. 56-57; Carlo Pedretti, *Tiziano e il Serlio*, in *Tiziano e Venezia* cit., pp. 243-248, in part. pp. 245 e sgg.; Rosand, *Painting in Cinquecento Venice* cit., pp. 93 e sgg.

[30] Panofsky, *Tiziano* cit., pp. 39-41; Rosand, *Painting in Cinquecento Venice* cit., pp. 111 e sgg.

[31] Rosand, *Painting in Cinquecento Venice* cit., pp. 107 e sgg.

[32] Deborah Howard, *Titian's painted Architecture*, in *The Cambridge Companion* cit., pp. 146-162, cfr. p. 156.

[33] Rosand, *Painting in Cinquecento Venice* cit., pp. 118 e sgg.

[34] *Le Scuole di Venezia* cit., pp. 30 e sgg.; Rosand, *Painting in Cinquecento Venice* cit., pp. 89 e sgg., 133 e sgg.; Bierwirth, *Tizians Tempelgang Mariens* cit., pp. 14 e sgg.

[35] Gino Benzoni, *Venezia nell'età della Controriforma*, Mursia, Milano 1973, p. 40; Brian Pullan, *Le Scuole Grandi e la loro opera nel quadro della Controriforma*, «Studi veneziani», XIV, 1972, pp. 83-109, cfr. pp. 85 e sgg., 101, e dello stesso studioso, *Natura e carattere delle Scuole*, in *Le Scuole di Venezia* cit., pp. 9-26, in part. pp. 18 e sgg.; Giovanni Scarabello, *Strutture assistenziali a Venezia nella prima metà del '500 e avvii europei della riforma dell'assistenza*, in *«Renovatio urbis»* cit., pp. 119-133, in part. pp. 123 e sgg.

[36] Augusto Gentili, *Tintoretto. I temi religiosi*, allegato ad «Art e Dossier», n. 228, dicembre 2006, p. 18.

[37] Bodart, *Tiziano e Federico II Gonzaga* cit., p. 184.

[38] Cfr. la voce su Francesco Maria I Della Rovere di Gino Benzoni in DBI, vol. L, pp. 47-55, in part. p. 48; sulla famiglia Della Rovere cfr. Marinella Bonvini Mazzanti, *I Della Rovere*, in *I Della Rovere. Piero della Francesca, Raffaello, Tiziano*, catalogo delle mostre di Senigallia, Urbino, Pesaro, Urbania, a cura di Paolo Dal Poggetto, Electa, Milano 2004, pp. 35-50.

[39] Antonio Pinelli, *Il riposo del guerriero*, nella sua raccolta di saggi *La bellezza impura. Arte e politica nell'Italia del Rinascimento*, Laterza, Roma-Bari 2004, pp. 3-72, cfr. pp. 13 e sgg.; cfr. anche Paolo Dal Poggetto, *Francesco Maria I, Eleonora Gonzaga e il cantiere pittorico dell'Imperiale Vecchia*, in *I Della Rovere* cit., pp. 136-148.

[40] Vasari, *Le vite* cit., vol. V, p. 349.

[41] Pinelli, *Il riposo del guerriero* cit., pp. 43 e sgg.

[42] Cfr. la citata voce sul Della Rovere di Gino Benzoni in DBI, vol. L, pp. 51 e sgg.; Tafuri, *Venezia e il Rinascimento* cit., p. 164.

[43] Edward Muir, *Manifestazioni e cerimonie nella Venezia di Andrea Gritti*, in *«Renovatio urbis»* cit., pp. 59-77, cfr. p. 69.

[44] Tafuri, *«Renovatio urbis Venetiarum»* cit., p. 17.

[45] Tafuri, *Venezia e il Rinascimento* cit., p. 164.

[46] Tafuri, *«Renovatio urbis Venetiarum»* cit., pp. 18-20, e dello stesso studioso, *Venezia e il Rinascimento* cit., pp. 164 e sgg.

[47] Giorgio Gronau, *Documenti artistici urbinati*, Sansoni, Firenze 1936, pp. 3 e sgg., 62-63 e documenti III-XXVI; Pallucchini, *Tiziano* cit., vol. I, pp. 70, 77-78; *L'opera completa* cit., p. 85 e schede 163-164, 166-167; Wethey, *The Paintings of Titian* cit., vol. I, schede 19, 47; Dante Bernini, *Tiziano per i duchi di Urbino*, in *Tiziano per i duchi di Urbino*, catalogo della mostra della Galleria nazionale delle Marche a Urbino, a cura di Grazia Bernini Pezzini, presentazione di Carlo Bo, Arti Grafiche Editoriali, Urbino 1976, pp. 17-26, cfr. pp. 19-20 e schede 1-2, 14; *Tiziano nelle Gallerie fiorentine* cit., schede 24-25; Augusto Gentili, *Due paragrafi per Tiziano e i Della Rovere*, in *Studi in onore di Giulio Carlo Argan*, a cura di Silvana Macchioni, 3 voll., Multigrafica, Roma 1984, vol. I, pp. 161-172, in part. pp. 161-163; *Tiziano* cit., pp. 407-408; Pedrocco, *Tiziano* cit., schede 94-95; Grazia Pezzini Bernini, *I Della Rovere e Tiziano*, in *I Della Rovere* cit., pp. 149-154, in part. pp. 149-151; Saracino, *Cristo a Venezia* cit., pp. 33-35.

[48] *L'opera completa* cit., scheda 161; Wethey, *The Paintings of Titian* cit., vol. I, scheda 120; *Tiziano per i duchi di Urbino* cit., scheda 7; *Tiziano nelle Gallerie fiorentine* cit., scheda 26; Bernard Aikema, *Titian's «Mary Magdalen» in the Palazzo Pitti: an ambiguous Painting and its Critics*, «Journal of the Warburg and Courtauld Institutes», LVII, 1994, pp. 48-59; Goffen, *Titian's Women* cit., pp. 173 e sgg.; Pedrocco, *Tiziano* cit., scheda 96; William R. Rearick, *Le «Maddalene penitenti» di Tiziano*, «Arte veneta», LVIII, 2001, pp. 23-41, cfr. pp. 25-26.

[49] *Ibid.*; Augusto Gentili, *«Lagrime caldissime». Tiziano e la «Maddalena nel deserto»*, nella sua raccolta di saggi *La bilancia dell'arcangelo* cit., pp. 187-198.

[50] Cfr. ad esempio il recente D'Elia, *The Poetics* cit., pp. 84 e sgg.

[51] Humfrey, *Tiziano* cit., pp. 110 e sgg.

[52] Dal Pozzolo, *Colori d'amore* cit., p. 91.

[53] Paul Larivaille, *Pietro Aretino fra Rinascimento e Manierismo*, Bulzoni, Roma 1980, pp. 231 e sgg., e dello stesso studioso, *Pietro Aretino* cit., pp. 209 e sgg.; Aikema, *Titian's «Mary Magdalen»* cit., p. 55 e nota 42; cfr. anche Cairns, *Pietro Aretino and the Republic of Venice* cit., pp. 69 e sgg. e D'Elia, *The Poetics* cit., pp. 91 e sgg.

[54] Cavalcaselle, Crowe, *Tiziano* cit., vol. I, pp. 387-389; Gronau, *Documenti artistici urbinati* cit., p. 64 e documento XXX; Pallucchini, *Tiziano* cit., vol. I, p. 70; *L'opera completa* cit., scheda 186; Wethey, *The Paintings of Titian* cit., vol. II, scheda 89; *Tiziano per i duchi di Urbino* cit., scheda 3; *Tiziano nelle Gallerie*

fiorentine cit., scheda 28; *Tiziano* cit., scheda 28; *Le siècle de Titien* cit., scheda 168; Luba Freedman, *Titian's Portraits through Aretino's Lens*, The Pennsylvania State University Press, Pennsylvania 1995, pp. 70-74, 84-87; Hilliard T. Goldfarb, *Titian: «Colore et ingegno» in the Service of Power*, in *Titian and Rubens. Power, Politics, and Style*, catalogo della mostra dell'Isabella Stewart Gardner Museum a Boston, edited by Hilliard T. Goldfarb, David Freedberg and Manuela B. Mena Marqués, Isabella Stewart Gardner Museum, Boston 1998, pp. 3-19, cfr. pp. 4 e sgg.; Pedrocco, *Tiziano* cit., scheda 101; Ranieri Varese, *Cultura figurativa alla corte dei Della Rovere: la presenza di Tiziano*, in *Pittura veneta nelle Marche* cit., pp. 183-191, in part. p. 186; Jennifer Fletcher, *Titian as a Painter of Portraits*, in *Titian* cit., pp. 29-42, in part. p. 35; Pinelli, *Il riposo del guerriero* cit., p. 9; *I Della Rovere* cit., scheda V.1; Humfrey, *Tiziano* cit., pp. 98-99.

[55] Pinelli, *Il riposo del guerriero* cit., pp. 43, 48; Dal Poggetto, *Francesco Maria I* cit., p. 137.

[56] *The Genius of Venice* cit., scheda D71; Wethey, *Titian and his Drawings* cit., scheda 13; Chiari Moretto Wiel, *Tiziano. Corpus dei disegni* cit., scheda 23; *Tiziano* cit., scheda 27; Rearick, *Il disegno veneziano del Cinquecento* cit., pp. 99-100.

[57] Bodart, *Tiziano e Federico II Gonzaga* cit., pp. 150 e sgg.; Goldfarb, *Titian: «Colore et ingegno»* cit., pp. 7, 11.

[58] Vasari, *Le vite* cit., vol. VI, p. 373; cfr. anche Freedman, *Titian's Portraits* cit., p. 78.

[59] *Lettere sull'arte di Pietro Aretino* cit., vol. I, pp. 77-78; Freedman, *Titian's Portraits* cit., pp. 77 e sgg.

[60] Cavalcaselle, Crowe, *Tiziano* cit., vol. I, pp. 389-391; Gronau, *Documenti artistici urbinati* cit., p. 64; *L'opera completa* cit., scheda 187; Wethey, *The Paintings of Titian* cit., vol. II, scheda 87; *Tiziano per i duchi di Urbino* cit., scheda 4; *Tiziano nelle Gallerie fiorentine* cit., scheda 29; *Tiziano* cit., scheda 26; *Le siècle de Titien* cit., scheda 167; Freedman, *Titian's Portraits* cit., pp. 74-75, 87-89; Goffen, *Titian's Women* cit., pp. 98-99; Pedrocco, *Tiziano* cit., scheda 102; Varese, *Cultura figurativa* cit., p. 187; *I Della Rovere* cit., scheda V.2; Humfrey, *Tiziano* cit., p. 99.

[61] Pallucchini, *Tiziano* cit., vol. I, p. 81.

[62] *Lettere sull'arte di Pietro Aretino* cit., vol. I, p. 78.

[63] Gentili, *Due paragrafi per Tiziano* cit., pp. 163-164; cfr. anche Panofsky, *Tiziano* cit., pp. 128-132.

[64] Cavalcaselle, Crowe, *Tiziano* cit., vol. I, pp. 364 e sgg.; Gronau, *Documenti artistici urbinati* cit., pp. 64-65 e documento XXXI; Pallucchini, *Tiziano* cit., vol. I, pp. 85-86; *L'opera completa* cit., scheda 190; Wethey, *The Paintings of Titian* cit., vol. III, scheda 54; *Tiziano per i duchi di Urbino* cit., scheda 6; *Tiziano nelle Gallerie fiorentine* cit., scheda 30; Charles Hope, *Problems of Interpretation in Titian's erotic Paintings*, in *Tiziano e Venezia* cit., pp. 111-124, cfr. pp. 118-119; Daniel Arasse, *Tiziano. Venere di Urbino*, Arsenale, Venezia 1986; Goffen, *Titian's Women* cit., pp. 146 e sgg.; *Titian's «Venus of Urbino»*, edited by Rona Goffen, Cambridge University Press, Cambridge 1997; Józef Grabski, *«Victoria Amoris»: Titian's «Venus of Urbino». A commemorative Allegory of marital Love*, «Artibus et historiae», XX, 1999, pp. 9-33; Pedrocco, *Tiziano* cit., scheda 106; Antonio Paolucci, *Una bellezza famosa da Urbino a Firenze: la «Venere» degli*

Uffizi, in *I Della Rovere* cit., pp. 255-257; *Venere svelata. La Venere di Urbino di Tiziano*, catalogo della mostra del Palais des Beaux-Arts a Bruxelles, a cura di Omar Calabrese, Silvana editoriale, Cinisello Balsamo 2004; Humfrey, *Tiziano* cit., pp. 100 e sgg.

[65] Cfr. la voce su Guidubaldo II Della Rovere di Gino Benzoni in DBI, vol. LXI, pp. 478-488, in part. p. 479.

[66] Vasari, *Le vite* cit., vol. VI, p. 162.

[67] Gentili, *Tiziano* cit., p. 32.

[68] Arasse, *Tiziano. Venere di Urbino* cit., p. 19.

[69] Gronau, *Documenti artistici urbinati* cit., p. 65 e documento XXXIX; *L'opera completa* cit., schede 188, 194-195, 197-198; Wethey, *The Paintings of Titian* cit., vol. II, schede 36-38; *Tiziano per i duchi di Urbino* cit., schede 8, 17; *Tiziano* cit., p. 409; *Tiziano. L'ultimo atto* cit., scheda 84.

[70] Cavalcaselle, Crowe, *Tiziano* cit., vol. I, pp. 384 e sgg.; *L'opera completa* cit., p. 85; *Tiziano* cit., p. 409; Bodart, *Tiziano e Federico II Gonzaga* cit., pp. 141-145; Mancini, *Tiziano e le corti d'Asburgo* cit., *Appendice I (1533-1576)*, n. 21; Humfrey, *Tiziano* cit., p. 96.

[71] Mancini, *Tiziano e le corti d'Asburgo* cit., *Appendice I (1533-1576)*, n. 22.

[72] Firpo, Biferali, *«Navicula Petri»* cit., pp. 88 e sgg.

[73] *L'opera completa di Sebastiano del Piombo* cit., scheda 87; Hirst, *Sebastiano del Piombo* cit., pp. 111-112, 119; *I Farnese. Arte e collezionismo*, catalogo della mostra di Palazzo Ducale a Colorno, a cura di Lucia Fornari Schianchi e Nicola Spinosa, Electa, Milano 1995, scheda 18; *Sebastiano del Piombo 1485-1547* cit., scheda 53.

[74] Firpo, Biferali, *«Navicula Petri»* cit., pp. 107 e sgg.

[75] Paolo Giovio, *Lettere*, a cura di Giuseppe Guido Ferrero, 2 voll., Istituto Poligrafico dello Stato-Libreria dello Stato, Roma 1956-1958, vol. I, p. 147.

[76] Massimo Firpo, Dario Marcatto, *Il processo inquisitoriale del cardinal Giovanni Morone. Edizione critica*, 6 voll., Istituto Storico Italiano per l'Età Moderna e Contemporanea, Roma 1981-1995, vol. VI, p. 335.

[77] Firpo, Biferali, *«Navicula Petri»* cit., pp. 119 e sgg.

[78] *L'opera completa* cit., scheda 209; Wethey, *The Paintings of Titian* cit., vol. II, scheda 15; *Tiziano* cit., scheda 31; Humfrey, *Tiziano* cit., p. 132.

[79] Ottavia Niccoli, *Rinascimento anticlericale. Infamia, propaganda e satira in Italia tra Quattro e Cinquecento*, Laterza, Roma-Bari 2005, p. 121; Firpo, Biferali, *«Navicula Petri»* cit., pp. 113 e sgg.

[80] Claudia Di Filippo Bareggi, *Il mestiere di scrivere. Lavoro intellettuale e mercato librario a Venezia nel Cinquecento*, Bulzoni, Roma 1988.

[81] Pietro Aretino, *Lettere*, a cura di Paolo Procaccioli, 6 voll., Salerno, Roma 1997-2002, vol. II, pp. 447-448.

[82] Sulla diffusione della Riforma a Venezia cfr. Massimo Firpo, *Riforma protestante ed eresie nell'Italia del Cinquecento. Un profilo storico*, Laterza, Roma-Bari 1993, pp. 11-28, e dello stesso studioso, *Artisti, gioiellieri, eretici* cit., pp. 56 e sgg.; cfr. anche la raccolta di saggi *La Chiesa di Venezia tra Riforma protestante e Riforma cattolica*, a cura di Giuseppe Gullino, Studium cattolico veneziano, Venezia 1990.

[83] Carlo Ginzburg, *I costituti di don Pietro Manelfi*, Sansoni-The Newberry Library, Firenze-Chicago 1970, pp. 49, 70.

[84] Aldo Stella, *L'orazione di Pier Paolo Vergerio al doge Francesco Donà sulla*

riforma della Chiesa (1545), «Atti dell'Istituto veneto di scienze, lettere ed arti», CXXVIII, 1969-1970, pp. 1-39; Antonio Niero, *Riforma cattolica e Concilio di Trento*, in *Cultura e società nel Rinascimento tra riforme e manierismi*, a cura di Vittore Branca e Carlo Ossola, Olschki, Firenze 1984, pp. 77-96, cfr. p. 86.

[85] Firpo, *Riforma protestante ed eresie* cit., pp. 26-27; Adriano Prosperi, *Tribunali della coscienza. Inquisitori, confessori, missionari*, Einaudi, Torino 1996, pp. 85 e sgg.; Andrea Del Col, *L'Inquisizione in Italia dal XII al XXI secolo*, Mondadori, Milano 2006, pp. 342 e sgg.

[86] Massimo Firpo, *Il «Beneficio di Christo» e il concilio di Trento (1542-1546)*, in *I tempi del concilio. Religione, cultura e società nell'Europa tridentina*, a cura di Cesare Mozzarelli e Danilo Zardin, Bulzoni, Roma 1997, pp. 225-252, cfr. pp. 226, 241.

[87] Aldo Stella, *Tensioni religiose e movimenti di riforma (durante il dogado di Andrea Gritti)*, in *«Renovatio urbis»* cit., pp. 134-147.

[88] Larivaille, *Pietro Aretino fra Rinascimento e Manierismo* cit., pp. 231 e sgg.; Raymond B. Waddington, *Aretino, Titian, and «La humanità di Cristo»*, in *Forms of Faith in Sixteenth-Century Italy*, edited by Abigail Brundin and Matthew Treherne, Ashgate, Aldershot 2009, pp. 171-198, cfr. pp. 174 e sgg.

[89] Foscari, Tafuri, *L'armonia e i conflitti* cit., pp. 37 e sgg.; Tafuri, *Venezia e il Rinascimento* cit., pp. 81 e sgg.; Morresi, *Jacopo Sansovino* cit., pp. 470 e sgg.

[90] Tafuri, *Venezia e il Rinascimento* cit., pp. 102 e sgg., e dello stesso Tafuri, *Ipotesi sulla religiosità di Sebastiano Serlio*, in *Sebastiano Serlio*, a cura di Christof Thoenes, Electa, Milano 1989, pp. 57-66, cfr. pp. 57-61.

[91] Rodolfo Pallucchini, *Tiziano e la problematica del manierismo*, in *Tiziano e Venezia* cit., pp. 397-405, cfr. pp. 399 e sgg., e dello stesso studioso, *Per la storia del Manierismo a Venezia*, in *Da Tiziano a El Greco. Per la storia del Manierismo a Venezia, 1540-1590*, catalogo della mostra di Palazzo Ducale a Venezia, Electa, Milano 1981, pp. 11-68, in part. pp. 15-17, 19-20; Giulio Carlo Argan, *Il manierismo nell'arte veneta*, in *Cultura e società nel Rinascimento* cit., pp. 135-149, in part. pp. 138, 147-149; Francesco Valcanover, *Tiziano e la crisi manieristica*, ivi, pp. 167-188, in part. pp. 172 e sgg.; Peter Humfrey, *Venezia, 1540-1600*, in *La pittura nel Veneto* cit., vol. II, pp. 455-554, in part. pp. 456 e sgg., e dello stesso Humfrey, *La pittura a Venezia* cit., pp. 188 e sgg.

[92] Michel Hochmann, *Francesco Salviati a Venezia*, in *Francesco Salviati (1510-1563) o la Bella Maniera*, catalogo della mostra di villa Medici a Roma, a cura di Catherine Monbeig Goguel, Electa, Milano 1998, pp. 56-60, cfr. p. 56, e dello stesso Hochmann, *Venise et Rome 1500-1600* cit., pp. 255 e sgg.

[93] *Francesco Salviati (1510-1563)* cit., scheda 135.

[94] *Da Tiziano a El Greco* cit., scheda 6; *Francesco Salviati (1510-1563)* cit., scheda 23.

[95] Pallucchini, *Per la storia del Manierismo a Venezia* cit., p. 17; Cairns, *Pietro Aretino and the Republic of Venice* cit., pp. 162 e sgg.; Larivaille, *Pietro Aretino* cit., p. 274.

[96] *Da Tiziano a El Greco* cit., schede 8-9; Laura Corti, *Vasari. Catalogo completo dei dipinti*, Cantini, Firenze 1989, scheda 24; Hochmann, *Venise et Rome 1500-1600* cit., pp. 276 e sgg.

[97] Pallucchini, *Tiziano* cit., vol. I, p. 97; *L'opera completa* cit., scheda 228; Wethey, *The Paintings of Titian* cit., vol. I, scheda 109; *Da Tiziano a El Greco* cit., scheda 15; *The Genius of Venice* cit., scheda 119; *Tiziano* cit., scheda 32;

Le siècle de Titien cit., scheda 170; Maria Giovanna Sarti, *«Muta predicatio»: il «San Giovanni Battista» di Tiziano*, «Venezia Cinquecento», IX, 1999, n. 17, pp. 5-35; Pedrocco, *Tiziano* cit., scheda 104; *Titian* cit., scheda 20; Guillaume Cassegrain, *Pleurer, voir. A propos d'un détail du «Saint Jean-Baptiste» de Titien*, «Venezia Cinquecento», XVIII, 2008, n. 35, pp. 139-154; *Il Potere e la Grazia. I Santi Patroni d'Europa*, catalogo della mostra di Palazzo Venezia a Roma, a cura di Alessio Geretti e Serenella Castri, con la collaborazione di Carlo Corsato, Skira, Milano 2009, scheda 2.1.

[98] Dolce, *Dialogo della pittura* cit., p. 204.

[99] Pino, *Dialogo della pittura* cit., p. 127; cfr. anche Pommier, *L'invenzione dell'arte* cit., p. 374.

[100] Sarti, *«Muta predicatio»* cit., pp. 5, 15 e sgg., 22 e sgg.

[101] Ivi, p. 6.

[102] Ivi, pp. 23 e sgg.

[103] Pallucchini, *Tiziano* cit., vol. I, pp. 92-93; *L'opera completa* cit., scheda 243; Wethey, *The Paintings of Titian* cit., vol. I, scheda 26; Herbert Siebenhüner, *Tizians «Dornenkrönung Christi» für S. Maria delle Grazie in Mailand*, «Arte veneta», XXXII, 1978, pp. 123-126; *Le siècle de Titien* cit., scheda 171; Tommaso Casini, *Cristo e i manigoldi nell'«Incoronazione di spine» di Tiziano*, «Venezia Cinquecento», III, 1993, n. 5, pp. 97-118; Maria Teresa Binaghi Olivari, *Partita doppia milanese per Tiziano*, «Venezia arti», VIII, 1994, pp. 37-46, cfr. pp. 38 e sgg.; Pedrocco, *Tiziano* cit., scheda 118; Humfrey, *Tiziano* cit., p. 113.

[104] Cavalcaselle, Crowe, *Tiziano* cit., vol. I, pp. 471 e sgg.; Pallucchini, *Tiziano* cit., vol. I, p. 92; *L'opera completa* cit., p. 85 e scheda 218; Wethey, *The Paintings of Titian* cit., vol. II, scheda 10; Panofsky, *Tiziano* cit., pp. 76-79; *Tiziano* cit., p. 409; Mancini, *Tiziano e le corti d'Asburgo* cit., *Appendice I (1533-1576)*, n. 34; Pedrocco, *Tiziano* cit., scheda 117.

[105] Mancini, *Tiziano e le corti d'Asburgo* cit., *Appendice I (1533-1576)*, n. 24; Puppi, *Su/Per Tiziano* cit., pp. 49, 140, nota 146; Hope, *La famiglia di Tiziano* cit., p. 30.

[106] *Le siècle de Titien* cit., scheda 171; Casini, *Cristo e i manigoldi* cit., pp. 102-104; Binaghi Olivari, *Partita doppia milanese* cit., pp. 39 e sgg.

[107] Aikema, *Tiziano, la maniera* cit., p. 171; D'Elia, *The Poetics* cit., p. 27; Sutherland, *Subtle Borrowings by Titian* cit., p. 212.

[108] Larivaille, *Pietro Aretino fra Rinascimento e Manierismo* cit., p. 234.

[109] *Lettere sull'arte di Pietro Aretino* cit., vol. I, p. 45.

[110] Sul dipinto viennese cfr. Cavalcaselle, Crowe, *Tiziano* cit., vol. II, pp. 22 e sgg.; Pallucchini, *Tiziano* cit., vol. I, pp. 95-96; *L'opera completa* cit., scheda 237; Wethey, *The Paintings of Titian* cit., vol. I, scheda 21; il denso saggio di Flavia Polignano, *I «ritratti dei volti» e i «registri dei fatti». L'«Ecce homo» di Tiziano per Giovanni d'Anna*, «Venezia Cinquecento», II, 1992, n. 4, pp. 7-54, di cui condivido e faccio mie tutte le identificazioni dei vari personaggi ritratti da Tiziano; Fehl, *Decorum and Wit* cit., pp. 173 e sgg.; Augusto Gentili, *Tiziano e la religione*, in *Titian 500* cit., pp. 147-165, in part. pp. 147-148; Freedman, *Titian's Portraits* cit., pp. 48 e sgg.; Aikema, *Tiziano, la maniera* cit., pp. 177-178; Pedrocco, *Tiziano* cit., scheda 119; Humfrey, *Tiziano* cit., pp. 119 e sgg.; *L'ultimo Tiziano* cit., scheda 3.1; Waddington, *Aretino, Titian* cit., pp. 187 e sgg.

[111] Vasari, *Le vite* cit., vol. VI, p. 156.

[112] Ridolfi, *Le maraviglie dell'arte* cit., vol. I, p. 172.

[113] Pallucchini, *Tiziano* cit., vol. I, p. 103; *L'opera completa* cit., scheda 310; Wethey, *The Paintings of Titian* cit., vol. II, scheda 6; Freedman, *Titian's Portraits* cit., pp. 39 e sgg.; Pedrocco, *Tiziano* cit., scheda 161; Francesco Trentini, *Questioni di carattere. Il gioco del ritratto tra Erasmo, Sperone e Tiziano*, «Venezia Cinquecento», XVIII, 2008, n. 35, pp. 105-137, cfr. pp. 112 e sgg.

[114] Augusto Gentili, *Il prudente dissenso di Tiziano: dipingere di religione negli anni del disciplinamento*, in *L'ultimo Tiziano* cit., pp. 239-245, cfr. p. 239.

[115] Polignano, *I «ritratti dei volti»* cit., p. 10.

[116] *Ibid.*

[117] Ivi, pp. 12-13.

[118] Ivi, pp. 14-17.

[119] Ivi, pp. 18 e sgg.

[120] Ivi, pp. 23-25.

[121] Anne Jacobson Schutte, *Printed Italian vernacular religious Books 1465-1550: A finding List*, Droz, Genève 1983, pp. 283-284; Bernardino Ochino, *I «Dialogi sette» e altri scritti del tempo della fuga*, a cura di Ugo Rozzo, Claudiana, Torino 1985, pp. 21 e sgg.

[122] Firpo, *Riforma protestante ed eresie* cit., p. 17.

[123] Polignano, *I «ritratti dei volti»* cit., pp. 34 e sgg.

[124] Ivi, pp. 39 e sgg.

[125] Lionello Puppi, *Tiziano e Caterina Sandella*, «Venezia Cinquecento», XVI, 2006, n. 32, pp. 133-168, cfr. pp. 144 e sgg.

[126] Charles Baudelaire, *Tutte le poesie*, introduzione di Giacinto Spagnoletti, cura e traduzione di Claudio Rendina, Newton Compton, Roma 1986, p. 193.

[127] Emidio Campi, *Michelangelo e Vittoria Colonna. Un dialogo artistico-teologico ispirato da Bernardino Ochino*, Claudiana, Torino 1994; *Vittoria Colonna Dichterin und Muse Michelangelos*, herausgegeben von Sylvia Ferino-Pagden, Kunsthistorisches Museum-Skira, Wien-Milano 1997; *Vittoria Colonna e Michelangelo*, a cura di Pina Ragionieri, Mandragora, Firenze 2005; Una Roman D'Elia, *Drawing Christ's Blood: Michelangelo, Vittoria Colonna, and the Aesthetics of Reform*, «Renaissance Quarterly», LIX, 2006, pp. 90-129.

[128] Morresi, *Jacopo Sansovino* cit., scheda 36.

[129] Vasari, *Le vite* cit., vol. VI, p. 163.

[130] Cavalcaselle, Crowe, *Tiziano* cit., vol. I, pp. 490 e sgg.; Pallucchini, *Tiziano* cit., vol. I, pp. 93-95; *L'opera completa* cit., scheda 240; Jürgen Schulz, *Venetian painted Ceilings of the Renaissance*, University of California Press, Berkeley-Los Angeles 1968, pp. 77-79; Wethey, *The Paintings of Titian* cit., vol. I, schede 82-84; Richard Cocke, *Titian's Santo Spirito Ceiling: An alternative Reconstruction*, «The Burlington Magazine», CXIII, 1971, p. 734; *Da Tiziano a El Greco* cit., scheda 16; Valcanover, *Tiziano e la crisi manieristica* cit., pp. 177-180; *Tiziano* cit., scheda 38; Panofsky, *Tiziano* cit., pp. 33-37; Robert Echols, *Titian's Venetian «Soffitti»: Sources and Transformations*, in *Titian 500* cit., pp. 29-49, cfr. pp. 29 e sgg.; Aikema, *Tiziano, la maniera* cit., pp. 178 e sgg.; Pedrocco, *Tiziano* cit., schede 128-130; Goffen, *Renaissance Rivals* cit., pp. 327-329; Joannides, *Titian and Michelangelo/Michelangelo and Titian* cit., pp. 138 e sgg.

[131] Sull'opera, rapidamente deterioratasi e sostituita da una copia sempre a firma di Tiziano collocata anch'essa nella basilica della Salute, cfr. Cavalcaselle, Crowe, *Tiziano* cit., vol. I, pp. 492-493; *L'opera completa* cit., scheda 387; Wethey, *The Paintings of Titian* cit., vol. I, scheda 85; Giuseppe Maria Pilo,

Sulla «Pentecoste» di Tiziano per Santo Spirito in Isola, «Arte documento», III, 1989, pp. 154-169; *Tiziano* cit., scheda 43; Pedrocco, *Tiziano* cit., scheda 150.

[132] Pallucchini, Rossi, *Tintoretto. Le opere sacre e profane* cit., vol. I, schede 149-152.

[133] Panofsky, *Tiziano* cit., pp. 36-37; cfr. anche Madlyn Kahr, *Titian's Old Testament Cycle*, «Journal of the Warburg and Courtauld Institutes», XXIX, 1966, pp. 193-205, in part. pp. 195 e sgg.

[134] Augusto Gentili, *La committenza veneziana di Tiziano: fatti, contesti e immagini, 1537-1576*, in *L'ultimo Tiziano* cit., pp. 43-53, cfr. pp. 43-44.

[135] Sul Grimani cfr. Giuseppe De Leva, *Giovanni Grimani patriarca d'Aquileia*, «Atti del R. Istituto veneto di scienze lettere ed arti», serie V, VII, 1881, pp. 407-454; Luigi Carcereri, *Giovanni Grimani patriarca d'Aquileia imputato di eresia e assolto dal concilio di Trento*, Cooperativa tipografica Manuzio, Roma 1907; Pio Paschini, *Giovanni Grimani accusato di eresia*, nel suo volume *Tre illustri prelati del Rinascimento. Ermolao Barbaro – Adriano Castellesi – Giovanni Grimani*, Lateranum, Romae 1907, pp. 131-196; Peter J. Laven, *The «causa» Grimani and its political Overtones*, «The Journal of religious History», IV, 1967, pp. 184-205; Gino Benzoni, *Comportamenti e problemi di comportamento nella Venezia di Giovanni Grimani*, in *Lo statuario pubblico della Serenissima. Due secoli di collezionismo di antichità 1596-1797*, a cura di Irene Favaretto e Giovanna Luisa Ravagnan, Biblos, Cittadella 1997, pp. 17-37; Massimo Firpo, *Le ambiguità della porpora e i «diavoli» del Sant'Ufficio: identità e storia nei ritratti di Giovanni Grimani*, «Rivista storica italiana», CXVII, 2005, pp. 825-871; la voce di Gino Benzoni e Luca Bortolotti in DBI, vol. LIX, pp. 613-622.

[136] Su di lui cfr. la voce di Mario Rosa in DBI, vol. I, pp. 489-491.

[137] Cavalcaselle, Crowe, *Tiziano* cit., vol. I, pp. 354-356; Pallucchini, *Tiziano* cit., vol. I, pp. 116-117; *L'opera completa* cit., scheda 256; Wethey, *The Paintings of Titian* cit., vol. I, scheda 113; *Da Tiziano a El Greco* cit., scheda 18; *Tiziano* cit., scheda 45; *Le siècle de Titien* cit., scheda 175; Claudia Terribile, *Il doge Francesco Donà e la «Pala di San Giovanni Elemosinario» di Tiziano*, «Venezia Cinquecento», VII, 1997, n. 14, pp. 47-139; Pedrocco, *Tiziano* cit., scheda 151; Gentili, *La committenza veneziana di Tiziano* cit., pp. 45-46.

[138] *Da Tiziano a El Greco* cit., scheda 1; Cohen, *The Art of Giovanni Antonio da Pordenone* cit., vol. I, pp. 273 e sgg. e vol. II, scheda 64.

[139] Angelo Mazza, *La pala dell'«Elemosina di sant'Antonino» nel dibattito cinquecentesco sul pauperismo*, in *Lorenzo Lotto*, a cura di Pietro Zampetti e Vittorio Sgarbi, Comitato per le celebrazioni lottesche, Treviso 1981, pp. 347-364; Bernard Aikema, *Lorenzo Lotto: la pala di sant'Antonino e l'osservanza domenicana a Venezia*, «Mitteilungen des Kunsthistorischen Institutes in Florenz», XXXIII, 1989, pp. 127-140; Augusto Gentili, *Povero, ma non vergognoso*, «Art e Dossier», n. 275, marzo 2011, pp. 58-63.

[140] Terribile, *Il doge Francesco Donà* cit., p. 96; sull'assistenzialismo veneziano del Cinquecento cfr. il tuttora fondamentale Brian Pullan, *La politica sociale della Repubblica di Venezia 1500-1620*, 2 voll., Il Veltro, Roma 1982 (I ed. inglese 1971).

[141] Brian Pullan, *La nuova filantropia nella Venezia cinquecentesca*, in *Nel regno dei poveri. Arte e storia dei grandi ospedali veneziani in età moderna 1474-1797*, a cura di Bernard Aikema e Dulcia Meijers, Arsenale, Venezia 1989, pp. 19-34, cfr. p. 23; Francesco Mozzetti, *Educare per immagini: gesti di carità e*

attivismo caritatevole, «Venezia Cinquecento», VIII, 1998, n. 16, pp. 53-80, in part. pp. 53, 78, nota 3.

[142] *Lettere sull'arte di Pietro Aretino* cit., vol. I, p. 130; cfr. anche Pallucchini, *Tiziano* cit., vol. I, p. 107; Roberto Zapperi, *Tiziano, i Farnese e le antichità di Roma*, «Venezia Cinquecento», II, 1992, n. 4, pp. 131-136, in part. p. 131; Hochmann, *Venise et Rome 1500-1600* cit., pp. 319 e sgg.

[143] Cavalcaselle, Crowe, *Tiziano* cit., vol. II, pp. 1-2; Pallucchini, *Tiziano* cit., vol. I, p. 99; *L'opera completa* cit., scheda 224; Wethey, *The Paintings of Titian* cit., vol. II, scheda 31; *Tiziano* cit., scheda 33; Roberto Zapperi, *Tiziano, Paolo III e i suoi nipoti. Nepotismo e ritratto di Stato*, Bollati Boringhieri, Torino 1990, p. 27; *I Farnese* cit., scheda 26; Pedrocco, *Tiziano* cit., scheda 122; *Titian* cit., scheda 25; Humfrey, *Tiziano* cit., p. 138; *Titien, Tintoret, Véronèse* cit., scheda 43.

[144] Cavalcaselle, Crowe, *Tiziano* cit., vol. II, pp. 6 e sgg.; *L'opera completa* cit., p. 85; *Tiziano* cit., p. 410; Zapperi, *Tiziano, Paolo III e i suoi nipoti* cit., pp. 28-29.

[145] Cavalcaselle, Crowe, *Tiziano* cit., vol. II, pp. 12-14; Pallucchini, *Tiziano* cit., vol. I, p. 101; *L'opera completa* cit., scheda 236; Wethey, *The Paintings of Titian* cit., vol. II, scheda 72; *Tiziano* cit., scheda 34; *Le siècle de Titien* cit., scheda 172; *I Farnese* cit., scheda 27; Freedman, *Titian's Portraits* cit., pp. 92 e sgg.; Pedrocco, *Tiziano* cit., scheda 127; *Titian* cit., scheda 26; Humfrey, *Tiziano* cit., p. 138; *L'ultimo Tiziano* cit., scheda 1.2; *Titien, Tintoret, Véronèse* cit., scheda 1.

[146] Cavalcaselle, Crowe, *Tiziano* cit., vol. II, pp. 8-10; Zapperi, *Tiziano, Paolo III e i suoi nipoti* cit., p. 29.

[147] Amadio Ronchini, *Delle relazioni di Tiziano coi Farnesi*, Vincenzi, Modena 1864, pp. 3 e sgg.; Celso Fabbro, *Tiziano, i Farnese e l'abbazia di San Pietro in Colle nel Cenedese*, «Archivio storico di Belluno, Feltre e Cadore», XXXVIII, 1967, pp. 1-18; Zapperi, *Tiziano, Paolo III e i suoi nipoti* cit., pp. 28-30; cfr. anche Hope, *La famiglia di Tiziano* cit., p. 30; Hochmann, *Venise et Rome 1500-1600* cit., p. 323; Giorgio Tagliaferro, *La pala di Serravalle e la congiuntura degli anni '40*, «Venezia Cinquecento», XVIII, 2008, n. 35, pp. 41-77, in part. pp. 47 e sgg.; sulla casa di Tiziano in Col di Manza cfr. Elena Svalduz, *Tiziano, la casa in Col di Manza e la pala di Castello Roganzuolo*, «Studi tizianeschi», V, 2007, pp. 97-111.

[148] Sulla *Danae* di Capodimonte cfr. Cavalcaselle, Crowe, *Tiziano* cit., vol. II, pp. 54 e sgg.; *L'opera completa* cit., scheda 264; Wethey, *The Paintings of Titian* cit., vol. III, scheda 5; Charles Hope, *A neglected Document about Titian's «Danae» in Naples*, «Arte veneta», XXXI, 1977, pp. 188-189; Paul F. Watson, *Titian and Michelangelo: The «Danae» of 1545-1546*, in *Collaboration in Italian Renaissance Art*, edited by Wendy Stedman Sheard and John T. Paoletti, Yale University Press, New Haven 1978, pp. 245-254; *Da Tiziano a El Greco* cit., scheda 19; *Tiziano* cit., scheda 40; Roberto Zapperi, *Alessandro Farnese, Giovanni Della Casa and Titian's Danae in Naples*, «Journal of the Warburg and Courtauld Institutes», LIV, 1991, pp. 159-171; Pedrocco, *Tiziano* cit., scheda 137; *Titian* cit., scheda 23; *La Danae di Tiziano del Museo di Capodimonte: il mito, la storia, il restauro*, a cura di Anna Chiara Alabiso, Electa Napoli, Napoli 2005; Humfrey, *Tiziano* cit., pp. 138 e sgg.; Daniela Bohde, *Corporeality and Materiality: Light, Colour and the Body in Titian's S. Salvatore Annunciation and Naples Danae*, in *Titian: Materiality* cit., pp. 19-28, in part. pp. 19-23; Robert Wald, *La «Danae» di Tiziano a Vienna. Osservazioni su esecuzione e repliche nella*

bottega di Tiziano, in *L'ultimo Tiziano* cit., pp. 125-133, in part. pp. 125 e sgg.; *Titien, Tintoret, Véronèse* cit., scheda 50.

149 Cavalcaselle, Crowe, *Tiziano* cit., vol. I, pp. 494-495; *Tiziano. Le lettere* cit., p. 78.

150 Giorgio Tagliaferro, *Nella bottega con Tiziano, 1548-1576*, in *L'ultimo Tiziano* cit., pp. 71-77, cfr. p. 73; cfr. anche dello stesso Tagliaferro, *Il clan Vecellio: congiunti e collaboratori di Tiziano nell'ultimo decennio*, in *Tiziano. L'ultimo atto* cit., pp. 163-169, in part. pp. 164 e sgg.; *Le botteghe di Tiziano*, Giorgio Tagliaferro e Bernard Aikema, con Matteo Mancini e Andrew John Martin, Alinari 24 ORE, Firenze 2009, pp. 195 e sgg.

151 Biferali, Firpo, *Battista Franco «pittore viniziano»* cit., pp. 109 e sgg.

152 Cavalcaselle, Crowe, *Tiziano* cit., vol. II, pp. 46 e sgg.; Ranieri Varese, *Tiziano e i Della Rovere: alcune considerazioni*, in *Ancona e le Marche per Tiziano: 1490-1990*, catalogo della mostra dell'atelier dell'Arco Amoroso ad Ancona, Tecnostampa, Ancona 1990, pp. 47-57, cfr. p. 52.

153 Cavalcaselle, Crowe, *Tiziano* cit., vol. II, pp. 47 e sgg.; Pallucchini, *Tiziano* cit., vol. I, pp. 108 e sgg.; *L'opera completa* cit., p. 85; *Tiziano* cit., p. 410; Clare Robertson, *«Il Gran Cardinale». Alessandro Farnese, Patron of the Arts*, Yale University Press, New Haven-London 1992, pp. 69 e sgg.; Hochmann, *Venise et Rome 1500-1600* cit., pp. 324 e sgg.; Joannides, *Titian and Michelangelo/ Michelangelo and Titian* cit., p. 135; Humfrey, *Tiziano* cit., p. 145.

154 Dolce, *Dialogo della pittura* cit., pp. 151-152.

155 Firpo, Biferali, *«Navicula Petri»* cit., pp. 97 e sgg., 127 e sgg.

156 Mancini, *Tiziano e le corti d'Asburgo* cit., *Appendice I (1533-1576)*, n. 43; cfr. anche Irene Favaretto, *Tiziano e l'antico: spunti e divagazioni*, in *Tiziano. L'ultimo atto* cit., pp. 49-53, in part. p. 49.

157 Cavalcaselle, Crowe, *Tiziano* cit., vol. II, p. 47; Zapperi, *Tiziano, i Farnese* cit., p. 131.

158 *Lettere sull'arte di Pietro Aretino* cit., vol. II, pp. 106-107.

159 Vasari, *Le vite* cit., vol. VI, p. 164; cfr. anche Lionello Puppi, *Michelangelo e Tiziano*, in *Tiziano. Nel quarto centenario* cit., pp. 159-170, in part. pp. 160-161; Zapperi, *Alessandro Farnese, Giovanni Della Casa* cit., p. 165; Goffen, *Renaissance Rivals* cit., pp. 335-338.

160 Zapperi, *Tiziano, Paolo III e i suoi nipoti* cit., pp. 38 e sgg.

161 Vasari, *Le vite* cit., vol. VI, p. 164.

162 Cavalcaselle, Crowe, *Tiziano* cit., vol. II, p. 67; *L'opera completa* cit., p. 85; Antonio Niero, *Tiziano Vecellio e il figlio Pomponio parroci di Favaro Veneto*, «Studi veneziani», n.s., VI, 1982, pp. 273-295, cfr. pp. 280 e sgg., 292-295; *Tiziano* cit., p. 410; Zapperi, *Tiziano, Paolo III e i suoi nipoti* cit., p. 33.

163 Ronchini, *Delle relazioni di Tiziano* cit., p. 6; Fabbro, *Tiziano, i Farnese* cit., pp. 10 e sgg.; Zapperi, *Tiziano, Paolo III e i suoi nipoti* cit., pp. 31-33, del quale cfr. anche *Tiziano e i Farnese: aspetti economici del rapporto di committenza*, «Bollettino d'arte», LXVI, 1991, pp. 39-48.

164 *Tiziano. Le lettere* cit., p. 96.

165 Zapperi, *Tiziano, i Farnese* cit., pp. 132 e sgg.

166 Sul ritratto di Aretino e sul soggiorno a Firenze di Tiziano cfr. Francesco Mozzetti, *Tiziano. Ritratto di Pietro Aretino*, Franco Cosimo Panini, Modena 1996.

167 Cavalcaselle, Crowe, *Tiziano* cit., vol. II, pp. 110 e sgg.; Pallucchini, *Tizia-*

no cit., vol. I, pp. 120 e sgg.; *L'opera completa* cit., pp. 85-86; *Tiziano* cit., p. 410; Mancini, *Tiziano e le corti d'Asburgo* cit., *Appendice I (1533-1576)*, nn. 44-47; cfr. anche la voce su Guglielmo Della Porta di Carroll Brentano in DBI, vol. XXXVII, pp. 192-199, in part. p. 194.

[168] Brandi, *Carlo V* cit., pp. 577 e sgg.

[169] Aretino, *Lettere* cit., vol. IV, pp. 199-200.

[170] Andrew John Martin, *La bottega in viaggio. Con Tiziano ad Augusta, Füssen e Innsbruck (1548): domande e ipotesi*, «Studi tizianeschi», IV, 2006, pp. 99-108, cfr. pp. 99 e sgg.; Fernando Checa, *Fuori da Venezia: Tiziano e la corte spagnola*, in *L'ultimo Tiziano* cit., pp. 55-61, in part. p. 55; *Le botteghe di Tiziano* cit., pp. 133 e sgg.

[171] Hope, *La produzione pittorica* cit., pp. 49 e sgg.; *Tiziano* cit., p. 411; Martin, *La bottega in viaggio* cit., pp. 100 e sgg.; Humfrey, *Tiziano* cit., p. 150; Checa, *Fuori da Venezia* cit., pp. 55-56; Miguel Falomir, *Gli ultimi ritratti di Tiziano*, in *L'ultimo Tiziano* cit., pp. 139-145, cfr. pp. 139-140; *Le botteghe di Tiziano* cit., pp. 139 e sgg.

[172] Mancini, *Tiziano e le corti d'Asburgo* cit., *Appendice I (1533-1576)*, n. 50; Martin, *La bottega in viaggio* cit., p. 102; *Le botteghe di Tiziano* cit., p. 134.

[173] Martin, *La bottega in viaggio* cit., pp. 104-105; *Le botteghe di Tiziano* cit., pp. 139 e sgg.

[174] Cavalcaselle, Crowe, *Tiziano* cit., vol. II, pp. 129-130; Pallucchini, *Tiziano* cit., vol. I, p. 122; *L'opera completa* cit., scheda 290; Wethey, *The Paintings of Titian* cit., vol. II, scheda 22; Panofsky, *Tiziano* cit., pp. 84-86; Freedman, *Titian's Portraits* cit., pp. 133 e sgg.; Pedrocco, *Tiziano* cit., scheda 155; Ferino-Pagden, *Los retratos de Carlos V* cit., p. 79; Andrew John Martin, *«Titianus. F.». Il «Ritratto di Carlo V seduto» dell'Alte Pinakothek di Monaco*, «Studi tizianeschi», V, 2007, pp. 76-96.

[175] Cavalcaselle, Crowe, *Tiziano* cit., vol. II, pp. 127-128; Pallucchini, *Tiziano* cit., vol. I, p. 121; *L'opera completa* cit., scheda 289; Wethey, *The Paintings of Titian* cit., vol. II, scheda 21; Checa, *Tiziano y la Monarquia Hispanica* cit., pp. 39 e sgg., e dello stesso studioso, *Carlos V. La imagen del poder* cit., pp. 269-272; Pedrocco, *Tiziano* cit., scheda 154; Ferino-Pagden, *Los retratos de Carlos V* cit., pp. 75-77; *La restauración de el Emperador Carlos V a caballo en Mühlberg de Tiziano*, Museo Nacional del Prado, Madrid 2001.

[176] Panofsky, *Tiziano* cit., pp. 86-89; Freedman, *Titian's Portraits* cit., pp. 125 e sgg., e dello stesso Freedman, *Titian and the classical Heritage*, in *The Cambridge Companion* cit., pp. 183-202, cfr. p. 200; John F. Moffit, *The forgotten Role of a «Determined Christian Knight» in Titian's Depiction of Charles V, Equestrian, at Mühlberg*, «Gazette des beaux-arts», CXXXXIII, 2001, pp. 37-52; Humfrey, *Tiziano* cit., p. 158.

[177] *Lettere sull'arte di Pietro Aretino* cit., vol. II, p. 212.

[178] Jean-Paul Sartre, *Tintoretto o il sequestrato di Venezia*, introduzione di Michel Sicard, Christian Marinotti Edizioni, Milano 2005.

[179] Roland Krischel, *Jacopo Tintoretto. Il miracolo dello schiavo*, Franco Cosimo Panini, Modena 2006 (I ed. tedesca 1994); cfr. anche Paola Rossi, *Tiziano e Jacopo Tintoretto*, in *Tiziano e il manierismo europeo* cit., pp. 171-192, in part. pp. 176 e sgg.; Valcanover, *Introduzione a Tiziano* cit., p. 22; Augusto Gentili, *Aretino, Tiziano e gli altri pittori: il 1548, con qualche antefatto*, in *In utrumque paratus. Aretino e Arezzo, Aretino a Arezzo: in margine al ritratto di Sebastiano*

del Piombo, a cura di Paolo Procaccioli, Salerno, Roma 2008, pp. 235-251, in part. pp. 240 e sgg.

180 Sulla lettera, scritta nell'aprile del 1548, cfr. *Lettere sull'arte di Pietro Aretino* cit., vol. II, pp. 204-205.

181 Maria Elena Massimi, *Jacopo Tintoretto e i confratelli della Scuola Grande di San Rocco. Strategie culturali e committenza artistica*, «Venezia Cinquecento», V, 1995, n. 9, pp. 5-107, cfr. pp. 35, 96, note 80-81.

CAPITOLO IV

1 *L'opera completa* cit., p. 86; Rodolfo Pallucchini, *Tiziano e Filippo II*, in *Tiziano. Nel quarto centenario* cit., pp. 223-241, cfr. pp. 224 e sgg.; Hope, *La produzione pittorica* cit., p. 55, e dello stesso Hope, *Titian's Life* cit., p. 22; *Tiziano* cit., p. 411; Mancini, *Tiziano e le corti d'Asburgo* cit., *Appendice I (1533-1576)*, nn. 58, 61-62; Humfrey, *Tiziano* cit., p. 160; Checa, *Fuori da Venezia* cit., p. 56; Falomir, *Gli ultimi ritratti di Tiziano* cit., pp. 139-141.

2 Puttfarken, *Titian and tragic Painting* cit., pp. 77 e sgg.

3 Cavalcaselle, Crowe, *Tiziano* cit., vol. II, pp. 160-161; Pallucchini, *Tiziano* cit., vol. I, p. 131; *L'opera completa* cit., scheda 345; Wethey, *The Paintings of Titian* cit., vol. II, scheda 78; Charles Hope, *Titian, Philip II and Mary Tudor*, in *England and the continental Renaissance. Essays in Honour of J. B. Trapp*, edited by Edward Chaney and Peter Mack, The Boydell Press, Woodbridge 1990, pp. 53-65, e dello stesso studioso, *El retrato de Felipe II de Tiziano y su contexto*, in *Tiziano y el legado veneciano* cit., pp. 127-148; Checa, *Tiziano y la Monarquia Hispanica* cit., pp. 48 e sgg.; *Felipe II. Un monarca y su época. Un príncipe del Renacimiento*, catalogo della mostra del Museo Nacional del Prado, Sociedad Estatal para la Conmemoración de los Centenarios de Felipe II y Carlos V, Madrid 1998, scheda 65; *Il Rinascimento a Venezia e la pittura del Nord* cit., scheda 166; Pedrocco, *Tiziano* cit., scheda 171; *Titian* cit., scheda 30; Matteo Mancini, *Tiziano in Spagna: catalogo, committenti, strategie. Una proposta di lavoro per l'identificazione della bottega*, «Studi tizianeschi», IV, 2006, pp. 109-121, cfr. p. 116; Humfrey, *Tiziano* cit., pp. 160 e sgg.

4 Fehl, *Decorum and Wit* cit., pp. 115 e sgg.; Fernando Checa, *Felipe II. Mecenas de las artes*, prologo de Jonathan Brown, Nerea, Madrid 1992, p. 136; Görel Cavalli-Björkman, *Temas mitológicos en la colección artística de Felipe II*, in *Felipe II. Un monarca y su época* cit., pp. 229-235; Humfrey, *Tiziano* cit., pp. 169 e sgg.

5 Cavalcaselle, Crowe, *Tiziano* cit., vol. II, pp. 195-196; Pallucchini, *Tiziano* cit., vol. I, pp. 140-142; *L'opera completa* cit., scheda 355; Wethey, *The Paintings of Titian* cit., vol. III, scheda 40; Gentili, *Da Tiziano a Tiziano* cit., pp. 167-182; Fehl, *Decorum and Wit* cit., pp. 107 e sgg.; Checa, *Tiziano y la Monarquia Hispanica* cit., pp. 100 e sgg.; *Felipe II. Un monarca y su época* cit., scheda 78; Pedrocco, *Tiziano* cit., scheda 180; Kiyo Hosono, *«Venere e Adone» di Tiziano: la scelta del soggetto e le sue fonti*, «Venezia Cinquecento», XIII, 2003, n. 26, pp. 111-162; David Rosand, *Ut Pictor Poeta: Meaning in Titian's «Poesie»*, «New Literary History», III, 1971-1972, pp. 527-546, cfr. pp. 535 e sgg., e dello stesso Rosand, *Inventing Mythologies. The Painter's Poetry*, in *The Cambridge Compa-*

nion cit., pp. 35-57, in part. pp. 43 e sgg., e *La pasión de Venus y Adonis*, in *Tiziano y el legado veneciano* cit., pp. 205-225; Puttfarken, *Titian and tragic Painting* cit., pp. 161 e sgg.; Humfrey, *Tiziano* cit., pp. 172 e sgg.; Luba Freedman, *The Vainly Imploring Goddess in Titian's «Venus and Adonis»*, in *Titian: Materiality* cit., pp. 83-96; Elisa de Halleux, *«Vénus et Adonis», «colorito» et «disegno»: un idéal amoureux androgyne pour la peinture à l'huile?*, «Studi tizianeschi», V, 2007, pp. 166-181; Dal Pozzolo, *Colori d'amore* cit., pp. 124 e sgg.

[6] Panofsky, *Tiziano* cit., p. 153; David Rosand, *Titian and the «Bed of Polyclitus»*, «The Burlington Magazine», CXVII, 1975, pp. 242-245, e dello stesso studioso, *Inventing Mythologies* cit., pp. 44-45, 51-52, e *La pasión de Venus y Adonis* cit., pp. 212 e sgg.

[7] Pallucchini, *Tiziano* cit., vol. I, pp. 140-141; de Halleux, *«Vénus et Adonis»* cit., p. 167; Dal Pozzolo, *Colori d'amore* cit., p. 125; cfr. anche Fernando Checa, *Tiziano e la mitologia*, in *L'ultimo Tiziano* cit., pp. 187-193, in part. pp. 190 e sgg.

[8] *Lettere di diversi eccellentissimi huomini*, appresso Gabriel Giolito de Ferrari et fratelli, Vinegia 1554, p. 231.

[9] *Tiziano, Rubens: Venus ante el espejo*, catalogo della mostra del Museo Thyssen-Bornemisza a Madrid, a cura di Fernando Checa, Museo Thyssen-Bornemisza, Madrid 2002; Irina Artemieva, *La «Venere allo specchio» Barbarigo e il «Dialogo della pittura» di Ludovico Dolce*, in *L'ultimo Tiziano* cit., pp. 195-201.

[10] Carlo Ginzburg, *Tiziano, Ovidio e i codici della figurazione erotica nel '500*, in *Tiziano e Venezia* cit., pp. 125-135, cfr. p. 128; Fehl, *Decorum and Wit* cit., p. 113; Dal Pozzolo, *Colori d'amore* cit., p. 125.

[11] Hosono, *«Venere e Adone» di Tiziano* cit., pp. 111, 117 e sgg.

[12] Wethey, *The Paintings of Titian* cit., vol. III, schede 41-44; William R. Rearick, *Titian's later Mythologies*, «Artibus et historiae», XVII, 1996, n. 33, pp. 23-67, cfr. pp. 24 e sgg.; Bruce D. Sutherland, *A subtle Allusion in Titian's «Venus and Adonis» Paintings*, «Venezia Cinquecento», IX, 1999, n. 17, pp. 37-52; Hosono, *«Venere e Adone» di Tiziano* cit., pp. 119 e sgg.

[13] Mancini, *Tiziano e le corti d'Asburgo* cit., *Appendice I (1533-1576)*, nn. 129-130, 135; cfr. anche Checa, *Fuori da Venezia* cit., p. 58.

[14] Mancini, *Tiziano e le corti d'Asburgo* cit., *Appendice I (1533-1576)*, nn. 130, 135; sull'aggressione del Leoni a Orazio Vecellio cfr. anche Cavalcaselle, Crowe, *Tiziano* cit., vol. II, pp. 236 e sgg.; Rudolf e Margot Wittkower, *Nati sotto Saturno. La figura dell'artista dall'Antichità alla Rivoluzione francese*, Einaudi, Torino 1996 (I ed. inglese 1963), pp. 210, 291; Puppi, *Su/Per Tiziano* cit., pp. 45-46, e dello stesso Puppi, *Nuove integrazioni all'epistolario di Tiziano: quattro lettere ritrovate e otto lettere inedite (continuazione)*, «Paragone», LXI, 2010, pp. 80-92, in part. pp. 80-83; Pommier, *L'invenzione dell'arte* cit., p. 270; *Le botteghe di Tiziano* cit., p. 196.

[15] Mancini, *Tiziano e le corti d'Asburgo* cit., *Appendice I (1533-1576)*, n. 135.

[16] Cavalcaselle, Crowe, *Tiziano* cit., vol. II, pp. 249 e sgg.; Pallucchini, *Tiziano* cit., vol. I, pp. 160-162, e dello stesso Pallucchini, *Tiziano e Filippo II* cit., pp. 229 e sgg.; *L'opera completa* cit., schede 400-401; Marie Tanner, *Chance and Coincidence in Titian's «Diana and Acteon»*, «The Art Bulletin», LVI, 1974, pp. 535-550; Wethey, *The Paintings of Titian* cit., vol. III, schede 9-10; Ginzburg, *Tiziano, Ovidio* cit., pp. 131-132; Gentili, *Da Tiziano a Tiziano* cit., pp. 183-204; Warren Tresidder, *The Stag's Skull and the Iconography of Titian's «Diana and Actaeon»*, «Racar», XV, 1988, pp. 145-147; Panofsky, *Tiziano* cit., pp. 157 e sgg.;

Checa, *Tiziano y la Monarquia Hispanica* cit., pp. 104 e sgg., 120-123 e schede 39-40; Rearick, *Titian's later Mythologies* cit., pp. 48 e sgg.; Pedrocco, *Tiziano* cit., schede 205-206; James Lawson, *Titian's Diana Pictures: The Passing of an Epoch*, «Artibus et historiae», XXV, 2004, n. 49, pp. 49-63; *The Age of Titian* cit., schede 54-55; Puttfarken, *Titian and tragic Painting* cit., pp. 174 e sgg.; Humfrey, *Tiziano* cit., pp. 182-183.

[17] Aretino, *Lettere* cit., vol. V, pp. 436-437.

[18] Goffen, *Tiziano, i donatori* cit., p. 93; Panofsky, *Tiziano* cit., pp. 41-43; Puppi, *Su/Per Tiziano* cit., p. 51.

[19] Cavalcaselle, Crowe, *Tiziano* cit., vol. II, pp. 258-260; *L'opera completa* cit., scheda 403; Wethey, *The Paintings of Titian* cit., vol. I, scheda 37; Pallucchini, *Tiziano e Filippo II* cit., p. 232; *Le siècle de Titien* cit., scheda 253; *Felipe II. Un monarca y su época* cit., scheda 149; Pedrocco, *Tiziano* cit., scheda 207; *Titian* cit., scheda 31; Humfrey, *Tiziano* cit., p. 186; Augusto Gentili, *La pittura religiosa dell'ultimo Tiziano*, «Studi tizianeschi», I, 2003, pp. 9-18, cfr. p. 9, e dello stesso Gentili, *Il prudente dissenso di Tiziano* cit., p. 240; *Titien, Tintoret, Véronèse* cit., scheda 73.

[20] Sul nicodemismo e sugli orientamenti religiosi eterodossi del Buonarroti cfr. Moshe Arkin, *«One of the Marys...»: An interdisciplinary Analysis of Michelangelo's Florentine «Pietà»*, «The Art Bulletin», LXXIX, 1997, pp. 493-517; Massimo Firpo, *Il «Cristo in croce» di Michelangelo per Vittoria Colonna tra Roma e Bologna (Venusti, Calvaert, Clovio, Cort, Carracci)*, nella sua raccolta di saggi *Storie di immagini, immagini di storia. Studi di iconografia cinquecentesca*, Storia e letteratura, Roma 2010, pp. 77-109.

[21] *Tiziano y el «Martirio de San Lorenzo» de El Escorial: consideraciones historico-artisticas y tecnicas tras su restauracion*, Patrimonio Nacional, Madrid 2003.

[22] *L'opera completa* cit., scheda 423; Wethey, *The Paintings of Titian* cit., vol. I, scheda 108; *The Genius of Venice* cit., scheda 131; *Le siècle de Titien* cit., scheda 262; Checa, *Tiziano y la Monarquia Hispanica* cit., pp. 83 e sgg. e scheda 27; Mancini, *Tiziano e le corti d'Asburgo* cit., *Appendice I (1533-1576)*, n. 302; Pedrocco, *Tiziano* cit., scheda 265; *Titian* cit., scheda 40; Gentili, *La pittura religiosa* cit., pp. 15-17, e dello stesso Gentili, *Il prudente dissenso di Tiziano* cit., pp. 242-243, e *Descrizioni per il grande vecchio. Quadri finiti, infiniti, non finiti (veri e finti), e le ragioni dell'iconologia*, «Venezia Cinquecento», XVIII, 2008, n. 36, pp. 197-230, cfr. pp. 197 e sgg.; *L'ultimo Tiziano* cit., scheda 3.15.

[23] Valentina Sapienza, *Il committente del «San Gerolamo» di Tiziano per Santa Maria Nova: storie di mercanti, malfattori e penitenti*, «Venezia Cinquecento», XVIII, 2008, n. 35, pp. 175-204.

[24] *L'opera completa* cit., scheda 411; Wethey, *The Paintings of Titian* cit., vol. I, scheda 107; Pedrocco, *Tiziano* cit., scheda 255; *L'ultimo Tiziano* cit., scheda 3.18; *Titien, Tintoret, Véronèse* cit., scheda 75.

[25] Hubert Jedin, *Genesi e portata del decreto tridentino sulla venerazione delle immagini*, nella sua raccolta di saggi *Chiesa della fede, Chiesa della storia. Saggi scelti*, con un saggio introduttivo di Giuseppe Alberigo, Morcelliana, Brescia 1972, pp. 340-390, cfr. p. 380; Paul F. Grendler, *The Roman Inquisition and the Venetian Press, 1540-1605*, University Press, Princeton 1977, p. 139; Genoveffa Palumbo, *L'uso delle immagini. Libri di santi, libri per predicatori, libretti di dottrina dopo il concilio di Trento*, in *I tempi del concilio* cit., pp. 353-385, in

part. p. 353; Hilliard T. Goldfarb, *Venezia, la Controriforma e gli ultimi dipinti religiosi di Tiziano*, in *Tiziano. L'ultimo atto* cit., pp. 95-110, in part. pp. 98 e sgg.

[26] Gentili, *La pittura religiosa* cit., pp. 11-13, e dello stesso studioso, *Il prudente dissenso di Tiziano* cit., p. 241.

[27] *L'opera completa* cit., scheda 448; Wethey, *The Paintings of Titian* cit., vol. I, scheda 123; *Tiziano* cit., scheda 62; Pedrocco, *Tiziano* cit., scheda 241; Rearick, *Le «Maddalene penitenti» di Tiziano* cit., pp. 32-33; *L'ultimo Tiziano* cit., scheda 3.10; cfr. anche Gentili, *«Lagrime caldissime»* cit., pp. 189 e sgg., secondo il quale, tuttavia, «la nuova tipologia di 'Maddalena nel deserto' inventata da Tiziano all'inizio degli anni sessanta [...] non è in linea con le prescrizioni disciplinari e le esigenze penitenziali della cosiddetta Controriforma».

[28] Vasari, *Le vite* cit., vol. VI, p. 167.

[29] Salvatore Lo Re, *«Fresca e rugiadosa in quella penitenza». La Maddalena, Tiziano e Baccio Valori*, «Intersezioni», XVIII, 1998, pp. 33-45, cfr. p. 40.

[30] Firpo, Biferali, *«Navicula Petri»* cit., pp. 346 e sgg.

[31] Cavalcaselle, Crowe, *Tiziano* cit., vol. II, pp. 390-391; *L'opera completa* cit., scheda 509; Wethey, *The Paintings of Titian* cit., vol. II, scheda 84; Panofsky, *Tiziano* cit., pp. 74-76; Checa, *Felipe II. Mecenas* cit., p. 192, e dello stesso Checa, *Tiziano y la Monarquia Hispanica* cit., pp. 52 e sgg., e *Lo stile maturo di Tiziano*, in *L'ultimo Tiziano* cit., pp. 63-69, cfr. pp. 66-67; *Felipe II. Un monarca y su época* cit., scheda 152; Pedrocco, *Tiziano* cit., scheda 264; Miguel Falomir, *Tiziano. Alegoría, política, religión*, in *Tiziano y el legado veneciano* cit., pp. 149-171, in part. pp. 152 e sgg.; Humfrey, *Tiziano* cit., p. 192; Mancini, *Tiziano in Spagna* cit., pp. 116-117; Rosemarie Mulcahy, *Celebrar o no celebrar: Felipe II y las representaciones de la Batalla de Lepanto*, «Reales Sitios», XLIII, 2006, n. 168, pp. 2-15, in part. p. 5; Cecilia Gibellini, *L'immagine di Lepanto. La celebrazione della vittoria nella letteratura e nell'arte veneziana*, Marsilio, Venezia 2008, p. 133; Kristine Kolrud, *Titian's «Allegory of the Victory of Lepanto» and Habsburg Family Portraiture*, in *Rhetoric, Theatre and the Arts of Design. Essays Presented to Roy Eriksen*, edited by Clare Lapraik Guest, Novus Press, Oslo 2008, pp. 57-68, in part. pp. 57 e sgg.

[32] Rudolf Wittkower, *Titian's Allegory of Religion Succourred by Spain*, «Journal of the Warburg and Courtauld Institutes», III, 1939-1940, pp. 138-141; Erica Tietze-Conrat, *Titian's Allegory of «Religion»*, «Journal of the Warburg and Courtauld Institutes», XIV, 1951, pp. 127-132; *L'opera completa* cit., scheda 505; Wethey, *The Paintings of Titian* cit., vol. I, scheda 88; Hope, *La produzione pittorica* cit., pp. 64-65; Panofsky, *Tiziano* cit., pp. 187-190; Checa, *Felipe II. Mecenas* cit., pp. 192-193, e dello stesso studioso, *Tiziano y la Monarquia Hispanica* cit., pp. 58 e sgg., e *Lo stile maturo di Tiziano* cit., p. 67; Pedrocco, *Tiziano* cit., scheda 263; Falomir, *Tiziano. Alegoría* cit., pp. 158 e sgg.; Mulcahy, *Celebrar o no celebrar* cit., p. 7; Humfrey, *Tiziano* cit., p. 192; Gibellini, *L'immagine di Lepanto* cit., p. 132; *L'ultimo Tiziano* cit., scheda 3.14.

[33] Firpo, Biferali, *«Navicula Petri»* cit., pp. 352 e sgg.

[34] *L'opera completa* cit., scheda 381; Wethey, *The Paintings of Titian* cit., vol. II, scheda 112; *Tiziano* cit., scheda 50; Pedrocco, *Tiziano* cit., scheda 197; *L'ultimo Tiziano* cit., scheda 1.5; Susanna Monacelli, *Il doge Francesco Venier dal ritratto al sepolcro*, «Venezia Cinquecento», XVIII, 2008, n. 36, pp. 43-64.

[35] Cavalcaselle, Crowe, *Tiziano* cit., vol. II, pp. 203 e sgg.; *L'opera completa* cit., scheda 511; Wethey, *The Paintings of Titian* cit., vol. I, scheda 40; Sinding-

Larsen, *Christ in the Council Hall* cit., pp. 15, 34, 38, 244-245; Giovanna Nepi Scirè, *La «Fede» di Tiziano*, «Quaderni della Soprintendenza ai Beni artistici e storici di Venezia», VIII, 1979, pp. 83-91; Wolters, *Qualche ipotesi sui quadri votivi* cit., pp. 565-566, e dello stesso Wolters, *Storia e politica nei dipinti di palazzo Ducale* cit., pp. 101-103; Mary Bergstein, *La «Fede»: Titian's votive Painting for Antonio Grimani*, «Arte veneta», XL, 1987, pp. 29-37; *Tiziano* cit., scheda 74; Pedrocco, *Tiziano* cit., scheda 268.

[36] Sulla decorazione pittorica del salone della Libreria Marciana cfr. Nicola Ivanoff, *Il ciclo allegorico della Libreria Sansoviniana*, «Arte antica e moderna», 1961, nn. 13-16, pp. 248-258, e dello stesso studioso, *La Libreria Marciana. Arte e iconologia*, «Saggi e memorie di storia dell'arte», VI, 1968, pp. 33-78; Schulz, *Venetian painted Ceilings* cit., pp. 93 e sgg.; Antonio Paolucci, *La sala della Libreria e il ciclo pittorico*, in *Da Tiziano a El Greco* cit., pp. 287-298; Ugo Ruggeri, *La decorazione pittorica della Libreria Marciana*, in *Cultura e società nel Rinascimento* cit., pp. 313-333; Charles Hope, *The Ceiling Paintings in the Libreria Marciana*, in *Nuovi studi su Paolo Veronese* cit., pp. 290-298; Davide Sciuto, *L'arte della «Prudenza». L'idea aristotelica della Prudenza, esemplificata attraverso il mito, nel ciclo pittorico della Libreria sansoviniana di Venezia*, «Critica d'arte», LXV, 2002, n. 14, pp. 43-56; Biferali, Firpo, *Battista Franco «pittore viniziano»* cit., pp. 261 e sgg.; Delieuvin, Habert, *Les concours de peinture* cit., pp. 59-63.

[37] Vasari, *Le vite* cit., vol. V, p. 378.

[38] Filippo Pedrocco, *Veronese*, Rizzoli-Skira, Milano 2004, p. 31.

[39] Cavalcaselle, Crowe, *Tiziano* cit., vol. II, pp. 221 e sgg.; Rodolfo Gallo, *Per il «San Lorenzo martire» di Tiziano. I committenti, la datazione*, «Rivista di Venezia», XIV, 1935, pp. 155-174; Pallucchini, *Tiziano* cit., vol. I, pp. 148-150; *L'opera completa* cit., scheda 399; Wethey, *The Paintings of Titian* cit., vol. I, scheda 114; *Da Tiziano a El Greco* cit., scheda 20; *Tiziano* cit., scheda 53; Marco Zanusso, *Alcuni aspetti del «San Lorenzo martire» di Tiziano*, «Venezia arti», X, 1996, pp. 37-42; Pedrocco, *Tiziano* cit., scheda 200; Alexis Joachimides, *Tizians Laurentiusmartyrium und die «Venezianità»: Künstler und Auftraggeber zwischen Humanismus und Gegenreformation*, «Zeitschrift für Kunstgeschichte», LXXII, 2009, pp. 351-368.

[40] Michele Di Monte, *La morte bella. Il martirio nella pittura di Tiziano, Tintoretto e Veronese*, «Venezia Cinquecento», IX, 1999, n. 17, pp. 91-179, cfr. pp. 98 e sgg.; Gentili, *La committenza veneziana di Tiziano* cit., p. 49.

[41] Panofsky, *Tiziano* cit., p. 58; sugli spunti classici del dipinto cfr. anche Freedman, *Titian and the classical Heritage* cit., pp. 187 e sgg., e Favaretto, *Tiziano e l'antico* cit., p. 51.

[42] *Da Tiziano a El Greco* cit., scheda 20; *Tiziano* cit., scheda 53.

[43] Lina Bolzoni, *Il cuore di cristallo. Ragionamenti d'amore, poesia e ritratto nel Rinascimento*, Einaudi, Torino 2010, pp. 160, 292.

[44] Cavalcaselle, Crowe, *Tiziano* cit., vol. II, pp. 189 e sgg.; Craig S. Harbison, *Counter-reformation Iconography in Titian's «Gloria»*, «The Art Bulletin», XLIX, 1967, pp. 244-246; Pallucchini, *Tiziano* cit., vol. I, pp. 145-146; *L'opera completa* cit., scheda 357; Wethey, *The Paintings of Titian* cit., vol. I, scheda 149; Panofsky, *Tiziano* cit., pp. 65 e sgg.; Caroline Schuster Cordone, *La «Gloria» de Titien: une image au service du pouvoir*, «Annales d'histoire de l'art et d'archéologie», XXI, 1999, pp. 25-39; Pedrocco, *Tiziano* cit., scheda 184; Checa, *Tiziano y la Monarquia Hispanica* cit., pp. 60 e sgg., e dello stesso studioso,

Tiziano Vecellio, Carlos V y la imagen imperial, in *Carlos V en Yuste. Muerte y gloria eterna*, dirección científica Carmen García-Frías Checa, coordinación del catálogo Isabel Morán Suárez, Patrimonio Nacional, Madrid 2008, pp. 45-75, cfr. pp. 63 e sgg.; *Felipe II. Un monarca y su época* cit., scheda 176; Michael Bierwirth, *Tizians Gloria*, Imhof, Petersberg 2002; Gabriele Finaldi, *La «Gloria» de Tiziano*, in *Tiziano y el legado veneciano* cit., pp. 115-125.

[45] Mancini, *Tiziano e le corti d'Asburgo* cit., *Appendice I (1533-1576)*, nn. 102, 106; Checa, *Tiziano y la Monarquia Hispanica* cit., p. 62; Finaldi, *La «Gloria» de Tiziano* cit., pp. 117-118.

[46] Checa, *Tiziano y la Monarquia Hispanica* cit., pp. 63 e sgg., e dello stesso studioso, *Carlos V. La imagen del poder* cit., pp. 315 e sgg., e *Tiziano Vecellio, Carlos V* cit., pp. 66 e sgg.; Bierwirth, *Tizians Gloria* cit., pp. 89 e sgg.; Finaldi, *La «Gloria» de Tiziano* cit., p. 123.

[47] Carmen García-Frías Checa, *La estampa de un emperador en su retiro: Carlos V en Yuste*, in *Carlos V en Yuste* cit., pp. 13-43, cfr. pp. 14 e sgg.

[48] Checa, *Carlos V. La imagen del poder* cit., pp. 307 e sgg.; Jesús Sáenz de Miera, *El retiro del emperador*, in *Carolus* cit., pp. 157-171, cfr. pp. 160 e sgg.

[49] Panofsky, *Tiziano* cit., pp. 67, 70 e sgg.; Checa, *Carlos V. La imagen del poder* cit., pp. 312 e sgg., e dello stesso Checa, *Tiziano Vecellio, Carlos V* cit., pp. 67 e sgg.; Goldfarb, *Venezia, la Controriforma* cit., p. 106.

[50] Panofsky, *Tiziano* cit., p. 66; Ferino-Pagden, *Los retratos de Carlos V* cit., p. 79.

[51] Brandi, *Carlo V* cit., p. 639.

[52] Si vedano in particolare i saggi di Augusto Gentili, *Tiziano e il non finito*, «Venezia Cinquecento», II, 1992, n. 4, pp. 93-127; *Problemi dell'ultimo Tiziano: finito e non finito tra variazioni e perdite di senso*, in *Tiziano. L'ultimo atto* cit., pp. 135-143; *Descrizioni per il grande vecchio* cit.

[53] Bernard Aikema, *Pittura di macchia: Tiziano e gli altri fra Venezia e l'Europa*, in *L'ultimo Tiziano* cit., pp. 89-99; Sylvia Ferino-Pagden, *L'ultimo Tiziano e la sensualità della pittura*, ivi, pp. 15-27; Grigore Arbore Popescu, *Intorno all'«impressionismo magico» e al «doppio stile»*, in *Tiziano. L'ultimo atto* cit., pp. 123-128.

[54] Elke Oberthaler, *Lo stile tardo di Tiziano alla luce della «Ninfa e pastore»*, in *L'ultimo Tiziano* cit., pp. 113-123, cfr. pp. 117-118.

[55] Vasari, *Le vite* cit., vol. VI, p. 166.

[56] Pommier, *L'invenzione dell'arte* cit., p. 385.

[57] Marco Boschini, *Breve instruzione*, premessa a *Le ricche minere della pittura veneziana*, in Id., *La carta del navegar pitoresco*, a cura di Anna Pallucchini, Istituto per la collaborazione culturale, Venezia-Roma 1966, pp. 701-756, cfr. pp. 711-712.

[58] Ferino-Pagden, *L'ultimo Tiziano* cit., p. 18; Mancini, *Tiziano e le corti d'Asburgo* cit., *Appendice I (1533-1576)*, nn. 285-286, 289, 291, 295-296; Checa, *Lo stile maturo di Tiziano* cit., pp. 65-67.

[59] Maria Elena Massimi, *Indice alfabetico dei confratelli di governo della Scuola Grande di San Rocco, 1500-1600*, «Venezia Cinquecento», V, 1995, n. 9, pp. 109-169, cfr. p. 126; Enrica Benini Clementi, *Riforma religiosa e poesia popolare a Venezia nel Cinquecento. Alessandro Caravia*, Olschki, Firenze 2000, pp. 20, 113, 118, 284-286.

[60] Lorenzo Lotto, *Il «Libro di spese diverse» con aggiunta di lettere e d'altri*

documenti, a cura di Pietro Zampetti, Istituto per la collaborazione culturale, Venezia-Roma 1969, *passim*; Firpo, *Artisti, gioiellieri, eretici* cit.

[61] Biferali, Firpo, *Battista Franco «pittore viniziano»* cit., pp. 176 e sgg.

[62] Pallucchini, *Tiziano* cit., vol. I, pp. 157-158; *L'opera completa* cit., scheda 397; Wethey, *The Paintings of Titian* cit., vol. I, scheda 31; Michele Polverari, *Tiziano. La Crocefissione di Ancona*, Assessorato ai Beni e Attività culturali-Pinacoteca comunale Francesco Podesti, Ancona 1990; *Le siècle de Titien* cit., scheda 252; Pedrocco, *Tiziano* cit., scheda 199; Frapiccini, *Tiziano e le pale d'altare marchigiane* cit., pp. 196 e sgg.; Humfrey, *Tiziano* cit., p. 204.

[63] Gentili, *La committenza veneziana di Tiziano* cit., p. 49.

[64] *Tiziano per Napoli: l'«Annunciazione» di San Domenico Maggiore. Vicende storico-artistiche, tecnica di esecuzione e restauro*, a cura di Anna Chiara Alabiso, Longobardi, Napoli 2010.

[65] Cavalcaselle, Crowe, *Tiziano* cit., vol. II, pp. 338-340; Pallucchini, *Tiziano* cit., vol. I, pp. 177-178; *L'opera completa* cit., scheda 445; Wethey, *The Paintings of Titian* cit., vol. I, scheda 11; Ruggero Maschio, *Una data per l'Annunciazione di Tiziano a S. Salvador*, «Arte veneta», XXIX, 1975, pp. 178-182; *Tiziano* cit., scheda 56; Rosand, *Painting in Cinquecento Venice* cit., pp. 73-75, e dello stesso Rosand, *Tiziano sacro e profano* cit., pp. 61-63; *Le siècle de Titien* cit., scheda 257; Lorenzo Finocchi Ghersi, *Artisti e committenti a San Salvador*, «Arte veneta», LI, 1997, pp. 20-39, cfr. p. 28; Pedrocco, *Tiziano* cit., scheda 235; Daniela Bohde, *Titian's Three-Altar Project in the Venetian Church of San Salvador: Strategies of Self-Representation by Members of the Scuola Grande di San Rocco*, «Renaissance Studies», XV, 2001, n. 4, pp. 450-472, in part. pp. 458 e sgg., e della stessa Bohde, *Corporeality and Materiality* cit., pp. 23 e sgg.; Humfrey, *Tiziano* cit., pp. 204-206; *L'ultimo Tiziano* cit., scheda 3.4; Gentili, *Un angelo senza giglio. L'«Annunciazione» di Tiziano a San Salvador*, nella sua raccolta di saggi *La bilancia dell'arcangelo* cit., pp. 175-186.

[66] Gentili, *Un angelo senza giglio* cit., pp. 179-180.

[67] Ivi, pp. 182, 186, nota 19.

[68] Cavalcaselle, Crowe, *Tiziano* cit., vol. II, pp. 357-359; Pallucchini, *Tiziano* cit., vol. I, pp. 188-189; *L'opera completa* cit., scheda 488; Wethey, *The Paintings of Titian* cit., vol. II, scheda 100; Panofsky, *Tiziano* cit., pp. 82-84; Luba Freedman, *Titian's «Jacopo da Strada»: a Portrait of an «Antiquario»*, «Renaissance Studies», XIII, 1999, pp. 15-39; Pedrocco, *Tiziano* cit., scheda 252; *Titian* cit., scheda 38; Humfrey, *Tiziano* cit., pp. 210 e sgg.; *L'ultimo Tiziano* cit., scheda 1.8; *Titien, Tintoret, Véronèse* cit., scheda 24.

[69] Sullo Strada cfr. Dirk Jakob Jansen, *Jacopo Strada et le commerce d'art*, «Revue de l'art», LXXVII, 1987, pp. 11-21, e dello stesso Jansen, *Jacopo Strada antiquario mantovano e la fortuna di Giulio Romano*, in *Giulio Romano*, Accademia nazionale virgiliana, Mantova 1991, pp. 361-374; Isabella Cecchini, *Jacopo Strada*, in *Il collezionismo d'arte a Venezia. Dalle origini al Cinquecento*, a cura di Michel Hochmann, Rosella Lauber, Stefania Mason, Marsilio, Venezia 2008, pp. 311-312.

[70] Augusto Gentili, *Il gesto, l'abito, il monaco*, «Studi tizianeschi», III, 2005, pp. 46-56, cfr. p. 55.

[71] Mancini, *Tiziano e le corti d'Asburgo* cit., *Appendice I (1533-1576)*, n. 308.

[72] *Le botteghe di Tiziano* cit., p. 283.

[73] *Ibid.*

[74] *Tiziano. Le lettere* cit., *passim*.

[75] Celso Fabbro, *Documenti su Tiziano e sulla famiglia Vecellio conservati nella casa di Tiziano a Pieve di Cadore*, «Archivio storico di Belluno, Feltre e Cadore», XXVII, 1956, pp. 77-85.

[76] *L'opera completa* cit., scheda 476; Wethey, *The Paintings of Titian* cit., vol. II, scheda 105; *Tiziano* cit., scheda 64; Freedman, *Titian's independent Self-Portraits* cit., pp. 85 e sgg.; Brown, *The Painter's Reflection* cit., pp. 104 e sgg.; Pedrocco, *Tiziano* cit., scheda 251; *Titian* cit., scheda 33; Gazzola, *Il volto di Tiziano* cit., p. 27; *L'ultimo Tiziano* cit., scheda 1.10; *Titien, Tintoret, Véronèse* cit., scheda 20.

[77] Fletcher, *Titian as a Painter of Portraits* cit., p. 40; *L'ultimo Tiziano* cit., scheda 1.10.

[78] *L'opera completa* cit., scheda 449; Wethey, *The Paintings of Titian* cit., vol. II, scheda 107; *Tiziano* cit., scheda 67; Daniel Arasse, *La prudence de Titien*, nella sua raccolta di saggi *Le sujet dans le tableau. Essais d'iconographique analytique*, Flammarion, Paris 1997, pp. 107-122; Brown, *The Painter's Reflection* cit., pp. 81 e sgg.; Simona Cohen, *Titian's London «Allegory» and the Three Beasts of his «selva oscura»*, «Renaissance Studies», XIV, 2000, pp. 46-69; Pedrocco, *Tiziano* cit., scheda 244; Guerrino Lovato, *Tre Prudenze*, «Venezia Cinquecento», XI, 2001, n. 21, pp. 167-183; Carlos Sastre Vázquez, *Animales virtuosos. A propósito de una nueva interpretación de la «Alegoría» de Ticiano en la National Gallery de Londres*, «Espacio, Tiempo y Forma», VII, 2001, pp. 31-56; *Titian* cit., scheda 34; Erin J. Campbell, *Old Age and the Politics of Judgment in Titian's «Allegory of Prudence»*, «Word & Image», XIX, 2003, n. 3, pp. 261-270; *The Age of Titian* cit., scheda 64; Stefano Pierguidi, *L'«Allegoria della Prudenza» di Tiziano e il «Signum Tricipitis» del Cerbero di Serapide*, «International Journal of the classical Tradition», XIII, 2006, pp. 186-196; Gentili, *Ancora sull'«Allegoria della Prudenza»* cit.; *L'ultimo Tiziano* cit., scheda 1.11; Bolzoni, *Il cuore di cristallo* cit., pp. 285-291; Marsel Grosso, *Per la fama di Tiziano nella cultura artistica dell'Italia spagnola. Da Milano al viceregno*, Forum, Udine 2010, pp. 63 e sgg.

[79] Erwin Panofsky, *Il significato nelle arti visive*, Einaudi, Torino 1962 (I ed. statunitense 1955), pp. 147-168, e dello stesso studioso, *Tiziano* cit., pp. 104-110.

[80] Citazione da *L'ultimo Tiziano* cit., scheda 1.11.

[81] Panofsky, *Tiziano* cit., p. 110.

[82] *L'opera completa* cit., p. 86; *Tiziano* cit., p. 415; Mancini, *Tiziano e le corti d'Asburgo* cit., *Appendice I (1533-1576)*, n. 244; Puppi, *Nuove integrazioni* cit., pp. 83-84 e *Appendice documentaria*, n. 4.

[83] Jaromir Neumann, *Titian. The Flaying of Marsyas*, Spring Books, London 1962; Pallucchini, *Tiziano* cit., vol. I, pp. 197-198; *L'opera completa* cit., scheda 496; Wethey, *The Paintings of Titian* cit., vol. III, scheda 16; *The Genius of Venice* cit., scheda 132; *Tiziano* cit., scheda 76; Fehl, *Decorum and Wit* cit., pp. 130 e sgg.; *Le siècle de Titien* cit., scheda 265; Di Monte, *La morte bella* cit., pp. 154 e sgg.; Pedrocco, *Tiziano* cit., scheda 269; Puttfarken, *Titian and tragic Painting* cit., pp. 193-196; Rosand, *Tiziano sacro e profano* cit., pp. 65-66; Humfrey, *Tiziano* cit., pp. 202-204; *L'ultimo Tiziano* cit., scheda 2.10; Jodi Cranston, *The muddied Mirror. Materiality and Figuration in Titian's later Paintings*, The Pennsylvania State University Press, Pennsylvania 2010, pp. 47 e sgg.; cfr. soprattutto i fondamentali contributi sul quadro di Gentili, *Da Tiziano a Tiziano* cit., pp.

225-243; *Tiziano e il non finito* cit., pp. 117-124; *Problemi dell'ultimo Tiziano* cit., pp. 141-143; *Descrizioni per il grande vecchio* cit., pp. 204 e sgg.

[84] Ovidio, *Le metamorfosi*, 2 voll., a cura di Enrico Oddone, presentazione di Francesco Maspero, Bompiani, Milano 1994, vol. I, p. 321.

[85] Fehl, *Decorum and Wit* cit., pp. 138 e sgg.; Antonio Foscari, *Tra Giulio Romano e Tiziano. Il duplice supplizio di Marsia e altre metamorfosi*, in *Tiziano. L'ultimo atto* cit., pp. 129-134.

[86] Gentili, *Da Tiziano a Tiziano* cit., p. 240.

[87] Cavalcaselle, Crowe, *Tiziano* cit., vol. II, pp. 406 e sgg.; Pallucchini, *Tiziano* cit., vol. I, pp. 198-199; *L'opera completa* cit., scheda 512; Kate Dorment, *Tomb and Testament: architectural Significance in Titian's «Pietà»*, «The Art Quarterly», XXXV, 1972, pp. 399-418; Wethey, *The Paintings of Titian* cit., vol. I, scheda 86; Moschini Marconi, *Gallerie dell'Accademia* cit., vol. II, scheda 453; Rosand, *Titian in the Frari* cit., pp. 208-213, e dello stesso Rosand, *Painting in Cinquecento Venice* cit., pp. 75 e sgg.; *Tiziano* cit., scheda 77; Fehl, *Decorum and Wit* cit., pp. 317 e sgg.; Charles Hope, *A new Document about Titian's «Pietà»*, in *Sight and Insight. Essays on Art and Culture in Honour of E.H. Gombrich at 85*, edited by John Onians, Phaidon, London 1994, pp. 153-167; Pedrocco, *Tiziano* cit., scheda 270; Humfrey, *Tiziano* cit., pp. 214 e sgg.; *L'ultimo Tiziano* cit., scheda 3.20; Gentili, *Descrizioni per il grande vecchio* cit., pp. 224 e sgg.

[88] Nicholas De Marco, *Titian's «Pietà»: The Living Stone*, «Venezia Cinquecento», II, 1992, n. 4, pp. 55-92, cfr. pp. 64 e sgg.

[89] Puppi, *Su/Per Tiziano* cit., pp. 61 e sgg.

[90] Ivi, pp. 66 e sgg.; Hope, *La famiglia di Tiziano* cit., p. 34.

[91] Fehl, *Decorum and Wit* cit., pp. 312 e sgg.

[92] Cristina Beltrami, *Il monumento a Tiziano Vecellio a Pieve di Cadore*, «Studi tizianeschi», VI-VII, 2011, pp. 136-147.

[93] *Lettere sull'arte di Pietro Aretino* cit., vol. II, pp. 16-18.

REFERENZE ICONOGRAFICHE

1: Berlin, Staatliche Museen, Gemäldegalerie.

3: Pieve di Cadore - Magnifica Comunità di Cadore - Sala del Consiglio. Riproduzione su concessione della Magnifica Comunità di Cadore.

5: Antwerpen, Koninklijk Museum voor Schone Kunsten.

6: © 2011. Foto Scala, Firenze/BPK, Bildagentur für Kunst, Kultur und Geschichte, Berlin.

9: Per gentile concessione della basilica del Santo, Padova.

10, 21, 37, 40: Paris, Musée du Louvre.

15: © 2011. Image copyright The Metropolitan Museum of Art/Art Resource/Scala, Firenze.

16: Kreuzlingen, Sammlung Heinz Kisters.

17, 22, 29, 46, 47, 48, 49, 51, 52, 54, 57: Madrid, Museo del Prado.

18: Image courtesy National Gallery of Art, Washington.

19: Comune di Ancona.

23: Roger-Viollet/Alinari.

26: Gemäldegalerie Alte Meister, Staatliche Kunstsammlungen Dresden.

27: © 2011. Cameraphoto/Scala, Firenze.

Su concessione del Ministero per i Beni e le Attività Culturali (*Divieto di ulteriori riproduzioni o duplicazioni con qualsiasi mezzo*):

30, 32, 33, 39, 60: Soprintendenza Speciale per il patrimonio storico, artistico ed etnoantropologico e per il Polo Museale della città di Venezia e dei comuni della Gronda lagunare.
34, 35, 36: Soprintendenza Speciale per il Polo Museale fiorentino.
38: Soprintendenza per il patrimonio storico, artistico ed etnoantropologico per le province di Milano, Bergamo, Como, Lecco, Pavia, Sondrio, Varese.
44: Per gentile concessione della Fototeca della Soprintendenza Speciale per il patrimonio storico artistico ed etnoantropologico e per il Polo Museale napoletano.

31: Bridgeman Art Library/Archivi Alinari/Kunsthistorisches Museum, Wien/Ali Meyer.

41, 56: Kunsthistorisches Museum, Wien/Bridgeman Art Library/ Archivi Alinari.

42: New York, Frick Collection.

45: Foto: Bayerische Staatsgemäldesammlungen - Alte Pinakothek München (inv. n. 632).

50: © San Pietroburgo, Museo Statale dell'Ermitage (olio su tela, cm 119x97, 1560, Inv. no GE-117). Photo by Vladimir Terebenin, Leonard Cheifec, Jurij Molodkovec.

58: © 2011. Copyright The National Gallery, London/Scala, Firenze.

INDICI

INDICE DEI NOMI*

* Nella redazione di questo indice non si è tenuto conto dei nomi di Tiziano, di Gesù Cristo e di Maria Vergine, costantemente ricorrenti, né di quelli che compaiono nella titolazione di testi, dipinti, fondi e collezioni, nonché degli editori dei libri citati in nota.

INDICE DEL VOLUME